新编21世纪新闻传播学系列教材

基础课程系列

新闻理论教程

第5版

杨保军 著

Theories of Journalism

中国人民大学出版社
·北京·

U0853590

新编21世纪新闻传播学系列教材

编委会

主　编　方汉奇

副主编（以姓氏笔画为序）

丁淦林　何梓华　周瑞金

郑兴东　赵玉明　郭庆光

童　兵

内容简介

本书以新闻本体论、新闻业态论和新闻关系论为基本板块，以新闻精神论为内在红线，建构了比较完整的新闻理论体系。教材写作上，注重普遍与特殊相统一、理论与实际相结合、基础与前沿相协调。

第5版在保持前四版基本结构、基本内容稳定的前提下，补充了一些比较重要的新内容，更新了一些必读与选读文献，调整了教材末尾所列的“选读书目”“15篇导读论文目录”和“经常应读刊物”，并对整部教材的叙述文字做了进一步规范订正。

第5版的修订主要体现在以下方面：

其一，更加强调中国实际、中国经验，并立足当今时代的媒介环境变化，对整个教材的相关叙述、表达、用语做出必要的调整，反映和呈现了新环境中一些新闻认识、新闻观念的变化，更为重要的是反映和呈现了人类新闻活动实际的变化，反映和呈现了人与新闻关系的变化，即新闻生产方式、新闻传播（分发）方式、新闻管理控制方式、新闻消费运用方式等的变化，新闻与社会整体、与社会各个领域关系的变化，新闻与日常生活世界关系的变化。

其二，删减了第4版各章中个别过于精细、不大适合本科教学的论述。例如，在第九章“新闻规律”的第二节“新闻规律的生成与构成”中，删掉了关于“职业与非职业视野中的新闻规律”部分；又如，对第十章“新闻自由”全章中一些较为细致的阐释做了比较多的删减，总体上压缩了该章的篇幅。

其三，参考、吸纳了一些新的、质量较高的研究成果，增加了一些必要的新注释，引用了一些新文献，充实了相关论述和阐释，使教材更具时代气息。

本书既可作为高校新闻传播学专业基础课教材，也可作为新闻业界人士和新闻学研究者、爱好者的参考著作。

作者简介

杨保军　教育部“长江学者奖励计划”特聘教授，享受国务院政府特殊津贴专家，中国人民大学二级教授、博士生导师，中国人民大学“杰出学者支持计划”特聘教授（A岗）；中国人民大学师德标兵；《国际新闻界》副主编；马克思主义理论研究和建设工程重大课题、国家社科基金重大课题首席专家；中国人民大学新闻学院学术委员会主任，曾入选教育部“新世纪优秀人才支持计划”，两次出任中国人民大学新闻学院副院长。

主要学术著作有“新闻十论”：《新闻事实论》《新闻价值论》《新闻真实论》《新闻活动论》《新闻精神论》《新闻本体论》《新闻道德论》《新闻观念论》《新闻主体论》《新闻规律论》。另出版本科教材《新闻理论教程》（2004、2009、2014、2019）、研究生教材《新闻理论研究引论》（2009）。中国知网收入论文270多篇。

“全国百篇优秀博士学位论文奖”获得者，第四届、第五届、第六届、第八届“中国高校人文社会科学研究优秀成果奖”新闻传播学类三等奖、二等奖、三等奖、一等奖获得者，“北京市第十六届哲学社会科学优秀成果奖”二等奖获得者，第七届“吴玉章人文社会科学奖”优秀奖获得者，首届“全国教材建设奖”获得者，中国大学出版社图书奖首届优秀教材奖一等奖获得者。

总序

中国人民大学出版社策划出版的“新编 21 世纪新闻传播学系列教材”，是一套在新闻传播学领域内密切联系新闻传播工作的实际，广泛吸收新闻传播学的最新研究成果，高挹遐揽，取精用宏，供 21 世纪的高等院校新闻传播院系教学使用的系列教材。

20 世纪初以来的 100 年，是世界新闻传播事业飞速发展的 100 年。这 100 年来，随着科学技术的不断发展，继报纸、期刊、通讯社之后，广播、电视、网络和多种新媒体相继问世，新闻传播的媒介日趋多元化，新闻传播的手段日趋现代化，“地球村”变得越来越小，新闻传播事业对世界政治、经济和文化的影响则变得越来越大。

这 100 年，也是中国新闻事业飞速发展的 100 年。尤其是中国改革开放以来，发展得尤为迅猛。

进入 21 世纪以后，中国新闻事业发展的势头更为迅猛。报纸、期刊、通讯社、广播电台、电视台的数量在宏观调控下，虽无大变化，但软硬件的实力都有了很大的提高。据 2011 年 12 月出版的《中国新闻年鉴》的最新统计数字，2010 年全国共出版报纸 1 939 种，平均期印数 2.14 亿份。共出版期刊 9 884 种，平均期印数 1.63 亿册。全国共有广播电台 227 座，电视台 247 家，广播电视台 2 120 家，教育电视台 44 家。广播综合人口覆盖率为 96.78%，电视综合人口覆盖率为 97.62%。

另据 2012 年 1 月中国互联网络信息中心（CNNIC）发布的《第 29 次中国互联网络发展状况统计报告》，截至 2011 年 12 月底，中国网民规模已达到 5.13 亿，互联网普及率达到 38.3%。其中，手机网民数量为 3.56 亿，博客和个人空间用户数量为 3.19 亿，微博用户数量为 2.5 亿，社交网站用户数量为 2.44 亿，网络视频用户数量为 3.25 亿。中国居民中具备上网条件和技能的人已经基本转化为网民，大专及以上学历人群中互联网使用率已达 96.1%。中国网站总数为 230 万个，网页数量为 866 亿个。

这样大的发展规模，这样快的发展速度，在世界和中国新闻事业史上都是空前的。回顾既往，盱衡未来，新闻传播事业在 21 世纪还将保持旺盛的发展势头。新闻传播，作为上层建筑和意识形态的一个重要组成部分，在全面准确地宣传党的基本理论、基本路线和基本方针以及各项决策，反映人民群众的伟大业绩和精神风貌，以及推动改革开放和社会主义现代化建设等方面，必将继续发挥重要的作用。

与新闻传播事业的发展相配合，这 100 年来，为中国的新闻战线培养和输送人才的中国新闻教育，也有了相应的发展。中国的新闻教育起始于 20 世纪初，迄今有近百年的历史。中华人民共和国成立前的 30 年，虽然先后在个别院校中设立了新闻系或新闻专科，但规模都不大，设备也不够完善，在校学生人数最多的时候不超过 400 人，30 年间累计培养出来的毕业生还不到 3 000 人。中华人民共和国成立后，为了给中华人民共和国的新闻事业培养人才，新闻教育有了新的发展，但到 20 世纪 60 年代中期为止，全国的新闻教育机构也还只有 14 家。当时全国只有 343 家报社、78 座广播电台和 13 家电视台，革命老区来的新闻工作骨干正当盛年，足以支撑大局，新闻系和新闻专业的学生统招统分，基本上能够满足中央和省市以上新闻单位梯队建设方面的需要。“文化大革命”爆发后，新闻事业进入低谷，新闻人才的培养也被迫中辍。拨乱反正之后，新闻事业有了飞速的发展，但新闻工作的人才却出现了断层，明显供不应求，因而极大地推动了新闻教育的发展。中国的新闻教育得以重整旗鼓并得到空前迅猛的发展，主要是改革开放以来的这 30 多年的事情。30 多年来，中国新闻教育和中国新闻事业同步发展。截至 2011 年，全国设有新闻传播学类院、系、专业的高校已由改革开放之初的两三所增加到 800 所以上，各种类型和层次的专业教学点已不下 1 000 个。新闻专业的教学已从单一的大学本科教育，发展到博士生、硕士生、本科生、大专生、成人教育、函授教育等多层次的格局，不少院系还设置了新闻传播学方向的博士后流动站。改革开放之初，全国在校新闻系科学生总共只有 500 来人，现在仅在校本科生就有 16 万人左右，硕士和博士研究生 3 万人左右，办学层次、办学规模、办学水平都有了很大的提高。进入 21 世纪以后，随着新闻传播事业的加速发展和新闻战线人才需求的不断增加，中国的新闻教育还将有更大幅度的发展。

一般说来，新闻教育质量的高低，起决定作用的主要是两个因素：一个是师资，一个是教材。两者之间，教材的作用更大。这是因为，师资的多少和良窳，往往受办学主客观条件的限制，而教材一旦完成，就可以直接嘉惠于学子，风行四海，无远弗届。进一步说，一部好的教材，不仅可以满足教学的需要，培养出一大批人才，而且还可以同时拥有一定的学术含量，推动新闻传播学研究的发展。1919 年出版的徐宝璜的《新闻学》，1927 年出版的戈公振的《中国报学史》，就是这方面的很好的例子。这两本书都是作者在高等学校从事新闻学理论和新闻史教学时作为教材编写出来的，出版之后，立即引起世人的关注和推崇，一再重版，历久不衰，至今仍然是公认的新闻学理论和新闻史方面的传世之作和经典之作。正因为这样，新闻教育的前辈们，历来十分重视教材的建设。中华人民共和国成立初期的十来年，坊间出版的新闻学方面的书籍，绝大部分是教材。改革开放以后，新闻传播学研究空前繁荣，新闻学方面的书籍大量问世，但教材仍然在其中占了很大的比重。这些教材，覆盖了新闻传播学的方方面面，经过出版家和众多作者的长期努力，门类和品种基本配套齐全，曾经为同时期的新闻教学做出过重要的贡献。但是，随着时间的推移和新闻工作实际的飞速发展，这些教材的体例日显陈旧，观点和内容也亟待调整和更新。一些属于学科前沿和科技含量较高的新开课程的教材尚付阙如，使现有的教材出现了不少缺口。在21世纪已经到来之际，集聚力量，重新编写出一套体系完整、门类齐全、能够为21世纪的新闻教育和新闻人才培养服务的新闻传播学的系列教材，已经成为人们的共识和新闻业界与新闻教育界的迫切需求。

呈现在读者面前的，就是应这样的需求产生的一套系列教材，它将涵盖新闻学、传播学两个二级学科的方方面面内容，满足新闻、广播、电视、广告、媒体经济、新媒体等多个专业的教学需要。负责这些教材编写工作的，是中国人民大学、复旦大学、北京大学、清华大学、中国传媒大学、中国青年政治学院等多所著名院校长期从事新闻传播学方面教学与研究工作的专家学者，其中有相当大的一部分编写者是相关学科的国家级的学术带头人，堪称一时之选。收入本系列的教材中，既有国家级重点教材，也有部级重点教材，其他的也是经过严格筛选的精品，所以，本套系列教材的质量是有保证的，其权威性也将得到社会的认同。

21世纪是一个高度信息化的时代，是信息经济和知识经济占主导地位的时代。信息经济和知识经济有两大支柱，一是以高科技为代表的传播技术产业，二是从事新闻和信息产品生产的媒体产业。新闻传播学作为将这两大领域有机联结的桥梁，在今后的国家建设和社会发展中必将发挥越来越重要的作用。中国人民大学出版社经过精心策划，隆重推出这套系列教材，是具有高度的前瞻性和战略眼光的。在这里，我谨代表编委会和全体作者向中国人民大学出版社表示由衷的感谢。

这套系列教材开始策划于20世纪的最后一年，21世纪初起陆续问世，迄今已编写出版了50余种。在体例和内容的创新和开拓等方面，远远超过同时期出版的同类教材。其中有些教材，还根据整个新闻传播理论与实践的发展和新闻传播学教学与研究的发展，陆续做了必要的补充和修订，重新出版，实现了内容的与时俱进。

这批教材的问世，将会为新闻传播事业和新闻教育事业的发展和繁荣、为21世纪新闻传播人才的培养做出它应有的贡献。这是出版者和全体作者共同的一点希望。是为序。

方汉奇

2012年3月15日

于中国人民大学宜园

第5版前言

一转眼三四年过去了，出版社的编辑提醒我《新闻理论教程》第 4 版又该修订了。

是的，又该修订了。

一本教材要想适应新的教学需要，就得跟上时代步伐，就得根据新的实际情况以及最新的研究成果，对教材内容做出必要的修订和调整。“站在前沿研究问题，与时俱进展开教学”，“境界高远培养英才，脚踏实地服务学生”，这是对我们作为研究者特别是教师的基本要求。

人类新闻活动的发展速度实在是太快了，可以说新闻领域是社会系统中变动最为迅猛的领域。人们看到，互联网基础设施的系统构建、数字技术的广泛运用、智能技术的持续升级、媒介化社会的快速形成、“元宇宙”的想象与建构……正在将人类新闻活动带入一个前所未有的时代，这自然呼唤新闻学研究必须开启新的征程、进入新的境界，而新闻学教材也同样需要不断更新内容、持续提高编写水平、努力构建新的知识体系。

事实上，正如我在相关论文中表达的那样，在历史积淀的基础上，新闻学已经迈开了“下一步”。新闻学经历了由“报学”与“印刷新闻学、广播电视新闻学”两个阶段构成的“传统新闻学时期”，如今正在开启和展开自身的“后传统时期”。“后传统新闻学时期”是与“后新闻业时代”相应的一个新闻学“新时期”；新时期的新闻学，是互联网环境中的新闻学，数字环境中的新闻学，各种产业融合、技术融合、媒介融合、产品融合背景下的融合新闻学，是一个与传统职业新闻学、专业新闻学相比而言更为完整的新闻学。新闻学关注的主要对象不再限于职业新闻活动，而是整体的社会化的新闻活动，这必将使人们对新闻活动形成更为真实、完整的概念体系、问题体系、方法体系、理论体系和话语体系等，学术探索一定会创造出不断更新的学术体系、知识体系，并以新的教材体系方式呈现出来。

说实话，相对新闻现象、新闻活动的快速变化，学术研究、教材更新还是多少有点赶不上节奏。我们可以为这样的滞后性找到各种各样的解释理由，但我们必须尽最大的努力，做好应该做好的事情。

就《新闻理论教程》本版修订而言，我主要做了以下一些工作。

其一，尽管“与时俱进”是我每次修订教材过程中的基本态度和做法，但在第5版的修订过程中，我更加自觉地调整了“修订观念”，那就是更加强调中国实际、中国经验，更加重视立足当今时代的媒介环境变化，对整个教材的相关叙述、表达、用语做出必要的调整。这样的调整，在文字数量上，尽管可能只是少量的、篇幅不大的，但它可能反映和呈现了新环境中一些新闻认识、新闻观念的变化，更为重要的是反映和呈现了人类新闻活动实际的变化。人与新闻关系的变化（人与新闻的关系不仅是新闻活动中的总体关系，也是新闻学的总问题），具体表现为新闻生产方式、传播（分发）方式、管理控制方式、消费运用方式等的变化，新闻与社会整体、与社会各个领域关系的变化，新闻与日常生活世界关系的变化，所有这些变化原则上都应该成为教材修订关注的问题。

其二，相比前几版的修订而言，教材的整体结构没有什么变化，整体篇幅保持稳定，但本次修订时删减了第4版各章中个别多少有些过于精细的、不大适合本科教学的论述或内容。例如在第九章“新闻规律”的第二节“新闻规律的生成与构成”中，删掉了关于“职业与非职业视野中的新闻规律”部分；又如，对第十章“新闻自由”全章中一些较为细致的阐释做了比较多的删减，总体上压缩了该章的篇幅。

其三，像前几版一样，第5版修订过程中参考、吸纳了一些新的、质量较高的相关研究成果，增加了一些必要的新注释，引用了一些新文献，充实了相关论述和阐释，个别章节还增加了少许新内容，使教材整体上更具时代气息。同时，对每章末尾列出的“必读文献”“选读文献”条目做了必要的调整，有些章多一些，有些章少一些，总体上调整了三分之一左右，但条目总量未变。

其四，根据实际教学经验，特别是依据新闻活动领域的变化、新闻学研究的最新进展，对教材末尾所列的“选读书目”“15篇导读论文目录”和“经常应读刊物”也做了一些更新和调整。

《新闻理论教程》第5版与您见面了，一定还有错误和不足之处，诚请各位读者批评指正，提出宝贵意见与建议，以便下次修订时能够参考吸纳。

说明：本人是教育部重点研究基地中国人民大学新闻与社会发展研究中心专职研究员，故本教材可视为该中心科研成果。

作　者

2023年1月

第4版前言

转眼之间，《新闻理论教程》（简称《教程》）第三版出版已经五年了。五年，并不是一个长时段，但对新闻领域来说，却是日新月异的一段时光。不断更新的新闻活动景象令人目不暇接，也使人感到几分焦虑。新现象、新问题、新机遇、新挑战亟须观察、分析和探索，也亟须抽象、概括和总结，更须反思、应对和前瞻。本次《教程》修订，笔者会高度重视实际情况的新变化。

这五年，作为实践活动的新闻现象，在不断更新的媒介技术支持下继续快速发展，作为学术活动的新闻研究持续不断地扩展深化，为新闻学教科书的更新、修订、新编提供了丰富的资源和坚实的支持。我们看到，继生物媒介时代、机械媒介时代之后，智能媒介时代已经开启，人类的新闻活动再次开辟出新的天地，整个新闻生产、传播、收受、管理等环节可能进入前所未有的新状态。尽管新闻学的基本问题——事实与新闻的关系问题——是稳定的，但媒介化生存、媒介化社会的迅速生成和展开进一步改变了人类新闻活动的整体面貌，使新闻学研究必须从传统时代重点关注职业新闻活动转向同时关注职业新闻活动与非职业新闻活动，并必须将它们统一起来作为新闻学特别是新闻理论的整体对象展开研究。伴随新兴媒介的结构性力量崛起，新闻与社会整体及各个社会领域的关系变得更加纷繁复杂，新闻活动与其他社会活动更加互相嵌套、交融交织。这意味着新闻学研究变得越来越艰难、越来越具有挑战性，更加需要多学科、跨学科的视野、知识和方法。如此等等，在本次《教程》修订中都会有所体现。

笔者在第三版前言中就表达了自己想新写一部“原理性”的新闻理论教材的愿望，但如今到了《教程》第四版修订的时刻，这个愿望仍然难以全面实现。因为过去五年，除了教学和其他不得不做的事务性工作外，我把主要时间、精力投注在“新闻十论”最后两部的写作上了。从 1998 年开始到现在，笔者专注于新闻理论基础研究，先后出版了《新闻事实论》（2001）、《新闻价值论》（2003）、《新闻真实论》（2005）、《新闻活动论》（2005）、《新闻精神论》（2007）、《新闻本体论》（2008）、《新闻道德论》（2010）、《新闻观念论》(2014)、《新闻主体论》(2016)。《新闻规律论》将于2019年年内出版。但是，为新闻传播学专业的本科生写一部“原理性”的新闻理论教程依然是我满怀于心的强烈愿望。从一定意义上说，“新闻十论”也在为这部心目中的教材做扎实的准备。但愿今后五年或更长时间内能够排除各种“干扰”，早日实现自己的愿望，能够为新闻理论教材建设工作做出应有的一份贡献。

《教程》第四版修订，总体结构没有什么变化，总篇幅也没有大的增减，但在以下几点上还是做了不少工作。

其一，尽可能将《教程》第三版出版以来新闻学术领域那些共识度比较高又适合写入本科教材的知识、见解和观点，以简明扼要的方式吸纳进新版教材之中。这一点贯穿在整个教材从头到尾所有内容的修订之中，很多地方尽管只是一些段落的增减或字句的改动，但却能反映和体现最新的实际变化与知识更新。

其二，根据我国政治、经济、社会、文化等新的整体发展情况，特别是新闻舆论工作领域的新变化、新进展，重点修订、充实了第七章“新闻传播的特殊原则”的内容，几乎重写了第八章第四节中关于“新闻业的发展运行特征”的内容，以反映我国新闻舆论领域的时代特点与最新变化。

其三，依据最新研究成果，对第九章“新闻规律”的结构与内容做了较大的调整，近乎进行了重写，篇幅也略有增加。

其四，对每章“复习指点”的各项内容，诸如“关键概念”“思考题目”做了适当的调整，对“必读文献”“选读文献”依据内容修订情况做了总量大约一半的更新和替换，对教材最后列出的选读书目、导读论文目录也做了一些调整。

其五，依据中国人民大学出版社新的出版规范，调整了注释方式。

《教程》第四版与您见面了，不尽如人意处一定不少，诚望您的批评指正，更愿得到您的意见与建议，以便再次修订时参考吸纳。

说明：笔者是教育部重点研究基地中国人民大学新闻与社会发展研究中心研究员，故本教材可视为该中心科研成果。

作　者
2019年2月18日

第3版前言

从2010年9月算起，《新闻理论教程》第二版出版已是三年有半，这个感觉上不长的时段，对日新月异的当代人类新闻活动而言，实际上又确实不短。就在这过往三年多的时间里，以“微”为典型特征的各式传收技术与方式，却给人类新闻活动带来了“巨”或“宏”的效应与变革，已经和正在改变着新闻活动的整体结构、总体观念以及各种操作方法；一个以互联网为结构中心的新闻活动景象“大模样”逐渐显现，一个由传播技术与其他社会要素共同塑造的“后新闻业时代”扑面而来。在如此快速变革的演进中，新闻理论研究与教学无疑应该与时俱进、高瞻远瞩，不断调整修正既往的知识体系，探索补充新的见解创获，甚至勇于创建全新的观念学说，以恰切适应并尽力引领人类新闻活动的提升发展。因此，对新闻人才基本知识素养具有奠基作用的教材做出适时修订、更新实属必要。

尽管我对如何建构新闻理论体系，特别是如何建构本科教材《新闻理论教程》有了一些不同于以往观念的新想法、新思路，并已通过或撰文［《超越传统思路 提升新闻教材理论性》，载《当代传播》，2012（3）］或研讨发言（我曾在2012年8月西北大学新闻学院和2013年7月中国传媒大学新闻学院分别举办的全国新闻理论教学研讨班上，就如何改进新闻理论教学观念与方法做了主题发言，实质重点都是新闻理论教材的建设问题，核心是如何提升理论教材的理论性问题）的方式做过一定的阐释和说明，但要将其落实在具体教材的修订或新编上尚需时日。说实话，这只能通过仔细琢磨、深入思考、缓慢写作才能实现。也许再过几年或更长时间，我能够给大家奉上一本内容相对比较新颖并在一定程度上打破目前教材结构模式的本科新闻理论教材。但这只是预先放出的“大话”，就本次《新闻理论教程》修订而言，未对两版的整体结构进行调整，基本内容也依旧保持稳定。当然，还是根据新闻现象的新变化、新闻观念的新变革、新闻业的新发展，做了一些内容上的修改与补充；有不少地方，尽管修改补充的篇幅不大、字数不多，但内容比较重要。除此之外，本次修订对个别章节（如第十一章“新闻道德”）的篇幅做了必要的缩减精化，对每章的必读文献、参考文献做了小范围的替换更新，在书尾特意增列了 10 篇导读论文的题目及相关信息，在文字表述上则力求更加简明准确。

《新闻理论教程》第三版与您见面了，一定还有错误和不足之处，诚请各位读者批评指正，提出宝贵意见与建议，以便下次修订时能够参考吸纳。

说明：本人是教育部重点研究基地中国人民大学新闻与社会发展研究中心专职研究员，故本教材可视为该中心科研成果。

作　者

2014 年 2 月于北京世纪城

第2版前言

《新闻理论教程》（以下简称《教程》）写于2003年年初至2004年年底，于2005年3月出版，从出版至今已经过去了五年多的时间。五年，对于当今飞速发展变化的新闻业来说，近乎是一个时代的变革。人们看到，新的媒介形态不断发明，新的新闻活动方式不断形成，新的新闻观念不断出现，新的新闻图景不断生成，新的新闻时代正在到来。如此迅猛的变迁，对新闻实践者、教育者、研究者、学习者提出了严峻的挑战，构成了不小的压力，同时，也开辟了新的天地，带来了新的机会。我们不仅要跟上时代的步伐，还要努力走在时代的前列。这样，才不至于被时代淘汰，才无愧于时代的要求和期望。但就新闻教学而言，与时俱进的基本要求就是不断更新教学观念、教学内容和教学方式，其中特别重要的一个方面也是最为基础的一条，就是及时更新教材的内容和形式。

就《教程》来说，中国人民大学出版社的相关领导、编辑早在2007年就向我提出修订的建议。我深知他们的建议既是正确的，也是合时宜的。但本人实在时间紧张、精力有限，所以便一拖再拖，直至现在才拿出了第二版。

《教程》第一版面世后，被全国不少新闻院系及其任课教师选为教材，还被很多新闻院系指定为研究生入学考试参考书目或本科生、研究生必读、选读书目。对此，我表示衷心的感谢。

还有学者撰写文章评析《教程》的特色优长，认为《教程》写作起点高、体系完整、逻辑严谨、表达准确、叙述规范。但与此同时，我也通过各种渠道了解到，一些老师和不少学生认为：《教程》第一版的内容比较庞杂，章节有些多；个别内容似乎还超出了本科教学的范围，使一些学生感到学起来有一定的难度。另外，《教程》中的有些表述理论色彩偏重，缺少一些必要的形象（如结构图示等）说明，一定程度上影响了学生对有关内容的理解和掌握。

其实，我在自己的教学以及与学生的交流中也发现了这些问题确实不同程度存在着。因此，为了更好地适应教学需要，适应绝大多数学生新闻理论的学习需要，我想借《教程》修订的机会，尽可能在保持第一版优点的前提下，对第一版中的一些不足和问题加以弥补和解决。

与《教程》第一版相比，第二版的变化还是比较大的，读者会有面目一新的感觉。在修订过程中，主要做了以下工作：

一是依据本科层次新闻理论教学“重基础知识、重理论共识”的基本要求，比较大地压缩了第一版的篇幅，去掉了一些可能超出本科教学范围的内容，但总章节与第一版相比没有多少变化。

二是根据新闻实践的最新发展变化和新闻理论研究的最新进展，增加了一些必要的新内容。

三是在内容表述上力求更加准确、规范，同时通俗、清晰、流畅，并增加了一些必要的图示说明。

四是在每章文前增加了“提要”，章尾增设了“复习指点”，内容包括“关键概念”“思考题目”“必读文献”和“选读文献”。

五是在书末列出了“选读书目”，还列出了一些需要经常阅读的本学科学术性和一般性的杂志名目。

《教程》第二版与您见面了，尽管我做了不少努力，对第一版进行了结构调整、内容删补，但仍然因为时间仓促、能力有限，书中难免存在不足甚至错误。恳望您在阅读使用过程中批评指正，为本书以后的修订再版提供建议、贡献智慧。

说明：本人是教育部重点研究基地中国人民大学新闻与社会发展研究中心的专职研究员，故本教材可作为该中心科研成果。

作 者

2010年4月16日于北京世纪城

第1版前言

这是一部关于新闻理论的教材性著作，主要作为新闻学专业本科生的教学用书，也可以作为新闻学、传播学及相关专业研究生的参考书，对从事新闻传播的研究者、实际工作者，相信也有一定的参考价值。

本书现有的内容结构方式是基于这样的考虑：一个长长的绪论，核心用意是让读者对理论新闻学本身的发展状况有一个宏观的认知和把握。第一章以“大写意”的方式，描述了新闻传播现象的历史发展过程，目的在于让读者对新闻传播的总体历程有一个初步的了解。第二章则立足于我们所处的时代，对新闻传播的构成做了多角度的解剖，为进入具体的传播过程的论述确立“出发点”。从第三章到第八章，对新闻传播要素、环节、过程，新闻传收主体，新闻传播内容、原则、方式，新闻传播媒介以及新闻的收受等做了深入细致的论述。第九章是从传播规律的高度，对整个新闻传播过程的透视、概括和总结。第十章到第十四章对新闻传播业的主要基本理论问题进行了论述。之所以将新闻传播业理论安排在这样的位置，是因为在我看来，新闻传播业的实质就是运作新闻传播过程，我们只有在逻辑上先把握了新闻传播过程，才能更好地理解新闻传播业。第十五章以宏观的视野，从哲学层面上阐释了新闻事实世界与新闻符号世界的关系，提醒读者新闻式的事实认知、社会认知不过是人类把握世界的一种方式，学习新闻的人、从事新闻传播的人、收受新闻信息的人都必须充分认识到新闻实质上简化了这个世界，我们应该在更广阔的视界里认识这个世界、感受这个世界。

作为教材性著作，我个人认为不能写成某种单一理论观点的介绍和阐释，而应该以开阔的眼界、宽阔的学术胸怀和品格，将本学科既有的学术积累、理论见识比较全面地介绍给进入这一学科领域的学子们，使他们能够在较短的时间内了解本学科的基本的理论架构。当然，作为一部独立的教材性著作，我会以自己的方式建构新闻理论的基本内容，我会以自己的理解整理既有的学术见解，更为重要的是，我会以自己的方式对一些基本的问题展开论述。因为在我看来，以往的东西尽管可以唤起热情、启迪智慧、引发深思，但它们多数已经变成了知识性的东西，变成了常识性的东西，其实，再深刻、再深邃的思想都会变成常识，因而创新就显得异常珍贵。我的意思是说，读者在阅读本书时，也应把它当作一种知识性的存在，以批判的眼光去对待，努力去超越和创新。好多问题没有定论，是开放性的问题，留给读者去思考、去解答。事实上，好多问题是没有终极答案的，甚至不存在最好的回答。

新闻理论在整个新闻学中处于统帅的地位，具有领头羊的作用。它以一定的概念、范畴、判断、推理、原理、规律有机联系的方式，建构起理论新闻学的体系，成为新闻学自身大厦上的“王冠”。我以为，理论建设比起其他研究要难得多，它不仅要整理分析经验事实，还要抽象、概括出一系列的概念范畴，总结出具有本质意义的原理和规律。因此，学习理论的人、研究理论的人，一开始就要下定决心，既不脱离火热的新闻传播实际，又要耐得住寂寞，愿意把冷板凳坐热。

需要说明的一点是，作为一本教材性著作，本书借鉴了我在《新闻事实论》和《新闻价值论》中的少量研究成果，但绝不是对相关内容的拼凑或粘贴，这种写作方式在我看来是不大光彩的，因而即使对自己的东西有所引用，也是“另起炉灶，重新打铁”的结果。更为重要的是，我在写本书的过程中，对许多问题已经有了新的思考、新的看法，在个别问题上甚至与过去的观点有很大的不同。书中的绝大部分内容更是我“仔细探矿，精心冶炼”的产物，因此我依然以专著而非编著的形式来出版它。

尽管我在大学任教的时间并不长，但我已经深深地体会到：没有扎实的科研，就不会有良好的教学，也不大可能得到学生的内心认可。因此，面对一批又一批风华正茂、渴望成材的青年学生，作为大学教师，我的座右铭是：“站在前沿研究问题，与时俱进展开教学。”

作　者

2005年1月

目录

绪论

新闻学与新闻理论

提 要

新闻学是人文色彩比较浓厚的社会科学，主要研究对象是人类新闻活动、新闻业，以及它们与人类其他活动领域的关系；核心目的是发现和揭示新闻现象的特征和规律，为新闻活动、新闻业的良性运行提供知识和智慧。学界普遍认为，新闻学主要由新闻史、新闻理论、新闻业务和跨学科新闻学四大板块构成。新闻理论的主要内容包括新闻本体论、新闻业态论、新闻关系论以及贯穿三论的新闻精神论。新闻理论学习的主要目的是：比较系统地掌握新闻学的基本知识、新闻理论的基本体系，初步领会各种既有的见解、观念和学说，大致了解观察、分析新闻现象的基本方法，培养认识和指导新闻实践的理论能力。

与哲学、史学、文学等学科相比，新闻学还是一门比较年轻的学科，它的历史也就一百多年。在中国，直到现在还有一些人怀疑新闻学的学术价值和实践意义，这本身说明了这门学科的稚嫩或积淀不够丰厚。但整个人类正在步入信息时代、媒介化社会的现实，从根本上摧毁了怀疑新闻学合理存在的一切理据，那些嘲笑新闻无学的心态和说辞已经没有多少对象和市场。我国著名新闻史学家方汉奇说："中国的新闻传播学已经由被某些业界人士妄自菲薄的'无学'变成了'显学'。"[①] 但是，新闻学的学术品位与质量仍然受到怀疑，因此，对新闻界来说，更紧迫的是回首新闻活动历史、关注新闻活动现实、展望新闻活动未来，以饱满的热情和持久的毅力进行探索、研究和实践，以回报伟大时代的恩赐和期望。

第一节 新闻学科的性质与基本结构

学习一门学科，起初需要在头脑中建构一个大致的学科图景，然后逐步深入其中，

① 童兵．童兵自选集［M］．上海：复旦大学出版社，2004：序1.

做细致的观察和品味，等到走出学科殿堂，学习者看到的、体验到的将是另一番学科景象。因此，懂得学科性质、理解学科对象、明白学科任务、掌握学科宏观结构是进入一门学科的起点，也是了解一门学科框架或体系结构的基本路径。

一、新闻学的性质、对象与任务

人们通常把学科划分成三大类：自然科学、社会科学和人文学科。自然科学以人类面对的自然世界为研究对象，目的在于获取关于自然世界的真理性认识，即把握自然事物的特征及其运动变化的规律；社会科学以整个社会以及各个社会领域及其相互间的关系为基本对象，研究社会及其各个领域的变化特点和演变规律；人文学科则以人本身的知情意及人的生存处境、生存状况和生活意义为对象，做出认知主体的探索和思考。自然科学与人文学科和社会科学之间的区别比较明显，人文学科与社会科学之间的界限则相对比较模糊，互有渗透，但二者之间还是有所不同的。有人以人文学科与社会科学在当前市场经济社会中的遭遇为背景，半开玩笑地说："文科中凡是不那么实用，因而也不那么赚钱，趋于冷门的学科大致就是'人文学科'了；而比较实用、赚钱和热门的学科，例如经济学、法学，则大致属于'社会科学'。"① 但今天的人们应该明白："社会自然科学和人文科学之间的和谐的合作和合作的和谐，是人类在为自由而奋斗的过程中的一个重要武器。"②

社会科学是对一定社会现象、社会领域、社会活动之"是"的探索和求取，它更接近自然科学的特点。人文学科，也就是人们传统上所说的文史哲学科，通过对各自研究对象的认识反映，为人们提供相关的事实判断，因而人文学科也是一个认识体系、知识体系，但文史哲学科在为人们提供与反映与对象相符合的真知的同时，也为人们提供理想性的、应该如何的价值判断和伦理评判。这些判断或者评判不是对事实本身的反映，而是基于事实判断甚至是超越事实判断的某种价值表达、意义探索，这也正是人文学科的特征所在。

新闻学是对人类新闻现象、新闻活动（新闻活动造成的现象就是新闻现象，因而，新闻现象与新闻活动可以在同等意义上理解）特征及其规律的探求和揭示。按照上面对人文学科和社会科学的一般理解与基本区分，新闻学作为一门学科，属于社会科学。但是，在新闻学研究中，人们同样会在相关的理论著述中看到"应该如何"等一些价值判断，我们总是不时看到，在一些事实性的叙述之后，常常有一个"响尾蛇"式的尾巴——价值判断，表达着作者的某种新闻理想与新闻意愿。这首先从经验事实上说明，新闻学不是单纯的社会科学，它还包含着人文的思想和论述、价值性的评价与判断，也就是说，新闻学包含着人文学科的内容和特点，有诸多规范性的诉求。因而，就学科性质而言，在一定程度上可以说，新闻学是一门以社会科学性质为主，但同时具有一定人文学科性质的学科。

---

① 何怀宏．我的人文观［M］//王文章，侯样祥．中国学者心中的科学·人文：人文卷．昆明：云南教育出版社，2002：342.

② 索因卡．为自由而写作：在常熟理工学院"东吴讲堂"上的讲演［J］．东吴学术，2013（1）：13-18.

实际上，所有的社会学科甚至自然学科，都很难排除人文性的价值思考，有时也很难把这种价值思考与关于对象的事实陈述一刀两断式地分割开来。科学研究理应追求真理，追求客观对象的本相真实，但人类在追求真理的过程中很难排除自身的利益诉求、价值关怀。当自己的价值追求渗透进研究成果之中时，真理就不再那么纯粹，就不再只是关于对象之“是”的纯粹阐释和陈述。从总体上说，“社会科学既是对社会发展客观规律的科学解释，又不可避免地包含着对人的社会性思考和对社会的人学考察，社会科学既包含着人文之思，又浸润着科学之思”①。新闻学当然无法例外，甚至在人文学科与社会科学的融合性上表现得更为强烈和复杂。

简单点说，新闻学在学科性质上属于社会科学，但又具有比较强烈的人文学科色彩。作为社会学科，新闻学是一门应用性学科，通过比较客观、精确的实证方法对研究对象进行说明和解释。作为具有强烈人文色彩的社会学科，新闻学以自身的学科视野，特别关注具有人文色彩、价值特征的诸多规范性问题，诸如新闻业、新闻职业、新闻“应该”做什么、成为什么等问题，因而，人文主义的各种具体方法往往成为新闻研究领域的重要方法。

新闻学的主要研究对象是人类新闻活动、新闻业，以及它们与人类其他活动领域的关系。需要特别强调的是，新闻学关注的对象不只是职业新闻活动以及新闻业，而是整个人类的新闻活动，包括新闻传播活动、收受活动、控制管理活动、教育研究活动等。从原则上说，新闻学的研究对象会随着新闻活动的历史演进而变化，而不同历史时代研究的主要对象会有所不同。

作为一门学科，新闻学的主要任务是探讨研究新闻活动自身的特点与规律，揭示新闻活动与整个社会（包括政治、经济、文化、技术等子系统以及日常生活世界）的关系和相互作用机制，为新闻活动的有效展开、新闻传播业的良性发展提供理论、观念、知识、技能和方法，为新闻活动促进社会的良性运行与发展提供智力支持。从学术上看，新闻研究的目的则在于构建不断完善的新闻学知识体系，即新闻学的学术体系、理论体系、方法体系和话语体系。

二、新闻学的学科结构

所谓学科结构，主要是指一门学科的基本板块构成或者分支构成，反映了一门学科整体内容的建构方式及其关系。新闻学科发展到今天，大致形成了这样的学科分支：历史新闻学（新闻史）、应用新闻学（新闻业务）、理论新闻学（新闻理论）和交叉（跨学科）新闻学。本节主要介绍理论新闻学之外的其他分支，下节专门介绍理论新闻学。

（一）历史新闻学

新闻史是研究人类新闻活动历史的科学。“新闻史是一门科学，是一门研究新闻事业

① 冯宪光．当代马克思主义美学的人文之思与科学之思［M］//王文章，侯样祥．中国学者心中的科学·人文：人文卷．昆明：云南教育出版社，2002：97.

发生发展历史及其衍变规律的科学。”① 它和新闻理论、新闻业务一样，都是新闻学的组成部分。“在中国新闻学研究的历史上，开其端绪的，还是新闻史的研究”②，这和世界新闻学研究开端于历史新闻学是相似的③。而且，我国新闻史研究的整体水平走在新闻学研究的前列。

方汉奇先生认为，新闻史，从宏观的角度来说，需要研究的是整个人类新闻传播活动的历史；从微观的角度来说，则要研究一个国家、一个地区、一个时代、一个时期新闻传播活动的历史，以及一类报刊、一类报人乃至具体到某一家报刊、某一个报刊工作者和某一次宣传报道战役的历史。当然，在今天看来，研究对象不再限于报刊，而是所有的新闻媒介。④ 这实质上是说，新闻史也像其他学科的历史研究一样，包括通史研究、断代史研究和专门史研究。

对于新闻史的学习者和研究者来说，最重要的是始终坚持科学的态度，从历史事实出发进行学习和研究。“事实是第一性的”，每一个从事新闻史研究的人都应该对自己探讨的历史经验事实进行详细的调查研究，充分占有第一手材料，“由表及里，由此及彼，去伪存真，去芜存菁”⑤，从而得出正确的符合实际的结论，反映历史的真相，揭示历史的规律。

学习新闻史特别是中国新闻史的主要目的在于：一是比较系统地把握人类新闻活动史的知识；二是“帮助我们更好地借鉴和参考历史上各种新闻传播媒介的工作经验”，“帮助我们更好地向老一辈的新闻工作者学习”，“帮助我们更好地继承和发扬历史上的新闻宣传活动的优良传统”⑥；三是从新闻史研究者那里获得学习、研究新闻历史的精神和方法，为进一步的新闻研究工作打下良好的基础。

（二）应用新闻学

应用新闻学是以新闻传播业务为主要对象的新闻学分支，是一个具体分支不断增多又持续融合的领域，基本内容包括新闻采访学、新闻写作学、新闻评论学、新闻编辑学、新闻摄影学、广播电视新闻学、新兴媒体新闻学等。应用新闻学重点研究采写编评制播等的实际操作方法与技巧，培养、训练学习者从事新闻工作的实践能力。同时，应用新闻学也在应用理论与应用方法论的层次上，总结概括采写编评制播等的基本原则和一般方法，构建自身的应用理论与业务观念。在新的技术条件及媒介环境下，应用新闻学还需要探讨、研究如何将应用新闻学内部的不同分支整合起来的问题，探讨和研究不同分支之间整合的规律和方法。应用新闻学的特有内容和基本目标决定了它是新闻教学（教与学）的核心，也是新闻史论的基本落脚之处。

---

① 方汉奇．中国新闻事业通史：第1卷［M］．北京：中国人民大学出版社，1992：序1.

② 姚公鹤写的《上海报纸小史》是我国最早的新闻史著作。这部专著作为附录，收于1917年商务印书馆出版的《上海闲话》，其问世的时间早于我国最早的新闻学理论专著——徐宝璜的《新闻学》两年。参见方汉奇．中国新闻事业通史：第1卷［M］．北京：中国人民大学出版社，1992：序7。

③ 1845年，德国人普尔兹出版了《德国新闻事业史》，该书被普遍认为是世界上第一本新闻学专著。它跳出了单纯研究业务技能的范围，从历史发展的宏观角度揭示新闻活动的特征，标志着新闻学（报学）的诞生。

④ 同①序2.

⑤ 同①序3.

⑥ 同①序3－7.

应用新闻学的另一大块是媒体的管理与经营，主要研究对象是新闻法规、新闻政策以及国家对新闻传播业的宏观调控，媒体内部的管理制度、运行机制与方法，媒体的经营战略、策略、方针、方法等。由于在市场经济体制下，媒体的管理与经营有着越来越重要的地位和作用，加之它与传统的应用新闻学以研究新闻传播业务为对象又有很大的不同，所以一些人认为它应该成为学科结构的一个独立部分，而不应包含在应用新闻学或理论新闻学中。这种看法具有一定的合理性，可以做进一步的讨论。事实上，这些年来，传媒经济与管理已经在专业设置和学科结构中成为相对独立的部分。

（三）交叉新闻学

交叉新闻学就是以新闻活动与其他社会活动形成的交叉领域为研究对象的新闻学，或以多学科视野研究新闻现象的新闻学，运用的主要研究工具是新闻学和其他学科的理论、知识与方法。多学科交叉研究是这些年来新闻学研究的一种新方法，开辟了新闻学研究的新领域。交叉研究打破了就新闻论新闻的局面，开阔了人们充分认识新闻活动的视野，产生了诸多与众不同的研究成果。事实上，“每门科学都需要向其他科学开放，并在相互作用中复生和重组”[①]。跨学科、超学科研究不仅能够生发诸多新的研究方向和领域，更重要的是它使人们能够进一步认识到各学科之间的紧密关系，求得科学的共同发展。

有人认为，交叉新闻学可以根据具体的研究内容分列到传统的三大板块中去，比如，新闻哲学、新闻文化学、未来新闻学、新闻伦理学等可以归属于理论新闻学，新闻心理学、新闻语言学、新闻社会学等可以归属于应用新闻学，如此的话，新闻学就仍然基本保持着传统的三大块结构状态，对此，也需要根据学科的最新发展做进一步的讨论。但从发展趋势上看，以交叉新闻学或跨学科新闻学统称这些不断新生的领域与方向似乎更加合适。

除了上述基本分支外，伴随人类社会的整体发展以及新闻活动的不断演进，新闻学的研究观念、研究领域、研究方法也在相应变化，产生并将继续新生一些新的分支。依据实际情况，比较新闻学、全球新闻学等都是一些比较重要的、有影响的分支。

第二节　新闻理论的基本内容与目的

“理论是精练的关于事物间联系和事物发展规律的论述，理论是由概念和判断性语句组成的，概念与概念之间的明确关系构成人们对于某种事物的核心认识。”[②] 理论既是对相关对象的解释体系，也是改变相关对象的精神工具，更是引导和规范行为者的观念指南。同样，新闻理论不仅是关于研究对象的概念系统、知识系统、解释体系，也是引导、规范新闻活动者的观念体系、方法体系。

---

① 黄小寒．“自然之书”读解：科学诠释学［M］．上海：上海译文出版社，2002：51.

② 李喜根．新闻与传播学理论以及新闻与传播学科学研究［J］．新闻与传播研究，2009（1）：19－24.

一、新闻理论的基本内容

新闻理论的研究对象与历史新闻学、应用新闻学研究的对象是共同的，都是新闻现象、新闻活动和新闻业，但它们研究的角度、重点、层次、方法是有差别的，对此前文已有一定的说明。

新闻理论主要研究新闻现象的本质与特征，揭示新闻现象（新闻活动、新闻业）的基本规律，以及新闻活动、新闻业与整个社会系统的互动关系。具体说，新闻理论主要围绕以下三大问题而展开，或者说由以下三大板块构成。

其一，围绕“新闻是什么”而建构的新闻本体理论。新闻本体理论主要以新闻本身为对象、以传收过程中的新闻为核心对象，重点探求揭示、解释说明新闻的本质和特性、新闻的功能和价值、新闻传收系统的要素构成、新闻传收的基本结构、新闻传收的基本矛盾、新闻传播的基本观念与方法，直至新闻传播的基本规律等问题。

其二，围绕“新闻业是什么”而建构的新闻业理论。新闻业理论是把新闻活动作为社会活动系统或社会分工系统的一个子系统，主要以新闻业为对象，探求新闻业产生、演变与发展的过程及规律，分析新闻业的性质特征与功能作用，考察新闻业的管理与控制，揭示新闻业的运行机制与规律等。而在新兴媒介环境下，新闻业的新闻生产传播活动与非新闻业的新闻生产传播活动关系，表现为职业新闻活动与非职业新闻活动的关系已经成为越来越重要的研究课题。事实上，这种关系已经酝酿着新的新闻学范式。

其三，围绕“新闻关系是什么”而建构的新闻关系论。新闻关系论主要是把新闻活动（不限于职业新闻活动）置于社会环境之中，置于与社会其他系统的关系之中，考察分析新闻、新闻传收、新闻媒介（媒体）、新闻业与社会整体及其各个社会子系统之间的关系，以及新闻与日常生活世界的关系。

在阐释上述三大板块诸多问题的过程中，还有贯穿其中的一根红线，这就是新闻精神论，主要由新闻自由论和新闻道德论构成。自由是新闻活动的手段，也是新闻活动的目标；道德是新闻活动的应然诉求，是新闻活动应该追求的境界。自由与道德确立了新闻活动的总体方向。自由论、道德论构成了新闻理论的内在灵魂，是新闻理论深层的价值理念。

如果把由新闻精神论贯穿起来的新闻本体论、新闻业态论和新闻关系论看成广义的新闻理论，那么，新闻本体论，即关于新闻本身的理论，就是狭义的新闻理论。新闻本体论是整个新闻理论体系中最为基础的部分，为人们提供了理解新闻及新闻活动的普遍观念框架；新闻业态论是对新闻与新闻活动更为具体的把握，它提供了理解现代新闻活动的基本观念体系；新闻关系论则可以说是整个新闻理论的基本落脚点，它提供了理解新闻与环境关系的理论视野与方式。

二、新闻理论的基本目的

新闻理论以一定的范畴、概念、判断、推理、原理、规律有机联系的方式，建构起理论新闻学的体系，但新闻理论的根基在于新闻史和新闻活动现实提供的事实，论从“史”出，论从“实”出，论从“今”出，归根结底一句话：实事求是。这永远是任何理论能够说服人、能够透彻、能够有用、能够获得召唤力的根本。

作为一种理论，新闻理论的首要目的是解释不断变化的新闻现象、解释人类新闻活动中的各种关系。因此，新闻理论也像关于整个世界或任何具体领域的理论一样，直接表现为一套概念体统、问题体系、知识体系，表现为一个思考、理解新闻现象、新闻活动的思维方式、方法体系、话语方式。一种新闻理论就是一种理解新闻现象的立场和方法。当然，作为解释新闻现象的新闻理论是开放的、历史的、变动的，会伴随新闻活动的历史展开而不断获得新内容、新形式。不同时代有不同的新闻学范式，也有不同的新闻理论范式。

作为一种理论，新闻理论会以理论自身的品质和精神不断反省自身，开拓新的理论境界；它也像其他理论一样，不仅揭示事实之所是，同时也在设想未来之所应，即总有自己的价值追求和意义渴望。

作为一种理论，新闻理论更重要的目的是导引人们理解新闻现象，批判和反思新闻现实，并在理论的规范指导之下，改变或改造现有的新闻现象、新闻现实，开辟和建构新的新闻活动景象。新闻理论不仅指向自身、完善自身，同时也总是指向实践、规范实践，努力形成与新闻实践的良性互动关系。

第三节 新闻理论的学习目的与学习方法

为什么要学习和怎样学习一门学科，是任何一个学习者都想预先知道的东西。但实际上，对目的的真正理解只能在学习和研究的过程中明确，对方法的真正把握也只能在学习和研究的过程中实现。而且，不同的学习者、研究者在目的与方法上都有自己的个性色彩。因此，这里所说的目的和方法只是既往经验的一般总结，对学习者、研究者只有一般的指导意义和启示作用。

一、学习新闻理论的目的

首先，从哲学高度把握新闻学的基本问题。一般来说，任何一门学科都由两大部分构成：一是它的基础理论部分，可以称之为这门学科的哲学；二是它的实证部分，是对这门学科经验事实的研究。新闻学的哲学就是它的基础理论，因而理论新闻学致力于新闻本质、新闻特征、新闻价值、新闻原则、新闻道德、新闻自由等基础问题的思辨与分析、说明与阐释，而采写编评制播等着重于经验事实的考察，目的在于直接为新闻传播的操作实践提供思路与技巧，新闻史则是利用不同方法，从不同角度、不同层次对历史经验事实的研究和对历史观念的反思。把握住一门学科的基本问题，才能从根本上理解这门学科独立存在的意义和价值，才能在相对比较稳定的学科架构和学术理念中求得本学科的根深蒂固、枝繁叶茂。缺乏哲学层次的理论研究，一门学科只能是游水浮萍，摇来晃去，不知何去何从。至于要站得高、看得远，充分自觉到本学科的未来发展，充分洞悉到本学科的独特价值，以足够的理论勇气不断创新，则更需要哲学的胸怀、视野和智慧。对于准备或已经从事新闻传播实践的人来说，如果能在哲学层面上认识新闻现象的风云变幻，特别是能够透彻理解所从事的事业的天职和使命、本质和特征、价值和功能等，就更有可能自觉地按照它的内在规律、基本精神从事传播活动。很难想象，一个对新闻活动、新闻业缺乏基本认识的人，一个对新闻精神缺乏足够理解的人，能够成为一个合格的或优秀的新闻工作者。

其次，把握新闻理论的基本知识体系，领会各种观念、见解和学说，对于某种理论的系统学习与把握具有十分重要的意义。“理论体系的逻辑性能使人具有严格的思维方式，从已有的知识系统推出相关的知识；理论体系的深刻性，能使人具有提纲挈领、抓住本质的能力；理论体系的整体性，能使人具有把握个别与一般的能力，有高瞻远瞩的眼光；理论体系最后凝聚成的科学世界观和人生观，能够胸怀全局，有着眼于人类解放的大度。”① 通过新闻理论的学习，至少可以使我们理解新闻活动的基本内容，把握新闻对于个人、国家、民族、人类的特有意义和价值。领会理论新闻学的各种观念、见解和学说，可以看作学习理论新闻学的知识意义。它能够开阔学习者的视野，了解人们对同一问题的不同看法，从而启迪自己的智慧，做出站在前人肩膀上的新思考。其实，拥有知识本身就能够给人带来快乐，知识本身就是学习目的的一部分，人们学习一门学科并不都是为了实用。一门学科最基本的学术成就，往往凝结、体现在它的基础理论之中。因而，如何尽快获得一门学科理论层面的基本知识、基本方法，最方便的、最快捷的途径就是学习它的理论分支。当然，学习新闻理论的知识论意义主要在于将理论的力量内化为自己的能力，即转化为从事实际工作的能力、实践的能力，改造或变革新闻现实状况的能力。

最后，培养认识和指导新闻实践的基本能力。学习理论的意义还在于理论与人们的实际活动总是密切相关的。理论根源于实际，这是理论能够“回流”实际的根本原因。理论对于实际的意义是多重的，并不只是人们惯常理解的那种指导实际工作的意义。学习新闻理论的实践意义同样也是多重的，并且对于不同的人有着不同的实践意义。理论发挥作用的途径是充当认识工具，充当思维的方向盘，人们可以用掌握了的理论去认识实际、指导行为。这种实际和行为既可以是学习实践、研究实践，也可以是新闻实践，还可以是其他方面的实践。新闻理论发挥作用的方式往往是看不见的、潜移默化的，一种理论一旦内化为学习者、研究者、实践者知识库中的有机部分，就有可能在不同的情景中被激活，在自觉与不自觉中成为指导各种实践的观念。新闻理论的学习（可以通过各种途径学习）使人们形成自己的新闻观，他们往往会把某种新闻观作为一种标准，衡量评判自己与他人的各种可能的新闻行为，这就是新闻理论实实在在发挥指导作用的过程。而系统学习新闻理论的目的主要在于培养和树立比较正确的、科学的、合理的新闻观，以提高指导的有效性和合理性。

二、学习新闻理论的方法

新闻学是一门独立的具有人文色彩的社会科学，并且是一门实践性和应用性特别强

① 沙莲香．社会心理学［M]．北京：中国人民大学出版社，1987：244.

的学科。新闻学是一门济世之学，它的成果必须回归于实践之中。新闻活动史和新闻研究史一再证明，紧密联系实际、积极将研究成果应用于新闻实践之中是新闻学得以发展的直接的、重要的动力和途径。这不是人们是否愿意的事情，而是由新闻学这门学科的性质、研究的对象及其特征决定的。新闻理论在新闻学的学科结构中居于最抽象的层次，研究的是新闻现象、新闻活动和新闻业中一些最基本的问题，因此新闻理论的学习方法与采写编评制播等实务性学科特别强调实践训练法相比是有所不同的。

首先，向书本学习。学习理论知识的捷径是“穿越书山”“畅游书海”，与既有的理论成果展开对话和交流，这不只是新闻理论学习的“捷径”，也是把握所有科学基础理论最基本的方法。这里的关键问题是：读什么样的书，以什么样的方式读书；学习什么样的理论，以什么样的方式对待所学到的理论。在尊重初学者自由选择的前提下，我们提出几点建议，以供参考。一是阅读优秀的教科书。方汉奇先生曾经写道：“一般说来，新闻教育质量的高低，起决定作用的主要是两个因素：一个是师资，一个是教材。两者之间，教材的作用更大。”“教材一旦完成，就可以直接嘉惠于学子，风行四海，无远弗届。”“一部好的教材，不仅可以满足教学的需要，培养出一大批人才，而且还可以同时拥有一定的学术含量，推动新闻传播学研究的发展”①。二是选读本学科公认的一些经典著作。一般而言，凡是能被称为经典的著作都是对某一学科影响相对深远的著作，都是具有原创性见解和启示性智慧的著作。对于这样的著作，我们要直接面对，直接感受，仔细阅读，反复思考，慢慢感悟，要从对作者叙述出的思维成果的把握出发，逐步理解作者创造成果的思路和方法。三是浏览本学科的一般性著作。走马观花，开阔眼界。有些书读读目录就可以了，有些书读读导论或绪论就可以放置一边，有些书读读内容提要、前言、后记也就行了，有些书读上一两章或一两节也就不遗憾了。如果碰到对胃口的书，可以通读、反复地读。四是经常阅读本学科主要的实用性杂志和学术性杂志。通过前者可以及时了解当前新闻现象的最新变化、新闻传播的运作状况以及新闻从业者对新闻工作的经验总结、实际感受、各种困惑等，这自然有利于对新闻活动现实的准确认知，这样，当自己走上工作岗位后，就不会有茫然不知所措的感觉，很快就能进入工作状态；通过后者可以及时了解学术界的前沿动态、讨论的主要问题、提出的主要见解，这样一来，如果继续深造或做研究工作，不仅入门快，而且起点高。五是积极涉猎人文社会科学其他学科的著述。知识达到一定的层次，其实是互相贯通的，是可以互相迁移运用的，学科间的知识界限特别是方法论上的界限是很模糊的。相对于某一学科的其他学科，原则上都能够提供一些独特的观察研究视角，使学习者、研究者看到本学科发现不了的东西，看到别有洞天的景象。对新闻学这门多少有点“杂烩”味道的学科来说，不管从实践角度还是从学术角度考虑，积极了解、研读其他学科的著述更是大有裨益。

其次，向“活人”学习。向书本学习是与一定的既成文本展开对话与交流，获取作者的知识与智慧，这主要是一个独自理解的过程。向活人学习是与活生生的人面对面地相互学习和交流的过程。对于刚刚步入新闻学殿堂的初学者来说，先要向自己的老师学习，还要向自己的同学或其他人学习。一个人的知识是长年累月积淀而成的、不断反思

---

① 童兵．理论新闻传播学导论［M］．北京：中国人民大学出版社，2000：序1．

感悟而得的，人文社会科学尤其如此。一般来说，老师在相关学科上的知识累积比学生要丰富些，思考的问题也要多一些、深一些，与老师在一些问题上直接交流与对话，对学习者来说往往能够起到事半功倍的效果，偶尔还可能产生“与君一席谈，胜读十年书”的效应，苦思冥想不得其解的问题，在老师的点拨启发下，常常会豁然开朗、茅塞顿开，甚至终身受用。与同学或其他人的交流是“互相借力、头脑碰撞”的过程，不同的人可能在读相同的书、不同的书，可能在思考相同的问题、不同的问题，但不管哪种情况，各人获得的结果不会完全一样，这种差异就能构成交流的动力，而“交流”一旦旋转互动起来，就会溢出可以分享的智慧美酒。如果这种交流不断地以新的内容、新的方式持续下去，学习者就会共同进步，分享“头脑风暴”“头脑合力”创造的精神快乐。

再次，向实践学习，向生活学习。新闻实践是新闻理论深化与发展的根本动力。这就从本源意义上提醒新闻理论的学习者、研究者，必须把眼光投向实际生活、投向新闻实践，这也就是人们通常所说的理论与实际相结合的学习、研究方法。这种方法确实是学习和掌握新闻理论真义的重要途径之一。“人要学会一件事，就必须实践。如果要他们有责任感，就必须让他们负起更多责任。”① 实践出真知。对学习者、研究者来说，向实践学习，除了直接参与新闻传播活动，更重要的是自觉坚持接触新闻媒介，紧跟新闻实践的最新动态。这里必须理解的是，作为学习方法的实践，是指学习者、研究者要以一种审视的态度、探究的态度去对待新闻实际，去解读媒介的内容与形式，去反思学得的观念与理论。学习、学问与生活中的道理是相通的，新闻学在最普遍的意义上是一种交流的学问，生活的本质就是交往和交流，因而新闻理论的诸多原理、规律就蕴含在人们日常的生活交往中，蕴藏在人们日复一日的各种信息、观念、情感的交流与分享中。认识到这一点，就会发现，天下就是最好的学习课堂、研究平台，生活就是理论的源泉、学习的导师。

又次，向世界学习。我们所处的时代是一个全球化的时代，它要求大家必须以全球化的眼光对待自己所学的东西，对待自己所进入的学科领域。中国的新闻文化、新闻传统、新闻观念，一方面塑造了中国人理解新闻活动的特有方式，但另一方面也限制了我们理解新闻活动的姿态与眼界。如果知道中国之外的世界是如何理解新闻活动的，就能在互识中看清我们的短长优劣，更为重要的是，我们会获得新的眼光、新的方法、新的观念，从而以全人类的各种可能视角去看待新闻、认识新闻，这对于今天的世界来说既是重要的也是必要的。拥有开放的视野、宽阔的胸怀，才有可能把我们带入一个新的更大的世界。因此，向世界学习，是学习、研究新闻的大道之一。

最后，向内学习。上述几种学习方法主要是求之于外的途径，而一种知识、方法真正要变成自己的东西，还必须有一个内化的过程，即求之于内的过程。所谓向内学习，就是在学习、研究过程中不断向自己提出问题，不断对已经获得的知识、方法进行质疑，不断对自己的学习、研究过程本身做出反思。奥运冠军们最爱说的一句话是“战胜自我”，因为这是最难的。其实学习、研究的最大难度也在于超越自我。学习、研究一旦自我满足，就会立即停步。体育比赛是有第一名的，但学习、研究永远没有第一名。学习、

---

① 霍布豪斯．自由主义［M］．朱曾汶，译．北京：商务印书馆，1996：出版说明5－6．

研究面对的是无限的宇宙、纷繁复杂的社会、丰富多彩的人生。任何一个人都不可能学完一门学科的所有知识，不可能研究完一门学科所有的问题，站在前沿的学习者、研究者、实践者永远是面对问题最多的人。因此，时时反躬自省，把自己的学习、研究、实践作为反思的对象，是求得不断进步的重要方法。

复习指点

关键概念

新闻学 新闻理论 新闻业务 新闻史 交叉（跨学科）新闻学

思考题目

1. 新闻学学科对象与性质
2. 新闻学学科核心内容结构
3. 新闻理论的基本内容
4. 学习新闻理论的目的与方法
5. 自然科学、社会科学、人文学科的基本含义

必读文献

高晓虹，赵希婧．改革开放40周年：中国新闻传播教育的坚守与创新［J］．新闻与写作，2018（12）．

童兵，林涵．20世纪中国新闻学与传播学：理论新闻学卷［M］．上海：复旦大学出版社，2001：第一章．

郑保卫．中国新闻学百年回望与思考［J］．新闻与写作，2018（1）．

陈力丹．怎样学习新闻传播学［J］．新闻大学，2008（2）．

杨保军．论新闻理论研究的宏观走向［J］．国际新闻界，2021（8）．

选读文献

童兵．新闻传播学学科体系的观察与思考［J］．南京社会科学，2017（1）．

杨保军．当代中国新闻理论研究的“上升”与“下沉”［J］．新闻大学，2021（1）．

季为民，刘博睿．中国特色新闻学“三大体系”构建：逻辑、架构和建设［J］．新闻与写作，2021（7）．

黄旦．新闻传播学科化历程：媒介史角度［J］．新闻与传播研究，2018（10）．

杨保军．全面认识当代中国新闻学的性质［J］．国际新闻界，2022（7）．

第一章
新闻活动的本质与演变

提　要

传播活动是人与人之间的信息交流与分享活动；新闻活动是人与人之间以交流新闻信息为主的活动。新闻活动与人类社会同生，与一般信息交流活动同步。新闻活动是一种认识活动、一种信息交流活动、一种精神交往活动、一种精神文化活动，是一种可以实现多元社会功能的信息活动，是多种社会实践活动的信息中介和手段。如果以近代西方新闻业的诞生为参照，可以将整个人类的新闻活动历史过程分为“前新闻业时代”“新闻业时代”和“后新闻业时代”；每一时代内部再以最能代表新闻活动水平的媒介形态为根据，可划分出不同的媒介时代。

对人类新闻活动的起源、本质做出解释和说明是新闻理论面对的最初任务。新闻现象产生的根源并不是一个简单的问题，它关系到人们对于新闻活动性质的理解、功能的认定。不同的新闻起源观将从源头上影响人们的新闻观念。对新闻活动演变发展历史的描述，目的在于以历史透视的方式把握人类新闻活动的基本轨迹，为随后的理论展开提供一个宏观的论说背景。

第一节　新闻活动的产生

新闻活动或新闻现象的产生是一个难以阐述得十分清楚的问题。从发生论的角度看，新闻现象的发生不会有一个明确的时空起点，而是一个历史过程。对新闻活动产生或起源的解释与描述实际上是以今天人们对新闻活动的理解为基本参照，去发现和衡量人类传播史、新闻活动史的结果，而且应该意识到，那些越是久远的事情，越是难以说得清楚。

一、传播与新闻传播

新闻传播作为人类的一种活动形式，有它相对于其他活动或其他行为的特殊性，要讨论它的产生和起源，需要对它的基本含义加以界定，即先要明白探究的具体对象是什么，然后才能有目的地去寻找这种现象的根源。因此，在具体解释新闻传播发生的根据之前，先来说明新闻传播的含义。

（一）传播

什么是传播？人们给出的回答实在是太多了。但这里不去细究，而是主要从传播学界达成的基本共识出发，对传播的内涵做出简要的说明。①

首先，传播学研究的传播活动或传播行为主要是指人类的传播活动，并不泛指所有的传播现象；其次，传播学研究的传播现象主要针对的是人类的精神传播活动、信息传播活动，也包括一些物质传播活动，还有信息传播与物质传播的相互关系活动；最后，传播学所说的传播不是把“传播”理解为单一的“传”的活动，而是指既有“传送”又有“收受”的信息传收行为，以及与信息传收相伴随的情感、意见等交流活动。“传播不仅仅是传送，而且还是接受与反应。”② 这也就是说，“传播”一词本身就包含了“传与收”的内容。在这样一些前提下，对传播可以做出如此解释：传播是指人与人之间的精神交往、交流活动，交往、交流的基本内容包括信息、观念和情感。简单地说，传播就是人与人之间的信息交流与分享活动。这里的“人”不单指个人，也可能是由个人组成的群体或团体；这里的“信息”是广义的，包括所有的精神产物。以下几种代表性的传播定义也可以作为进一步理解传播含义的参考。

施拉姆在《传播是怎样运行的》一文中提到：当我们从事传播的时候，也就是在试图与其他人共享信息——某个观点或某种态度。③ 郭庆光在《传播学教程》中说，“所谓传播，即社会信息的传递或社会信息系统的运行”，并进一步指出把握这一定义应该注意的几个方面：第一，社会传播是一种信息共享活动；第二，社会传播是在一定社会关系中进行的，又是一定社会关系的体现；第三，社会传播是一种双向的社会互动行为；第四，传播成立的重要条件之一是传受双方必须要有共同的意义空间；第五，传播是一种行为，是一种过程，是一种系统。④ 张国良在《传播学原理》中指出：“所谓‘传播’，即传受信息的行为（或过程）。”⑤ 这个定义简洁、明白，具有高度概括性和普遍适用性。

（二）新闻传播

理解了传播的一般含义，也就为理解新闻传播设定了基本边界。

新闻传播就是传播新闻的活动，也就是传收新闻的活动；传收新闻的活动，也就是新闻活动的核心内容。当人们一般性地谈论新闻活动时，主要指的就是新闻的传收活动，习惯上常常简单地称之为新闻传播活动。狭义上，新闻传播活动仅指传播者“传递”新

---

① 关于传播概念的各种含义可参见刘海龙．大众传播理论：范式与流派［M］．北京：中国人民大学出版社，2008：第一章，也可参见陈力丹，易正林．传播学关键词［M］．北京：北京师范大学出版社，2009：1－12。

② 威廉斯．文化与社会［M］．吴松江，张文定，译．北京：北京大学出版社，1991：392.

③ 郭庆光．传播学教程［M］．北京：中国人民大学出版社，1999：3.

④ 同③5－6.

⑤ 张国良．传播学原理［M］．上海：复旦大学出版社，1995：6.

闻的活动。

要说明传播"新闻"的"活动"到底是一种什么样的活动，关键有两点：一是什么是新闻，二是传播新闻的"活动"与其他传播活动有什么不同，即传播新闻的活动的特点是什么。

什么是新闻？这是整个新闻学关注的核心问题之一，此处先做一个一般的说明，关于它的比较系统的解释留待后面相关章节进行。根据现实的新闻传播情况，新闻在本体意义上是指新近或正在发生的一些事实信息，这些信息是社会大众普遍想知道的、感兴趣的，是与社会大众普遍利益相关的。因此，新闻传播就是一种关于新近或正在发生的事实信息的传收活动。

这种活动有什么样的特点呢？首先，这是人与人之间的一种信息交流活动，是一种社会性的交流活动，因而从原则上说，所有社会因素都有可能影响新闻活动；其次，这种关于新近或正在发生的事实信息的交流活动，至少是传播者与收受者之间双重主体的互动性活动，即是由传播新闻的人和收受新闻的人共同完成的活动，因此，也可以看成他们对新闻信息的共享或分享活动；再次，由于这种信息交流活动的内容是一种新近或正在发生的事实信息，因此新闻传播应该是一种关于真实信息、新鲜信息的传收活动；最后，这种将新近或正在发生的事实信息传送给社会大众的传播应该是一种及时的、公开的、透明的传播。

对于什么是新闻传播，学者们的看法大同小异，没有本质的差别，这里列出几种，供学习参考。"新闻传播，指人际、群体内和社区内直接的或通过大众媒介进行的、对于新近发生的事实的报道及意见的相互传受过程。"① "人们通常把新闻传播理解为通过报纸、广播、电视、互联网向不确定的为数众多的人——读者、听众、观众传递新闻信息的过程"，"顾名思义，是一种将新闻作为特定信息进行传播的活动"②。"新闻传播是人们之间相互进行的获取新情况、交流新信息的社会传播活动。"③ 虽然新闻活动的环境在不断变化，但人们对何谓新闻传播的理解还是基本稳定的。

（三）传播与新闻传播的基本关系

在对传播和新闻传播做出上述解释之后，再简要说明一下传播与新闻传播的基本关系。

首先，新闻传播是传播的一种，传播包含着新闻传播，传播是一般，新闻传播是特殊。显然，传播与新闻传播是不能完全等同的。这实质上也就意味着传播学与新闻学是两门不同的学科，不能互相取代。传播学研究的对象是人类所有的传播活动，但新闻学只重点研究人类的新闻现象、新闻活动。

其次，由于新闻传播是传播的一部分，因此，新闻传播遵循传播的一般规律，传播学的一些范畴、概念、原理、规律、学说、理论等之所以能够比较恰当地运用到新闻学中，根本原因正在这里。但新闻学必定有自己独立的、特殊的研究对象，所以它有自己

① 童兵．理论新闻传播学导论［M］．北京：中国人民大学出版社，2000：14.
② 何梓华，成美．新闻理论教程［M］．北京：高等教育出版社，1999：34.
③ 黄旦．新闻传播学［M］．杭州：杭州大学出版社，1997：6.

一整套特殊的范畴、概念、原理，有自己特殊的科学体系、知识体系和学科话语方式。新闻学与传播学也有各自的学科源流。[①]

最后，由于新闻传播是传播的一部分，因此新闻学与传播学在研究方法上首先是统一的。能够研究传播现象的方法，也可以用来研究新闻现象。就实际来说，不管是传播学还是新闻学，研究中到底采用什么样具体的研究方法，主要是由研究目的和所研究的问题的性质决定的。问题与方法相匹配，是基本的方法论观念。[②]

二、新闻活动的起源

新闻活动是人类最古老的一种信息传收活动。在人类还远远没有新闻意识的情况下，它就自然自发地开始了。根据现有的研究成果，人们认为，新闻活动与人类社会同生，新闻传播与一般传播同步。

（一）人类传播与人类社会同生

人类传播活动与人类是共生的，不存在哪个在先哪个在后的问题，是一种互生互动性的历史关系。传播是生命的需要，是不可避免的必然性存在。“我们与动物交流；传播渗透到我们所做的一切事情中。传播是打造人类关系的素材。传播是一条溪流，贯穿人类历史，使我们的感官和信息渠道不断延伸。”[③] “传播是自然而然、必不可少、无所不在的活动。”[④] 人类社会是由传播维持的关系网，传播就像血液流经人的心血管系统一样流过社会系统，为整个有机体服务。传播是“人类关系赖以存在和发展的机制，是一切心灵符号及其在空间上传递、在时间上保存的手段”[⑤]。“一切生命均靠信息运行。”[⑥] “所谓有效地生活，就是拥有足够的信息来生活。”[⑦] “所有的社会进步都依赖于信息的获取和认知。”[⑧]

传播是社会本体性的构成方式，是社会得以形成的工具和方法。人类在传播中形成又在传播中显现。作为个体的人无法在大自然中独立生存，生命的求生本能迫使原初的人类个体聚集为一定的群体，成为不得不交往的群体，每一个体正是在与同类的交往中，确证着自己成为人的身份。“人类需要交流，没有交流，当今的人类即不成其为人类。”[⑨] 原初人类的聚集过程不仅是人类社会的形成过程，真正的人的形成过程，也是人类传播的形成过程，这是一个完全同步的过程。这些带有猜测性的论断是目前关于人类传播起源能够做出的一种较为合理的想象和推断。

---

① 黄旦．新闻传播学科化历程：媒介史角度［J］．新闻与传播研究，2018（10）：60-81，127.

② 关于传播学研究中运用的基本方法，可参见陈阳．大众传播学研究方法导论［M］．北京：中国人民大学出版社，2007。

③ 施拉姆，波特．传播学概论：第2版［M］．何道宽，译．北京：中国人民大学出版社，2010：19.

④ 同③.

⑤ 同③3.

⑥ 莱文森．软利器：信息革命的自然历史与未来［M］．何道宽，译．上海：复旦大学出版社，2011：1.

⑦ 维纳．人有人的用处：控制论和社会［M］，陈步，译．北京：商务印书馆，2017：3.

⑧ 约斯特．新闻学原理［M］．王海，译．北京：中国传媒大学出版社，2015：44.

⑨ 索因卡．为自由而写作：在常熟理工学院“东吴讲堂”上的讲演［J］．东吴学术，2013（1）：13-18.

（二）新闻传播与传播同步

新闻传播与一般的信息传播共生同步。无论在什么时代，人类的精神传播都是一种信息交流与分享活动，其中的信息自然包含人们现在所说的类似新闻信息的那种信息。“新闻信息是始终存在的，只是在人类活动的早期，融于一般信息的传播之中，难以以一种绝对的标准予以辨别。”[①] 因此传播与新闻传播在人类漫长的交流史上，始终是同步演变、同步发展的。

新闻传播必定不同于一般的信息传播，尽管它孕育在一般的信息交流之中，却始终具有自己的个性特征，这也正是它能够随着人类文明发展，最终从一般信息交流活动中分离出来的内在根据。新闻意识的产生、新闻观念的诞生、新闻业的兴起，都与这客观存在的新闻传播的“胚胎”息息相关。因此，从发生论的视角看，新闻活动与一般传播活动是同生的。并且，新闻活动的产生也一定是一个漫长的过程。

与一般传播同生的新闻传播，它的发生、成形过程具体是什么样子，还是一个不大清楚的问题。根据新闻史学家们既有的研究成果，还有其他学科的相关成就，对新闻传播从发生到成形的过程可以做出非常粗略的描述（见表1-1）。[②]

表1-1　新闻传播从发生到成形的过程

人类进化形态	社会不同形态	新闻传播形态
完全形成的人	文明社会	成形状态
	原始社会	过渡状态
正在形成中的人		萌芽状态

所谓正在形成中的人，指的就是处于“半人半猿”时期的“人”，也就是人类学家们描述的“猿人”和“古人”。这时的新闻传播处在“萌芽状态”，在传播方式上还未消除类似于动物的痕迹，而在传播内容上又逐渐趋于复杂，非动物所能及。但从整体上说，很难说新闻传播诞生了，只能说新闻传播开始发生了，有了产生的基因。

所谓完全形成的人，就是人已经进化成了与一般动物完全不同的人，即古人类学上称为“新人”或“真人”的人。“此时，人类不仅能够制造出一些包括复合工具在内的石器工具，还懂得了人工取火的技术，其活动的范围空前扩大，其足迹遍布亚、非、欧三洲。”[③] 在这种情况下，可以想象，人类的信息交流规模、水平都会大大提高，我们可以说在这一时期产生了新闻传播活动，“新闻传播活动只能与完全形成的人同时产生”[④]。

但这一时期本身又可一分为二，与“原始社会”相对应的新闻传播状态是“过渡状态”，过渡状态的核心标志是已经出现了尚不成熟的语言，但这尚不成熟的语言却使人类不仅远离了自己的动物时代，而且能以其他任何动物都不可能发明或采用的方式进行社会交往和信息流通，从而也使人类传播发展到一个高潮。但这种高潮下的传播仍然是分

---

① 陈力丹．世界新闻传播史［M］．上海：上海交通大学出版社，2002：1.
② 黄旦．新闻传播学［M］．杭州：杭州大学出版社，1997：11.
③ 李世安，孟广林，等．世界文明史［M］．北京：中国人民大学出版社，2002：2-3.
④ 方汉奇．中国新闻事业通史：第1卷［M］．北京：中国人民大学出版社，1992：20.

类模糊的传播，新闻传播仍然蕴含在一般传播之中。从原则上说，此时的新闻传播仍旧处于发生期，它作为一种成形的信息传播形式还没有诞生，但可以说，已经处在新闻传播产生的前夜，因为新闻传播活动是与完全形成的人同时产生的。与“文明社会”相对应的新闻传播状态是“成形状态”，这一时期以有史记载开始为标志，即“之所以说成形，指在有限的记载中，经过考证已经发现可以确凿无疑称之为新闻传播的东西”①。比如，“中国从远古时代起，就有了广义的新闻传播活动”②，而“先秦时代的新闻传播活动，已经有了见于文字记载的直接证据”③。

这一描述大致勾勒出了新闻传播与一般传播“同产生共发展”的悠久历史轨迹，但其中的推理、猜测和“大而化之”也是显而易见的。对于人类新闻传播与一般信息传播的共生过程、分离过程的描述，永远不可能离开一定的想象和猜测。

（三）新闻传播发生的根据

人类的感觉器官与心智能力是新闻传播产生的自然基础。新闻活动作为一种信息传收活动，需要具有能够采集信息、加工信息、发出信息和收受信息的感觉器官和心智能力。人类起源史的相关研究说明，劳动创造了人，也创造了人之为人的感觉器官和心智能力，这是人的传播活动得以可能的基础，同样也是新闻活动得以产生的基础。

人类生存与发展的客观需要是新闻活动产生的根本动力。社会动力学告诉我们，“社会运行动力是一个复杂的系统，人本身的各种复杂需要则是最基本的原动力。动力源于人的需要”④。“需要本身必然要推动人们参与社会生活中的各种活动，成为个人、组织与集团乃至整个社会的内在动力。”⑤ 人为什么要进行各种各样的活动？“现代心理学表明，主体活动最终引发于主体需要：主体需要产生满足这些需要的主体欲望；主体欲望产生实现这些欲望的主体目的；主体目的则产生达到这些目的的主体的全部活动过程。”⑥ 总而言之，人的生命需要，进而人的各种社会需要是构成人的一切活动的根源，正是这些需要使人表现出不同的生命存在方式、延续方式，诸如生理生命、精神生命、社会生命。新闻活动作为人类活动之一种，它的动力根源当然也离不开人的需要。因而，从宏观层面上讲，新闻活动首先是人类生存、发展需要的产物。

信息交往需要是人类新闻现象产生的直接原因。“人们之间必须交往，这是一个平凡的事实，是社会之所以存在和发展的根源。”⑦ 而交往就是人与人之间物质的和精神的相互联系和相互作用，交往是生命存在和延续的必然，是生命本身的需要。在这些必需的交往之中，尽管物质交往是人类生存发展的基础，但精神交往与物质交往是同在的，而且它是物质交往有效实现的中介。因此，人要求得生存和发展，就必须进行信息交流、精神交往；这是一种需要，不以人们的意志为转移。精神交往从广义上说就是各种信息

---

① 黄旦．新闻传播学［M］．杭州：杭州大学出版社，1997：9－11.
② 方汉奇．中国新闻事业通史：第1卷［M］．北京：中国人民大学出版社，1992：18.
③ 同②21.
④ 郑杭生．社会学概论新修［M］．3版．北京：中国人民大学出版社，2003：38.
⑤ 同④39.
⑥ 王海明．新伦理学［M］．北京：商务印书馆，2001：29.
⑦ 郭湛．主体性哲学：人的存在及其意义［M］．昆明：云南人民出版社，2002：250.

的交往，因而精神交往的需要也就是信息交往的需要，正是在包含人们情感、意见、生存、生产、生活等信息的交往中，蕴含着新闻信息的交流和分享，这种“信息基因”最终导致新闻现象的产生和独立。因而，大致可以说，信息交往直接促成了新闻活动的产生。

第二节 新闻活动的本质

新闻活动就是以传收新闻为中心的活动，是人类的一种基本活动方式。新闻活动的内涵十分丰富，反映和体现着人类的不同关系，需要做出全面的分析、系统的理解和把握。

一、新闻活动是一种认识活动

从广义上说，与新闻有关的一切人类活动都可以叫作新闻活动。所谓与新闻有关，是指与新闻的传送和收受有关的活动，无论这样的活动是职业的还是非职业的。从当代新闻实践出发，与新闻传收直接有关的活动主要有：新闻媒体的管理与经营活动；各种社会力量对新闻传播的调控、影响活动；新闻教育、培训活动，新闻学习、新闻研究活动等。所有这些相关活动，与作为新闻活动核心的新闻传收活动整合在一起，就是广义的新闻活动。从狭义上说，人们只是把新闻传送与收受活动叫作新闻活动，有时甚至只是把职业新闻工作者的职业新闻活动称为新闻活动。

从人类整体层面上观察，新闻活动本质上属于人类认识事实世界的活动，是人类对客观世界（包括自然与社会）众多精神把握方式中的一种。从新闻现象的原始产生到今天高度发达的新闻业和广泛展开的非职业新闻生产传播现象，这一点并没有发生根本性的变化。并且，新闻活动还会继续成为人类认识世界、把握世界的一种有效精神方式。

对周围环境的及时认知和把握是人类生存发展的基本需要。这使得新闻认识具有永恒的客观基础和根本动力，同时也使新闻认识成为人类认识世界的一种基本方式、成为人类生存发展的基本组成部分，使新闻认识具有特殊的价值和意义。

新闻认识活动具有自己特殊的内容和方式，并不是一般的认识活动。正是内容与形式上的特殊性，使新闻认识方式与其他认识世界的方式区别开来。在最抽象的层次上，新闻认识活动内容上的突出特点就是它的事实性和新鲜性，新闻认识活动形式上的突出特点就是它的及时性和公开性。新闻认识是对“最新的实事”的认识和反映，是对“最新的实事”及时、公开的认识和反映，它以在最短的时间内认识、反映、呈现“最新的实事”标示自己的认识特征；而且，“最新的实事”必须是对社会公众普遍有意义的和他们普遍感兴趣的，新闻是“公众共同关心的新信息”，“新闻就是社会关心的问题”①。

作为一种社会认识活动，新闻活动从一开始就以实用性为主，它始终追求认识的生

① 斯蒂芬斯．新闻的历史：第3版［M］．陈继静，译．北京：北京大学出版社，2014：3.

活意义、社会意义和实践价值，追求对日常生活、社会生活的效用性和参考性，具有强烈的主体目的性和选择性。新闻认识不是“为知而知”的纯粹认识，而是“为用而知”“为知情而知”的功利性认识活动，它强调认识的有用性和趣味性，整体上属于常识水平的认识活动。新闻认识与人们的社会活动、实际生活直接相关。新闻认识离社会最近，离生活最近，和生命的直接存在与活动最近，它与生活、社会同步变化发展。因此，作为认识活动的新闻活动，对社会人群常常有着更为直接、更为广泛、更为实用的意义和价值。

作为一种社会认识活动的性质决定了新闻活动的基本规律和基本精神。这就是新闻认识活动必须遵循认识活动的一般规律，抓住新闻认识的特点，以求真、求实为基本目的。新闻认识并不限于事实性的信息，它同样提供意见性的信息。但新闻意见必须基于新闻事实、新闻现象，这是新闻意见不同于其他一般意见的特点，也是新闻意见能够充分发挥社会作用、生活影响的基础。

新闻认识活动是在与各种社会要素的纠缠中展开的，并不存在纯粹的新闻认识活动。以新闻方式认识、把握到的事实世界并不是完整的事实世界，大多数情况下是一个支离破碎的事实世界，简化了的事实世界。新闻认识所运用的眼光绝不是单一的，而是复合的；绝不是单色的，而是多色的。透过新闻认识看到的世界并不是纯粹的事实世界，而是事态世界、情态世界、意态世界的混合体或者统一体。

作为一种社会认识活动，新闻活动在总体上必然受到整个社会发展水平、所处状态的限制，受到社会政治、经济、文化、技术等方面的规范和约束。新闻认识不只是为了新闻自身，更是为了新闻认识以外的政治、经济、文化以及人们的交流、交往和社会生活。新闻认识实际表现如何，主要是由社会的政治、经济、文化、技术等实际状况决定的，而不是由新闻自身单一决定的。

二、新闻活动是一种信息交流活动

交往是人类生存的基本方式，信息交流活动是人类最基本的交往方式之一，并且是其他交往方式实现的桥梁。当人类迈进新的全球化时代、信息时代、知识社会、媒介化社会后，作为信息交流活动之一种的新闻活动，无疑对人类的生存与发展具有更加重大的意义和价值。

无论何种层次、何种具体方式的新闻活动，首先都是一种直接的或间接的信息交流活动。新闻活动是人与人之间以新闻信息为内容的交往互动过程。作为信息交流的新闻活动，本质上是人与事实世界之间特别是人与人之间，或者说主体与主体之间（主体间）的信息交流活动。这里的人既可以是个体，也可以是群体；既可以是一定社会范围内的人，也可以是不同社会之间的人；既可以是不同文明之间的人，也可以是不同文化之间的人。

作为信息交流活动的一种，新闻活动首先是人与人之间的一种社会交往活动。作为信息交流活动的新闻活动，信息交流的主要内容就是人们社会活动的内容，包括社会生产活动内容、社会生活内容等。新闻传收自身的特点使得作为信息交流活动的新闻活动成为一种最为鲜活的、生动的社会活动信息交流方式。

作为信息交流活动的新闻活动，是人与人之间分享生存发展所必需的新闻信息的社会活动。从现代文明社会的角度看，特别是在人类步入媒介化社会、数字化环境后，新闻信息已经成为基本的生活资料，分享新闻信息是日常生活世界的基本组成部分，媒介生活、新闻生活是日常生活的有机构成部分。因而，在今天这样的时代，作为信息交流活动的新闻活动对于整个社会、每个社会成员有着更加重要的意义和作用。

在当今全球化的背景下，作为信息交流的新闻交流更是具有特别的意义。如今的世界被人们形象地描绘成了“地球村”。全球化为人类的全球化交流、全球化理解开辟了新的时代、开创了新的机会，而搭建交流平台的一个既重要又有效的手段就是新闻信息交流。全球化的世界是一个需要和应该理性对话的世界，需要和应该理性协商的世界。信息交流是对话的途径，也是对话协商的基础，新闻交流是最新鲜、最快捷的信息交流方式；新闻就是中介，它已经成为地区与地区之间、国家与国家之间重要的对话桥梁。新闻交流主要是事实信息的交流，尽管很难排除意识形态或其他因素的干扰和偏见，但其事实性的根本特征容易形成共同交流、对话、理解的基础，事实信息的交流是天然具有公共性的交流。更为重要的是，新闻交流为不同文化文明之间、不同国家之间、不同民族之间的实质性对话，以日积月累的方式铺垫基础。普通民众之间的相互理解、一般百姓对世界各国的了解，现实地看，主要的渠道之一就是新闻渠道，而人民之间的相互了解、理解才是真正的交流，是人类共同体形成的关键。

三、新闻活动是一种精神（文化）交往活动

新闻活动是人类认识生存发展环境的手段，是人类实现信息交流的手段，但更为重要的是，新闻活动也是人类用来建构共同精神家园的手段，是人类用来建立精神关系、实现精神交往、实现文化共享的手段。精神交往、文化共享是新闻认识、新闻交流的表现和结果，这是对新闻活动更深层次的理解。

新闻活动，直接来看，是一种相对比较简单的关于最新事实信息的交流活动，但透过新闻信息交流活动，人们可以看到一个时代的特点、一个民族的特点、一个人的人性特征，它反映着一定时代、一定主体深层的精神世界，呈现着一定时代、一定主体拥有的文化世界。当新闻媒介成为谎言的载体时，现实世界必然是撒谎的“天堂”；当新闻媒介充满政治的喧嚣时，现实世界中的人们一定身陷政治旋涡之中；当新闻媒介成为煽情消息、黄色新闻的天下时，人们的精神世界一定荒芜空荡、文化生活一定百无聊赖……我们不能过分夸大新闻活动在人们精神生活、文化活动中的比例和分量，但通过新闻活动，我们确实可以管窥到一个时代、一个社会的整体精神交往、文化生活水平。一个思想禁锢的封闭时代，绝对不会有理智的新闻活动方式；相反，一个思想解放、政治开明、经济繁荣、文化勃发、技术发达的时代，一定会有繁荣昌盛的新闻业和普遍比较健康的新闻活动。新闻活动的方式、新闻活动的质量、新闻活动的景象，是一个时代、一个社会以及这个时代主体、这个社会主体精神世界、心灵世界的呈现。新闻活动不仅是人类精神生活的一部分，更是展示人类其他精神活动的媒介；新闻活动不仅是人类文化生活

的一部分，更是承载其他文化形式的重要中介。

新闻活动展现的不仅是职业化的新闻活动者的精神面貌，在如今这样的媒介生态结构中，也展现着一个时代、一个社会的精神面貌和文化景象。新闻活动有其自身的精神定位与精神追求。求实为本的科学精神、正义至上的人文精神、和谐为美的自由精神，是新闻精神的基本内涵。[①] 以这样的精神追求实现通过新闻方式的精神交往、文化共享，是新闻活动的深层目标。新闻活动编织的不只是信息之网，更重要的是在编织人与人之间进行相互交流的精神之网、文化之网；新闻活动不只是在履行交流信息的职责，也在建构共同的精神家园。新闻活动塑造的空间是公共空间，建构的领域是公共领域，依托的精神是公共精神、民主精神，实现的重要目标是公共利益。

处于传播状态的新闻，是人们进行精神交往、文化交流的中介。传播中的新闻是经过人们主观反映、加工过的事实信息，是经过诸多程序“包装”了的信息。关于它的传播不仅包含着传播者的态度和价值取向，也包含着传播者所代表的利益群体的追求和取向。人们在收受相关信息时，实质上已经开始与传播者对话交流了，已经开始与新闻中的人或者新闻中关涉的人对话交流了。这不仅是简单的信息交流，也是一种精神的对话、文化的交流。新闻不仅是看世界的“窗口”[②]，也是精神交流、文明交流、文化交流的渠道和窗口。

新闻活动建立的不仅是信息交流之网，更重要的是它为社会建立了一个精神交流之网、文化交流之网。从原则上说，每个社会组织、社会群体、个人都是这个网上的节点，任何一个节点的信息震动都会对整个网络的运行产生或强或弱的影响和作用，都会受到其他节点某种程度的关注和制约。这个网既是有形之网，通过不同的新闻媒介、信息媒介实际地将人们连接起来，也是无形之网，通过信息流、精神流、文化流将人们沟通起来。通过信息流、精神流、文化流，人们感受着事实世界、信息世界、精神世界、文化世界的变化。毫无疑义，从精神（文化）交往层面上看，新闻活动已经成为精神（文化）交往的一种手段和方式，也是精神（文化）交往的典型表现形式。

四、新闻活动是具有多元功能的信息活动

前面的阐释说明，新闻活动直接表现为主体间以传收新闻信息为主的活动。在信息传收过程中，包含着认识世界的活动、信息交流的活动、精神（文化）交往的活动。这主要是从新闻活动本身出发对其性质的分析与厘定。

新闻活动是社会环境中的活动，因而如果从新闻活动与其他社会活动的关系中审视新闻活动，或者说从新闻活动的社会功能角度分析新闻活动的性质，就会有新的发现，也能更为全面地理解新闻活动的实质和特征。

在现实社会中，新闻活动往往难以成为独立性很强的社会活动，反倒是常常容易成为各种社会实践活动的中介，成为其他基础性或根本性社会活动的手段或工具，比如成

① 杨保军．新闻精神论［M］．北京：中国人民大学出版社，2007.
② 塔克曼．做新闻：现实的社会建构［M］．李红涛，译，北京：中国人民大学出版社，2022.

为社会经济力量、政治力量实现自己目的的工具和手段。[①]

因此，人们除了看到作为社会认识、信息交流、精神（文化）交往的新闻活动之外，同时也看到这样的事实：新闻活动是实现政治目的、经济目的或其他目的的活动，成为各种意识形态的工具，表现为制造舆论、引导舆论的活动，大张旗鼓或隐晦曲折的宣传活动，明目张胆或遮遮掩掩的公关活动……

其实，需要明白，并不存在纯粹的新闻活动。新闻活动也像其他任何一种社会活动一样，总是与自身之外的环境交融在一起，共同塑造着自身的活动性质和特征。对新闻活动与其他社会活动的关系，我们将在第十三章专门阐释。

第三节 新闻活动的历史演变

描述新闻活动历史演变的角度、方法可以多种多样，不同的角度和方法可以描述、反映出人类新闻活动的不同侧面和景象。此处，我们以近代西方新闻业的诞生为参照，将整个人类新闻活动的历史过程大致分为“前新闻业时代”“新闻业时代”和“后新闻业时代”[②]，每一时代内部再以最能代表新闻活动发展水平的媒介形态为根据，划分出不同的媒介时代。这只是一个粗线条的勾画，目的在于对人类新闻活动的历史轨迹有一个宏观的印象和把握，为理解后面各章内容建立一个大的参照背景。[③]

一、前新闻业时代

在近代新闻业诞生之前，人类新闻活动已经历了不同的活动时代，主要包括以人的身体感觉器官为媒介的前口语媒介时代、以语言为媒介的口语媒介时代和以文字为媒介的文字媒介时代。

（一）前口语媒介时代

前口语媒介时代，是指人类语言还未产生的远古时代。语言产生前的信息交流活动大致只能依赖各种各样最原始的体态语言、手势语言等实现。“人类在正式开始口头传播以前，有几百万年的时间一直使用着同其他动物没有明显差别的叫声、表情、动作等传播手段。”[④] 因此，纯粹意义上的喊叫、体态表达是口语交流到来之前的漫长序曲。

在前新闻业的新闻活动历史中划出一个“前口语媒介时代”，本身包含一定的矛盾，因为人们会问，那时存在新闻传播吗？可以肯定回答的是，那时确实不存在能够明确界

---

① 杨保军．论作为“手段”的新闻［J］．社会科学战线，2021（10）：140－147．

② 也可以分为民众（folk）时代、大众（mass）时代和公众（public）时代，或者分为前传统时代、传统时代和后传统时代，还可以划分为前现代、现代和后现代。每一种划分方式都是对人类新闻现象或新闻活动从不同角度的新观察，可以发掘出新的问题，蕴含着新的学术境界。

③ 这里的时代划分，是以人类新闻活动为对象进行的；对于一个具体的社会来说，其经历的新闻活动时代是有一定差异的，因为世界各地的新闻活动的演进是不平衡的。

④ 邹广文．当代中国大众文化论［M］．沈阳：辽宁大学出版社，2000：77．

定的新闻传播。但人类在创造出语言之前，已经有了信息传播的存在。有些研究者推断，那时的人“很有可能通过一些他们生理上能发出的有限的声音如嗥叫、咕哝、尖叫进行传播，加上身体动作，大致包括手和手臂信号，大幅度动作和姿态”[①]。在这些依赖身体语言和半人半动物式的声音语言进行的信息交流中，可以大胆猜测的是，其中包含着新闻信息的基因或萌芽，后继的传播离不开这最初的“幼稚”。

（二）口语媒介时代

当语言产生后，人类便进入口语交流时代。口语交流时代指的是以口头语言为标志的交流时代。语言是人类与动物分界的重要标志。“语言是文化的边界”，语言使自然世界与人的世界有了初步的分野，因此，“要了解人类信息传播的历史，就要了解语言的发生和发展的历史”[②]。“口头语言是最古老的媒体。”[③]“语言可能开始于300万年前的早期‘直立人’，成熟于30万年前的早期‘智人’。”[④] 可“语言是怎样产生的呢？我们只能猜测”，但“在洪荒时代的蒙昧状态中，在某时某地，人这种动物带着几许踟蹰和犹豫，却迈出了伟大的步子，这是毫无疑问的。他们发明了语言”[⑤]。

以语言为媒介的信息交流使交流真正成为人的交流，成为具备直接、互动等特点的交流。口语媒介依赖于人的身体感觉器官，依赖于大自然提供的能够传播声音的各种介质。口语媒介是一种“在场”性的信息交流与分享媒介，不能脱离信息交流双方或多方的现场存在。人的身体本身与人的各种感觉器官是最重要的信息载体或传收渠道。人是总体性的媒介和媒体。

依赖口语媒介的交流具有直接的面对面的特点，因而强烈的互动性、反馈的快捷性、交流的即时性是口语媒介交流的天生特点，而时空的有限性是其最大的局限性。

口语媒介作为交流新闻的媒介既是古老的，又总是当代的。当人类运用口语媒介交流新闻时，它与运用各种物理媒介进行传播交流没有性质上的差别，都属于新闻交流。即使在传播技术高度发达的今天，口语媒介仍然是新闻得以规模化、持续性传播的重要通道。如果说人类有几种与自己永远相伴的信息传播媒介，那口语媒介一定是其中的一种。文明社会关于传收媒介的发明，从原则上说，不过是人体及其感觉系统、精神系统的某种延伸。人是媒介本体，人是媒介中的媒介，人是第一媒介。

（三）文字媒介时代

文字媒介时代是指人类利用书写文字开始新闻传播、新闻交流的时代，也就是史称的“手抄新闻时代”，它以印刷新闻传播时代的开始为下限。文字发明是文字传播的前提。人们通常把文字的出现看作人类进入文明社会的标志。文字符号和文字前身图画符号的诞生开启了人类文字传播的历史，“它改变了数十万年信息传播的形态，使原始新闻

---

① 德弗勒，鲍尔-洛基奇．大众传播学诸论［M］．杜力平，译．北京：新华出版社，1990：13.
② 陈力丹．世界新闻传播史［M］．上海：上海交通大学出版社，2002：2.
③ 斯蒂芬斯．新闻的历史：第3版［M］．陈继静，译．北京：北京大学出版社，2014：1.
④ 周有光．世界文字发展史［M］．上海：上海教育出版社，2003：1.
⑤ 施拉姆，波特．传播学概论：第2版［M］．何道宽，译．北京：中国人民大学出版社，2010：6-7.

发生了质变，标志着人类文明的真正出现”[①]。“在语言出现几十万年之后，兀然竖立着另一个里程碑：文字。”它的发明“是惊天动地的大事”[②]。人类最初使用文字的时间距今大约6 000年，“文字成熟于5 500年前农业和手工业的初步上升时期”[③]。文字也不是在某一个地方形成的，是从世界各地的图画经验中演变出来的。

文字传播时代依赖的是书写媒介。一切可以承载文字的自然物、人造物，都可以是书写媒介（介质）。从大自然提供的石头、泥板、树叶、树皮、甲骨、兽皮等到竹木经过简单加工而成的简牍、质地细薄的丝织缣帛，再到各种纸的发明生产，铺就了书写媒介的历史道路。[④] 书写媒介的出现，对新闻活动来说，意味着手抄新闻时代的到来，这在人类传播史上是一次革命性的进步。“公元前59年至公元330年古罗马的‘每日纪闻’，以及中国西汉与东汉间（公元前后）的竹木简邸报、唐代以后的手抄邸报，是人类最早使用文字进行规模化新闻传播的尝试。”[⑤]

文字是语言的另一种存在形式，从人类的听觉符号变成了视觉符号，有声无形的语言转换成了声形俱备的文字，从而使传播的内容原则上可以以独立的方式永久地存在。依赖文字与书写媒介的文字传播，使人类对自己的文化记忆超越了单纯的口口相传方式，超越了声音语言传播的即时性和在场性。从历史向度上看，文字传播使人类信息传播从本质上开始超越一定时空的限制，超越了面对面直接交流的限制，开启了间接交流的新时代，孕育着新闻传播的规模化和大众化。但是，手工书写媒介的私人性、复制的艰难性、智力要求的高级性，都使它不可能成为新闻传播的高效媒介，其被历史淘汰是必然的。传统意义上的、依赖书写媒介的新闻传播方式已经基本上结束了它的使命，但书写方式本身仍然是并且永远是新闻传播离不开的东西，只是它会不断以新的方式出现。

二、新闻业时代

人类新闻活动又一次革命性的变化始于印刷新闻的诞生。印刷新闻使新闻传播逐步成为一种相对独立的信息传播类别，因而，“印刷新闻纸的问世，是新闻事业诞生的时间标志”[⑥]。印刷新闻使人类新闻传播一步一步开始进入规模化、大众化的传播时代，标志着新闻业的开始。从此以后，随着新的媒介的不断发明创造，人类新闻活动登上了一个又一个新的历史阶梯。

（一）印刷媒介时代

印刷媒介时代的到来是以印刷术的发明为前提的。印刷术的发明被视为人类发展史上的一座里程碑。它不仅引来了大众传播时代，也引发了人类历史演变过程中诸多革命

---

① 刘建明．当代新闻学原理［M］．北京：清华大学出版社，2003：17.

② 施拉姆，波特．传播学概论：第2版［M］．何道宽，译．北京：中国人民大学出版社，2010：9，12.

③ 周有光．世界文字发展史［M］．上海：上海教育出版社，2003：1.

④ 当代发明的电子书写媒介属于电子媒介范围，不属于这里所说的文字传播时代的书写媒介，但它是人类书写的一种新方式，可称为电子书写方式；并且，现在已经可以看出，它会越来越成为人类主导的书写方式。

⑤ 陈力丹．世界新闻传播史［M］．上海：上海交通大学出版社，2002：6.

⑥ 项德生，郑保卫．新闻学概论［M］．武汉：武汉大学出版社，2000：92.

性的变化。“在15世纪末和16世纪，印刷术的扩散撕裂了西欧的社会生活结构，并用新的方式将它重新组合，从而形成了近现代模式的雏形。印刷材料的使用促成了社会、文化、家庭和工业的变革，从而推动了文艺复兴、宗教改革和科学革命。”① “印刷术的发明，不仅给中国，也给欧洲和整个世界的文明带来了曙光，使人类社会发生了翻天覆地的巨大变化，并引导人类传播真正步入了一个崭新的大众传播时代。”②

印刷技术最早出现于中国，起源于殷商时期的印章和公元200年左右的拓印术，公元7世纪（618—649）即唐初就有了雕版印刷术，11世纪中期（北宋庆历年间）毕昇发明了泥活字印刷技术，1315年中国人最先铸出铜活字。尽管中国的印刷技术与其他一些发明一起沿着“丝绸之路”传向西方，但真正对新闻传播造成直接影响的印刷技术是德国人谷登堡于15世纪四五十年代发明的金属活字印刷术。“中国很早便有了印刷术，但专为印刷而设计并且只有通过印刷才可能制成的印刷品，特别是报纸和期刊，最早仅出现于西方。”③

印刷媒介“就是将文字和图画等做成版、涂上油墨、印在薄页上形成的报纸、杂志、书籍等物质实体”④。印刷媒介的出现意味着人类可以对精神产品进行大规模的、快速的复制，因而只有印刷媒介的创造才预示着近现代意义上新闻传播的到来，意味着大众化传播的可能。

印刷媒介时代的到来是以近代报刊的诞生为标志的，而近代报刊最初在欧洲的诞生、随后向世界各地的扩散，是一个比较长的历史过程，是由诸多社会条件共同作用促成的。⑤ 真正大众化的印刷新闻时代应该说开始于19世纪三四十年代的商业报纸时期。直到今天，新闻传播的印刷时代仍在持续，还在与电子媒介及其他新兴媒介一起演变。但人们现在看到的基本事实是，印刷媒介在与新兴电子媒介的竞争中，影响力逐步降低，其未来的生存命运已经成为人们讨论的热门话题。

（二）传统电子媒介时代

电子媒介时代是一个十分宏观的概括，它的内涵非常丰富，主要是指以广播和电视为主体的传统电子传播。19世纪中后期到20世纪初期一系列的重要发明标志着电子新闻传播时代的到来，诸如美国人莫尔斯1844年发明了电报，贝尔1876年发明了电话，爱迪生1877年发明了留声机，法国人马瑞1882年发明了摄影机，1895年意大利人马可尼和俄国科学家波波夫发明了无线电报，1906年美国匹兹堡大学的费森登教授首次成功地做出了实验广播。1920年11月2日，世界上第一座广播电台美国匹兹堡的KDKA电台第一个领取执照，开始播音。1926年英国人贝尔德首次研制出电视机，1929年英国广播公司开始播出电视节目，1936年该公司建立了世界上第一座电视台，正式播出新闻节目。

---

① 埃默里M，埃默里E，罗伯茨．美国新闻史：大众传播媒介解释史：第9版［M］．展江，译．北京：中国人民大学出版社，2009：4.

② 邵培仁．传播学［M］．北京：高等教育出版社，2000：39.

③ 陈力丹．世界新闻传播史［M］．上海：上海交通大学出版社，2002：8.

④ 同②153.

⑤ 同③9－12.

电子媒介时代的到来“不仅彻底突破了时间和空间的限制，使信息传播瞬息万里，而且挣脱了印刷传播中必不可少的物质（书、报、刊）运输的束缚，为信息传播开辟了一条便捷、高效、省钱、省力的空中通道”①。电子媒介时代的到来在一定程度上超越了收受信息的诸多能力（如识字能力）限制，使新闻传播进一步成为真正的大众化传播，也使新闻传播真正成为一种全球化的传播、无边界的传播，使信息自由流动在潜力上进入一个新的伟大的时代。但像传统的纸媒一样，传统广播电视也已受到新兴媒介的挑战，人们也开始讨论传统电子传媒的未来存亡问题。②

（三）初级互联网媒介时代

当1946年埃克特等人研制出世界上第一台电脑主机“埃尼阿克”（ENIAC）时，就预示着一个新的媒介时代可能到来。互联网起源于20世纪60年代末的美国，大致从20世纪80年代中后期开始运用到新闻传播领域。经过几十年的快速发展，以网络媒介为核心的新媒介系统已经成为主流性新闻媒介，已经给人类新闻活动带来革命性的变化。

网络媒介将信息传送与收受整体上带入新的主动的、互动的和共动的时代。网络媒介已经改变了传统的新闻传播格局，对传统的新闻传播观念和新闻传收方式以及新闻管理、控制、治理方式等带来了巨大的结构性影响。网络媒介正在以它高度的综合性、充分的交互性、方便性和快捷性，成为一种立体化的、高效的新闻传播媒介。“它是一种多层面的大众媒介，它融人际传播、组织传播、大众传播于一体，与报纸、广播、电视、杂志、电影、图书等单一化的大众媒介已截然不同。”③ 网络媒介已经成为私人的与大众的、有形的与无形的、真实的与虚拟的巨大媒介平台，“建立在这个基础上的网络新闻，则不仅会无远弗届，无物不容，而且极有可能在媒介属性和信息目的上实现多位一体的理想境界”④。网络媒介正在成为一种整合式的新闻传播媒介，它所创造的融合新闻时代已经开启。但网络新闻也有自身的一个发展过程，我们把Web 1.0时代的网络定义为初级互联网，与此相应的媒介时代称为初级互联网媒介时代，其典型特征是此时的网络新闻比起报纸、广播、电视新闻来还影响较小，因此初级互联网媒介时代可以从原则上归属新闻业时代。

三、后新闻业时代

自从网络传播技术运用到新闻传播领域，传统新闻业已经发生了巨大的变革，网络传播进入Web 2.0时代之后⑤，移动互联成为常态。除了专业新闻媒体之外，平台媒体影响越来越大，社交媒体广泛勃兴，机构媒体遍地开花。事实上，互联网正在成为社会

① 邵培仁．传播学［M］．北京：高等教育出版社，2000：41.
② 周勇．电视会终结吗?：新媒体时代电视传播模式的颠覆与重构［J］．国际新闻界，2011（2）：55-59.
③ 杜骏飞．网络新闻学［M］．北京：中国广播电视出版社，2001：48.
④ 同③49.
⑤ Web 1.0时代是以门户网站作为主要网络媒体类型的时代，是报纸、广播、电视等媒介形式主导媒介格局的时代；Web 2.0时代是以社交媒体的崛起为开端的时代，是互联网媒介走向媒介格局中心位置的时代。

整体运行的基础设施。最近几年，智能媒介蓬勃发展，进一步促成了“互动、移动、共动”新闻传收景象的形成。可以说，一个新的时代正在开启并迅速展开。相对于传统新闻业时代，这个新时代可以称为“后传统新闻业时代”，简称“后新闻业时代”①。这里的“后”主要有两个意思：首先是一个时间概念，指网络新闻发展到一定阶段之后的新闻业；其次是一个揭示新闻业实质变革的概念，意在说明当网络新闻、手机新闻、融合新闻或数字新闻、移动新闻（mobile news）、平台新闻等已经成为常态新闻传播现象时，人类新闻业、新闻活动开启了一个前所未有的新时代，新闻传收出现了前所未有的新景象。再具体一点说：

第一，以网络平台为基础的融合新闻时代或数字新闻时代的到来与持续发展，是后新闻业时代开启并展开的重要标志和表现。在传媒结构上，后新闻业时代是人类新闻业在总体媒介形态格局上出现质的变化或者革命性变化的时代，打破了三大传统新闻媒介形态（报纸、广播和电视）造就的媒介结构方式。人们看到，新兴媒介的持续衍生与发明，特别是智能媒介的迅速发展将不断改变革新媒介生态结构，从而深化后新闻业时代的丰富内涵。

第二，新闻传收模式的诸多变革是后新闻业时代开启并展开的另一标志。在后新闻业时代开启之前，“点到点”的传统人际模式、“点到面”的传统大众传播模式是新闻传收的主导模式。但随着各种新兴媒介样态的不断发展升级，一些新的模式已经形成，比如通过网络媒介、手机媒介以及其他新兴媒介形成的移动中的双向、多向互动型的点到点、点到面、面到面的新闻传收模式。这些传收模式不仅继承了人际传播、大众传播的优势，还开创了分众传播、小众传播的新局面，同时，也造成了各种“微”传播的新景象，更是造就了融合性的传收模式。诚如有学者所说，“传统意义上大众传播、人际传播、群体传播、组织传播等的界限已经模糊，这需要我们用全新的框架来研究新媒体中的复合性传播”②。

第三，新闻“产消者”（prosumer）的出现是后新闻业时代开启的主体标志。与传播模式变化有着内在联系的是新闻传收系统构成要素（传播内容、传播者、传播媒介、收受者）之间关系的变化。在今天这样的新闻时代，尽管职业新闻传播者依旧保持着一定的优势，但已经受到非职业新闻传播者（包括个体、群体及人工智能体）的挑战，职业新闻传播的信息垄断地位与影响已经被冲破。昔日那些多少有些被动的新闻收受者正在变成主动的、具有创造性的、公共化的新闻信息传播者。这种传收关系的变化对传统的以新闻媒介机构为核心的新闻生产方式带来了重大影响，对新闻的整体社会构成也带来了重大的变革性机会，非职业新闻的地位和影响可能会越来越大。③ 可以

---

① 在互联网诞生之后，人们逐步习惯于把由报业（印刷新闻业）、广播新闻业、电视新闻业构成的新闻业称为或定性为“传统新闻业”，而对互联网背景下的新闻业，则并未形成统一的名称。但新闻业的实际变化发展，向人们展示出不同于传统新闻业的景象，于是人们便从不同视野或角度出发命名新的新闻业，形成了诸如网络新闻业、融合新闻业、数字新闻业、新新闻业、混杂新闻业等名称。

② 彭兰．数字技术打开媒介无限想象空间［N］．中国社会科学报，2021-11-02（1）．

③ 杨保军．新闻的社会构成：职业新闻与民间新闻［J］．国际新闻界，2008（2）：30-34．

说，大众化新闻生产传播主体多元化的结构已经形成①，一种新的产消者角色在新闻活动中已经成为常态②。

第四，数字化符号系统，即全能符号系统或立体化符号系统形式的传播，特别是图像化传播的兴盛，是后新闻业时代符号形式上的显著标志。用来传载新闻信息的符号（包括非语言符号）方式如今发生了重大变化。以文字符号为主的时代，尽管说没有让位于以图像为主的时代，但文字、声音、图像并重的时代已经全面到来，"全觉传收"的时代已经到来。网络技术、数字技术、智能技术、各种影像成型创制技术等为这种统一提供了支持。具象传播越来越成为突出的新闻传播方式。③ 所有符号系统的数字化处理，已经成为当今媒介符号运用的主导形式。

第五，智能媒介时代的初步开创，人机互动新闻生产传播的初步展开，"元宇宙"的提出与初步实践④，ChatGPT的迅猛发展，是后新闻业时代进入新的历史阶段的最新标志。机器新闻或智能新闻不再是纯粹的"人工"新闻，它在新闻生产、传播、消费、管理、控制等各个环节都开创了前所未有的新景象，也带来了前所未有的新问题，但它将新闻业带入一个新的时代却是没有疑问的。"在未来的新闻生产系统的各个环节，参与主体都未必是'人'。一个新的'万物皆媒'的时代也将到来。"⑤ "数据分析技术、人工智能技术、物联网技术等种种新技术，正在把媒体带到一个智能化时代"，"智能化已成为传媒业的大势所趋"⑥。"人工智能及其分支技术将对全球新闻业产生深刻影响，最终新闻生产的每一个环节都将从当前的数字化迈向智能化。"⑦ 因此，"媒体行业需要有更加开放的心态、更加开放的机制和更加开放的举措来适应这种智能化的发展趋势"⑧。

上面描述的三个时代及其具体的历史演变过程、各个具体时代的相互关系就是如图1-1所示的结构图。

---

① 杨保军．"共"时代的开创：试论新闻传播主体"三元"类型结构形成的新闻学意义［J］．新闻记者，2013（12）：32-41.

② 消费者在消费中生产，在生产中消费。在新的技术条件下，新闻生产者与消费者已经普遍一体化了。关于"产消者"这个概念，我是借用的，可参见泰普斯科特，威廉姆斯．维基经济学：大规模协作如何改变一切［M］．何帆，林季红，译．北京：中国青年出版社，2007：132-135。

③ "人类发明对活动声像的记录与传输……核心目的就是突破符号传播的间接性，而达到'亲身经历'或'准亲身经历'的境界。它是真正而彻底的眼和耳的延伸，是真正突破时空限制的'耳闻目睹'。突破符号性，正是活动声像超越于任何传播媒介的革命性价值所在。它彻底实现了不借助符号的超时空传播。"参见杨钢元．具象传播论：形名学之形学［M］．北京：人民文学出版社，2008：138。

④ 关于"元宇宙"的词源考察、基本含义，可参见苏振源．从词源学视角看"元宇宙"［N］．中国社会科学报，2022-03-22（3）；胡乐乐．"元宇宙"辨析［N］．中国社会科学报，2022-04-06（10）。在我看来，"元宇宙"实质上就是通过数字技术创造、构建的相对现实世界而言的"数字世界"。如果说现实世界是"现实域"，数字世界就是"数字域"。如果将"元"（meta）理解为"在……之后"或"超"，同时将"宇宙"（verse）理解为"域（领域）"，那么，"元宇宙"概念还是合理的、可基本进行准确定义的，即"元宇宙"就是现实世界之后的（也就是根源于现实世界的）"宇宙"（一个领域）。这样，就可大大消除"元宇宙"概念的模糊性或歧义性。从知识、概念的约定性意义上说，"元宇宙"概念可以继续使用，但需要明确的是，元宇宙是指由现实世界中的人运用不断更新的数字技术、智能技术创造、构建的持续变动的数字世界。

⑤ 彭兰．新媒体传播：新图景与新机理［J］．新闻与写作，2018（7）：5-11.

⑥ 彭兰．移动化、社交化、智能化：传统媒体转型的三大路径［J］．新闻界，2018（1）：35-41.

⑦ 余婷，陈实．人工智能在美国新闻业的应用及影响［J］．新闻记者，2018（4）：33-42.

⑧ 胡正荣．智能化：未来媒体的发展方向［J］．现代传播，2017（6）：1-4.

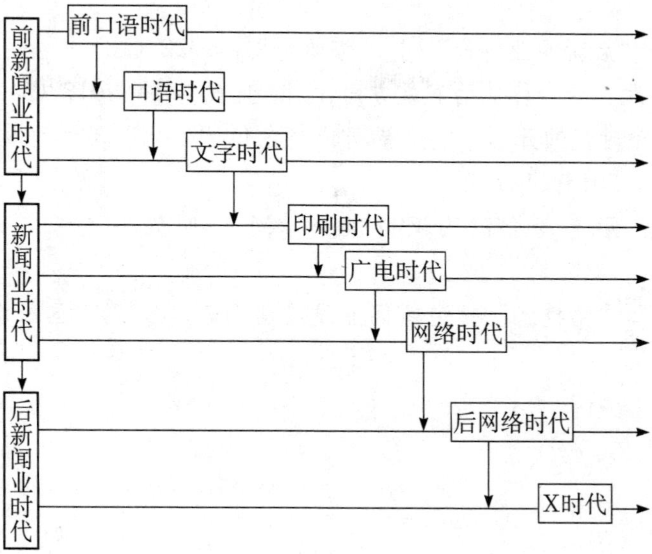

图 1-1　新闻活动的历史演变

复习指点

关键概念

传播　新闻传播　新闻活动　前新闻业时代　新闻业时代　后新闻业时代　文字时代　印刷时代　电子时代　网络时代

思考题目

1. 传播与新闻传播的关系
2. 新闻活动发生的基本条件
3. 新闻活动的本质
4. 新闻活动演变的历史过程
5. 后新闻业时代的特征

必读文献

黄旦. 新闻传播学 [M]. 杭州：杭州大学出版社，1997：第一章.

童兵. 理论新闻传播学导论 [M]. 北京：中国人民大学出版社，2011：第一章.

彭兰. 新媒体传播：新图景与新机理 [J]. 新闻与写作，2018 (7).

刘海龙. 大众传播理论：范式与流派 [M]. 北京：中国人民大学出版社，2008：第一章.

郭庆光. 传播学教程 [M]. 2 版. 北京：中国人民大学出版社，2011：第一章.

杨保军. "融合新闻学"：符合时代特征的总名称：关于"后新闻业时代"开启后新闻学命名问题的初步思考 [J]. 新闻界，2022 (1).

选读文献

杨保军．再论“后新闻业时代”[J]．编辑之友，2022 (10).

胡正荣．智能化：未来媒体的发展方向 [J]．现代传播，2017 (6).

杨保军．“共”时代的开创：试论新闻传播主体“三元”类型结构形成的新闻学意义 [J]．新闻记者，2013 (12).

菲德勒．媒介形态变化：认识新媒介 [M]．明安香，译．北京：华夏出版社，2000.

姜华，张涛甫．“元技术”塑造新闻业发展新图景 [N]．中国社会科学报，2021-11-02 (1).

第二章
新闻活动系统的构成

提　要

新闻传收是新闻活动的主要构成部分，因而本章主要从新闻传收关系出发，讨论新闻活动的系统构成问题。依据传收主体的关系构成，新闻传播类型主要有人际传播、群体传播和大众传播，以及由这些基本传播类型整合而成的融合传播。完整的新闻传收系统由传播者、传播内容、传播媒介、收受者四个要素构成，而传收系统总是处在一定的社会环境中。完整的新闻传收过程由信息采集、文本创制、文本传播、文本收受和信息反馈五个基本环节构成。传播者与收受者之间的关系构成了新闻传收系统的基本内在矛盾，传收矛盾的实质是传播需要和收受需要之间的关系体现，而媒体、社会与政府（政党）之间的关系构成了新闻活动与社会环境的基本矛盾框架。点到点、点到面、面到面构成了新闻传收的基本模式，这些模式之间可以组合和融合成多样化的派生模式。

解释新闻传收系统的构成是个十分复杂的事情。这里先从新闻传收的实际状况出发，以静态观照的方式对新闻传播的类型构成、媒介方式构成做出宏观的说明，以静态解剖的视角对具体新闻传收的要素构成做出分析；然后以动态的眼光审视新闻传收过程的环节构成；最后，动静合一，以历史与逻辑相统一的方式，对新闻传收活动的基本矛盾及传收基本模式构成做出简要说明，从而在整体上把握新闻传收的根本运行机制和动力结构方式。

第一节　新闻传播的类型与要素构成

人类传播新闻的方式是多种多样的，并且随着人类的不断发展进步，新的传播方式也会不断产生。如果以现实既有的新闻传播类型和方式作为观察对象，可以从宏观层面上对新闻传播的构成做出区分。目前来看，在社会总体层面上，有两大宏观类型，一是职业新闻传播，二是非职业新闻传播或社会化新闻传播。任何信息传播系统的正常运转都应具备一些必要的基本要素。观察新闻传收系统基本要素的构成，就是将实际的、具体的新闻传播过程系统加以解剖，看它是由哪些必不可少的、相对独立的要素构成的。

一、新闻传播的基本类型构成

新闻传播类型的划分与对人类信息交流类型的划分本质上是一致的，人类用来交流一般信息的方式通常都可以用来传收新闻信息。人们通常从传收主体的结构关系特征出发将传播的基本类型分为以下三种。[①]

人际传播。人际传播是指人类个体之间的信息交流活动，通常发生在两人或多人之间。人际传播可以说是人类最古老的信息交流方式，即使到了大众传播时代，它依然是最普通、最常见、最丰富的信息交流方式，“始终都是人类传播的分子级组成部分，任何更大范围的传播都必须以它为基础”[②]。与其他类型的传播相比，人际传播的特点在于传播内容丰富多彩，传播渠道、样式、方法灵活多样，传播效率较高、互动性强。

群体传播。群体传播是指群体成员之间和群体与群体间进行的信息交流活动。群体可以分为一般群体和组织群体，组织群体就是通常所说的组织。“组织是人们为了高效率地完成分散的个人或松散的群体所不能承担的生产或社会活动而结成的协作体。”[③] 在组织内部成员之间、组织与组织之间进行的信息交流活动就是组织传播。组织传播的突出特点是传收关系比较稳定。

大众传播。所谓大众传播，“就是专业化的媒介组织运用先进的传播技术和产业化手段，以社会上一般大众为对象而进行的大规模的信息生产和传播活动”[④]。大众传播的基本特点是传播机构的制度化、组织化，传播方式的系统化、规模化，传播手段的现代化、影响的社会化，传播人员的职业化、专业化，收受者的大众化和不确定化，等等。

由于传播媒介具有不同的具体形态，因而也可以从媒介形态的角度来划分新闻传播的宏观类型，诸如报刊传播、电子传播、网络传播、手机传播等。当代用来传播新闻的媒介形态主要有报纸、杂志、广播、电视、网络、手机等。人类还在不断创造着新的传收新闻的媒介形式和方式，而且不同的媒介方式也在不同程度地整合、融合，因此，以媒介形态或方式为依据的具体传播类型还会增加。进一步说，不同传播类型可以整合，形成融合传播类型，这在互联网设施和数字技术支持下，已经成为常态的信息交流类型。

二、新闻传收系统的要素构成

要素，就是必要的、必不可少的元素。要素，其含义较为严格，有最基础素质的意

① 关于传播类型的多标准下的划分，可参见韦斯特，特纳．传播理论导引：分析与应用：第6版［M］．刘海龙，于瀛，译．北京：中国人民大学出版社，2007，也可参见传播学方面的其他教科书，比如郭庆光．传播学教程［M］．北京：中国人民大学出版社，1999。

② 陈力丹，易正林．传播学关键词［M］．北京：北京师范大学出版社，2009：240.

③ 郭庆光．传播学教程［M］．北京：中国人民大学出版社，1999：99.

④ 同③111.

思，即多一个不能、少一个不可。[①]“要素的基本特征就在于，它们是各各离散的。但是只有就它们参与整体性联系或就它们结合起来构成整体或总体而言，它们才是要素。”[②]也就是说，构成一个系统的结构要素应该是异质的，具有相对的独立性，它们是在一个系统的结构中发生有机联系的。

（一）几种要素说

新闻传收系统到底由哪些要素构成，学界的看法并不完全一致，主要有以下几种。

三要素说。三要素说认为，构成新闻传收行为的要素有三个：作为传播内容的事实（信息）、新闻传播者和新闻收受者。甘惜分在《新闻理论基础》中指出，新闻传播实质上由事实-新闻报道者-新闻接受者构成。他把新闻报道者看作连接事实与新闻接受者的中介，这个中介“可能是一个了解内情的个人（他用和人通信的方式向他的亲友报告新闻），但在现代社会生活中，充当这个新闻报道者的最大最经常的角色的是专门的新闻机构——报纸、通讯社、广播电台和电视台”[③]。显然，甘惜分所理解的新闻报道者实质上指的是新闻传播媒体，包括从事新闻传播工作的人和传播工具。何梓华、成美在他们主编的《新闻理论教程》中写道：“现代社会的新闻传播是一个有机的系统。在这个系统中，新闻传播者、新闻事实和新闻收受者是三个最基本的要素，这些要素的相互影响和作用，构成现代社会生生不息的新闻传播过程。”[④]

四要素说。四要素说是在三要素的基础上，加入了“媒介”要素。黄旦在他的《新闻传播学》中写道：“构成新闻传播必须具备四个基本因素，即传播者、传播内容、传播媒介、接收者，缺一不可。新闻传播就是在这四个基本要素组成的结构内进行的。”[⑤]

五要素、七要素说。在传播学中，一个完整的传播过程应该由五个要素构成，它们是传播者、受传者、讯息（讯息指的是由一组相互关联的有意义符号组成，能够表达某种完整意义的信息）、媒介、反馈。“这五种要素是传播过程得以成立的基本条件，在任何一种人类传播活动中，它们都是缺一不可的。”[⑥]沙莲香把构成大众传播的主要因素分为七个：发信者——把一定的知识、感情、意志等传送出去的组织（由个人或集合体作为代表）；符号化——把准备传送的内容变为有意义的符号群；信息——用来进行传递的符号群；通道——大众传播媒体，媒体是信息的载体，通过媒体传播信息；符号读解——受信者对接受过来的符号群进行解释，恢复原意；受信者——接受信息，对复原了的信息内容给予反应；反馈——把受信者的反应再送回去。[⑦]

本教材倾向于四要素说。主要理由是：其一，三要素说把作为传播者的人和作为传播工具的媒介合为一体，称其为传播者，这显然忽视了媒介本身在传播系统中的独立性。

---

① 郑杭生．社会学概论新修［M］. 3版．北京：中国人民大学出版社，2003：28.

② 夏澍，李嘉南．系统和要素［M］//阳作华，黄金南．唯物辩证法范畴研究．武汉：华中工学院出版社，1984：49.

③ 甘惜分．新闻理论基础［M］. 北京：中国人民大学出版社，1982：39.

④ 何梓华，成美．新闻理论教程［M］. 北京：高等教育出版社，1999：34.

⑤ 黄旦．新闻传播学［M］. 杭州：杭州大学出版社，1997：131.

⑥ 郭庆光．传播学教程［M］. 北京：中国人民大学出版社，1999：57－59.

⑦ 沙莲香．社会心理学［M］. 北京：中国人民大学出版社，1987：322－323.

其实，正是由于媒介的不同，才形成了不同媒介形态的新闻传播，传播媒介是独立的传播系统构成要素。其二，五要素说将传播过程中的反馈行为作为一个独立的要素是不恰当的，因为反馈不过是新闻信息收受者的反应或是对收受信息所做出的评价，是完全依赖收受者而生的信息，并不具有本原独立性这一特点。五要素说实质上是把传播过程的反馈环节看成了传播系统的一个要素，模糊了环节与要素之间的差别。其三，七要素说严格意义上看并不是要素说，而是将要素和环节整合在一起以后对传播过程的描述。

（二）新闻传收要素的基本含义

这里主要就事实（新闻传播的内容）、传播者、传播媒介和收受者的含义做简要的说明。

事实或传播内容是指新闻传播的对象，即新闻报道的对象、信息或内容（传播内容在收受环节将转换为新闻报道或新闻文本，实质上是一样的），它是新闻传收实践和逻辑上的源头（在收受环节将转换为收受的对象）。当然，事实与信息、传播内容不会完全等同，传播内容是对事实和信息的反映、再现、陈述，也少不了可能的塑造和建构，我们将在后面有关章节加以说明。

传播者是指生产传播新闻的人或主体，主要是指那些在新闻传播活动中从事采写编评、制作、主持、传播的工作者。或者更一般地说，传播者就是指通过新闻媒介发出新闻信息的人或主体，可以是职业新闻人，也可以是业余新闻生产传播者，在智能时代到来后，传播者甚至可能是人工智能体（拟主体或准主体、类主体、亚主体）。在群体或组织主体意义上，传播者包括专业新闻媒体，也包括专业新闻媒体之外的其他类型的社会群体和组织主体，诸如平台媒体、机构媒体等。

传播媒介是指传送和收受新闻信息的通道或载体，即传播者用来传送新闻文本，收受者用来收受新闻信息的物质实体、物理工具、技术设备等，如果更一般地讲，则是指用来传送和收受新闻信息的一切中介工具。在所有的传收媒介中，人本身是最基本的传收媒介。

收受者是指收受新闻信息、消费运用新闻信息的人或主体，即人们通常所说的报纸新闻的读者、广播新闻的听众、电视新闻的观众以及各种新兴媒介新闻的接收者。

第二节　新闻传收的环节构成

描述新闻传收环节的构成，是以新闻信息的实际流动过程为观察对象的，根据新闻信息流动过程在不同时空段上的明显差别，将其划分为几个具有相对独立性的阶段。由于每一阶段的相互组合连接共同构成了新闻信息传收的全过程，因此相对于全程性的信息流动，各个不同的阶段便构成了新闻传收的不同环节。这里我们仅以传媒组织的大众新闻传播过程为对象来描述新闻传收环节的构成。需要说明的是，依据大众传播方式划分的传收环节，逻辑上也适用于其他传播方式或类型。对非职业新闻传播来说，其传收环节相对比较简单。

一、新闻传播的基本流程

流程的一般含义是指从源头到终结的程序，比如，生产流程指从原料到制成品各项工序安排的程序。所谓传播流程是指信息从信息源流向信宿的程序或过程，新闻传播的流程是指新闻信息从新闻信息源流向新闻收受者的程序或过程。新闻传播的基本流程就是针对各种新闻传播类型的新闻传播过程，抽象概括描绘出它们共同具有的基本逻辑程序。

任何新闻信息的宏观流动过程，不管它是通过什么样的中介展开，都是从信息源向信宿流动的过程。信息源是事实（信息），信宿是收受者，将信息源信息反映、告知他人或社会的人或主体是传播者。也可以将信息负载于其他类型的信息载体上。这样，在省去反馈程序的条件下，就可以描述出新闻传播的基本流程。

基本流程一：新闻信息源→新闻传播者（传播者自身就是信息载体）→新闻收受者。这是人际传播方式中新闻传播的基本流程。

基本流程二：新闻信息源→新闻传播者→新闻传播媒介→新闻收受者。这是以物理传播媒介（最典型的就是大众传播媒介）作为新闻信息载体的传播流程。

需要说明的是，在以上两种流程中，信息源与传播者存在一体化的可能，即信息源同时也是传播者。另外，从原则上说，任何一个收受者都可以继续把获知的新闻传给他人，从而成为新的传播者，形成进一步的扩散性传播，也可能形成循环性传播。

二、新闻传收的基本环节

新闻传收过程是一个前后相继的连续过程，但在这一不间断的流程中，在不同阶段完成着不同的任务，因而我们能够将完整的传播流程划分为环环相扣的不同环节。从新闻传收的实践逻辑出发，可以将环节完备的新闻传收过程描述如下（见图 2-1）。

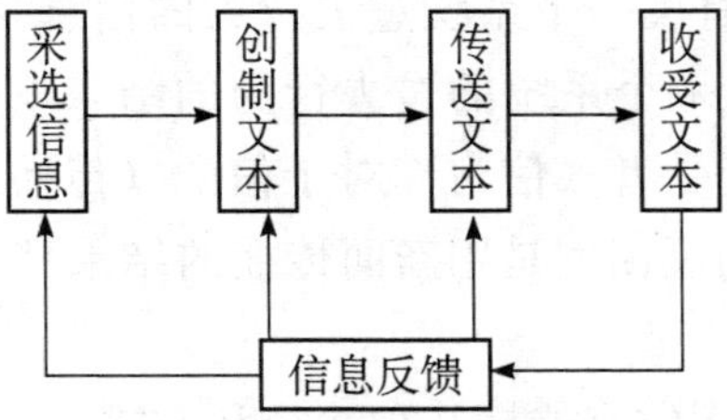

图 2-1　新闻传收过程[①]

采选新闻信息环节。采选新闻信息环节就是发现、获取、选择新闻信息的环节，该环节的最终目的是初步确定新闻报道的内容。采选新闻信息环节是新闻传播源头性的环节，是第一环节，同时也具有首要环节的意义，它给后续环节提供了基本的作业对象，具有奠基性的作用。采选新闻信息环节的核心任务是：发现新闻事实（信息）；

① 本图参考了项德生，郑保卫．新闻学概论［M］．武汉：武汉大学出版社，2000：77。

认识、评价不同事实或同一事实不同部分、侧面的新闻价值；最终确定基本的报道内容。

创制新闻文本环节。创造制作新闻文本的过程就是将采选到的新闻信息进行加工制作的过程，其核心是将选定的新闻信息加以符号化的过程，该环节的最终成果表现为新闻作品和完整的新闻产品。创制新闻文本环节，对于现实的新闻传播活动来说，包括两个主要阶段：一是作品化阶段，二是产品化阶段。作品化是指通过思维加工和符号再现、建构的方式，将采选来的新闻信息加工成为可以传播的新闻文本。产品化是指通过一定的物质手段（比如报纸的排版印刷等）将已经可以传播的新闻文本进一步制作成为可以向收受主体直接提供的新闻产品。

传送新闻文本环节。传送新闻文本就是将已经制作好的新闻作品或产品，通过不同形态的媒介通道传送到收受者那里，这标志着新闻传播活动“传”的任务的基本完成。在传统媒介时代，传送新闻信息的主要方式就是将新闻文本直接推送到新闻收受主体的面前。在新兴媒介时代，新闻信息（新闻文本）的传送除了依然保持一些传统的方式外，已经进入了传收高度互动化的状态，传播者更多的是为收受者设立新闻信息的获取渠道，提供庞大的信息资源库。

收受新闻文本环节。收受主体以不同的方式从不同的媒介获取新闻的活动，构成了新闻传收的收受环节，它标志着新闻传收活动从“传送”到“收受”一个周期的基本完成。收受新闻文本环节由两个小的环节构成：一是“收”的环节，它的主要活动是接收新闻文本的外在形式与基本内容；二是“受”的环节，它是一种对收到的新闻文本内容进一步做出是否接受或接受到什么程度的精神活动。这两个环节主要是逻辑上的划分，在实际的收受活动中它们是交织在一起的。收受活动在新兴媒介环境中尽管仍然具有不可避免的受动性，但总体上是高度自主自由的。收受的延伸环节是新闻的实际运用。

信息反馈环节。反馈是互动传播的基本构成环节。这里的反馈主要是指新闻传播主体与收受主体之间的一种信息交流活动，不包括新闻传播机构内部不同主体之间的内反馈活动。“反馈是通过有关一个系统过去行为的信息来控制这个系统的未来行为。因此，它是借助于重新插入一个系统的过去行为的结果来控制该系统的手段。在一个传播系统中，反馈是一个接受者（信宿）对于信源（传播者）从前信息的回应，表明它的效果。”① 新闻传播中的反馈就是用新闻传播的结果信息调整后续新闻传播活动的过程。

反馈信息的来源与获取大致有这样几种途径和方式：一是收受者通过各种渠道自发地、比较零散地对媒体新闻传播行为发表的各种看法、意见、建议等；二是媒体主管部门对媒体新闻传播行为的监测与评估；三是有关学术研究机构对媒体新闻传播行为的分析和评价；四是新闻媒体自己的信息调查部门或委托专门的信息咨询机构、舆论（民意）调查机构通过科学手段获取系统化的、规模化的反馈信息。

---

① 罗杰斯．传播学史：一种传记式的方法［M］．殷晓蓉，译．上海：上海译文出版社，2001：419.

第三节　新闻传收的基本矛盾构成

对新闻传播起源的考察实质上已经隐约地显露了新闻传收基本矛盾的构成。对新闻传播要素构成的分析、环节构成的描述，则比较清楚地揭示了新闻传收的基本矛盾。新闻传收的基本矛盾就是新闻传收要素之间稳定的相互作用和相互关系。我们把要素之间的诸多关系加以凝结和提炼，就可以比较准确地说明新闻传收基本矛盾的构成情况。

一、新闻传收内在与外在矛盾的构成

新闻传收的内在矛盾，是指新闻传收系统内部的矛盾；新闻传收的外在矛盾，是指新闻传收系统与其传播环境（主要是社会环境）的矛盾。所有新闻传播现象、传播活动，都是在新闻传收的内在矛盾与外在矛盾的相互作用中展开的。

（一）新闻传收的内在矛盾

新闻传收系统是由新闻传收要素构成的有机系统，系统内各个要素之间的相互作用关系，诸如传播主体与新闻内容间的矛盾（内容在源头上表现为新闻事实，在传播中表现为新闻文本或新闻报道）、传播主体与传播媒介间的矛盾、收受主体与新闻内容间的矛盾、收受主体与传播媒介间的矛盾、传播媒介与新闻内容间的矛盾，共同构成了新闻传播的内在矛盾系统。这些具体的内在矛盾的展开便是新闻传收的实现，新闻传收的实现过程构成了传播的具体流程和各个不同的环节。

新闻传收过程就是新闻传收主体在一定的新闻传收环境中解决这些内在矛盾的过程，新闻传收内在矛盾的不同解决方法、解决水平，将产生不同的新闻传收样式、不同的新闻传播水平和不同的传播效果。

新闻传收内在矛盾的解决方式决定新闻传播的基本模式、呈现新闻传播的基本理念。以谁为主导（传播者、收受者或者传收双方）来解决这些内在矛盾，将从根本上决定形成以谁为主导或为本位的新闻传播理念；不同时代具有的解决这些内在矛盾的方式，将决定该时代基本的、主导的新闻传收模式。新闻传播自身的发展演变过程，从新闻传收系统内部来看，正是这些内在矛盾不断以新的方式解决的过程。

新闻传收系统内在矛盾的所有可能表现如图 2－2 所示。

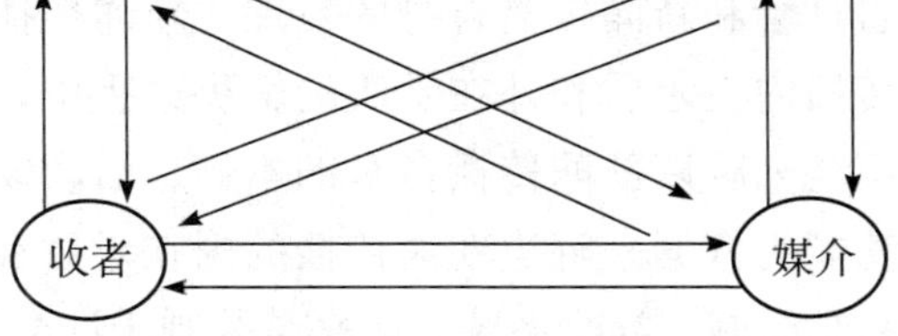

图 2－2　新闻传收系统内在矛盾的表现

在所有可能的矛盾关系中，从主体角度看，就是传播者与收受者的矛盾，这就是说，新闻传收面对的、需要解决的永远是传与收之间的矛盾，其核心就是传播需要与收受需要之间的矛盾。可以说，所有其他矛盾的解决，最终都是为了解决好传播者与收受者之间的关系。传收矛盾是新闻活动中最基本的矛盾，也是总的矛盾或主要矛盾。在新闻活动实践中，传播主体常常是更为主动地采取各种方式方法解决矛盾的一方。

（二）新闻传收的外在矛盾

新闻传收的外在矛盾，是指新闻传收系统与新闻传收系统所处的社会环境的相互作用关系。这种关系主要表现为两大方面或两个层次：一是新闻传收作为社会有机系统的一个子系统与整体社会系统的相互作用关系；二是新闻传收系统与社会其他子系统，诸如政治、经济、文化、技术等系统的相互作用关系（对此，我们将在第十三章阐释）。

新闻传收系统与整体社会系统的相互作用关系，将决定新闻传播在社会中的总体地位和作用；新闻传收系统与社会其他子系统的相互作用关系，将决定新闻传播具体影响或作用于社会的方式和程度。同样，新闻传收的外在矛盾，将决定社会系统和社会其他子系统对新闻传播的作用方式和程度。新闻传收离不开社会整体环境，也离不开社会其他子系统的影响和作用。当然，新闻活动总会受到一定自然环境条件的影响。

（三）内在矛盾与外在矛盾的基本关系

内在矛盾的内在性，强调的是内在矛盾存在于新闻传收系统内部；外在矛盾的外在性，强调的是外在矛盾存在于新闻传收系统与其他系统之间。

在新闻传播实践中，内在矛盾与外在矛盾经常交织在一起，共同决定着新闻传收的现实展开方式。新闻传播需要同时解决这两类矛盾，通常，外在矛盾会渗透在内在矛盾之中，但有时会表现为新闻传播系统与其他系统的直接矛盾形式。

内在矛盾的具体构成和具体表现依赖于社会系统提供的各种各样的条件，即内在矛盾的具体表现形式依赖于一定社会的政治、经济、文化、技术等的发展水平。尽管内在矛盾的构成形式是稳定的，总是表现为传播主体与新闻内容间的矛盾、传播主体与传播媒介间的矛盾、收受主体与新闻内容间的矛盾、收受主体与传播媒介间的矛盾、传播媒介与新闻内容间的矛盾，但在不同传播环境下，构成每一种内在矛盾的各个要素内涵是有时代差别的，从而形成了不同时代的新闻传播景象。

外在矛盾的解决将通过内在矛盾的解决实现。外在矛盾的解决将直接影响对内在矛盾的具体解决方式。

透过人类新闻传播发展史大致可以看到，新闻传播的内在矛盾与外在矛盾的分野不断清晰化，这是因为随着社会和新闻传播自身的发展，新闻传播系统的独立性和自主性不断得到加强。在新闻传播内在矛盾和外在矛盾的解决过程中，越来越显示出新闻传播系统自身的主动性，人们越来越以新闻传播自身的本性、活动规律为根据，越来越以新闻传播应该发挥的社会功能为依据来解决新闻传播的内在矛盾和外在矛盾。但也有相反的表现，即新闻系统越来越受制于社会系统，越来越受制于社会的政治系统、经济系统、技术系统等。还须注意的是，世界各国具有不同的历史与现实，因而，新闻系统与社会系统之间的关系表现有着各自的一些特殊性。

新闻传收活动系统的内外矛盾构成如图 2-3 所示。

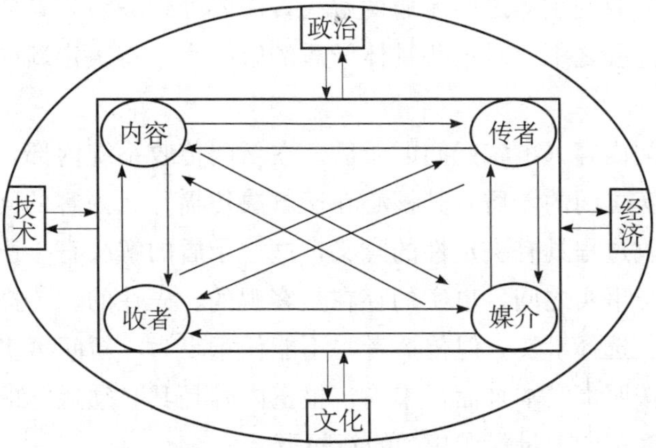

图 2-3　新闻传收活动系统的内外矛盾

注：图中，矩形内是内部矛盾的构成，外面的大椭圆代表由政治、经济、文化等主要社会子系统构成的社会环境，矩形与大椭圆之间的矛盾就是新闻活动的外在矛盾。

二、新闻传收内在矛盾的层次性

在新闻传收系统的诸多内在矛盾中，有的矛盾具有总矛盾的性质，包含着其他的矛盾，有的矛盾只是新闻传收系统中一个侧面或一个环节的具体矛盾。因此，要充分掌握新闻传收的内在矛盾，还需要在不同的层次上加以分析。

（一）宏观层次的总矛盾

新闻传播要解决的总矛盾始终是如何通过新闻传播满足人们或社会的新闻需求，即新闻传播者的传播行为与新闻收受者的新闻需求之间的矛盾是新闻传播的总矛盾，是新闻传播的基本矛盾。简单地说，新闻传播主体与收受主体之间的矛盾就是新闻传播的总矛盾，其实质是人与新闻的关系问题，这也是新闻活动中的总问题、新闻学的总问题。[①]

在讨论传播现象的发生与起源时，我们已经知道，信息传播、新闻信息传播源于人类生存与发展的需要，源于人类信息交往的需要，信息交往面对的基本问题便是传与收的矛盾问题，这就从新闻传播的源头上决定了新闻传播的基本矛盾、总矛盾必然是传与收之间的矛盾。

从“前新闻业时代”到“新闻业时代”，再到已经开启并迅速展开的“后新闻业时代”，新闻活动解决的核心矛盾不可能偏离传与收的相互作用关系。人类只是在不同的历史时代、时期、阶段，以不同的方式解决这一矛盾，使新闻传播表现出不同的具体形象。新闻活动的演进过程正是人类以不断更新的方式解决这一基本矛盾的过程。新闻传收的规律也蕴藏在这一基本矛盾之中。

---

① 杨保军．论新闻学的总问题［J］．编辑之友，2020（6）：5-11.

（二）微观层次的具体矛盾

新闻传播主体与收受主体之间矛盾的解决，需要处理一系列具体的矛盾，这些矛盾贯穿在新闻传收的过程之中。对这些具体矛盾的解决水平将决定新闻传收的整体质量和水平。

传播主体与新闻内容（事实）间的矛盾。在新闻传收系统内部，首先要解决的就是传播主体与新闻事实之间的矛盾，其核心在于解决传播什么内容的问题。传播内容的确定对于整个新闻传收过程具有决定性的意义，这一矛盾的解决直接影响到其他具体矛盾的解决。在传播者与事实之间，事实的存在是客观的、先在的，传播者是积极的、主动的，可以发现事实、选择事实，但传播者并不能任意妄为，新闻事实的客观存在是其发现、选择的前提，按照事实本来面目来确定报道内容是其必须遵守的规范，而一些事实特有的非常性将以客观的力量促成相关的新闻报道。

传播主体与传播媒介间的矛盾。在新闻传播活动中，传播主体与传播媒介之间的矛盾是时时刻刻都存在的。传播主体与传播媒介之间的矛盾主要强调的是不同的传播媒介具有自身的特点，传播主体在传播内容、传播方式的选择上不能主观任意，不能超越媒介形态的技术特征、介质特征及符号系统特征，必须注意不同媒介形态各自的优劣短长，以一定传播媒介最适合的方式去报道它最适合报道的内容。

收受主体与新闻内容（事实）间的矛盾。收受主体与新闻事实之间的矛盾是新闻传收现象背后的矛盾，新闻传播活动实质上解决的就是这一矛盾。收受主体想知道什么样的事实、应该知道什么样的事实、已经知道什么样的事实、还不知道什么样的事实，始终是新闻传播活动面临的基本问题。对这一矛盾的把握是否准确到位直接决定着新闻传播的效率与效果。任何新闻传播媒体定位的核心就是解决收受主体与新闻事实之间的矛盾，即什么样的人想知道或应该知道什么样的事实。收受主体与新闻事实间的矛盾关系，在现实的新闻传收中直接表现为收受者与新闻报道内容的关系。收受者正是通过对新闻报道内容的反应评价表达他们的新闻需要和诉求的。

收受主体与传播媒介间的矛盾。收受主体与传播媒介之间的矛盾主要是指收受者与接收媒介之间的矛盾。新闻媒介是传送媒介和接收媒介共同构成的媒介系统。不同的媒介形态对收受主体有着不同的知识要求、技术要求，这就使收受主体与媒介之间构成了新闻传播活动的一种矛盾。新闻传播的内容、方式都必须考虑到收受主体与传播媒介之间的矛盾问题。

传播媒介与新闻内容（事实）间的矛盾。传播媒介与新闻事实之间的矛盾也是客观存在的，有些事实只适合于或更适合于某些媒介来反映报道。比如，有些事实是电视镜头永远看不到的，有些事实是文字难以表达的，有些事实是声音难以传递的，有些事实只有将不同的媒介形态整合起来才能进行较好的反映。因此，传播媒介与新闻事实之间的矛盾是不同媒介形态在报道方式上能够展开活动、展开竞争的客观根据。

第四节　新闻传收模式的构成

模式“是科学研究中以图形或程式的方式阐释对象事物的一种方法”①。模式是对现实的简化，与现实事物完全一样的模式无助于我们对实际的了解。新闻传收模式就是运用一定的图形、符号、程式对现实新闻传收活动情况的抽象、概括和反映。

一、新闻传收的基本模式

依照新闻传播类型的宏观构成，人际新闻传播、群体新闻传播和大众新闻传播的模式可以概括为以下三种基本样式。

第一种，“点—点”模式。在“点—点”传收模式中，“点”是对新闻传播者和收受者在同一量化标准下的几何抽象，这种抽象的前提是新闻传播者和收受者必须具有基本的对等性，比如，个体对个体，群体对群体，组织对组织。因此，人际的新闻传收、群体（包括严格的群体——组织）之间的新闻传收模式，可以说是典型的“点—点”传收模式。需要提醒的一点是，在群体（组织）传播中，群体（组织）内成员之间的传播是个体与个体之间的点到点传播，群体之间的传播是以群体为单元的点到点传播。

第二种，“点—面”模式。在“点—面”传收模式中，“点”和“面”同样是对传播者和收受者的一种抽象，将传播者抽象为“点”，将收受者抽象为“面”，其基本根据是传播者与收受者在量上的巨大差别，在质上的不同存在方式。比如，通过大众传播媒介进行的新闻传播，媒体机构是一种组织化的存在。职业的新闻传播者在任何一个具体的媒体中都是严格的组织群体，相对收受者来说，它是由一定的人员构成的。而媒体的传播对象是一种大众化的存在，是边界模糊、身份不确定的存在，社会大众不会以严格的组织方式去收受媒体的新闻信息。因此，点到面的传收模式是大众化新闻传播的典型模式。在新兴媒介时代，非新闻传媒组织与民众个体同样可以凭借互联网平台实现点到面的大众化传播。

第三种，“面—面”模式。这是人们对新兴媒介环境中依托互联网媒介实现的多人与多人之间或众人与众人之间传与收现象做出的模式描述。网络新闻传收、手机新闻传收中既有点到点的传收、点到面的传收，同时也有“多人对多人”或“众人对众人”的传收，这种情况已经成为普遍现象，在民众之间的新闻活动中也是常态现象。这种现象创造了新的新闻传收、信息传收模式——面到面的传收模式。

上面三种基本模式及传与收之间的互动如图 2-4 所示。

---

① 郭庆光．传播学教程［M］．北京：中国人民大学出版社，1999：59.

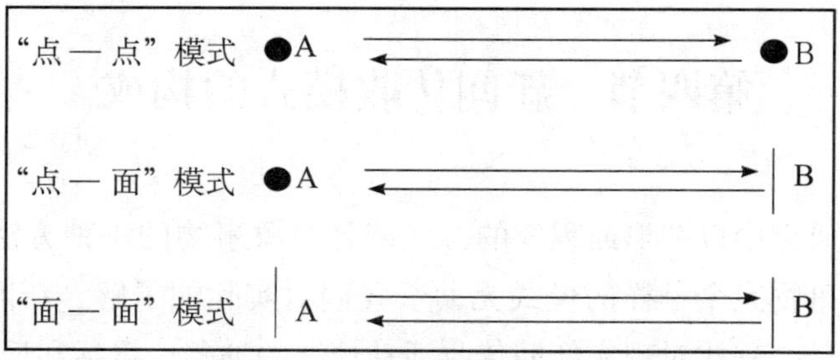

图2-4　新闻传收的基本模式

注：黑圆圈表示点，竖直线表示面，带箭头的直线表示点一点、点一面、面一面之间的连接、互动关系。

图2-4中的三种基本传收模式在现实新闻传收活动中是可以整合或融合的，即人们可以通过同一媒介系统，展开以上三种模式的传收活动。自“后新闻业时代”开启以来，多模式融合传播已经成为常态，人们在各种新兴媒介平台上展开的传收活动多是以融合模式进行的。融合模式如图2-5所示。

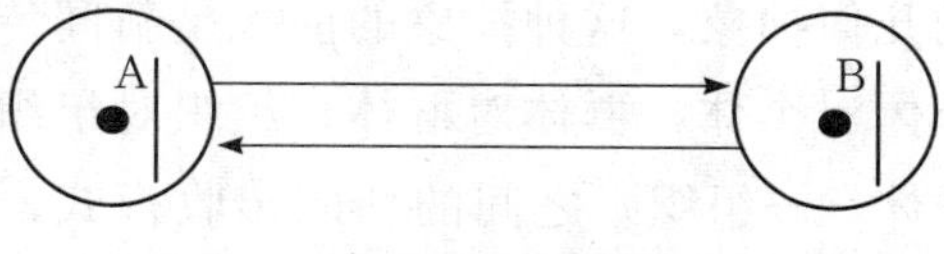

图2-5　新闻传收的融合模式

注：将“点”“面”画在同一圈内，代表它们可以融合在一起，即在融合传收模式中，传收双方都可以既以点的形式又以面的形式展开传收活动。

第四种，节点化模式或网络化模式。后新闻业时代开启后，以互联网为基础设施，以数字技术为基本支撑，创造了不同于传统新闻业时代的传收模式。原则上说，在数字新闻环境中，传播主体与收受主体已经一体化了，即传播主体也是收受主体，收受主体也是传播主体。多元化的传收主体都是互联网结构关系中的“节点”，多元传收主体（包括作为“拟主体”的人工智能体）之间的传收活动可以看作节点化的传收，形成了节点化传收模式（见图2-6）。换一种说法，节点化传收模式就是互联网背景下、数字技术环境中的网络化模式，这样的模式呈现了不同传收主体间互联互通、互动共动的基本模式或样态。

二、大众化新闻传收模式的具体构成

尽管在新兴媒介背景下，新闻传收模式发生了巨大的变化，但当代新闻传播的主导模式之一依然是点到面的传播模式，它也是职业新闻传播的主要模式。在这一总模式中，又有诸多不同的具体模式类型，把握这些具体类型才能对传播模式形成比较真切的了解。

首先，从传收关系上看，点到面的传播模式可以划分为单向传播模式和双向传播模式。单向传播模式就是无反馈环节的传播模式，传播以线性的方式单向流动；双向传播模式就是有反馈环节的传播模式，传播以非线性的方式形成双向互动。

其次，从传播目标收受者的数量规模上看，点到面的传播模式可以划分为小众化传

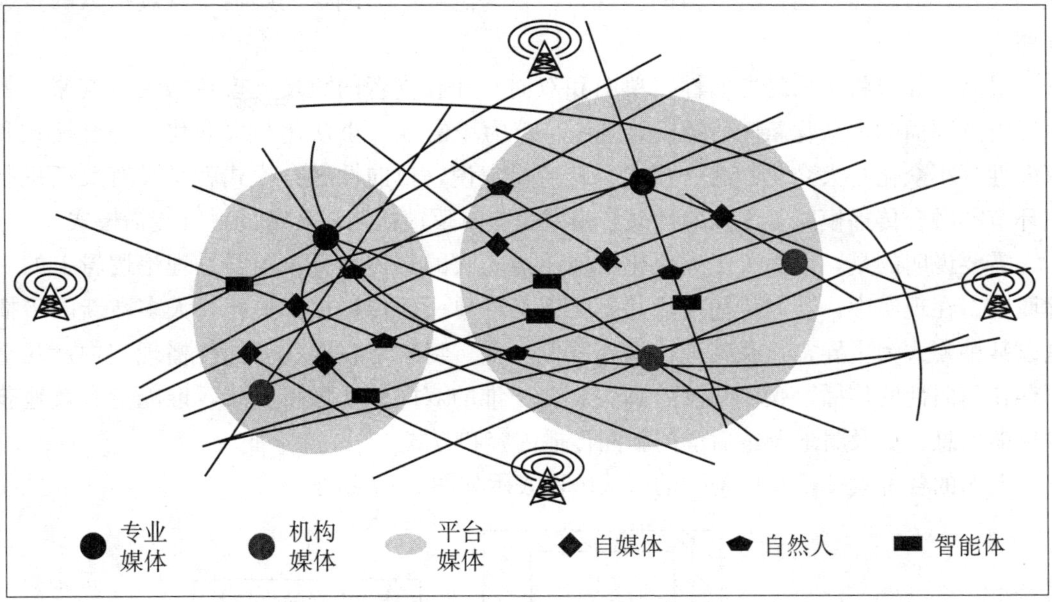

图 2-6　多元主体新闻传收的节点化模式（网络化模式）

播模式、大众化传播模式、小众化与大众化相融合的模式。第一，小众化传播模式。当我们处在大众传播占据主导地位的新闻传播时代时，还没有小众化这样的概念。小众化概念本质上是网络时代的产物。网络使小众化的新闻甚至是个性化的新闻成为可能和可行的事情。“由于互联网能够提供应需媒体，并满足不同观众群体的需求，因而它允许观众和新闻机构提供更为个性化的新闻。”① 由网络传播而生的小众化概念和小众化传播模式迅速影响到传统媒体的传播方式，它们也适应时代的潮流，纷纷以专业化的新闻传播方式建构具有自己特色的小众化传播模式。小众化传播模式的内涵，是指某类新闻传播的目标收受者在规模上是少量的，但到底少到多少才叫小众化传播，并没有一个统一的标准。对于哪类新闻媒体，哪些新闻版面、栏目属于小众化的媒体、版面、栏目，人们并没有一个清晰的概念。第二，大众化传播模式。大众化传播模式是以社会普通大众为目标收受者的新闻传播模式。在这种传播模式下，传播者选择的传播内容是社会大众普遍关注的、普遍感兴趣的并且能够普遍理解的东西，而不只是大众中某一小部分收受者关注的、感兴趣的、能够理解的东西。第三，小众化与大众化相融合的模式。信息时代、网络时代的到来，迅速将新闻传播中的小众传播模式与大众传播模式融合在一起，大众传播媒介同时也是小众传播媒介，它既可以满足人们共同的、普遍的新闻需求，又可以同时满足人们特殊的甚至是个别的新闻需求。当今，建立在大数据技术、计算能力以及算法技术基础之上的算法新闻推荐，尽管存在不少问题，但已经基本满足了新闻的个性化需求。在信息时代中，大众传播媒介的覆盖面一方面变得越来越大，另一方面又变得越来越小②，这是一个“随选信息”的时代③。但是，大众化传播的式微、小众化及个性

① 帕夫里克．新媒体，新规则［M］//张穗华．媒介的变迁．北京：中国对外翻译出版公司，2002：124.
② 郭湛．主体性哲学：人的存在及其意义［M］．昆明：云南人民出版社，2002：267.
③ 尼葛洛庞帝．数字化生存［M］．胡泳，范海燕，译．海口：海南出版社，1997：191.

化的强化，对新闻传播社会价值的实现将会带来怎样的影响，还是需要继续探索的重大问题。

最后，如果将传播的方向性（单向和双向）和收受者的数量规模特征结合起来，就可以将点到面的大众化新闻传播模式进一步分为单向性（小众化与大众化）融合模式和双向性（小众化与大众化）融合模式。从逻辑上说，单向性融合模式就是没有反馈机制或环节的融合传播模式，而双向性融合模式是指有反馈机制或环节的融合传播模式。

需要说明的是，上面关于大众化新闻传播模式的具体划分，主要是理论逻辑上的一种厘定。在现实中，新闻传播可能并不会以某种单一的传播模式进行，大多数新闻传播是以某种模式为主导，兼及其他传播模式的特征。特别是在当代新闻传播现实中，几乎不存在单向性的传播，媒体间的差别主要在于谁的双向传播做得更好，谁能更有效地获得反馈信息、更及时地调整后继的新闻传播内容和方式。

上面的各种具体模式用统一的模式图可表示如图 2－7 所示。

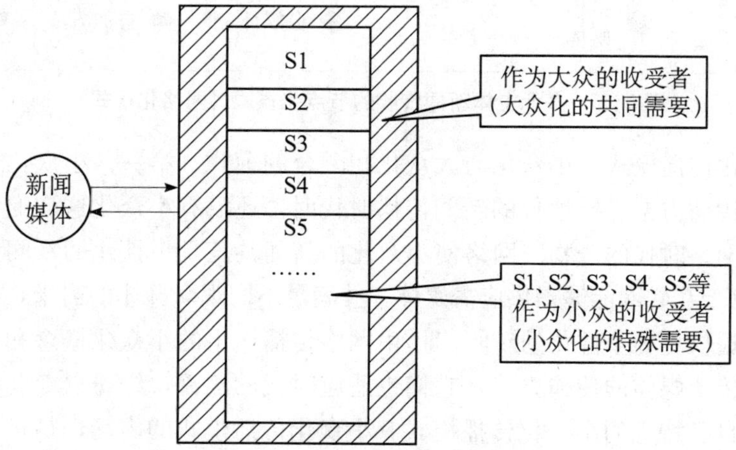

图 2－7　新闻传收统一模式图

注：在图中，左边的小圆圈代表媒体或者传播者（是传播模式中的“点”），右边的矩形图代表收受者（是传播模式中的“面”），它们之间的双向箭头线代表新闻媒体作为传播者与收受者的互动关系。在右边的矩形图中，外围的阴影部分代表作为大众的收受者，中间矩形的小格子 S1、S2 等代表作为小众的收受者。在现实中，作为大众的收受者和作为小众的收受者往往是一体化的，即人们既有一般性的大众化的新闻需要，也有相对具有一定个性色彩的小众化或者分众性的（甚至是个性化的）新闻需要。

复习指点

关键概念

人际传播　群体（组织）传播　大众传播　要素　模式　传播内容　传播者　传播媒介　收受者　传收环节　传收矛盾　内在矛盾　外在矛盾　反馈

思考题目

1. 新闻传收的要素构成与关系

2. 新闻传收的环节构成与关系
3. 新闻传收的内在矛盾
4. 新闻传收的外在矛盾
5. 新闻传收的基本模式

必读文献

甘惜分．新闻理论基础［M］．北京：中国人民大学出版社，1982：第一章第四节．

黄旦．新闻传播学［M］．杭州：杭州大学出版社，1997：第二章．

麦奎尔，温德尔．大众传播模式论：第2版［M］．祝建华，译．上海：上海译文出版社，2008.

维纳．人有人的用处：控制论和社会［M］．陈步，译．北京：商务印书馆，2017.

王雨田．控制论、信息论、系统科学与哲学［M］．北京：中国人民大学出版社，1986：第三篇．

选读文献

郭庆光．传播学教程［M］．2版．北京：中国人民大学出版社，2011.

杨保军．新闻活动论［M］．北京：中国人民大学出版社，2006：第一章第三节．

彭兰．新媒体用户研究：节点化、媒介化、赛博格化的人［M］．北京：中国人民大学出版社，2020.

苗东升．系统科学辩证法［M］．济南：山东教育出版社，1998.

韦斯特，特纳．传播理论导引：分析与应用：第6版［M］．刘海龙，于瀛，译．北京：中国人民大学出版社，2022：第一章，第二章．

第三章
新闻活动者

提 要

广义上，所有人都是新闻活动者，所有社会主体都是新闻活动主体，并且在新闻活动中可以充当不同的角色，这在“后新闻业时代”到来后尤为明显。在角色区分意义上，新闻活动主体大致有五类：新闻信源主体、新闻传播主体、新闻收受主体、新闻控制主体和新闻影响主体。狭义上，人们只把职业新闻工作者看作新闻活动主体，并称为职业新闻传播者。根据实际情况，职业新闻传播主体可分为高位主体和本位主体。在通常意义上，人们把新闻传播主体与新闻收受主体看作新闻活动的双重主体，他们之间的关系构成了新闻活动中的核心关系。拥有新闻信息并实际介入或参与新闻报道得以形成的个体或组织（群体）主体，就是新闻信源主体。新闻控制主体是指通过一定方式，限制、约束新闻传播内容、新闻传播方式的主体。新闻影响主体是指对新闻传播主体传播内容、传播方式选择造成影响的个人、群体或组织。

在新闻活动中，从角色区分意义上看，大致存在着五种类型的活动者：新闻信源主体（简称信源主体）、新闻传播主体、新闻收受主体、新闻控制主体和新闻影响性主体（简称影响主体）。在对不同活动主体及其关系做出初步说明和解释之后，本章重点阐释新闻活动中最重要的两大主体——传播主体和收受主体。

第一节　新闻活动者的一般构成及总体关系

新闻需要是人的基本需要，只要是社会性的人就必然会从事或参与传播和收受新闻信息的活动，作为社会一分子，必然是某种角色的新闻活动者。传统新闻学关注的核心对象是职业新闻传播者及其职业新闻活动，但随着整个人类新闻活动结构方式的变化，其他新闻活动者及其相关活动越来越成为新闻学重视的对象，新闻学已开始进入转型时代，以整体新闻活动为对象的、更为完整的新闻学正在形成之中。

一、新闻活动主体的构成

如何界定新闻活动主体或者新闻活动者，关键是界定标准的设定问题。标准不同，划定的人群范围或者主体范围就会出现一定的甚至是相当大的差别。根据新闻传收活动的客观实际，我们将在两个基本标准下来界定和理解新闻活动主体的内涵：一个是比较严格的职业活动标准，另一个是比较宽泛的介入性或参与性标准。

（一）按照职业活动标准的界定

这是一种最为狭义的、严格意义上的界定方法。从事新闻职业的人是严格意义上的新闻活动主体，除此之外的其他人，即使参与了新闻活动，也不被称为新闻活动主体。这就是说，只有那些直接专门从事新闻生产传播业务的职业工作者，也就是从事新闻采写、新闻编辑等工作的业务人员才是新闻活动主体。

在现代社会，职业新闻工作者一定是新闻活动主体中的核心人群，因而，关于新闻活动者的研究，理所应当集中在他们身上。事实上，直到目前，整个新闻学关注的主体对象也主要是职业活动者的职业行为。虽然人类新闻活动史更长的时段是非职业的新闻活动，但新闻史主要研究的是职业活动者的历史；新闻实务主要研究的是职业活动者采写编评等业务活动；新闻理论主要研究的是职业活动者从事的新闻活动的特征和规律。当整个人类新闻活动进入“后新闻业时代”后，非职业新闻活动者在整个社会新闻图景的建构中影响与作用越来越大，社会对新闻活动的各种管理也越来越重要，因此，对职业新闻活动者之外的其他活动主体及其活动的关注与研究越来越成为新闻学的重要任务。事实上，整个新闻学研究特别是新闻理论研究已经进入从“职业范式”向“社会范式”或“融合范式”的转型①，以作为社会现象的新闻现象为基本对象的新闻学研究将成为未来新闻学的重要方向，新闻学不再仅仅关注职业新闻现象，同时也会高度关注非职业新闻现象。自然，非职业新闻活动主体会受到越来越多的关注。

（二）按照参与性标准的界定

参与性标准是说，只要参与新闻传收系统的人，就可以被看作新闻活动者或活动主体。职业新闻活动者自然是参与新闻活动的主体，并且主要充当传播者的角色。

职业新闻工作者以外的其他社会成员或群体、组织，会以不同的方式介入或参与新闻活动，他们介入或参与新闻活动的程度也会有所不同。因而，他们在客观上必然担当不同类型的新闻活动主体角色。

首先，在最宽泛的意义上，特别是在新闻学视野中，所有社会主体（包括个体、群体和组织主体）都可以被看作现实的或潜在的新闻活动者，因为几乎所有的社会主体都既是新闻传播者，也是新闻收受者。在智能时代到来后，人工智能体也会以“拟主体”

---

① 杨保军，李泓江．新闻学的范式转换：从职业性到社会性［J］．新闻与传播研究，2020（8）：5－25，126．

的方式成为新闻活动主体。[①] 其次，各种社会主体（包括个人主体和群体主体）都有可能成为向新闻媒体或职业新闻传播者提供新闻信息的主体，担当新闻信源主体的角色，或者成为新闻报道的对象主体。再次，社会中的有些主体可能通过各种方式方法控制新闻媒体、影响职业新闻传播者的新闻行为，成为新闻控制主体。最后，还有一些主体（组织主体或个人主体）在特定的传播情境中会以不同方式影响新闻传播内容、传播方式的选择，可称为新闻影响主体。

因此，从广义上说，新闻活动者可区分为五类：新闻信源主体、新闻传播主体、新闻收受主体、新闻控制主体和新闻影响主体。新闻报道对象主体可以归属到新闻信源主体的范围，因为对象主体不是直接的新闻源便是间接的新闻源。

二、新闻活动主体间的总体关系

上面的分析说明，新闻活动主体不是单一的，也不是双重的，而是多元的，包括新闻信源主体、新闻传播主体、新闻收受主体、新闻控制主体和新闻影响主体。它们在新闻活动中具有不同的地位和作用。从主体角度看，新闻活动的全面展开过程就是各种活动主体之间相互配合、相互作用、相互影响、相互制约的过程。不同活动主体之间的关系实质上决定着一定社会范围内新闻活动的整体面貌。

任何一次新闻传收活动的完成，实质上都离不开五类新闻活动主体的参与，这就是说，它们是共同的新闻活动主体。此外，不同的活动主体又以各自主体特有的角色参与新闻活动，发挥着不同的功能作用，形成了活动主体间的各种相互关系。

不同新闻活动主体之间的总体关系体现在新闻传收活动、控制活动、影响活动的实际展开过程中，这些关系大致可以概括为以下几点。

其一，不同活动主体首先是共同的新闻活动主体。一定社会整体的新闻活动系统或者一次完整的新闻活动过程不是由单一的新闻传播者完成的，而是在其他活动者共同参与的情况下展开的、完成的。

其二，不同主体之间是相对独立的，在新闻活动中发挥着不同的作用。在新闻活动系统中，不同主体处于不同地位、担当不同角色，以各自的方式相对独立地参与新闻活动，形成相互联系、相互制约的主体间关系。

其三，在一定条件下，不同主体的角色可以重合和互换。所有新闻活动者原则上都既可以是传播者，也可以是收受者，还可以充当新闻信源主体。在有些情况下，可以同时既是新闻信源主体，又是新闻传播主体；在有些情况下，可以同时既是新闻控制主体，又是新闻信源主体，还是新闻收受主体。在某一次具体新闻活动中充当新闻信源主体的角色，在另一次具体新闻活动中则可能充当纯粹的新闻收受者角色。

其四，不同主体之间具有相互矛盾、相互制约的关系。如果仅在特定社会范围内考察，可以看到，不同新闻活动主体都是共同社会主体的组成分子，因而具有共同的社

---

① 杨保军．简论智能新闻的主体性［J］．现代传播，2018（11）：32－36．杨保军．再论“人工智能新闻生产体”的主体性［J］．新闻界，2021（8）：21－27，37．

会利益，这也正是人们把新闻媒介看作公共平台的主要根据之一，同时也是人们期望新闻媒介真正成为公共平台的理由之一。但是，正是事实上不同主体之间的离散与分立、利益之间的可能差异与对立，从客观上决定了主体之间会在新闻活动中形成矛盾制约关系。也就是说，五类主体之间以及每类主体内部都有可能形成各种复杂的矛盾关系。

新闻信源主体、新闻传播主体、新闻收受主体、新闻控制主体和新闻影响主体之间的相互作用关系如图 3-1 所示。

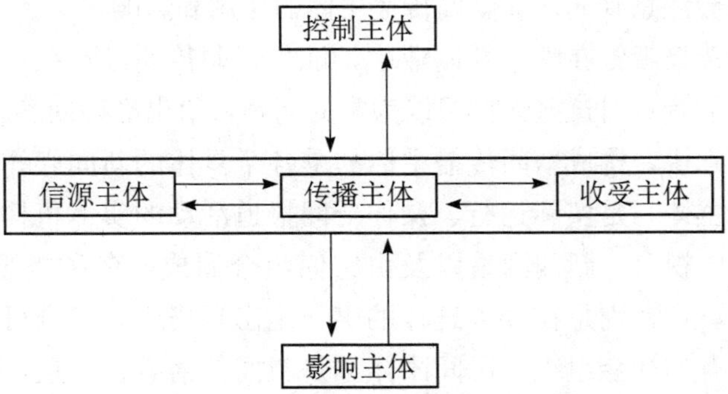

图 3-1 新闻活动主体的相互作用关系

或者以传播主体为中心，可以把它们之间的关系表示如图 3-2 所示。

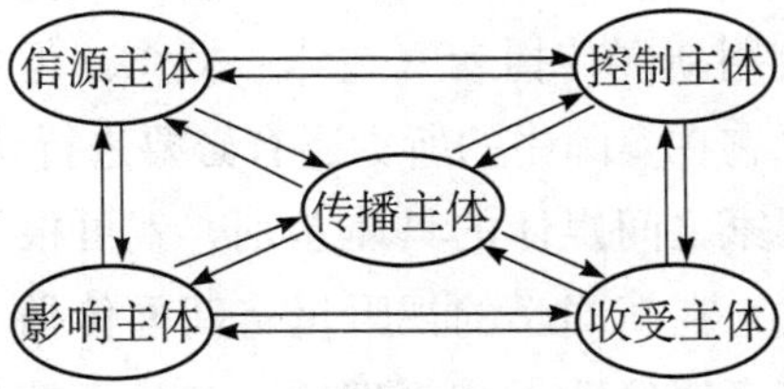

图 3-2 以传播主体为中心的新闻活动主体间的相互作用关系

第二节 新闻传播者

在近代新闻业产生之后，职业新闻活动者逐步出现。在一定社会政治、经济、文化、技术等条件相对稳定的情况下，仅从职业角度看，新闻业的整体景象可以说主要是由新闻传播者塑造的，他们对新闻传收活动的实际运行具有举足轻重的作用。因而，在新闻活动主体论中，职业传播者理所当然是最应关注的对象。但在"后新闻业时代"，非职业新闻传播者也应该成为新闻学考察和研究的对象，职业新闻传播主体与非职业新闻传播主体[①]之间、"人主体"与"智能体"之间的关系也是越来越重要的问题。

① 非职业新闻传播主体，包括民众个体以及其他社会群体或组织，就目前来看，主要有民众个体、自媒体、平台媒体、机构媒体，还有作为"拟主体"的人工智能体。

一、新闻传播主体的构成

在“后新闻业时代”开启之后，从原则上说，尽管任何群体、个人都可以成为向整个社会大众或小范围的他人传播新闻的非职业新闻传播者，并且越来越多的原创性新闻来自这样的新闻传播者[①]，但就目前来看，职业新闻传播者仍然是一定社会常态新闻图景或新闻符号世界主要的、直接的建构者。因此，我们这里仍然以职业新闻传播者作为主要的考察对象，但会注意到非职业新闻传播主体的作用和影响。

怎样界定新闻传播者？在整个新闻业中，谁是新闻传播者？在一家具体的新闻媒体之中，谁是新闻传播者？对这些人们习以为常的问题，给出准确回答并不那么简单。

就整个新闻业来说，构成新闻传播主体的是各个具体的新闻媒体或者新闻组织，它们是组织性的传播主体，是实际运行、操作新闻报道活动的实体机构，具体表现为通讯社、报社、电台、电视台、新闻网站以及由它们组合而成的各种类型的新闻媒体集团。如果从社会层面上看，特别是在今天这样的媒介生态环境中，完全可以说，所有的人都是新闻传播者，所有的社会组织、民间团体都是新闻传播者；而且，传播主体的多元化已经给整个新闻活动结构的变革带来了巨大的影响。

在传统新闻传播主体理论中，学术界用新闻传播者（主体）这个概念主要指称那些在具体新闻媒体中直接从事新闻业务活动的人——主要是记者和编辑。我们承继这一习惯，并在这一基本意义上使用新闻传播者（主体）概念。但也必须指出，这个看似清楚的界定其实并不那么明确，它在实际中的所指还有必要进行认真的解剖。

如果暂且不考虑不同国家之间媒体的具体差别，就可根据新闻媒体中活动主体的实际地位、作用及其行为方式，在新闻学的视野里将新闻传播主体的构成看成双重的：一是新闻媒体（资产）的所有者、经营者和管理者；二是直接从事新闻传播活动的人，即人们通常所指的新闻传播主体——以采编人员为主的新闻业务工作者。我们把前者称为“高位主体”，把后者称为“本位主体”。

媒体的经营者和管理者在逻辑上并不能和媒体的资产所有者平列一起，成为同等级别的主体。也就是说，如果新闻资产所有者是“高位主体”，那么，经营者和管理者就应该是相对“高位主体”的“低位主体”。这里把媒体的经营者、管理者与资产所有者列在一个主体等级上的原因是：我们是以新闻传播业务的眼光来观察媒体人员的结构方式的，即从新闻传播业务角度把媒体人员一分为二——业务主体和非业务主体；进而把那些通常并不直接从事新闻传播业务，却可以“实际”[②]指导、干预新闻业务活动的媒体高层人员资产所有者、经营者、管理者设定为统一的高位主体。

---

① 这里需要注意，人人都是新闻传播者并不是从网络时代开始的，而是从新闻活动产生的时候就是如此。但人人都可以通过媒介向整个社会大众传播新闻，成为实质性的公共化的新闻传播者，恐怕是从网络时代发展到一定水平才开始的。

② 这里之所以给“实际”打上引号，是因为在理论上、在应然的要求上，新闻媒体的经营者和行政管理者是不应干预新闻传播业务的。但在新闻媒体新闻业务活动的实际运行中，他们对新闻传播业务往往有着实质性的作用和影响，有着新闻业务人员也即我们下文将要讨论的本位主体不得不接受的作用和影响。这也正是我们把他们列为高位主体的根本原因，也是把他们看作新闻传播者的客观根据。

如果把上面关于新闻传播主体的界定图示化，就能形成图 3－3 这样一个基本构成图。

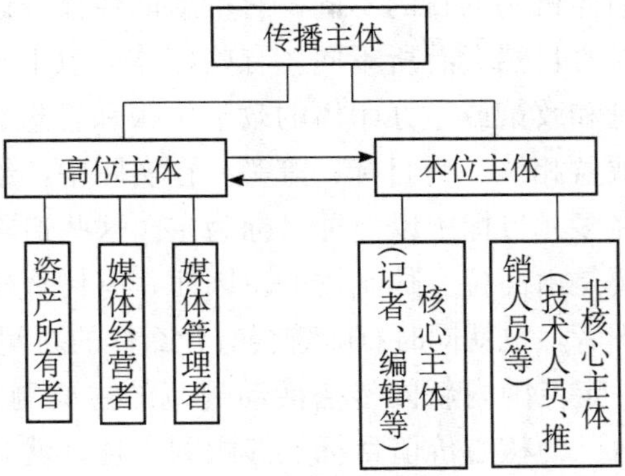

图 3－3 新闻传播主体的构成

二、高位主体的构成及作用

高位主体主要是指新闻资产的所有者，以及作为其意志体现者、实施者的经营者和管理者（经营者、管理者可以看作资产所有者的延伸存在或表现）。具体一点说，新闻资产的所有者就是指新闻媒体的实际所有者；经营者、管理者是指从事非新闻业务的媒体经营者和行政管理者，他们掌握着一家新闻媒体的经济命脉和行政权力。所有者与经营管理者，有些是一体化的，即所有者自己直接经营管理；有些是分立的，即所有者和经营管理者是不同的主体，但经营管理者是由所有者通过一定方式选择的。在高位主体内部，资产所有者与经营管理者的分离客观上必然造成高位主体内部的矛盾和一定的利益冲突。但在通常情况下，所有者和经营管理者有着共同的意志和追求，因而，为了简化，我们将它们视为一体化的、无矛盾的、共同的高位主体。

尽管在不同的社会形态、社会制度下，在不同的新闻传播体制下，新闻资产的所有制形式有着性质上的不同，新闻的经营管理方式也存在着各种各样的差别，但高位主体在新闻媒体中的主导作用是大致相同的。最为根本的表现就是高位主体决定着一家新闻媒体新闻传播的总体定位和方向，即高位主体的意志决定着新闻传播的总体路线、方针和政策，高位主体的意志决定着新闻传播总体的传播指向。那种认为新闻资产所有者、经营管理者不参与或不干涉新闻传播方针、新闻编辑的看法要么是虚伪的，要么是天真的或幼稚的。“新闻发展的历史证明，报纸以及形形色色更现代化的新闻媒介已日趋满足掌握新闻媒介经济命脉者个人利益的需要，同时又通过服务于新闻消费者的利益来确保新闻媒介的形象。期望新闻媒介会出现天翻地覆的大变化并对其经济命脉操纵者的愿望嗤之以鼻，无异于一种最狂热的乌托邦式的痴心妄想。”① 当然，也不能否认，在任何一种新闻传播体制下，当一家新闻媒体的基本媒体方针、编辑方针确定之后，编辑权力具有一定的独立性，但这仍然是相当有限的。具体来说，高位主体在整个新闻媒体的运作

① 阿特休尔．权力的媒介［M］．黄煜，裘志康，译．北京：华夏出版社，1989：338.

中，具有以下三个主要作用。

第一，高位主体是一定媒体新闻传播总体目标的设计者和确立者，是媒体方针的制定者。资产所有者创办新闻机构的目的不同，对待新闻传播的态度就不同，他们追求的利益目标、价值指向的核心自然会有所不同。有些媒体以追求经济利益至上；有些媒体以宣传政府或政党的理论和政策或主办团体的政治主张和思想观念为主要目的；有些媒体则以社会效益和经济效益相统一为目标；等等。在实际中，绝大多数新闻媒体的目标是多元的，差别在于，在多元目标中以何种目标为主。这些追求不同核心价值目标的新闻媒体，其总的目标主要是由高位主体确立的。因而，有什么样的新闻媒体创办者，就有什么样的经营者、管理者，也就同时意味着会有什么样的新闻传播追求。

第二，高位主体是一定范围内新闻传播活动规范的主要制定者。新闻资产所有者、经营者、管理者为了使自己的核心价值目标能够顺利实现，就会通过不同的方式和手段制定不同方面、不同层次的活动规范。任何一家新闻媒体的高位主体，其首要的工作就是制定经营管理规范和业务活动规范。一定社会、国家宏观层面新闻资产所有制形式和新闻控制方式的不同，可能会影响这些规范的具体内容或形式，但高位主体采用一定的规范系统管理新闻传播活动是必然的。事实上，高位主体自身利益的实现主要就是通过各种媒体内部的政策、规范的具体贯彻落实达到的。

第三，高位主体同时也是新闻业务活动的指导者和监督者。任何一家新闻媒体的总体目标都必须通过具体的新闻传播行为来实现。本位主体的新闻传播活动并不必然地与高位主体的目标追求相一致，因此，高位主体就会不断指导与监督本位主体的业务活动，以确保新闻传播活动始终符合高位主体的利益目标。

三、本位主体的构成与作用

本位主体是指直接从事新闻传播活动的主体，即人们通常所说的新闻工作者或传播者，他们是新闻生产传播活动的核心力量、主体成员。本位主体大致是由两部分人员构成的：一是采写、编辑、制作、播报、主持人员，他们是新闻报道活动的核心人员；二是相关的编辑辅助人员、业务技术人员等，他们属于新闻报道活动得以顺利完成必不可少的非核心人员。这里关于核心人员与非核心人员的划分只是一种业务上的划分，并不是重要程度上的区别。本位主体的地位与主要作用包括以下几点。

第一，从宏观上看，本位主体是任何新闻媒体新闻生产活动的主要承担者。对于整体新闻生产能力基本一定的新闻媒体来讲，能够生产出什么样质与量的新闻，很大程度上是由本位主体直接决定的。作为新闻生产活动中活的力量，从原则上说，本位主体驾驭和操作着新闻传播的整体过程，影响着新闻生产传播的所有环节和细节。

第二，从新闻传收过程来看，本位主体处于新闻传收活动的“前在”地位，对传播什么、怎样传播发挥着重要的、不可替代的“把关”作用。本位主体也可称为“前在主体”①，“处于传播过程的首端，对信息的内容、流量和流向以及受传者的反映起着重要的

① 杨保军．新闻价值论［M］．北京：中国人民大学出版社，2003：第三章．

控制作用”[①]。本位主体在新闻传播过程中位置的“前在”性特征表明，在实际的新闻传播活动中，本位主体处于不可否认的“优势”地位，“不是简单的传播者，他们的作用远不是纯然被动的，相反倒是有决定意义的”[②]，“是‘信息流通的动力’”，“收受者所获知的各种讯息都是由新闻传播者给定的”[③]。本位主体处于特殊的中介地位，充当着沟通上下左右的桥梁作用，在相当大的程度上分配着收受主体有限的新闻注意力，并通过不断的议题设置方式，引发和维系社会公众对有关问题的关注。总之，作为新闻传播过程中的前在主体，本位主体在现实的新闻传播活动中掌握着新闻传播的主动权。

第三，从功能论角度看，新闻媒介、新闻传播具有的各种潜在功能主要是通过本位主体的职业新闻活动现实化的。在新闻传播活动中，本位主体是新闻价值的主要发现者、创造者和传播者。当社会提供的宏观传播环境一定时，不仅社会公众能够获得什么样的新闻主要是由本位主体决定的，而且新闻媒介能够实现怎样的舆论反映功能、舆论引导功能、新闻监督功能、文化传承功能、社会教化功能、娱乐功能等，在很大程度上也是由本位主体决定的。

第四，从本位主体与新闻行业、新闻媒体的关系看，他们维护着新闻传收的正常运转和发展，塑造着新闻行业、新闻媒介的形象，在相当大的程度上决定着新闻传播的社会传播力、引导力、影响力和公信力。

第五，本位主体是具有自身利益追求的主体。本位主体在新闻传播过程中首先要反映和维护自己的利益以及与自己利益相关的共同体的利益。任何新闻媒体、任何本位主体，不管如何宣称和自我标榜，在实际的操作上都会按照自己的要求和意图进行新闻传播，即按自己的利益标准和价值尺度筛选事实信息、确定事实信息和报道事实信息。世界上不存在背离自己利益的新闻媒体。除了追求自身利益之外，本位主体总要反映和代表社会主体的共同利益，这是媒体生存发展的必然要求，也是新闻传播社会性的必然体现，更是本位主体实现自身利益的重要手段。

四、高位主体与本位主体的关系

在新闻媒体组织中，传播主体内部主体双重化的客观存在意味着二者之间的关系是一个实际问题。高位主体与本位主体之间的区别是非常明显的，但它们之间的联系也是十分紧密的。

首先，在新闻媒体的组织结构中，高位主体作为新闻资产的所有者、经营者、管理者，决定着媒体新闻报道的总体取向，左右着新闻活动的价值取向和经营规模，“在新闻传播系统中显然处于支配者的主体地位”，“对新闻传媒的大政方针和经营力度，是一定要当家作主和说了算的”[④]。而本位主体是在高位主体的主导下，在高位主体的意志下，进行具体的新闻传播活动的主体。可见，高位主体和本位主体在新闻传播媒体的人事组

① 郭庆光．传播学教程［M］．北京：中国人民大学出版社，1999：157.
② 瓦耶纳．当代新闻学［M］．丁雪英，连燕堂，译．北京：新华出版社，1986：15.
③ 童兵．理论新闻传播学导论［M］．北京：中国人民大学出版社，2000：29.
④ 项德生，郑保卫．新闻学概论［M］．武汉：武汉大学出版社，2000：131.

织结构中所处的地位具有明显的差别，处于不同的层级。高位主体是高层主体，本位主体是低层主体。

其次，在新闻传播活动中，高位主体和本位主体的利益追求与价值目标具有一致性。作为共同的组织化的新闻传播主体，两者是一定社会意识形态系统的重要建构者。高位主体和本位主体都希望通过新闻传播活动满足各自的利益需求和实现各自的价值目标。一般来说，由于本位主体是高位主体按照自己意愿选择的结果，资产所有者和管理者是按自己的利益标准选择经营者和编辑者的，因此，在常态情况下，高位主体与本位主体首先是利益共同体，他们的利益追求与价值目标在根本上是一致的。

再次，高位主体与本位主体之间也会出现利益的不一致或冲突。高位主体与本位主体尽管构成了共同的、实质上的传播共同体，但毕竟在新闻传播的组织结构中处于不同的地位、不同的层次，在新闻传播过程中扮演着不同的角色，从事着不同的具体活动，发挥着不同的作用，在存在方式上具有各自相对的独立性，是相对独立的利益主体。这种独立性必然导致利益上的差异。高位主体与本位主体之间的诸多不同与差异，在一定条件下就可能产生利益矛盾和冲突。

最后，在一些特殊的媒体体制中，高位主体与本位主体只有逻辑上的区分，没有实体上的区别。也就是说，在一些媒体组织结构中，高位主体和本位主体是一体化的。比如，中国近现代史上的“同人报”①，以及当代西方少数“员工所有制”② 媒体，其高位主体和本位主体基本上是一体化的。但即使在双重主体一体化的情况下，双重主体角色的内在一致性和矛盾性，也像在双重主体分离状态下一样，仍然是存在的。

第三节 新闻收受者

新闻活动的核心主体是双重的——传播者和收受者。新闻传收活动的这种主体结构方式在客观上决定了收受者具有与传播者同等重要的地位，两者是新闻活动的共同主体。传播者的传播需要与收受者的收受需要，构成了新闻活动共同的、根本的动力，缺少收受者的新闻传播，只能是无效传播或“半传播”。这是理解新闻收受者问题的基本前提和出发点。

一、收受主体的构成及特征

从原则上看，所有的社会主体都是一定情境中的新闻收受主体，因而收受主体的构成是极其复杂的，可以根据不同的研究目的，从不同的视角做出不同的构成分析，根据

---

① 所谓同人报或同仁报，是“私人以自愿的形式结合起来所办的报纸。办报（刊）人自称‘同人’或‘同仁’，以标榜自由结合，不受政府和党派控制，显示其办报（刊）自主和言论独立”。参见甘惜分．新闻学大辞典［M］．郑州：河南人民出版社，1993：67。

② 员工所有制也称为“合作所有制”，参见童兵．比较新闻传播学［M］．北京：中国人民大学出版社，2002：151－153。比如法国的《世界报》，“股份均为本报工作人员、编辑委员会成员所有”，参见甘惜分．新闻学大辞典［M］．郑州：河南人民出版社，1993：535。

不同的标准做出不同的类型划分。收受主体“分散、弥漫”在整个社会环境中，生存、生活、工作在丰富多彩的社会关系中。所有这些因素共同决定着收受主体在新闻传收活动中的特征。

（一）收受主体的构成

“新闻媒介在总体上对全社会开放，全社会成员均可作为其争取的收受者对象。”[①] 因此，从理论逻辑上讲，所有现实地生活着的人都可以是新闻收受主体。下面我们主要结合新闻传收活动实际，简要分析一下收受主体的基本类型构成。

按照接触新闻媒介的频率，或者说按照接触新闻媒介的稳定程度，收受主体可划分为稳定型收受主体和偶然型或变动型（不稳定型）收受主体。稳定型收受主体是指“比较习惯地、固定地接触和使用一定媒介的收受者”[②]，对这种类型的收受主体来说，收受新闻已经构成了生活的基本组成部分，新闻成为其日常生活中的基本精神资料，“接收新闻已成为他们一种经常性、稳定性的行为，已内化为每天生活中所不可缺少的内容，而且在可能的情况下，会通过不同媒介接收大量新闻”[③]。在当今的互联网环境中，几乎所有的网民都已成为不同程度的稳定型新闻收受者。偶然型或变动型收受主体是指没有固定习惯、只是偶尔接触新闻媒介的人。这种类型的收受主体“对新闻无太大兴趣”，“接收新闻仅仅是一种附带的、随机的或偶然的行为”[④]。在当今新兴媒介环境中，尽管几乎人人都在接触、使用媒介，但未必人人都在稳定地、经常性地接触、使用新闻媒介，偶然接触或信息偶遇成为新闻收受中一种常见的现象。[⑤]

按照接触新闻媒介类别的多少，收受主体可以划分为单一型收受主体与复合型收受主体。单一型收受主体是指只接触一种类型的新闻媒介，比如只读报纸或只看电视或只听广播甚至只通过网络浏览新闻的人；而复合型收受主体是指同时接触多种类别新闻媒介的人，即既可能是报纸的读者，同时又是广播电视或网络新闻的视听者、浏览者。从总体上说，随着社会的发展，越来越多的人会成为复合型的新闻收受者。但是，在网络传播、手机传播日益强大的今天，已经出现了一种新的情况，那就是越来越多的年轻人倾向于只通过网络媒介、手机媒介或其他移动终端、App来获取新闻，他们与传统新闻媒介的距离变得越来越远，不读报刊新闻、不听广播新闻、不看电视新闻的人越来越多。但需要注意的是，人们通过新兴媒介端口获取的新闻，初始大多来源于报刊、广播和电视新闻。

按照对一定新闻媒介接触的实际表现，收受主体可以分为现实型收受主体与潜在型收受主体。现实型收受主体，是指已经接触和利用新闻媒介的人；潜在型收受主体，是指具备正常接触媒介的能力，但还没有开始接触和使用新闻媒介的人。对这种划分方法，应该特别注意“现实”与“潜在”的具体含义，注意现实与潜在的相对性。对一种媒介

---

① 李良荣．新闻学导论［M］．北京：高等教育出版社，1999：120.

② 同①119－120.

③ 黄旦．新闻传播学［M］．杭州：杭州大学出版社，1997：224.

④ 同③.

⑤ 赵云泽，薛婷予．社交媒体中的“信息偶遇”行为研究：解决“信息茧房”问题的一种视角［J］．编辑之友，2020（5）：38－43.

是现实型收受主体，对另一种媒介有可能是潜在型收受主体。同样，对某家媒体是现实型收受者，对另一家媒体则可能是潜在型收受者，反之亦然。对任何新闻媒体来说，维系和稳定现实型收受者群体，发现和开发潜在型收受者群体，都是长期的任务。在新兴媒介环境中，人们尽管面对的具体新闻端口近乎无数，但真正经常接触使用的也就是有限的几个，而且还可能不断转换兴趣。

按照新闻媒体确立或形成的传播对象特征，收受主体可以划分为目标型收受主体（目标受众）与边缘型收受主体（非目标受众）。所谓目标型收受主体，是指新闻媒体传播指向的主要收受者或核心收受者，也就是媒体的定位性收受者。所谓边缘型收受主体，是指目标型收受主体之外的收受主体。这些收受者只是对一定媒介表现出不稳定的、偶然的接触和兴趣。对一家确定的媒体来说，它的目标受众和非目标受众是相对稳定的，但两种类型的收受者会随着媒体自身的变化而变化，也会因收受者自身的变化而变化，即目标受众会转化成为非目标受众，反之亦然。因而，对于一定的媒介来说，如何使自己确定的目标受众真正成为长期的、稳定的、忠诚的目标受众，如何使非目标受众逐渐转化成目标受众，是必须始终探索的问题。对于一家媒体来说，拥有足够规模的目标受众，并且能够及时发现、吸引非目标受众，开发新的受众资源，是媒体生存和发展的基础。

除了以上几种对收受主体类型的划分方法外，还可以按照其他标准进行划分，比如：按照不同的媒介形态，收受者相应地被分为读者、听众、观众、用户等[①]；“按照人口统计学原理，收受者群体内部可以按照性别、年龄、职业、地域、教育水平等再划分成不同的次属群体”[②]。可以按照社会关系意义上的群体，诸如家庭、单位、团体、政治、经济和文化的归属阶层甚至宗教信仰等进行分类；可以按照对一定媒体的忠实程度，把收受主体分为忠实型收受主体和随意型收受主体；可以按照收受主体新闻需求的特征，将其分为一般型收受主体和专门型收受主体。每一种划分标准或方法都能提供一种新的视角，使人们对收受者有一种新的认识，也可以帮助传播者发现新的问题，开拓新的思路。

需要指出的是，上述关于新闻收受主体各种类型的划分都包含一定的交叉性，每一种划分方法都只是从不同侧面对收受主体的描述。

（二）收受主体的特征

作为新闻传收活动中的“后在”主体，收受主体具有自身的个性特征。

其一，大众化的存在特征。现代意义上的新闻传播本质上是面向全体社会成员的传播，是一种大众化的传播，目的在于满足大众的普遍兴趣与普遍利益。在组织化、系统化、规模化、专门化和体制化的大众传播媒介的新闻传播中，点到面的公开传播方式和模式决定了收受主体在整体存在方式上首先是一种大众性的存在，不像传播主体那样是一种具有相对明确界限的、有组织的、职业性的共同体。因此，收受主体在一定程度上具有大众社会理论所描述的大众化的特征。大众传播的收受者无疑就是大众本身，收受

---

① 蔡雯．从面向“受众”到面对“用户”：试论传媒业态变化对新闻编辑的影响［J］．国际新闻界，2011（5）：6－10.

② 李良荣．新闻学导论［M］．北京：高等教育出版社，1999：119.

者具备着大众的一切特点。

"'大众'是一个社会历史性的范畴，它的产生和存在有几个必要的条件：第一，是大众社会"，"第二，是市场经济"，"第三，是工业化、城市化"[①]。作为大众化存在的收受主体具有一些明显的特征，诸如数量规模的巨大性、构成性质上的庞杂性。再如：匿名性，即收受主体之间从总体上看互不相识，构成大众的个体之间处于一种互相疏离的关系状态，对传播媒体和传播主体来说也是难以全面把握的对象；流动性，即收受主体的界限不是固定的，不同的媒体类型拥有不同的对象，而且同一收受主体可以在不同的主客观条件下成为不同媒体或几种媒体的收受者；同质性，即大众个体之间不存在质的差别，个性被消解，只被视为信息的收受者或者消费者；还有素质的有限性，即作为大众存在的收受主体，其素质是有限的，表现为只能消费那些相对简单、通俗的文化产品。[②] 这里需要进一步说明的是，收受主体作为大众性存在的诸多特性，是一种总体上的描述，并不就是说每一个收受者实际上就是这样存在着。对于具体的新闻收受者来说，他们有其自己的个性特征。

其二，自主化的接触特征。收受主体是可以主导自我收受行为的主体，"不是一大群被动等待政治启蒙或引导商品消费的愚氓，而是按照自己的需要和追求来寻找、获取新闻信息的充满积极主动特性的个体或群体"[③]。收受主体是具有选择能力的、自主的、能动的主体。他们主导着自己的接受行为，他们对媒介的接触是选择性的，对新闻传播具体内容的注意、理解和记忆是选择性的，即他们是按照自己的需要和兴趣，按照自己的价值模式、自己的认知图式去对待新闻传播媒介及其内容的。

其三，个性化的需求特征。伴随社会文明的整体发展，人们的主体意识越来越强。在新的传播环境下，收受主体的个性特征越来越强。收受主体本身就是具有个性化存在的主体，个性化的突出表现就是对传播内容的专门化、个性化需要。与传统的大众新闻传播媒介相比，新兴媒介传播已经使个性化的信息需要得到了更好的满足。不断进步的大数据技术、智能技术，不断提升的计算能力、优化的计算方法，造就了算法新闻、算法新闻推荐，已经为个性化的新闻需要实现提供了更为有效的方法。其中的各种认识、法律、伦理等问题也引起了人们的高度重视。

其四，多样化的人性特征。"在现代社会，接触大众传播是社会成员的一项重要活动，但并不是全部活动，他们同时还参与着各种能动的社会实践活动，有着丰富的现实社会关系，而这样一些关系和实践也必然会对他们接触大众传播产生能动的影响。"[④] 因此，要真正理解收受主体的特征，必须将其置于完整的社会关系之中，这样，我们看到的收受主体才是完整的、真实的。那种把现实的收受者单纯理解为受媒介左右的人、离不开媒介的人的观点显然是偏颇的。作为新闻收受者的人并不是为新闻而活着的人，新闻从本质上说是人们生存、发展的一种手段，是生活的一部分。真实的人生活在客观的、

---

① 郭庆光．传播学教程［M］．北京：中国人民大学出版社，1999：172.

② 关于收受主体作为大众化存在的特征，可参见郭庆光．传播学教程［M］．北京：中国人民大学出版社，1999．邹广文．当代中国大众文化论［M］．沈阳：辽宁大学出版社，2000。

③ 黄旦．新闻传播学［M］．杭州：杭州大学出版社，1997：222.

④ 同①173.

复杂的现实社会关系之中，并不只是活在新闻世界中。

二、收受主体的地位与作用

收受主体在新闻活动中的地位和作用可以说是“举足轻重”的，“甚至可以说，是整个新闻传播活动最活跃的决定性因素”①，因为收受主体既是新闻传播活动的出发点，又是新闻传播活动的真正归属之所在。收受主体在新闻活动中的地位和作用主要体现在以下几个方面。

第一，收受主体是后在主体。相对传播主体的“前在”地位而言，收受主体在新闻传播过程中是处于“后在”位置的主体。正是由于收受主体的“后在”性收受活动，才使新闻传播过程得以完整实现。

第二，收受主体的新闻需要是新闻传播的核心动力。从根源上看，新闻需要“是驱动新闻传播行为的终极动力”②，也是新闻传播活动存在的意义基础。如果没有收受主体的存在、新闻需要的不断发展变化，传播主体所从事的新闻发现活动、创造活动都将失去意义，从而也使新闻传播活动失去存在的根据。

第三，收受主体是新闻传播活动的积极参与者。从新闻传播的完整过程来看，收受主体不只是新闻生产与创造的参与者，其在新兴媒介环境中已经成为真正的、直接的、相对独立自主的新闻生产与创造主体，这是最具革命性的变化。完整的新闻传播过程，就是传播主体与收受主体共同生产新闻信息的过程，更是共同创造新闻价值、新闻意义的过程，自然也是共同享受新闻信息、新闻价值、新闻意义的过程。“传播、分享、互相影响，然后再传播、分享，再产生相互影响，新闻就是在这样不断地相互作用中被生产、被传播。”③ 没有收受者对新闻的收受、解读与理解，直至改变相关看法或态度，甚至转化成可能的行为，新闻传播将失去价值和意义。在已经开启与展开的“后新闻业时代”，那种传统单一的新闻收受者角色正在消亡，传收一体化的新角色不断壮大。原则上说，在新闻学视野中，互联网世界中的所有主体都是网上的节点，这些节点都是传收一体化的存在。

第四，收受主体是反馈信息的主要来源。收受主体是最重要的、最直接的信息反馈主体，是反馈信息的生成者和发出者。收受主体正是通过提供反馈信息的方式调节着传播主体的传播行为，制约着传播主体的新闻传播活动。反馈是传播主体与收受主体在新闻活动中建立和实现主体间关系的重要方法之一。反馈的重要意义在于它把传播者的注意力集中到收受者的身上，在于它使传播主体时刻意识到收受主体与自己同处于新闻传播的主体地位，自己的命运不仅掌握在自己的手里，同时也掌握在收受主体的手里。

---

① 李良荣．新闻学导论［M］．北京：高等教育出版社，1999：115.
② 项德生，郑保卫．新闻学概论［M］．武汉：武汉大学出版社，2000：73.
③ 黄旦．新闻传播学［M］．杭州：杭州大学出版社，1997：226.

第四节 新闻传收主体间的关系

新闻传收活动是所有新闻活动中最重要的组成部分，因而，传播主体与收受主体之间的关系也是不同新闻活动主体之间最重要的一对关系。两者之间的关系从主体角度构成了新闻活动的基本矛盾，新闻活动主体之间的其他各种关系可以说都是围绕这对关系而展开的。

一、传收主体关系的历史演变

从发生学的意义上说，新闻传播者与新闻收受者是互生的、共生的关系，或者说是一种互为前提条件而获得自身存在的关系。人类的信息传播史证明，传播活动与人类同生，新闻信息传收活动与一般的信息传收活动同步。人类信息交流必然是在互动中发生的，互动就意味着传送者与收受者的共生和互生关系。

传播一旦发生，传播者与收受者便随之而生。逻辑上，互生、共生关系决定了传播者和收受者是共在的。发生学意义上的传送者与收受者的共生关系、互生关系，意味着传播者与收受者之间的关系在本质上应该是对等的、平等的，是一种主体间的关系，而非主客体间的关系。人类新闻活动的发展应该不断开掘、提升这种主体间关系的内涵和水平。

我们可以在人类传播史中抽象出传播主体与收受主体这对概念，抽象出传播主体与收受主体这对关系，从新闻传收的角度审视两者关系的历史演变。

第一，传收不分的混沌关系。新闻活动的产生与发展是一个漫长的过程。在历史长河中，传播新闻成为一种专门的社会职业只是一两百年前才产生的事情，而在此之前，"传播者与接收者的关系是不明确的，实际上也没有这两个概念"①。我们把传播主体与收受主体之间没有明显界限、没有明确角色区别的关系称为传收不分的混沌关系。这一过程大致以人类新闻活动的产生为上限，而以中国古代准新闻事业的诞生，或更严格一点讲以近代西方新闻业的诞生为下限。

传收不分的关系，最典型的特征就是人们还没有"传"与"收"的角色意识，在实际的信息交流活动中，传收角色在不断地相互转换。传收不分的关系，从总体上使新闻传播与其他传播混为一体，人们并没有明确地把新闻传播与其他传播加以区分的自觉意识；也就是说，人与人之间的新闻交流处于一种自发的、非自觉的状态。因此，从原则上说还难以谈论新闻传播主体和收受主体的问题，两者都还处在潜在的状态。

但是，我们对传收不分的混沌关系不能做绝对的理解，它只是对人类相对早期新闻活动中传收双方关系的一种概括性描述，并不能完全反映这一漫长时期中人类新闻活动的真实细节。事实上，即使是在人类处于结绳记事、火光报警的时代，传与收就已经有

① 黄旦．新闻传播学［M］．杭州：杭州大学出版社，1997：22．

了一定的分工萌芽；而古希腊、古罗马时代的政治演说家、行吟诗人们，常常是非常自觉地在他们的演说、吟诵中，向他们的听众报道新闻；更不用说中国古代那些专门从事邸报工作的人，尽管我们不能把他们与现代意义上的新闻从业者相比，但他们确实在以自觉的方式采集、编辑着类似今天“政治新闻”、社会新闻甚至是娱乐新闻的信息。

新闻活动中传收主体不分的情况是一种持续性的存在，将伴随人类历史的始终，不会因为人类新闻活动进入新的时代后就彻底退出历史舞台。对于这一点，我们在现实的新闻活动中看得非常清楚，而且，在新兴媒介时代，传收一体化似乎进入了新的状态。

第二，传收分立的对应关系。随着人类文明的发展，特别是伴随文艺复兴运动出现了近现代西方文明，人类社会发生了翻天覆地的变化，政治、经济、文化、技术等呈现出前所未有的景象。体现在新闻领域的就是划时代的大众传播方式的逐渐形成，它使人类新闻传播包括其他社会信息的传播进入了一个伟大的新时代。这个伟大时代使新闻传播成了一种专门的事业，使新闻传播活动成了一些人专门从事的职业。而新闻传播机构、新闻职业的诞生，使过去面对面的新闻交流现象、点到点的交流模式、传播者与收受者浑然不分的状态开始发生质的变化，最为明显的表现就是传播者与收受者成为分立对应的关系。这一阶段大致可以从近代新闻业的诞生算起，一直持续到今天。

新闻传收双方的分离、分立有其历史的发展过程，并不是突然而生的事情。文字的发明和普及为人与人之间的间接交流创造了条件，而“传播者与接收者由直接转为间接，为传播的专门化打下了基础”①。文字使公告式的官方公报成为可能，比如著名的“每日纪闻”，它实质上已经是“点—面”传播的雏形；文字也使“新闻信”变成了现实，“早在公元前500年，古罗马就开始有新闻信，直至西罗马帝国灭亡（公元476年），新闻信绵延不绝”②，它使远距离传播变得简便容易。而15、16世纪手抄小报的出现③加快了新闻传收者之间的分离、分立关系，但真正使新闻传播者与收受者分立的力量乃是印刷新闻的出现。“16世纪末，在手抄小报流行的同时，西欧等地开始出现了不定期的印刷品，报道某些重要事件，它与记事性小册子相比，新闻性明显加强。”④ 到了16世纪后期，定期、有固定名称的新闻印刷品出现，它们是近代报纸的雏形。“17世纪初，名副其实的印刷新闻纸才问世。1609年在德国出版的《报道或新闻报》，是世界上最早出版的印刷周报。”⑤ 印刷新闻纸的诞生，是新闻传播业诞生的标志⑥，专门以传播新闻为职业的人也应运而生，“传播者、接收者的角色从此得以固定”⑦。因而，印刷新闻纸的出现也是新闻传播主体与收受主体分立对应关系开始的标志。随着19世纪中后期商业化、大众化报纸的真正兴起，特别是20世纪二三十年代之后广播电视的相继大规模发展，新闻传播的两大主体阵营迅速扩大，同时新闻传播者与新闻收受者之间的分立对应关系不断得到明晰和强化。

综上所述，大众化传播时代的到来和发展，是形成新闻传播主体与收受主体分立对

---

① 郑超然，程曼丽，王泰玄．外国新闻传播史［M］．北京：中国人民大学出版社，2000：9.

② 黄旦．新闻传播学［M］．杭州：杭州大学出版社，1997：23-24.

③ 关于手抄小报的介绍参见郑超然，程曼丽，王泰玄．外国新闻传播史［M］．北京：中国人民大学出版社，2000：9。

④ 同①12.

⑤ 项德生，郑保卫．新闻学概论［M］．武汉：武汉大学出版社，2000：92.

⑥ 同⑤90-91.

⑦ 同②24.

应关系的直接原因，而其背后深层的根据则是人类社会生产力水平不断提高、生产方式和社会分工不断变革的结果。正是大众传播媒介的直接介入，从根本上改变了人与人之间以身体为中介、为信息载体的直接新闻交流方式，变成了以大众传播工具为中介的间接传播，使传播者和收受者居于新闻传播媒介的两端，分立对应而存在。

传播主体与收受主体的分立对应关系，意味着传播主体意识与收受主体意识的强化和自觉，意味着传播与收受之间的矛盾显化为新闻传播的主要矛盾，新闻活动正是在双重主体的对立统一中求得不断进步和发展的。角色意识的明了同时意味着角色权利、角色义务的确定，意味着角色功能、角色作用的不同。分立对应关系的现实存在，使新闻传收双方既是分离的不同主体，又必须是统一的共同新闻活动主体。如果达不到这种状态，新闻传播的效果就难以很好地实现。

需要指出的是，在传播主体与收受主体分立对应关系成为二者主导关系的情况下，仍然存在着传收双方角色的实际互换现象，不过这种互换是在具有传收角色主体意识下的互换，与传收双方浑然一体、缺乏角色自觉意识情况下的互换是大不相同的。自觉意识下的角色互换，或者说自觉意识下的传收主体一体化，可能使传播主体与收受主体的关系进入一个新的阶段，这种新的阶段在互联网时代到来之后表现越来越明显。

第三，传收和谐的一体化关系。大众传播方式确立的传收主体关系是一种分立对应关系，在这种关系中，传播主体事实上居于不可否认的主导地位，因此可以说是一种传播主体主导的传收关系，这种现象在今天看来已经开始发生变化。职业化的传播活动使传播者与作为社会大众的收受者明确区分开来，二者居于新闻传播的两端，强化了彼此的差异和矛盾。

但是，当人类进入信息时代、互联网时代，进入整合、融合传播的时代之后，传播新闻的工具不再只是传统的三大媒介，而是加入了“第四媒介”（互联网）、“第五媒介”（手机）以及各种新生媒介，还有将各种媒介有机整合在一起的复合媒介、融合媒介、平台媒介。这些新的媒介，改变的不仅是新闻传播媒介的传统格局或媒介生态，新闻的采制方式、刊播方式和收受使用方式，更重要的是它们正在以结构性的力量改变着人们传统的新闻观念，其集中体现就是传播主体与收受主体关系的变化。人们期望打破传播主体主导的、传统大众媒介塑造的单向传播模式，期望收受主体能与传播主体共同驾驭新闻传播媒介。这一阶段萌芽于大众传播的兴起，显现于互联网时代的到来，发展于未来的传播之中。

信息时代、互联网时代和后网络时代的到来并展开，正在建立一种新型的传收主体关系——和谐平等的一体化关系。这种一体化的关系是传收互为主体的一体化关系，它似乎又重新回到了传收不分的混沌状态，但事实上却有着本质的不同。这是经过分立对应之后的一体化关系，是传播主体与收受主体都有自觉角色意识基础上的一体化关系，是经过否定之否定螺旋上升后的和谐平等的一体化关系。这种关系的具体内容，后面还将讨论。①

---

① 在讨论传播主体与收受主体关系的新表现之前，还须指出的是，人类新闻传播活动中传播主体与收受主体的关系演变历史是纷繁复杂的，我们的划分只是抓住了历史过程中最主要的特点，并不是对所有历史细节泾渭分明的区分，因而其中难免存在主观推断甚至是武断的成分。当我们对人类新闻传播历史有了更清楚的了解后，这种划分一定会变得更加准确。但是，在现有的这种阶段划分中，我们也能够大致窥探到传播主体与收受主体的历史关系以及未来发展的趋势。

二、传收主体关系的新表现

所谓传播主体与收受主体关系的新表现，主要是指在人类信息交往从整体上已经进入新媒体时代的大背景下，在“后新闻业时代”已经开启并展开的情况下，新闻活动中传收主体所展现的新的关系特征。

第一，传收本位的新变迁。新闻活动中的传收“本位”问题，讲的是新闻传播从谁出发的问题，即新闻传播从谁的利益和需要出发选择传播内容、传播方式。从谁的利益、需要出发，就是以谁为本位。无疑，这是一个至关重要的问题。

在人们还没有明确的传收角色意识时，在没有物理或技术中介物作为新闻传播手段的情况下，自然不存在明确的以谁为本位的问题。当大众传播方式成为新闻传播的主要方式后，大众传播媒介插在传收主体之间，使传收角色出现了分立对应的关系，这时谁是本位就变成了明晰的问题。拥有新闻媒体的人、从事新闻职业活动的人，总是想通过新闻媒介实现自己及其所代表的利益群体的利益追求，而媒体追求的利益并不必然与作为收受者的社会大众利益完全一致，当二者的利益出现矛盾、冲突时，以谁的利益为先、以谁的利益为重，就是必须选择、解决的问题。

就新闻传播的历史事实来看，“传播者本位”长期占据主导地位，传播什么、怎样传播、为什么传播这些最根本的问题，主要是由传播者根据自己的需要和利益决定的。但是，当市场经济运作方式进入新闻传播领域，新闻传播媒介越来越依赖广大收受者的选择而求得生存和发展的时候，以传播者为本位的观念和实际的做法就很难顺利地运行了。而当一系列以互联网为基础的新兴媒介不断进入新闻传播领域后，传统的传播者本位观念与实践方式受到了前所未有的严峻挑战，传收本位关系出现了一些新的变化。① 这种新变化最突出的表现就是由以“传播者本位”为主导的传播模式向以“收受者本位”为主导的传播模式的变迁和转化，新闻收受者被视为传播者的“上帝”“情人”“朋友”“衣食父母”，如此种种比喻性观念的背后，反映的实质问题是，新闻传播要按照收受主体的利益需要来进行，即要按照他们的利益需要选择确定传播的内容和方式。“本位”似乎要从一个端点走向另一个端点了。这种变迁在西方大众化报纸真正兴起的19世纪中期就已开始了，而在中国成气候、成潮流的变迁只是近几十年的事情②。

但是，完全、彻底的本位变迁，最多是一种观念或一些人的理想，新闻传播的实际只能是在传播主体与收受主体之间取得一种均衡，因为二者既是利益的共同体，又是利益的矛盾体，传播什么、怎样传播不可能总是以收受主体的需要和利益为尺度。因此，

---

① 这里需要说明的一点是，网络传播者包括网站拥有者和网络传播的业务工作者并不是天然的受众本位观念拥有者，也不是天然的以受众为本位的传播者，他们在传播观念上与传统的媒介并没有本质的区别。我们要强调的是，网络媒介自身的特点冲击了传统的传者本位观念，并且在一定程度上改变了传者本位观念，对受众本位观念在当代中国新闻传播领域的提出和确立具有重要的促生作用。

② 传播本位观念的变革，最根本的动力是社会生产方式的变革，或者说是社会经济体制的变革。资本主义生产方式的诞生，市场经济的出现，在政治上的诉求是民主政治，在言论领域、信息传播领域追求的是自由和平等，这样，传统的封建专制时代的传者本位的传播观念就受到了根本性的挑战。在中国，正是市场经济体制的目标设立和实际运行，才真正打破了传统计划经济体制下确立的单一的宣传性、教育性的传播观念，才真正将普通社会成员实际上看成和传播者具有同等主体特征的人。传播者本位的观念才开始真正地动摇。

对于传播主体与收受主体本位关系的变迁，要以冷静、理性的眼光看待。

第二，传收互动的新追求。以互联网为基础的一系列新兴媒介，把整个世界、整个人类连接起来、编织起来，把传播主体与收受主体的关系带入一个新的境界。

“互联网的本质、核心和灵魂是‘连接’”①，由连接而造成互动，在互动中人们求得交流和理解。网络作为人类身体与神经系统的延伸，将人类连接成了一体化的存在。网络变成了血管、变成了世界的神经系统，信息变成了血液、变成了流经神经系统的种种讯号。每个人都在试图变成这无边无际之网上的一个纽结、一个节点，以便从一个看起来微乎其微的点上，扯动整个世界的神经。互联网已经“是信息时代人类主体沟通并与现实世界相互联系的重要手段”②、基础设施。当这样的手段及其他相关新兴媒介成为新闻传收媒介时，它所带来的最有影响的新闻传播观念和新闻传播实践就是全时空的“互动”“移动”和“共动”。这种观念迅速洗礼了所有的传统新闻媒介，使它们也在或快或慢地以自己的方式追求着互动式的新闻传播。互动，是我们这个时代最为神奇的词语；互动，反映了我们这个时代交流的本质特征；互动，是任何事物运动的绝对形式。移动中的互动使人类世界成为真正有机性的存在。物质世界、精神世界都是在相互作用中千变万化的，互动正好反映和体现了两个世界存在、运动的本质。③

互动的本质是人与人的互动、人与社会的互动、人与自然的互动。对于新闻活动来说，就是传播主体与收受主体的互动。互动的具体表现就是新闻传播由单向的发送式向双向的、多向的交流式、协商式、对话式转变。“交互性是指传播者和收受者之间的双向互动传播。”④ 互动最突出的结果是，强化了新闻收受者作为新闻活动主体的地位，使其与传播主体有更多的机会展开交流和对话。但更为重要的是，互动使收受主体从相对被动的角色转变成为相对主动的、与传播主体相似的观察者、分析者和发言者。如果说传统的新闻传播媒介还难以很好地实现这种互动，那么，互联网已经为人们提供了各种各样具体的手段，“交互性使互联网真正成为大众共同发言的媒体”⑤。面对网络世界和其他新兴媒介空间，人们几乎可以自由进出，可以自选自发，以互联网为代表的新兴媒介已经激活了所有社会成员的信息能力，这意味着一种新的传收互动关系已经开启并初步实现。

第三，传收平等的新理想。在互动的传播观念与传播方式中，灌注渗透着传播主体与收受主体的平等观念。如果主体间不平等，就很难形成实质的互动，不平等主体间的“互动”，必然是一方主动一方被动的“互动”，本质上是没有互动的。

---

① 郭湛．主体性哲学：人的存在及其意义［M］．昆明：云南人民出版社，2002：269.

② 杨富斌．信息化认识系统导论［M］．北京：军事科学出版社，2000：121.

③ 在哲学领域，辩证唯物主义者把运动看作绝对的，绝对运动的根本原因在于事物内部的相互作用，相互作用就是互动。新闻传播和一般的信息传播，作为人与自然世界之间的信息交流，作为人与人之间、人与社会之间的信息交流，本质上必然是互动的。新闻，从本质上说，就是以一种特殊的信息方式沟通人与世界的关系。指出这一点是想说明，任何一种信息传播只有回归到互动传播的状态，才是最有效的传播，最符合世界本性、人之本性的传播。这是我们应该在哲学层面上确立的基本传播观念。

④ 陈绚．数字化时代的新闻理论与实践［M］．北京：新华出版社，2002：38.

⑤ 同④．

互动就是平等的交往[①]，而“一个时代的交往的性质和水平，不在于交往什么，而在于怎样交往，用什么中介手段交往”[②]。新的划时代的传播手段带来了划时代的交往方式，也就带来了划时代的交往主体之间的关系。新兴媒介为人们的平等交流提供了手段，但人们还远未达到可以平等使用媒介的能力和条件。

在人们理想的新闻传收关系中，传播主体与收受主体是共同的新闻活动主体，二者之间的关系是互相尊重、互为目的的平等的主体间关系。二者面对的共同客体是新闻事实、新闻传播内容，而不是对方。二者共同驾驭和运用新闻传播工具，在主体间的和谐关系中，以统一新闻主体的方式共同完成新闻活动，共同分享新闻事实信息，以达到共同的完善和发展。当这种理想成为整个人类新闻传播的美景时，全球化的新闻传播将变成真正的现实，人类也就真正成了共同的主体，一起运用他们创造的神奇传播媒介去交流共享所有的信息。这个世界本来就是所有人的，人类拥有的一切本来就是所有人创造的。

第四，新闻传收自由的新境界。传收共同本位、传收平等互动的理想境界，就是传收利益、传收需要和谐一致的境界，也就是实现新闻自由传收的境界。新闻自由的实现过程，就是新闻传播由单向传播向双向传播、多向传播、互动传播的发展过程，这一过程看似简单却蕴含丰富。它把知情世界、表达自我的权利看成所有人的普遍权利、道德权利，同时，它也正在把这样的权利变成一种可行的、现实的权利。[③]

第五节 新闻信源主体、控制主体与影响主体

新闻传收活动的实际展开离不开新闻信源主体、新闻传播主体、新闻收受主体的直接参与，超越不了新闻控制主体的直接或间接调控，也避免不了新闻影响主体的影响作用。现实的新闻传收图景、新闻形象，就是由这些主体通过各自不同的活动内容、活动方式共同塑造的。前几节重点讨论了传收主体及其关系，本节我们简要阐释新闻信源主体、新闻控制主体和新闻影响主体在新闻活动中的地位与作用，重点是它们与新闻传播主体之间的基本关系。

一、新闻信源主体

事实是新闻的本源，但新闻事实包含的事实信息要转化成能够传播、收受的新闻作品或信息，必须有人发现新闻事实、获得和拥有事实信息。拥有新闻信息并且实际介入

---

① 人类新闻传播的历史经验事实说明，掌控新闻传播媒体的人群（阶级、阶层）主要是一定社会中的强势人群（或者说新闻媒体大都实质性掌握在社会统治集团、统治阶层的手中）。因此，当一个社会真正建立起平等的传播方式，确立了平等的传播理念，也就意味着这是一个相对比较平等的现实社会。然而，目前的事实告诉人们，这种平等还主要是一种理念，而不是完全的事实。也就是说，互动仍然是一方主动一方被动的互动，至多是一方主动性强、一方主动性弱的互动，真正平等的互动还存在于理想中。

② 郭湛．主体性哲学：人的存在及其意义［M］．昆明：云南人民出版社，2002：269.

③ 李良荣．透视人类社会第四次传播革命［J］．新闻记者，2012（11）：3-6.

或参与新闻报道得以形成的个体或组织（群体）主体，就是我们所说的新闻信源主体，或称为新闻源主体，组织主体主要包括政府组织、政党组织、企业组织和其他社会组织、团体等。

新闻信源主体主要是社会运行过程、社会生活展开过程中自然造就、自然生成的。但应当注意的是，新闻报道特有的社会影响力使制造、塑造、捏造新闻事实、新闻信源主体成为一种屡见不鲜的现象。其实，不同社会主体间经常在为成为或避免成为新闻信源主体而展开博弈。

新闻信源主体在具体的新闻报道活动中充当着极为重要的角色。首先，新闻信源主体是新闻传收活动逻辑上的起点"主体"。在大多数情况下，真正能够将新闻事实与新闻报道者连接起来的中介是新闻信源主体，不通过任何新闻信源主体的新闻报道几乎是不存在的。其次，新闻信源主体所提供的新闻信息在一定程度上限制了新闻报道与收受的内容范围、内容质量。很多新闻内容的实际把关人或决定者首先是新闻信源主体，而非新闻传播者。最后，新闻的诸多主要特性，都会受到新闻信源主体的影响。新闻内容的客观性、真实性、全面性、公正性等都会受到新闻信源主体自身素质、利益需求以及新闻意识等的深刻影响。

新闻信源主体在新闻传播流程中的特殊地位与作用，也提醒新闻传播者应该特别注意新闻信源主体对新闻信息可能的遮蔽、隐瞒和扭曲。新闻采访过程，就是新闻传播主体与新闻信源主体既有"配合"又有"协商"甚至还有"较量"的过程。传播者要想获得全面的、真实的新闻信息，就必须能够发现和揭露新闻信源主体的种种遮蔽、隐瞒和扭曲事实的行为。

从应然角度讲，不管是一定的组织还是个人，如果其拥有的新闻信息与社会公共利益相关，并且不属于国家法律禁止公开传播的信息，那么任何组织和个人都有向新闻媒体告知（准确讲是向社会告知）新闻信息的义务，不能以"无可奉告"的方式拒绝记者的采访。在新闻传收活动中充当新闻信源主体的组织或个人承担着真实告知新闻信息的一般道德责任。在现实社会中，政府、政党以及企业是拥有最多也最重要公共信息资源的实体（机构、组织或单位）。因此，在一般意义上，它们也是最重要的、最为社会大众关注的新闻信源主体，信息公开也主要是针对它们而言的。

二、新闻控制主体

相对新闻信源主体、新闻传播主体、新闻收受主体、新闻影响主体存在的新闻控制主体，是指那些通过一定方式限制、约束新闻传播内容、新闻传播方式的主体。这里所讲的新闻控制是来自新闻传播系统之外的控制，不包括新闻传播系统内部的自控行为。因而，控制的直接对象是新闻传播主体，控制的主要活动是新闻传播者的新闻报道活动。由于新闻传播主体是新闻信源主体与新闻收受主体之间的重要桥梁、居间者或中介，因此新闻控制主体对新闻传播主体新闻报道活动的直接控制，也就间接控制了新闻信源主体和新闻收受主体的有关新闻行为。需要注意的是，新闻控制不是仅仅指向职业新闻传播主体的新闻传播活动，而是指向所有新闻生产传播主体的新闻活动。

新闻控制的严格主体就是国家，进一步说就是政府，依据的控制标准和手段是体现社会共同意志的法律或者其他相关规范。政府会将控制新闻传播活动的权力赋予一定的机构和部门，让它们充当新闻报道内容和报道方式的直接控制者，以法律的名义监督新闻传播主体的新闻活动行为，或者是以事后追惩的方式控制新闻传播主体的新闻活动行为。政府作为新闻控制主体，实质上是通过法律或者其他手段，限制新闻自由的范围和程度，将新闻活动限制或约束在政府可以承受和认可的范围内。

新闻控制主体与新闻传播主体之间是一种约束和被约束、管理和被管理的关系，并且这种关系是法律或其他规范所规定了的。因而，在表现形式上，新闻控制主体的地位高于新闻传播主体，新闻传播主体的任何新闻传播行为要是违背了相关的规范，就会受到相应的惩罚。只要新闻控制主体的控制行为是严格遵守有关规范进行的，新闻传播主体就必须接受其控制行为。当然，新闻传播主体拥有的法律所赋予的新闻自由权利，使它可以对包括新闻控制主体在内的一切权力行为进行监督，也就是说，新闻传播主体在新闻控制主体面前并不是完全被动的存在。

在对新闻报道内容、报道方式的限制、约束上，新闻控制主体依据的是国家宪法及相关具体法律或其他规范。从原则上说，新闻控制主体对新闻报道内容、报道方式的限制与约束是硬性的，没有任何商量的余地。

就实际来看，控制主体实行的主要是一种政治控制，表现为法律控制、行政控制。在中国，由于新闻媒体的政党耳目喉舌属性，新闻控制还会表现为党的纪律控制或约束。需要注意的是，新闻控制本身存在合理限度问题，即控制不是任意的，控制本身也要受到控制。

三、新闻影响主体

在实际的新闻活动中，还有一类主体，比如，有些政治主体、企业组织主体、社会团体主体以及一些个人主体等，在与新闻传播主体的交往中，其意图与行为对新闻传播主体传播内容、传播方式的选择有着或大或小的影响作用。我们把这样的主体叫作“影响性主体”或“影响主体”。

新闻控制主体的存在是明确的、稳定的，但新闻影响主体的边界是不太明确的。可以说，凡是新闻控制主体之外的、所有能够对新闻传播主体传播行为构成影响的其他主体（不包括我们前面从其他角度讨论过的新闻信源主体和新闻收受主体）都是新闻影响主体，但最主要的是那些拥有政治资本的主体，那些为新闻传播主体提供广告资源的企业组织主体，或以其他方式为新闻媒体提供资金的主体，还有拥有各种社会资本（如各种人际关系、人情关系等）的主体。

新闻影响主体对新闻传播主体的影响主要是通过各种利益制约关系特别是经济利益关系实现的。在新闻影响主体与新闻传播主体之间不存在管理与被管理的关系，二者之间的地位在形式上是平等的，二者之间的关系应该说是一种相互影响的关系。从新闻传播主体角度说，既可以接受新闻影响主体的要求，也可以不接受新闻影响主体的要求。因此，新闻影响主体对新闻报道内容、报道方式的影响是软性的，双方是在“交往”“协商”中形成对报道内容、报道方式的可能调整。在这一过程中，双方实现和维护着各自的利益或者共同的利益，但新闻传播主体处于主动地位。

新闻影响主体最主要的影响手段是经济利益手段，并且就现实来看，新闻影响主体对新闻传播主体的“影响”越来越大，而不是越来越小；新闻逻辑越来越受到商业逻辑、经济逻辑的影响。在全球化背景下，一定社会、国家或地区范围内的新闻传媒更易或越来越易于受到各种国际力量的影响，从而造成更为复杂的传播关系。

复习指点

关键概念

新闻信源主体　传播主体　收受主体　控制主体　影响主体　高位主体　本位主体　现实型收受主体　潜在型收受主体　目标受众　非目标受众

思考题目

1. 新闻传播主体的构成与作用
2. 新闻收受主体的基本类型与特征
3. 高位主体与本位主体的关系
4. 新闻收受主体在新闻传播过程中的地位与作用
5. 新闻信源主体、新闻控制主体的地位与作用

必读文献

杨保军．新闻主体论 [M]. 北京：人民日报出版社，2016.

彭兰．数字新闻业中的人-机关系 [J]. 新闻界，2022 (1).

蔡雯．从面向“受众”到面对“用户”：试论传媒业态变化对新闻编辑的影响 [J]. 国际新闻界，2011 (5).

黄旦．传者图像：新闻专业主义的建构与消解 [M]. 上海：复旦大学出版社，2005.

斯蒂芬斯．新闻的历史：第 3 版 [M]. 陈继静，译．北京：北京大学出版社，2014：第一篇至第四篇．

选读文献

杨保军．再论“人工智能新闻生产体”的主体性 [J]. 新闻界，2021 (8).

孙玮．赛博人：后人类时代的媒介融合 [J]. 新闻记者，2018 (6).

吴飞．新闻专业主义研究 [M]. 北京：中国人民大学出版社，2009.

单波．评西方受众理论 [J]. 国外社会科学，2002 (1).

程明，赵静宜．论智能传播时代的传播主体与主体认知 [J]. 新闻与传播评论，2020 (1).

第四章
新闻传收内容

提　要

新闻是新闻传收的内容对象。新闻是新闻学的基础概念。新闻本质上是一种新近或正在发生的事实信息。从新闻信息在传收过程中的演变来看，我们将处于传播状态的事实信息（文本状态）定义为新闻，而将客观存在或变化的事实定义为新闻的本源态，将收受中的新闻界定为新闻的收受态。针对传播态新闻而言，真实、新鲜应该是其内容上的本质特点，及时、公开应该是其传播方式上的突出特征。呈现新闻事实的真实面目是新闻的本体或本位功能，除此之外，新闻具有的其他功能都可以称为新闻的派生（延伸）功能。人们可以依据不同的标准，对新闻进行分类。

新闻是新闻传收的内容对象。新闻是新闻学的基本概念。但新闻是什么？它是从哪里来的？它以怎样的方式演变，在传收过程中有什么样的形态变化？它具有什么样的特征和功能？这些都是新闻理论中最基本的问题。对于新闻是什么的界定直接反映着某种新闻观，对于一定新闻理论体系的建构和新闻实践的展开具有十分重要的意义。

第一节　新闻的形态

新闻认识是人类把握世界的重要手段之一，它经历了怎样的历史演变？作为一种意识形式，新闻什么时候获得了自身的相对独立地位？作为传收内容的新闻（信息）是从哪里来的？它的本源形态是什么？传送中的形态、收受后的形态又是什么？只有弄清楚新闻存在的不同形态及其相互关系，才能真正弄清楚新闻从产生到传送、从传送到收受的来龙去脉或演变过程，也才能够针对不同的新闻形态进行清晰的相关讨论，进而实现对新闻的过程理解和整体把握。

一、新闻的历史形态

所谓新闻的历史形态，是指从人类新闻活动的历史向度上考察新闻作为一种意识形式与人类其他意识形式的关系。[①] 新闻信息与其他信息在人类信息传播史上有一个从混沌不分到相对分离、分立的过程，也有一个从分离、分立再到统一共存的过程。

（一）与其他信息不分的混沌形态

在新闻活动的产生阶段及后来相当长的历史演进过程中，人类并没有明确的新闻意识，即没有将我们现在所谓的新闻信息与其他类别的信息明确加以区分的意识。新闻信息不仅在客观上与其他信息共同存在于自然和社会之中，而且即使在传播过程中，也与其他信息浑然一体。“新闻信息虽然古已有之，但在古代，新闻信息的陈述内容和传播方式与其他信息没有太大差别。在陈述内容上，它与历史信息相近；在传播方式上，它与情报信息相同。可以说新闻信息与历史、情报信息处于混一状态之中。”[②] 事实上，新闻信息不仅与历史信息、情报信息混为一体，与生产、生活中的其他信息同样混为一体。

但是，不管人们是否意识到新闻信息与其他信息的区别，不同信息之间的差别是客观的，而有差别的不同信息对人们的生产、生活发挥着不同的作用，这就为人们从意识中将不同信息区别开来奠定了客观基础，也为人们以不同方式传播不同信息确立了客观根据。这一分门别类的过程，正是人类新闻活动不断进步升级的表现方式。

（二）与其他信息分离的独立形态

不同信息之间的客观差别以及它们对人们的不同作用，随着人类文明的发展，被人类逐步自觉地把握。于是，人们根据不同的信息需要，慢慢开始分门别类的信息传播。这是一个十分漫长的历史过程，是由混沌、模糊到逐渐清楚、分离的过程，不是以某个时间点为标准的断然分界。

新闻意识从模糊到清晰有一个漫长的演变过程。人们通常将西方近代报纸的产生，以及逐步成长起来的近代新闻业，作为新闻传播与其他信息传播相对分离的起始过程。比如，有学者说：“关于传播信息中的一类——新闻，能够从一般信息传播中分离出来，仅是最近几百年的事情。”[③] 明确的、普遍的新闻意识是与西方近代报纸相伴而生的，直到 19 世纪三四十年代大众化、商业化的报纸真正勃兴起来，人们才将新闻信息与文学信息、意见信息、广告信息、公关信息等自觉地加以区分，与其他信息相分离的新闻传播观念才得以逐步形成和确立，人们对什么应该是新闻、什么不应该是新闻才有了比较稳定的标准。由商业化报纸带来的报业革命，“奠定的是整个现代新闻事业的基础”[④]，它真

---

① 关于意识、意识形式、意识形态之间的区别与联系，可参见俞吾金．意识形态论［M］．北京：人民出版社，2009：第四章。

② 项德生，郑保卫．新闻学概论［M］．武汉：武汉大学出版社，2000：22.

③ 陈力丹．世界新闻传播史［M］．上海：上海交通大学出版社，2002：1.

④ 李良荣．当代西方新闻传播业［M］．北京：中国人民大学出版社，2000：143.

正确立了具有现代意义的“新闻”观念，从而使新闻有了与其他信息分离的独立形态。

（三）与其他信息共存的统一形态

明确的新闻意识使新闻传播与其他信息的传播从本质上得以区别，形成了分门别类的信息传播形式。但就新闻传播的实际情况来看，即使人们具有了明确的新闻意识，即使社会拥有了相对独立的新闻传播媒介，仍然并不存在仅仅传播新闻信息而不传播任何其他信息的新闻媒介。新闻信息总是与其他信息共存于同一媒介之中，以统一的形态向社会传播。在当今新兴媒介环境中，更是出现了将新闻信息与其他信息相混淆的泛化新闻现象，对专业新闻生产传播形成了一定的冲击。①

但十分清楚的是，新闻信息与其他信息在当今信息传播中的统一，是在人类有了明确的、自觉的新闻意识之后的统一，是在人们将新闻信息与其他信息区别开来之后的统一，这与没有区别意识前提下的混沌不分有着质的不同。自从独立的新闻意识确立以来，如果把新闻信息与传播者的意见信息、情感信息或广告信息等故意“搅和”在一起，并以新闻的名义进行传播，就会被认为是不符合新闻专业原则、不符合新闻伦理规范的行为。因而，我们不仅在形式上看到不同的信息传播在媒介上有不同的标识，而且更为重要的是，人们不断反思、批判非新闻意识支配下的新闻传播观念和行为。比如，20 世纪 60 年代曾在美国出现的“新新闻主义”（New Journalism），主张用写小说的方法写新闻，新闻可以虚构、可以小说化。新新闻主义认为，“记者与作家的混合是新闻学的新哲学，主观性的东西才是真实的。只有进行真正的艺术概括，用艺术方法写新闻才能高于事实”。然而，“新新闻主义的观点受到美国新闻界和文学界的怀疑，被认为对新闻和文学都有失尊严”②。又如，20 世纪 60 年代末 70 年代初在美国兴起的倡导新闻学，又称为“鼓吹新闻学”（Advocacy Journalism），“提倡记者在新闻报道中表现出明确的党派立场”，但这种观点“并不为多数人认同，而且倡导性新闻报道也极少被新闻媒介采用”③。

今天，人们是在明确的、相对独立的新闻意识支配下来理解新闻信息与其他信息的统一存在形态的。在新闻传播的理念上也是力求以客观的精神与方法展现事实的本来面目，自觉地从新闻中排除、减少意见信息和情感信息，这也正是新闻传播本身应该追求的目标。人们普遍认为，职业新闻工作者应该按照新闻的特征、新闻传播的规律进行传播，应该遵守新闻传播伦理规则，具有新闻职业道德。

二、新闻的过程形态

新闻传收是一个过程，新闻实际上也是过程性的存在。我们只有通过对传收过程的完整考察，才能比较准确、全面地理解和把握新闻的本质与特征。新闻的过程形态就是在具体的新闻传收过程中，考察新闻事实信息的形态演变，即从新闻的本源开始到新闻

---

① 杨保军，张博．新闻泛化与当代新闻理论研究的“下沉”［J］．中州学刊，2021（4）：164－172．杨保军，张博．论“新新闻”观念的基本内涵、生成逻辑与实践价值［J］．新闻与写作，2022（1）：38－48．

② 徐耀魁．西方新闻理论评析［M］．北京：新华出版社，1998：50．

③ 同②52．

的收受结束，看在一个相对独立完整的传收周期中，新闻事实信息有无形态的变化；如果有，变化是什么，又是怎样变化的。

（一）新闻的本源态

处于传播中的具体的新闻是从哪里来的，它的客观源头是什么，这就是新闻的本源问题。

关于新闻的本源，人们提供的解释方式可概括为两种：一种是事实论的解释，另一种是信息论的解释。

事实论的解释，就是把处于传播中的新闻的本源归结为客观存在的事实，其核心观点是：客观存在的一定的事实是新闻的本源形态；任何处于传播形态的新闻，不过是对客观事实的反映、再现、陈述或摹写，其中也免不了有塑造、建构的可能。事实第一，新闻第二；事实在先，新闻在后，新闻是对事实的反映。

信息论的基本解释是，传播形态的新闻，其本源是客观存在的事实信息，新闻是以新闻方式对一定事实信息的反映或呈现，其中也可能会有对事实信息的塑造和建构。

关于新闻本源的上述两种解释，有这样的基本关系：第一，从本质上看，事实论与信息论是统一的。信息是自然界、人类社会和人本身所固有的，信息必须以质料为载体，并凭借一定的能量。尽管信息不能归结为物质系统中的质料和能量，但信息不能脱离质料和能量而存在。因此，从本源意义上说，信息一定是客观事物、客观事实的信息，客观事物、客观事实一定是通过一定的信息表现自己的存在。第二，事实论是更根本的解释。事实是客观的，表征事实的是它所发送出来的信息。“客观存在的新闻事实是新闻信息所依附并赖以生发出的物质原体……新闻传播的信息来源于新闻事实，没有事实就没有新闻。”[①] 即新闻事实信息在本源上总是依存于新闻事实。其实，对物质的依存性是所有信息的基本特性之一。“信息不能是某种超越物质的东西，它归根结底还是一种物质的属性。”[②] “任何信息总是产生、传达在事实之后……从本质上说，（信息）是附丽于事实的，离开了事实，信息就失去了意义。”[③] 因此，没有事实，信息就无从谈起。事实相对信息是更根本的存在，更具有本源的意义。第三，信息论解释具有更直接的意义，而且信息论解释更能说明新闻由本源态向传播态转化的内在机制。新闻传播、报道的是表征客观事实的信息。信息可以与产生它的新闻事实分离开来。人们正是通过对事实信息的把握来认识事实本身的。表征事实的信息是人们直接把握到的东西，事实所“散发”出的信息或人们通过一定手段从事实中获取的信息，是人们认识事实的必然中介。因此，处于传播形态的新闻正是对事实所散发出的客观信息的人工化，因而表征事实的信息成为从事实本源到传播中的新闻的中介。

这样看来，我们可以把新闻的本源态归结为客观存在的事实，即新闻的本源是事实。[④]

---

① 李元授．新闻信息概论［M］．武汉：武汉大学出版社，1994：25.

② 苗东升．系统科学辩证法［M］．济南：山东教育出版社，1998：64.

③ 张国良．传播学原理［M］．上海：复旦大学出版社，1995：85.

④ 关于信息本体论问题，可参见肖峰．信息主义的多种含义［J］．哲学动态，2009（12）：72－77。

（二）新闻的传播态

人们通常所说的新闻，是指处于传播形态、传播状态的新闻，即处于传播中的、以一定文本形式存在的新闻。传播形态的新闻是对本源形态新闻的反映、再现，或者说是对新闻事实信息的人工记录和陈述，也可能是塑造和建构。传播形态的新闻是本源态新闻经过传播者编码化、符号化的精神产物。新闻事实"一旦被发现、转述、传播，就不再是事实本身，而是传播者对事实的反映，成为客观事物的某种信息形态了"[①]。传播媒介负载的就是经过传播者主观再现或陈述的新闻事实，在再现或陈述过程中，也少不了主体对新闻事实形象与意义的塑造与建构。

在通常情况下，传播形态的新闻才是收受者真正面对的新闻，它把新闻事实世界的客观存在以符号化的方式呈现在人们的面前。正是在这一过程中，蕴含和包容着新闻传播几乎所有重要的基本问题，新闻传播是否真实、客观、全面、公正、快速、公开、透明，新闻传播是否合法、合德，新闻传播是否体现了其应有的职业精神、实现了其应有的社会功能，等等，都会在新闻的传播形态中或多或少、或明或暗地表现出来。新闻学和新闻实践探讨、解决的基本问题大都根源于此。

（三）新闻的收受态

收受形态的新闻，是指经过新闻收受者接收、解读、理解"消化"后的新闻，这时传播形态的新闻是以收受者对它的理解形态存在于收受者的大脑之中，它既不同于本源形态的事实或事实信息，也不同于传播形态的文本化或符号化新闻，而是新闻收受主体理解的产物，可以说是理解态的新闻。理解态的新闻才是新闻最终的存在方式，是新闻事实信息的归宿形态。

收受形态的新闻是一种自由的、个性化的存在，收受者以各自对一定新闻的特有理解形成了自己心目中的新闻，新闻对收受者的效应是以收受者理解了的方式产生的。由于新闻收受者是以传播态的新闻——新闻文本——为对象的，因此收受者对新闻本源态只能是通过新闻文本这个中介进行把握。这样，收受者对新闻本源态的准确认识难度更大。

如果把新闻传收作为一个从传送到收受的完整过程来把握，那么，关于新闻传收的一系列基本问题也同样存在于从传播态向收受态的转化过程中，我们同样要在这一转化环节中认真对待新闻的真实、客观、公正等问题，至于新闻价值能否真正转化成新闻的价值，则更是依赖收受环节。

需要特别说明的是，上述所说的新闻"三态"，比较明显地存在于职业新闻现象中，但在非职业新闻活动中，其实也同样存在这样的过程形态。因而，新闻三态说具有普遍的客观根据和理论解释意义。

（四）新闻"三态"间的关系

"从客观存在的新闻事实到信息形态新闻事实的符号化建构、传播，再到对符号化新

① 王中义．记者传播模式论［M］．北京：新华出版社，1996：17.

闻事实文本的解读、接受，构成了新闻传播的现实逻辑。”① 在这一逻辑过程中，新闻经历了“三态”的演变，它们有着环环相扣、不可分割的密切关系。这样的“三态”演变过程，原则上存在于所有类型的新闻传收活动中。

首先，任何新闻的传收过程，在一个完整周期内都会经过三种形态的演变。只有对不同形态的新闻做出分析和说明，才能真正理解新闻，也才能真正明白我们谈论的是什么意义上的新闻。只有认清不同形态之间的转化机制，才能真正理解新闻活动的实际过程，为新闻实践提供有益指导。可以指出的是，新闻理论只有建立在客观的、完整的新闻传收活动系统基础上，才能成为完整的新闻理论，仅仅把新闻理论的视野限定在传播者的活动上，新闻理论必然是“半截子”理论。

其次，就性质来说，本源形态的新闻与传播形态的新闻、收受形态的新闻有着根本的区别，前者是客观存在的事实或事实信息，而后两者则是精神、意识或者主观形态的存在，必然会受到传播者或收受者各种主客观因素的影响；并且，正是由于这些主客观因素的介入，才使传播态和收受态得以存在，同时也是由于这些主客观因素的介入，才产生了新闻传收过程中的一系列问题。就传播态与收受态的关系而言，处于传播态的新闻文本（作品）对新闻的收受者来说仍然是客观的、独立的存在，具有精神客体的意义，属于解读的文本对象，是收受者认识本源新闻事实的中介。

再次，不同形态之间存在着互相制约的关系。前在形态限定了后在形态的内容范围。传播者能够报道什么，收受者能够知道什么，都是由它们的前一形态限定的；同时，本源态能够得到怎样的再现陈述、塑造建构，传播态新闻能够得到怎样的理解和接受，又都受制于后一形态中主体的因素，受制于相关主体所处传播、收受的环境。“三态”之间的内部关系，加上它们与整个传收环境的关系，其实就构成了新闻活动中的整体关系系统。

最后，就内容而言，从理想状态看，即假设传播主体对本源形态的新闻事实或事实信息做了绝对真实的纯粹客观的反映，而收受主体也对传播形态的新闻做出了绝对准确的纯粹客观的理解。那么，在这种理想情况下，三种形态的新闻内容是绝对一致的，这个纯粹的内容就是事实信息，就是新闻本身，或新闻的本质。但这只是理想，在现实的新闻传收活动中，这样的状态不可能达到，在形态转换过程中各种主客观因素都有可能介入，从而使传播态的新闻、收受态的事实信息之中含有“杂质”。但追求“三态”内容上的一致性，应该成为新闻传收的基本目标。

我们可以将新闻传收过程的“三态”及其关系做图示（见图 4-1）。

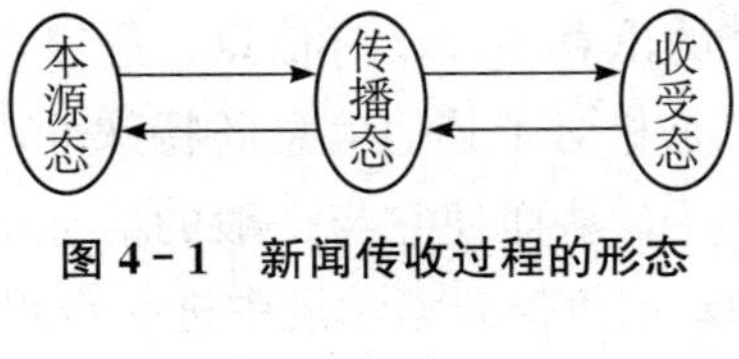

图 4-1 新闻传收过程的形态

---

① 杨保军．新闻事实论［M］．北京：新华出版社，2001：前言 17．

第二节　新闻的界定

界定新闻，就是给新闻下定义。给新闻下定义，实质上就是揭示新闻的本质，概括新闻最根本的一些特性。不管以什么样的方式给新闻下定义，最基本的一点是，这种定义必须“是关于新闻的本质及其特征的简要概括”①。因此，我们先讨论新闻的特性，然后再来定义新闻。

一、新闻的基本特性

如上节所述，新闻本质上是一种信息，但新闻与一般的信息并不能完全等同；新闻是一种事实信息、事态信息、事象信息，是一种新近或正在发生的事实信息、事态信息、事象信息。作为传收渠道中的信息，新闻是一种人工化的信息，是经过讯息化的信息，是经过编码的信息，是经过加工制作的信息，是主观化过的信息。它与客观状态的信息不仅在存在的性质上、形式上不同，在内容上也是有所差别的。如果以传播态的新闻为对象，暂不过多考虑新闻与其他社会因素的关系，新闻的基本特性可以概括如下。

（一）新闻内容特性：真实与新鲜

新闻是一种真实的事实信息。说新闻是一种真实的事实信息，是指处于传播态的新闻不仅具有客观的事实根源，而且是与客观对象相符合的一种事实信息，这是从内容性质上对新闻的一种最根本的规定性。只有与客观存在的新闻事实相符合的新闻，才能称得上是真正的新闻。正是在这一点上，人们以比喻的方式说：“真实是新闻的生命。”但新闻真实问题本身并非如此简单，我们在后面的相关章节将会进一步讨论。

新闻是一种新鲜的事实信息。新闻贵新，新鲜是一种事实信息成为新闻信息最重要的根据。新鲜性是新闻在内容上最突出的特性，最根本的一种规定。新闻的新鲜性核心有两点：一是相对人们的新闻需要而言，凡是能够满足人们新闻需求的信息，都可以说具备了新闻的新鲜性。这种新鲜性的直接表现就是能够给人们带来新信息、新情况，即能够使人们获知和了解所在环境中最新的有意义的变化情况，解除人们对一定事物或环境新近变动的未知状态。“任何讯息都是已知和未知、预料之中和预料之外的结合。在一个只含有你已经知道了的内容的讯息中，没有信息，所以，一个讯息中的预料之外的部分就是信息的一个标志。”② 二是相对于其他信息的特殊性，即新闻在信息特点上拥有其他信息不具有的首次性和非常性，从而使它与一般的信息得以区别。关于新闻信息的新闻性问题，我们将在第五章的新闻价值要素学说中进一步阐释。

---

① 项德生，郑保卫．新闻学概论［M］．武汉：武汉大学出版社，2000：40.

② 罗杰斯．传播学史：一种传记式的方法［M］．殷晓蓉，译．上海：上海译文出版社，2001：436－437.

（二）传播方式特性：及时与公开

新闻是及时传播的信息。及时性特点是从新闻传播的时间性上对新闻的一种规定。一般而言，新闻都是得到及时或实时传播的信息。从新闻事实的发生到对事实的报道时距越短，从原则上说越符合新闻传播的时效规律或时间特性，因为只有及时才能确保新闻内容的新鲜性，才能确保新闻成为新闻，实现新闻的价值。正因为如此，人们把传播方式上的及时性看作新闻的第二生命。当从新闻事实的发生到对其报道的时距缩短为零时，就是实时传播或现场直播。

新闻是公开传播的信息。新闻传播是一种面向社会大众的传播，是具有开放性或公开性特点的传播，这意味着新闻信息本身是一种具备公开性特点的信息。显然，新闻的公开性像及时性一样，也是从传播方式上对新闻的一种规定。公开性也是新闻传播的一条重要原则，它的内涵要比新闻的公开性丰富得多，对此我们将在新闻传播的原则中进行讨论。

真实、新鲜、及时、公开是传播态新闻最基本的特性，属于新闻的本体性特征，但并不是所有的特性，比如，新闻的绝对性与相对性、新闻的可读性与易碎性等，这里并没有提到，但这些特性都包含在基本特性之中，没有必要一一加以罗列。另外，上面对新闻特性的分析，主要是从新闻自身出发的本体性分析，并没有放在新闻传播的复杂环境中从不同角度展开分析，比如：在政治视野中，传播态的新闻往往具有政治倾向性；在经济视野中，新闻具有一定的商品性；而在文化视野中，新闻则具有明显的文化特征①。对此，我们将在第十三章“新闻关系”中再做阐释。

二、新闻的定义

在对新闻的本质与特性做出揭示和概括后，就有根据对新闻做出界定。但将新闻的不同属性概括凝结在定义之中，并不是件容易的事情，何况不同的人对新闻属性的理解有所不同，因此关于新闻的定义也就丰富多彩。

（一）新闻定义的内涵与意义

每一个学科都有自己一套基本的、核心的概念体系，这些“举足轻重的概念往往是特定学科的标记”②，是一个学科得以建构的稳固基石。新闻是新闻学的核心概念之一，对于新闻理论体系的建构具有基础性的意义；新闻又是新闻传收活动的核心对象，对于新闻实践具有首要性的价值。因此，人们总是不厌其烦地讨论新闻、界定新闻，以适应和揭示不同时代人们对新闻本质的最新理解。

---

① 新闻的属性或特性，可以分为“本体属性”和“获得性属性”。本体属性就是我们这里所说的真实性、新鲜性、及时性和公开性，是规定新闻之所以是新闻的根本属性；获得性属性则是新闻在各种传收关系、传收环境中获得的、显示的属性，诸如政治性、商品性、文化性、公共性、舆论性、知识性、娱乐性等。参见杨保军．新闻本体论［M］．北京：中国人民大学出版社，2008：第二章。

② 南帆．《概念的阐释》前言［J］．东南学术，2003（2）：112－113.

能够形成关于研究对象的合理而准确的概念、范畴，是研究获得成效的重要标志；一个学科基本概念体系的形成或发展更新，正是这一学科成熟和不断提升的表征。对新闻学特别是理论新闻学来说，“新闻”就是一个学科标记性的概念，有人甚至说它“是新闻学概念体系的第一概念”①。因此，如何界定新闻概念的含义就有不同寻常的重要意义。在理论上，它对建构一个什么样的新闻学体系具有巨大的影响，因为“学科内部的种种命题和推论通常围绕这些概念（指标记性概念——引者注）展开。阐释这些概念也就是展示一个学科的模式以及关注的基本问题”②。对新闻概念的不同界定反映着不同的新闻观。在实践上，它关系到以一种什么样的基本新闻理念去指导新闻传播活动。在一定意义上可以说，对新闻有什么样的定义，就意味着有什么样的新闻传播，即新闻传播什么，怎样传播，为谁传播，这些在新闻传播中具有根本性意义的问题，都直接与对新闻的界定有关。

当然，对新闻的界定，也像对其他任何一个核心概念的定义一样，不是一劳永逸的事情。概念的界定是历史的，含义也是历史的，新闻概念是一个开放性的而非封闭性的概念。随着新闻传播实践的发展变化，新闻学的不断开拓和提升，人们会不断改变对新闻本身的认识，也就会不断赋予新闻概念新的意义。“定义只是建立理论的一般结构的一个手段，一旦整个结构设计出来，定义就失去其突出的地位，它们随理论本身的兴衰而兴衰。”③ 事实上，新闻概念内涵与外延的演变真切地反映了新闻传播的演变与发展，也反映了新闻理论认识的演变与发展。可以说，一个学科基本概念的演化史，在一定程度上反映了这门学科的发展史，也反映了这门学科所研究的对象的实际变化史。哲学家海德格尔说，“一门科学在何种程度上能够承受其基本概念的危机，这一点规定着科学的水平”，“真正的科学‘运动’是通过修正基本概念的方式发生的”④。麦金太尔也说：“只有通过概念的阐明和重建，才能构造理论。”⑤

（二）新闻定义的基本范式与类型

新闻学已有一百多年相对独立的学科史，在中国也有超过百年的历史了。在这漫长的学科发展过程中，人们从来没有停止过对新闻本身的探索，从理论界到业界形成了对新闻定义的基本稳定的几种看法。

1. 新闻定义的两种范式

从实际情况来看，可以将人们定义新闻的方式概括为两种基本范式：一是学院派范式。所谓学院派范式，是指那些主要从事新闻教学、新闻研究的学者（包括以学者方式对待新闻问题的实际工作者），根据他们对新闻传播研究的结果，对新闻做出的界定。这种范式的新闻定义有几个相对突出的特点：其一，能从不同的侧面或角度，比较深刻地揭示新闻的本质，如果能够把这种范式中不同的定义加以综合的学习和理解，就能够比

---

① 项德生，郑保卫．新闻学概论［M］．武汉：武汉大学出版社，2000：40．
② 南帆．《概念的阐释》前言［J］．东南学术，2003（2）：112－113．
③ 罗尔斯．正义论［M］．何怀宏，何包钢，廖申白，译．北京：中国社会科学出版社，1988：47．
④ 海德格尔．存在与时间［M］．陈嘉映，王庆节，译．北京：三联书店，2014：11．
⑤ 麦金太尔．伦理学简史［M］．龚群，译．北京：商务印书馆，2003：21．

较全面地把握新闻的内涵。其二，这种范式的定义常常以明确的形式逻辑的肯定判断方式表达，简明扼要，言简意赅。其三，学院派范式更多的是从理论的纯粹性出发，不仅从新闻是什么，而且从新闻应该是什么的角度去界定新闻。二是实践派范式。所谓实践派范式，是指那些直接从事新闻传播活动的人，他们根据新闻传播的实际情况，根据自己对新闻传播的直接体验，对新闻做出的理解和界定。这种范式的定义也有其明显的特点：其一，形象生动，耐人寻味，一些看似简单的说法却有着丰富的内涵。其二，贴近新闻传播实际，有时难免极端，但也往往一针见血。其三，这种定义方式具有强烈的时代色彩和一定社会的本土特征，因而其变动性比较大。其实，这两种范式只是风格不同，揭示的都是新闻的实质，因而有着内在的统一性或一致性。

2. 新闻定义的几种类型

“国人有好事者，曾经收集到三百多个新闻定义，国外更有人扬言，新闻定义在千种之上。”① 不管新闻定义到底有多少种，但基本类型应该是很有限的，就像神话故事千千万万，但故事结构和故事模式不过几十种而已。这里，主要结合我国新闻传播的实际情况和已经形成的一些基本看法，将诸多新闻定义概括为几种主要类型加以简要介绍。

首先，以各种定义实际选择的“本位”为基准，可以分为以下几种类型。

传者本位型。所谓传者本位型，就是从新闻传播主体出发界定新闻。这类定义的典型代表恐怕要算陆定一的新闻定义了。陆定一在 1943 年 9 月 1 日发表于延安《解放日报》的文章《我们对于新闻学的基本观点》中写道：“新闻的定义，就是新近发生的事实的报道。”② “这一定义……主要是注重了事实与报道者之间的联系，忽略了另一传播要素——收受者的地位。”③

受者本位型。所谓受者本位型，就是从新闻收受主体出发界定新闻。范长江在 1961 年发表的《记者工作随想》一文中提出的定义可以被看作这类定义的典型代表，他写道：“什么算是新闻呢？我觉得，新闻是广大群众欲知、应知而未知的重要的事实。这个说法不一定全面，但是它贯穿了一个为群众服务的精神。”④ 显而易见，这里是从新闻收受者的角度界定新闻的，新闻收受者的需求成了衡量事实是否为新闻事实的标准。美国学者米切尔·斯蒂芬斯关于新闻的理解也可以被看作受众本位型，他说：“实际上，新闻就是社会关心的问题。”⑤

信息本位型。所谓信息本位型，就是将新闻定义为一种事实信息。其典型代表是宁树藩的新闻定义，他认为新闻就是“经报道（或传播）的新近事实信息”⑥。这一定义从提出至今影响甚广，得到了广泛的认同，成为我国新闻界普遍接受的一种定义。其实，上文提及的斯蒂芬斯也有类似的定义，他认为新闻可定义为“公众共同关心的新信息”⑦。

其次，根据不同新闻定义对新闻上界临近概念的选择，可做如下划分。

---

① 童兵．理论新闻传播学导论［M］．北京：中国人民大学出版社，2000：24.
② 陆定一．陆定一新闻文选［M］．北京：新华出版社，1987：2.
③ 项德生，郑保卫．新闻学概论［M］．武汉：武汉大学出版社，2000：41.
④ 范长江．通讯与论文［M］．北京：新华出版社，1981：317.
⑤ 斯蒂芬斯．新闻的历史：第 3 版［M］．陈继静，译．北京：北京大学出版社，2014：3.
⑥ 同③43.
⑦ 同⑤.

报道型。可以把类似陆定一的新闻定义归结为“报道型”。与这一定义差别不大的还有李大钊的新闻定义：“新闻是现在新的、活的社会状况的写真。”[①] 王中的新闻定义：“新闻是新近变动的事实的传布。”[②] 我国当代著名记者戴邦对新闻的理解也与这些定义非常相似，他说：“新闻是最近发生的、人民大众关心的重要事实的报道。”[③] 美国新闻学者约斯特的新闻定义也属于这种类型，他说：“一件新近发生的事情本身不会成为新闻，而关于这起事件的报道就构成了新闻。”[④] 日本新闻学的鼻祖小野秀雄认为：“新闻就是事实的报道。”[⑤] 报道型定义是针对传播态新闻的界定。

事实型。可以把类似范长江的新闻定义归结为“事实型”。中国新闻学的开山祖师徐宝璜在他的《新闻学》中写道：“新闻者，乃多数阅者所注意之最近事实也。”[⑥] 其实，在20世纪20年代至40年代中国新闻学术研究蜂起和新闻教育勃兴之时，不少新闻学人，如邵飘萍、田玉振、李公凡、潘公展、黄天鹏等，都提出了与徐宝璜大同小异的新闻定义。[⑦] 新闻学家萨空了在他的《科学的新闻学概论》中说：“凡世界上所发生的新发现的与人类生存有关的事实与现象，都是新闻。”[⑧] 胡乔木说：“新闻是一种新的、重要的事实。”[⑨] 法国新闻学者贝尔纳·瓦耶纳认为：“新闻即刚发生和刚发现的事物。”[⑩] 苏联新闻学者科尔尼洛夫说：“新闻是值得社会重视的新的事实。”[⑪] 事实型定义显然是针对本源态新闻的定义。

信息型。可以把类似宁树藩的新闻定义归结为“信息型”。信息型定义主要是在信息论影响下的结果。把新闻从认识论意义上认定为一种信息，在我国新闻界已经得到了普遍的认同。由郑旷主编、全国20所院校新闻系和新闻专业教师参加编写的《当代新闻学》一书中所下的新闻定义是典型的信息型界定。该书写道，新闻就是及时公开传播的新近事实的信息。黄旦在其《新闻传播学》一书中对新闻做出了非常类似的定义，他说，新闻就是“被及时、公开传播的新近发生的重要的事实信息”[⑫]。这几种定义针对的也是传播态新闻。

手段型。除了上述类型之外，我国著名新闻学者甘惜分的新闻定义别具一格，他说：“我认为如下定义是比较恰当的：新闻是报道或评述最新的重要事实以影响舆论的特殊手段。”[⑬] 我们可以将其归结为“手段型”。这种定义着重的是新闻的功能，属于功能型定义。这一定义尽管人们谈论不多，但却很好地揭示了中国新闻的实际情况。

在对各种新闻定义简单分析和归类介绍之后，我们可以给新闻概念一个描述性的界

---

① 郑保卫．新闻学导论［M］．北京：新华出版社，1990：5.
② 王中．论新闻［J］．新闻大学，1981（1）：11.
③ 同①.
④ 约斯特．新闻学原理［M］．王海，译．北京：中国传媒大学出版社，2015：26.
⑤ 童兵．理论新闻传播学导论［M］．北京：中国人民大学出版社，2001：24.
⑥ 徐宝璜．新闻学［M］．北京：中国人民大学出版社，1994：10.
⑦ 童兵，林涵．20世纪中国新闻学与传播学：理论新闻学卷［M］．上海：复旦大学出版社，2001：160.
⑧ 黄旦．新闻传播学［M］．杭州：浙江大学出版社，1997：143.
⑨ 同①.
⑩ 同①3.
⑪ 同①.
⑫ 甘惜分．新闻理论基础［M］．北京：中国人民大学出版社，1982：50.
⑬ 同⑫.

定：新闻本质上是一种新近或正在发生的事实信息；真实、新鲜是其内容上的本质特性，及时、公开是其传播上的特征。还须指出的是，尽管新兴媒介环境使人们对新闻有了一些新的理解，但并没有改变人们对新闻本质特征的基本观念。其实，如果不再把新闻看作事实信息的传布，那么新闻也就不再是新闻了，不把新闻看作社会大众共同的利益、兴趣对象，那么新闻也就不再是现代新闻了。

第三节　新闻的功能

新闻的功能问题是新闻学的核心问题之一。拥有什么样的新闻功能观就会拥有什么样的新闻观。新闻功能观构成了新闻观的重要内核，反映着一定社会、一定时代、一定主体对新闻传播业、新闻传媒、新闻传播、新闻的价值期待。讨论新闻的功能问题，是把新闻作为对象，看它具有什么样的实现某种作用的属性。如果针对传播态新闻来分析新闻的功能，至少可以从两个向度或者两个层面去考虑：其一，新闻的本位或新闻的本体功能；其二，基于本体功能的派生（延伸）功能。本体功能是所有新闻的基本功能，派生（延伸）功能则是新闻传播的进一步追求，是新闻功能多元化或多样化的表现，一定意义上则是本体功能的某种扩展和升华。新闻的本体功能与派生（延伸）功能共同构成了新闻的功能系统。

一、新闻的本体功能

所谓新闻的本体功能，就是新闻的新闻功能，也可以称为新闻的本位功能、本（质）性功能、原生功能，就是新闻作为一种特殊的事实信息的直接功能，它是新闻作为新闻最基本的功能、定位功能，是新闻的第一位的或元目的性的功能。就是说，新闻的本体功能在目的论意义上反映了新闻（传播）的直接目的[①]，即为社会大众提供信息服务。新闻的本体功能其实就是新闻的公共功能，公共功能的实现便是新闻的公共价值。

作为事实信息，新闻的本体功能实际上就是信息功能，就是表征和认识客观事实本身面目的功能。从客体角度，即从新闻事实角度看，事实信息是表征客观存在的新闻事实本身的；从主体角度看，新闻事实是通过事实信息认识的。因而，本体功能是新闻作为一种信息的基本功能，是一种表征性、认知性的功能。从宏观层面看，新闻的本体功能与新闻传播监测环境、守望社会、服务大众的基本公共职能是一致的。

新闻的本体功能是决定新闻之所以能够成为新闻的功能条件。这就是说，具有事实认知功能的信息才有可能成为新闻。新闻一旦没有了本体功能意义上的功能，就不再是新闻，这也正是人们把新闻定义为一种特殊信息的功能论根源。认知功能就是能够消除人们认知不确定性的功能，提供新知和新信息的功能。新闻只有包含对收受者来说是新鲜信息的时候才具有这样的功能。

在逻辑意义上，新闻的本体功能是一种稳定的功能，是绝对性的功能。只要新闻存

---

① 杨保军．论作为“目的”的新闻［J］．新闻记者，2022（7）：3－10．

在，新闻的本体功能就存在。一则新闻可以没有派生（延伸）功能，但不能没有本体功能。没有新闻的本体功能，就等于说没有某则新闻本身。

之所以说新闻的本体功能是新闻第一位的功能，不仅仅是出于从新闻本身出发的内在考察，即不只是因为本体功能是新闻的定位功能，是新闻功能系统存在的决定性要素，还因为，如果从新闻与社会，新闻与人类的生存、生活的关系考虑，即从外在的角度考察新闻的本体功能，就会发现，新闻的本体功能满足的是人类最基本的需要。要是没有新闻的本体功能，新闻对于人类的特殊意义和价值也就不存在了，新闻的公共性也就没有了。

新闻本体功能的特殊地位使得新闻传播业、新闻媒介、职业新闻传播者在今天这样的传播环境中有了特殊的价值。在新技术、新媒介蓬勃而生、相互竞争的新时代，民间新闻的力量越来越大了，非新闻媒介组织、机构制作的、传播的新闻信息越来越多了，但这没有削弱职业新闻人的角色功能。事情恰好相反，职业新闻人始终如一的基本职责——提供真实的新闻，实现新闻的本体功能——显得更加珍贵。舍本逐末的新闻功能观是必须抛弃和拒绝的。当社会越来越文明，人们的政治素质、文化素养越来越高时，他们期望新闻人提供的更多的可能不是意见、不是新闻评论，而是真实的、具有社会价值的事实信息。因而，新闻本体功能是新闻所有可能功能中最为重要的功能。

二、新闻的派生（延伸）功能

新闻的派生（延伸）功能，是指从本体功能派生或延伸出来的各种功能，但一则具体的新闻到底会有什么样的派生（延伸）功能，依赖于它在传播过程中所处的各种关系。如果把本体功能叫作新闻的直接功能，派生（延伸）功能就属于新闻的间接功能。比起本体功能来，派生（延伸）功能的内涵更为丰富，外延更为广大。

这里所讲的派生（延伸）功能，是一定事实信息作为新闻内容派生出来或延伸出来的功能，在一定意义上也就是新闻事实信息作为其他类别信息具有的功能。派生性、延伸性的核心是：新闻在具有本体功能的基础上，即告知人们新闻事实是什么的基础上，还能同时具有非新闻性的其他功能。由于这些“其他功能”是新闻事实信息本身具有的非新闻性的功能，是在新闻名义下所显现出来的、发挥作用的功能，所以将其称为新闻的派生（延伸）功能。

尽管事物的功能属于事物自身的性能，但事物的性能只有在一定的关系中才能显现出来，人们只有在某种现实的或者潜在的关系中，才能更好地观察和理解事物的性能。新闻能够具有什么样的派生（延伸）功能，总是与新闻所处的各种具体关系相关。具体来说，新闻存在于社会之中，存在于传播与收受之中，新闻具有什么样的功能，能够显现出什么样的功能，只有在一定的传收关系中才能显现出来、实现出来。

新闻的派生（延伸）功能主要有：政治功能，即新闻具有的能够对政治活动产生作用和影响的功能；经济功能，即新闻具有的能够对经济活动产生作用和影响的功能；舆论功能，即新闻能够反映舆论、激发意见、造成舆论、引导舆论的功能；文化功能，通常包括文化记录、文化传承、文化交流、文化教育、知识传播、文化娱乐等功能。

不同的新闻具有不同的派生（延伸）功能，有些新闻的派生（延伸）功能属性多一些、强一些，有些则少一些、弱一些，因而不同的新闻会产生不同的传播效应。

本体功能与派生（延伸）功能在实际的新闻存在中往往是一体化的，因而在功能转化为实际作用的过程中常常是共时性的。新闻收受主体在获知有关事物最新变动情况的同时，本体功能以外的其他功能也可能得到了实现。

在实际的新闻传播活动中，一些新闻的派生（延伸）功能对收受者的吸引力可能比本体功能更强，产生的实际传播效应更大。但无论如何，派生（延伸）功能总是根本源于本体功能的。

复习指点

关键概念

信息　新闻　新闻形态　本源态　传播态　收受态　真实　新鲜　及时　公开　本体（本位）功能　派生（延伸）功能

思考题目

1. 新闻的过程形态
2. 新闻的本质与新闻的基本特性
3. 新闻定义的内涵与意义
4. 定义新闻的不同范式与类型
5. 新闻的本体功能与派生（延伸）功能

必读文献

杨保军．新闻本体论［M］．北京：中国人民大学出版社，2008：第二章，第五章．

约斯特．新闻学原理［M］．王海，译．北京：中国传媒大学出版社，2015.

李良荣．艰难的转身：从宣传本位到新闻本位［J］．国际新闻界，2009（9）．

舒德森．新闻社会学［M］．徐桂权，译．北京：华夏出版社，2010：第一部分．

杨保军．新闻的本体功能与派生功能［J］．理论月刊，2010（3）．

选读文献

徐宝璜．新闻学［M］．北京：中国人民大学出版社，1994.

陆定一．陆定一新闻文选［M］．北京：新华出版社，1987.

杨保军．再论作为“中介”的新闻［J］．新闻记者，2020（8）．

李元授．新闻信息概论［M］．武汉：武汉大学出版社，1994.

邓绍根．“新闻”词源新证及其近代术语的形成［J］．北大新闻传播评论，2011（6）．

第五章
新闻选择标准

提　要

新闻选择包含两个基本方面：一是指新闻传播者对传播内容的选择；二是指新闻收受者对收受对象的选择。前者针对的本源性对象是客观事实，后者针对的直接对象是新闻报道（新闻文本）。传收选择的标准有一致性，也有差异性。本章重点阐释的是职业新闻传播者选择新闻报道内容时实际运用的一般标准，主要包括规律性标准——新闻价值标准、媒介形态标准，规范性标准——合法标准、合政策标准、合纪律标准、合德标准，还有一些其他标准。非职业新闻选择标准本质上并没有超越职业新闻选择标准范围，只是具有更多的民众个体或群体（组织）的个性倾向、偏好特征、价值取向。对收受者来说，选择新闻的主要标准可以概括为两条：一是有用性标准，二是有趣性标准。

在现实的新闻传播中，新闻媒体或其他传播主体（平台媒体、机构媒体、自媒体、人工智能体等）传播的新闻与理论上所讲的新闻并不完全一致。那么，实际的新闻传播内容是如何确定的，即传播主体根据什么标准选择新闻？这是新闻传播实践中的核心问题，也是新闻理论中最基本的问题。另外，新闻收受者选择新闻的通常标准是什么？这同样也是新闻实践和新闻学中的重要问题。需要预先说明的是，我们下面讨论的新闻传收内容选择标准属于一般标准、普遍标准，是所有新闻传收主体在传收新闻过程中运用的基本标准。至于不同传播者、收受者在传收活动中运用的特殊的、个性化的标准，则依赖于传媒的定位、层次与目标，依赖于不同新闻传播者的动机、偏好与追求，依赖于收受者的需要与个性特点等，对此，我们不做详细阐释。

第一节　确定新闻传播内容的规律性标准

新闻活动有其自身的特征与规律，马克思说："要使报刊完成自己的使命，首先必须不从外部为它规定任何使命，必须承认它具有连植物也具有的那种通常为人们所承认的东西，即承认它具有自己的内在规律，这些规律是它所不应该而且也不可能任意摆脱的”①。新闻规律属于“是”的要求，传播主体必须遵循才有可能达到预期的新闻传播效果。新闻规律体现在传播内容的选择确定环节，主要表现为两种标准：新闻价值标准和传播技术标准（即媒介形态标准）。

一、新闻价值标准

新闻传播主体发现、选择、确定新闻传播内容的过程都在运用一定的标准，最基本的标准就是新闻价值标准。新闻传播的内容首先必须具有新闻性、新闻价值，如果传播的内容没有新闻价值、新闻性，传播就很难说是新闻传播。

（一）新闻价值的含义

新闻价值是价值之一种，只要客体具备某种新闻价值的要素、属性和功能，就能成为新闻价值客体，就可以对主体产生某些新闻性的影响和作用。尽管新闻价值概念对现在的新闻界已经成为常识性的概念，但关于新闻价值的含义仍然众说纷纭。

1. 新闻价值的多类定义

在既有的新闻价值理论中，学者们根据各自对新闻价值的理解，形成了仁者见仁、智者见智、丰富多彩又不免五花八门的新闻价值定义。典型的新闻价值定义大致可以分为以下几种类型。

要素（素质）说。“新闻价值，是指事实所包含的足以构成新闻的种种特殊素质的总和。”②“新闻价值就是事实本身包含的引起社会各种人共同兴趣的素质。”③“所谓新闻价值，是指新闻事实满足社会需要的特殊要素的总和。”④

标准说。“新闻价值是新闻记者衡量和选择事实是否可以成为新闻的标准。”⑤

要素（素质）、标准合一说。“新闻价值是选择和衡量新闻事实的客观标准，即事实本身所具有的足以构成新闻的特殊素质的总和。素质的级数越丰富越高，价值就越大。”⑥“新闻价值是新近事实或相应作品所含新闻构成要素的总和。它是传播者选择事实和接受者选择新闻的客观标准。”⑦“新闻价值是新闻满足收受者和社会需要的若干因素的总和，表现为收受者衡量新闻好坏的标准。”⑧

满足需要说。“新闻价值是一种关系范畴，是指新闻事实（客体）的素质对收受者（主体）的需要的满足。”⑨“新闻价值是指新闻与收受者、社会之间的需求关系，表现为

① 马克思恩格斯全集：第1卷［M］. 2版. 北京：人民出版社，1995：397.
② 何梓华，成美. 新闻理论教程［M］. 北京：高等教育出版社，1999：39.
③ 李良荣. 新闻学导论［M］. 北京：高等教育出版社，1999：170.
④ 童兵. 理论新闻传播学导论［M］. 北京：中国人民大学出版社，2000：51.
⑤ 王泽华. 新闻价值规律与市场经济［J］. 河北学刊，1995（3）：105－109.
⑥ 余家宏，宁树藩，徐培汀，等. 新闻学词典［M］. 杭州：浙江人民出版社，1988：62.
⑦ 项德生，郑保卫. 新闻学概论［M］. 武汉：武汉大学出版社，2000：61.
⑧ 刘建明. 现代新闻理论［M］. 北京：民族出版社，1999：181.
⑨ 钱燕妮. 新闻价值及其量化分析［J］. 新闻世界，2000（6）：7－8.

对收受者和社会需要的满足。”①

功能、效应说。“所谓新闻价值，是指新近发生的事实在传播过程中所履行的能满足人们知晓、认识、教育、审美等诸种需要的功能”②，是“一则新闻所产生的社会效应。社会效应强烈的新闻，其新闻价值较大；社会效应小，其新闻价值就小”③。“新闻价值就是新闻机构发布的新闻在群众中受到重视的程度。”④“新闻价值是某些事实所具有的在满足收受者新闻需要方面所具有的显在和潜在的作用。”⑤“所谓新闻价值，就是新闻信息在传播过程中激发出来的适应社会创新需要的能量。”⑥

这许许多多的新闻价值定义从不同角度、不同侧面、不同层次揭示了新闻价值概念包含的各种意义，给所有探讨新闻价值问题的后来者提供了诸多的启示。这些不同定义其实大都是相通的，没有多少根本对立的关系，只是侧重点不同而已。

2. 对新闻价值的全面理解

新闻价值问题确实是一个比较复杂、争论也比较多同时又非常重要的问题，需要进行全面的、深入的理解。

新闻价值现象是贯穿新闻活动特别是新闻传收活动整个过程的现象，因而新闻价值概念是用来揭示新闻活动特别是新闻传收全过程中主体价值活动的概念。不能把新闻价值概念限制在传播的某一阶段或某一环节，也不能把新闻价值活动仅仅理解为传播者或收受者的活动，而应理解为他们共同的活动，差别只在于二者主要的新闻价值活动发生在新闻传收过程的不同阶段。

传播者面对的主要是与报道对象（新闻事实）之间的价值关系，收受者面对的主要是与收受对象（新闻文本）之间的价值关系。可见，如同新闻价值主体主要是由双重主体——传播主体和收受主体——构成的一样，新闻价值客体也是由双重客体构成的，其一是新闻事实，其二是新闻文本（新闻报道或新闻作品）。

传播主体正是通过发现新闻事实、采集新闻事实信息、加工制作新闻事实信息、传播新闻事实信息的方式来完成新闻价值活动的前期工作的；收受主体正是通过对新闻文本的接收、认知解读、价值评价等环节，使新闻价值真正得以实现的。由于新闻文本（新闻报道或新闻作品）是对报道对象的反映、陈述，难免还有塑造、建构，因此，它们之间有着内在的统一性，这也就意味着传播者和收受者的新闻价值活动有着内在的关联性和统一性。

根据上面的阐释，可以总结说，“新闻价值”是一个主要用来描述新闻传收过程价值现象的总概念，其内涵包括两大方面：一是针对传播者与报道对象之间的价值关系，新闻价值实际描述的是“新闻事实”对传播者的价值，这是传统新闻价值学说的主要内容；二是针对收受者与新闻文本之间的价值关系，新闻价值实际描述的是“新闻文本”对收

① 刘建明．传统新闻价值观的自我颠覆［J］．当代传播，2002（5）：32-37.
② 雷跃捷．新闻理论［M］．北京：北京广播学院出版社，1997：86.
③ 甘惜分．新闻学大辞典［M］．郑州：河南人民出版社，1993：9-10.
④ 王泽华．新闻价值规律与市场经济［J］．河北学刊，1995（3）：105-109.
⑤ 丁柏铨．论新闻的双重价值标准［J］．新闻界，2000（4）：28-29.
⑥ 梅松武．从新闻创新看新闻价值［J］．新闻界，2001（5）：11-13.

受者的价值。人们通常用"新闻价值"概念指称新闻事实对传播者的价值，实际上就是"事实的新闻价值"；用"新闻的价值"指称新闻文本对收受者的价值。如上所说，正是由于新闻文本是对新闻事实的再现或反映、塑造或建构，因此，"事实的新闻价值"与"新闻的价值"之间有着内在的、本质的统一性。

从本质上说，价值是客体属性和功能对主体的效应，即对主体的作用和影响。新闻价值就是新闻客体的属性、功能对新闻主体的效应。或者说，新闻价值描述的既不是新闻主体的新闻需要，也不是新闻客体的新闻价值属性，而是新闻价值客体的新闻属性、功能对新闻传收主体的效应，对传收主体的作用和影响。① 当然，新闻价值是一个价值系统，并不限于新闻价值客体与传收主体之间的价值关系，还有新闻价值客体与整个社会，与其他各种社会活动、社会领域等的价值关系，但这些问题需要专门的著作去研究。② 一般而言，我们可以把新闻价值双重客体对新闻价值双重主体的价值看作新闻的社会价值。如果在更宏观的层面上讨论新闻价值，那就会关涉到新闻活动、新闻业、新闻媒体、新闻媒介、新闻传播对不同社会主体的价值。但新闻活动、新闻业、新闻媒体、新闻媒介、新闻传播的价值最终还是要落实在新闻的价值上。如果超越具体的新闻传收活动，在一般意义上看，新闻的价值集中表现为"关系价值"③，即新闻是构建人与事实世界关系、人与人的关系的中介或桥梁，新闻正是在沟通人与事实世界最新变动情况过程中、沟通人与人的关系过程中显现出自身特有的中介价值、桥梁价值，这样的中介价值、桥梁价值就是新闻的关系价值。

仅就新闻传播（报道）内容的选择环节来说，新闻价值概念直接揭示的是一定事实对于传播主体的价值，也就是一定事实能否满足传播主体的新闻传播需要。如果一定事实能够满足传播主体的新闻传播需要，我们就说该事实具有新闻价值。④ 而所谓事实能够满足传播主体的新闻传播需要，就是说事实具有新闻性，具有使自己成为新闻事实的属性，这样的属性被称为新闻价值属性。可见，就新闻传播对象或内容的选择阶段来说，新闻价值理论的核心在于说明哪些属性是新闻价值属性，每一种新闻价值属性的具体内涵是什么。这些属性实际上构成了传播主体选择传播内容的标准或尺度。因此，我们可以在作为选择标准或尺度的意义上定性理解新闻价值属性。

（二）新闻价值属性

在讨论新闻传播内容选择问题时，我们必须把新闻事实作为主要的关注对象。事实具备什么样的属性才能成为新闻事实？这是新闻价值理论最为关心的问题之一，也是从传播者角度讨论新闻选择的核心问题。

新闻价值属性是一定事实对主体产生新闻价值效应的客观根据。一个事实具备新闻价值属性或"要素"（传统上，人们习惯于把新闻价值属性说成新闻价值要素），才能成为新闻价值客体。因此，把握新闻价值属性的内涵是理解新闻价值的重要途径。以往的

---

① 杨保军．新闻价值论［M］．北京：中国人民大学出版社，2003：第一章．

② 同①.

③ 杨保军，余跃洪．关系价值：新闻价值论的新维度［J］．新闻与写作，2022（12）：45-54.

④ 注意，满足传播主体需要的并不必然满足收受主体的需要。因此，传播主体如何把握收受主体的新闻需要始终是新闻活动中的主要问题。

新闻实践与新闻研究形成了各种要素或者属性学说，但最稳定的、共识度最高的仍然是五要素说或五种属性说。尽管在新兴媒介环境中，新闻价值观念出现了多元化的表现，但传统价值要素学说所揭示的新闻价值内涵依然是得到普遍认可的。新闻价值属性（要素）学说不仅可以用来解释职业新闻传播中的选择现象，也可以用来解释非职业新闻传播中的选择行为；两者的主要不同可能在于，职业新闻选择更加理性、严谨，非职业新闻选择更易受到非职业传播主体自身偏好、个性、理想、信念及利益的影响。

1. 时新性

时新性包含两方面的基本意思：一是指客观事实发生的时间性，二是指在时间性基础上事实内容的新鲜性。

时间性是指一个事实能够成为新闻事实的时间根据。事实发生的时间离当下时间越近或与当下时间重合（正在发生的事实），是事实能够成为新闻事实的重要时间前提，也是“时新性”中“时”的最基本的含义。

新鲜性是从内容上对新闻事实提出的整体要求。新鲜的事实是无限多的。为了从这无限多的事实中把新闻事实之新与一般事物之新区别开来，就需要对新闻事实的新提出特别的要求。这特别的要求正是新鲜性的基本内涵，主要包括两点：其一，内容的新鲜性主要是以收受主体的未知、欲知和应知为参照的①。当新近或正在发生的事实信息对人们来说是未知的、欲知的和应知的，能够为人们提供新的信息或新的情况时，才能说事实的内容是新鲜的。其二，事物的常态变化与发展往往产生不出具有新意的信息，只有发生非常态的变动，才能提供新鲜的内容。“新意就来源于对常态的改变。具有首创性、新异性的新闻事件是对常态的挑战”，“所改变的常态的时空跨度越大、稳定性越高，新闻的新意就越强烈”②。

2. 重要性

新近或正在发生的事件和现象能否成为真正的新闻事实，最关键的一条是要看该事件或现象的重要程度。“重要性是构成新闻价值的最重要因素。”③ 重要性是从整体上对事实的一种价值判断，它的基本内涵包括这样几个方面。

第一，事实影响人的多少。一个事实影响的人越多越重要，就越容易成为新闻事实。“凡同多数人利害相关，为多数人所关注的事实，被认为有社会意义，也就有重要性。”④新闻传播的所有功能都是通过传播所造成的社会影响力发挥作用的，而影响力的客观来源主要在于事实本身对人们的实际影响，事实本身影响的人多，就说明它的影响力大，这正是新闻传播所渴望的，因而影响人数的多少是事实重要程度的重要标志之一。

第二，事实对人和社会影响时间的长短。一个事实、一种现象对社会影响的时间越长，说明它越重要，它就越容易被当作新闻事实。新闻事实信息在被当作新闻报道后，

---

① 这里需要注意，一定事实是否为收受主体未知、欲知和应知的事实，判断者首先是传播主体。传播主体根据自己的经验、认知等进行这样的判断。因此，在报道内容的选择环节，直接处理的仍然是传播主体与报道对象之间的价值关系，但背后总是隐藏着收受主体。

② 郑兴东，陈仁风，蔡雯．报纸编辑学教程［M］．北京：中国人民大学出版社，2001：62.

③ 同②65.

④ 童兵．理论新闻传播学导论［M］．北京：中国人民大学出版社，2000：51.

新闻事实就不再是新闻事实。但我们也注意到，尽管大多数新闻事实随着新闻报道的结束便从人们的记忆中逐渐消失了，但确实有一些新闻事实信息会长久地留印在人们的脑海之中，渗透在人们的社会生活之中，其中最重要的原因就是事实本身对人们的影响深刻。因此，当一个事实、一种现象有可能对人们造成长时间的影响时，它就是重要的或比较重要的事实和现象。

第三，事实影响空间范围的大小。一个事实影响的空间范围越广大，就越重要。有些事实一旦发生，影响便会遍及全球；有些事实的发生会影响到一定的区域或诸多国家；有些事实发生了，只会影响到个别国家、某国国内的某一地区。毫无疑义，事实影响的空间范围越大，表明事实越重要。

第四，事实影响人们实际利益的程度。这是判断一个事实是否重要的主要尺度。事实的重要性是由事实对社会所产生的影响决定的。重要性主要是针对新闻事实内容的分量和重要程度而言的。一个事实越是影响到人们的利益，就越重要，就越容易成为新闻事实。一个事实、一种现象的影响力，即影响的时间长度、空间范围、深刻程度等，取决于其与人们利益关系的紧密程度。

3. 显著性

显著性是用来描述"新闻事实知名度或新闻事实的显要性"的一个概念。① 一个事实的知名度或显要性是由构成这个事实的各种要素的知名度和显要性决定的、表现的，因此可以从构成事实的要素出发来分析显著性的内涵。

人物的显著性，是指创造或造成一定事实的人。与普通人相比，他们或者拥有较高的社会地位，或者在一定领域内具有较高的知名度，或者具备某种特殊的才能，或者拥有特殊的权威性，或者具有一些非一般的特殊"素质"等。当新近或正在发生的事件或事实中拥有这样的人物时，这个事情就容易成为新闻事实。

事情的显著性，是指某件事情在客观的表现上不同于普通的事情，具有激发和吸引人们注意力的内在力量或外在表现，而不管造成这件事情的主体是人还是物。各种不同寻常的自然现象之所以能够成为新闻事实，就是因为不同寻常的变动给人们带来了不同寻常的信息；对各种社会性事实来讲，显著性主要是指由人造成的事实不同凡响、引人注目。

时间的显著性，是把时间用意义标准大致一分为二，把有些时间看作显著的、容易引起人们注意的，而把另一些时间看作一般的。时间的显著性首先是因为人们赋予不同的时间以不同的意义，这是时间显著性能够成为新闻价值属性的内在根据。时间的不同意义并不是纯粹主观的东西，而是在人类历史活动的客观发展过程中逐步形成的，比如各种各样的节日、纪念日等，都是人们在改造自然、改造社会和改造自己的过程中确立的。当不同的时间被赋予不同的意义后，那么，相似的事情发生在不同的时间，就会在一定程度上产生不同的效应。因此，事实发生在什么时间往往成为衡量事实能否成为新闻事实的重要尺度。需要指出的是，一些重大新闻事件能够造就出新的显著日期。

空间的显著性，是指一定事实发生在特殊的空间内。与时间的显著性相似，空间的显著性也是由人们赋予不同空间地点以不同的意义造成的，这是空间显著性得以形成的

① 童兵．理论新闻传播学导论［M］．北京：中国人民大学出版社，2000：51.

客观根据。在漫长的历史活动中，人们在不同的空间经历了不同的风雨，在不同的空间扮演过不同的角色，在不同的空间留下了不同的物质遗迹和精神记忆。一言以蔽之，人们活动过的所有空间，几乎都可以被看作具有一定意义的文化空间。在现实活动中，人们在不同空间建构起了不同的生存发展天地，与不同的空间建立起了不同的现实意义关系和情感关系。有些地方和场所对一定的人群甚至整个社会都有着特别的意义，所以，相似的事件和现象，如果发生在不同的空间，对人们造成（形成）的作用和影响就会有不小的差别。"一般来说，与新闻事件有特殊关系的地点，与群众关系特别密切的地点，往往能使事件具有更高的新闻价值。"①

此外还有"怎么样"或者说"过程"的显著性、"为什么"或者说原因的显著性。有些事实发生的方式、表现的形式不同凡响、引人注目；有些事实发生的原因比较蹊跷、耐人寻味。只要是非常态的过程或原因，总能使一些事实从一般事实中"跳跃"出来，引起人们的关注，从而易于成为新闻报道的对象。

4. 接近性

接近性或相关性，核心是指新闻事实与传播主体特别是收受主体的各种"距离"关系。接近性的内涵大致包括以下几个方面。

一是指事实产生或发生的空间与新闻传播指向空间的关系。一般来说，事实产生或发生的空间与新闻传播指向的空间越近或重合，这样的事实就越容易成为新闻事实。这实质上是说事实发生地离收受主体距离越近或重合，该事实就越易于成为他们心目中的新闻事实。相对于遥远地区的事物来说，人们更关心自己周围的事物，因为周围的事物比遥远的事物"与他们的关系通常更为直接，更为迫切。人们应付环境、改造环境总是从近处开始的"②。"如果单就地点的远近这一个条件来说，距离越近，则新闻价值越高。"③

二是指事实本身产生的作用和影响与人们利益的关联程度。某一事实的发生或多或少总要与一些人的利益发生关系。某一事实一旦与人们的某种利益紧密相关，它就极易成为人们关注的对象，极易成为新闻事实，就是说，与人们"利益距离"越小的事实越易于成为新闻事实。利益距离是客观存在的，尽管利益距离是个抽象的距离，不像空间距离是物理性的、可测量的，但一定事实与人们的利益关系的大小是可以度量的。与人们的利益关系大，利益距离就小，与人们的利益关系小，利益距离就大。

三是指新闻事实与人们在心理上、情感上的距离关系。某一事实的发生如果容易引起人们心理上、情感上的反应，那就说明它与人们在心理上具有接近性，心理距离小。心理上的接近性可以超越空间距离的遥远性。"有些事情虽然发生在远方，但由于经济上、政治上、文化上、人事上有密切联系，远方发生的事情会引起公众感情上心理上的共鸣"④，"由于心理上的接近，读者对新闻就具有了解的愿望和兴趣，即使相隔遥远，也不再成为接受新闻的心理障碍"⑤。心理上的接近性大都与利益上的接近性相统一，人们

① 郑兴东，陈仁凤，蔡雯．报纸编辑学教程［M］．北京：中国人民大学出版社，2001：69.
② 同①70.
③ 同①.
④ 李良荣．新闻学导论［M］．北京：高等教育出版社，1999：170.
⑤ 同①.

之所以从心理上、情感上愿意接近某一事实，除了趣味所致，就是利益关系的缘故。

形成人们接近心理的因素还有很多，构成事实的人物、地点、事件等或是与人们有较密切的关系，或是人们所熟悉的、向往的，或是事实中的人物与人们具有相同、相似之处，如年龄、性别、职业、民族、宗教等。这些因素都可以激发人们关注一定事实的兴趣，从而有利于一定的事实转化成为新闻事实。

5. 兴趣性

兴趣性，实质是指新闻事实应该成为人们感兴趣的客体或有趣味的对象，即它能够激发人们关注它的好奇心和兴趣，能够引起人们的关注或注意。西方不少学者把能否引起或激发公众兴趣看作事实能否成为新闻的试金石。“我们可以说，任何一种大众新闻传播工具，不管宗旨、目的是什么，它想要在社会上存在下去，就必须考虑收受者的共同兴趣。”①

广义的兴趣是指事物与人们利益的相关性。人们最感兴趣的首先是与他们利益相关的对象，利益“是人们一切社会活动的最深刻的根源和动力”②。兴趣指向的目标往往就是实现利益的需要，纯粹的兴趣几乎是不存在的。狭义的兴趣是指事实的非常态、意外性所激发的各种好奇心或获悉愿望。事实的“非常态”“意外性”是引起普遍兴趣的客观基础。非常态的、意外的事实能够为人们的求知、求新、求异、求趣等新闻心理提供新经验，更易激起人们惊异和探索的好奇心理倾向；富有人情味的事实容易激起人的感情，调动人们的同情心、爱憎感；充满情趣的事物本身就充满了吸引力，能给人们带来愉悦，人们自然愿意了解这样的事实。

（三）价值属性间的基本关系

首先，不同价值属性在规定一个事实成为新闻事实的作用上是不同的，是有层次差别的。在新闻价值的五种属性中，时新性是最基本的也是最重要的价值属性，是处于第一层次上的价值属性。事实是否是新近或正在发生的，是否具有新鲜的内容，直接决定着事实能否成为新闻事实，时新性是事实成为新闻事实的必要条件，是事实成为新闻事实的基本根据。时新性在使事实成为新闻事实上具有绝对性的意义。其他几种价值属性指的都是具有时新性的事实的具体属性，是对事实得以成为新闻事实的进一步规定，因而相对时新性而言，它们是次一级的价值属性，对事实能否成为新闻事实具有更多的相对性。但如前所述，时新性并不能确保事实必然就是新闻事实，时新性中的“时间性”具有较强的独立意义，但时新性中的“新鲜性”是要依赖其他价值属性做内涵保障的，时新性的“新”首先依赖于其他诸多价值属性的新和强。因此，时新性只有与其他价值属性一起才能必然地确立一个事实成为新闻事实，或者说使一个事实具有新闻价值。“任何一个事件，只要具备了时新性再加上其他任何一性，就有成为新闻的可能，就可供新闻单位选用。”③

---

① 李良荣．新闻学导论［M］．北京：高等教育出版社，1999：169.

② 张庆堂．利益论：关于利益冲突与协调问题的研究［M］．武汉：武汉大学出版社，2001：序1.

③ 同①171.

其次，五种价值属性既有相对的独立性，又有相互的内在关联性。独立性是说，每一种价值属性都有自己特定的内涵，不能相互取代，它们是从不同侧面或不同角度对事实新闻价值属性的不同揭示。不同价值属性之间的内在关联性是说，这些价值属性在本质上是一致的、相通的。比如，时新性中的新鲜性，不仅要依赖时间来保证，还要依赖内容本身的重要性、显著性、接近性、兴趣性等来丰富。如果离开这些属性，新鲜性也就只有一副空架子了。又如，与人们在各种“距离”上接近的事物，才有可能成为人们心目中重要的事物，反过来说，重要性最根本的内涵就是指事实与人们的相关性，这种相关性当然离不开接近性。再如，具有显著性的事实或事件，一般说来总是容易成为人们关注的兴趣对象，也容易成为重要的事实，而显著本身就意味着事情的新鲜性。不同价值属性之间的内在关联性是不难理解的，因为它们揭示的是同一对象不同的新闻价值属性，同一对象的不同属性之间自然是紧密联系在一起的。

最后，从总体上说，五种价值属性具有共同的基本属性。这首先是指，它们都是揭示和描述新闻价值客体对象价值属性的概念，具有内在的统一性。但更为主要的是指这些新闻价值属性既有绝对性，又有相对性。由于事实的新闻价值属性首先是事实本身具有的属性，不是人们主观赋予的，所以每一种属性都具有客观性和绝对性。但事实的新闻价值属性又是在与新闻价值主体的关系中现实地呈现出来的，新闻价值属性在其现实性上总是相对新闻价值主体而言的，是一种关系属性，因此，必须在主客体的关系中来具体考察事实的新闻价值属性。主体间新闻需求或其他方面的差别决定了事实的新闻价值属性在具有绝对性的同时还必然具有相对性，即上面分析的五种价值属性都具有一定的相对性。价值属性相对性的典型表现就是，同样的价值属性在不同的主体身上会显示出不同的强弱程度，从而使同样的事实对不同的人或人群具有不同的新闻价值。正是由于价值属性的相对性，我们才能理解新闻传播选择中的一些常见现象。有些传媒当作有价值的事实，另一些传媒却不以为然；职业新闻组织或个体认为有价值的事实，在非职业新闻组织、群体或民众个人的眼光里却了无价值。这背后则反映了不同的新闻传播者有不同的传播需要和利益诉求，或者说拥有不同的新闻价值观念。

（四）确定传播内容的新闻价值标准

事实只有具备新闻价值属性才能成为新闻事实，它所包含或呈现出来的信息才能作为新闻传播的内容，这是新闻传播的内在要求。反过来则可以说，新闻价值属性是衡量一定事实成为新闻事实的尺度或标准。在实际的新闻传播活动中，传播主体正是把这些属性作为发现、选择、确定新闻传播内容的基本标准。

这些属性为什么能够成为确定新闻传播内容的标准？最根本的原因就是具备这些属性的事实能够满足传播主体的新闻传播需要，同时，更为重要的是，具备这些属性的事实通常也能够满足收受主体的新闻信息需求。在职业新闻活动中，传播主体不过是收受主体的代理人、受托人，即传播主体受托为收受主体选择新闻内容。也就是说，只有具备这些属性的事实才能在新闻传播中产生真正的新闻传播效应。可见，新闻主体实际用来衡量事实是否为新闻事实的标准，从深层上看依然是自身客观的实际利益需要，当然，其中一定包含主观的价值追求因素。这就是说，新闻主体的实际利益需要是其确定新闻传播内容的根本标准。在新闻传播活动中，这种实际利益需要的对象就是一些具备特殊属性的事实——新闻事实。因此，这些体现或反映了新闻主体实际利益需要的客观属性便成了传播主体用来确定新闻传播内容的稳定的、规律性的标准。

二、媒介形态标准

当代新闻传播的主导方式是间接性传播，依赖的中介是各种各样的、层出不穷的媒介形态。人们看到，媒介形态依赖的技术水平越来越高，要求人们必须按照传播技术的特征或者媒介形态的特征进行传播。这里首先碰到的问题是如何根据不同媒介形态的特征选择、确定新闻传播的内容。

按媒介形态特征和传播技术水平选择事实、选择传播内容，也可以称作选择事实的"工具尺度"，即要合乎"工具尺度"的要求，符合传播工具的客观属性。有什么样的传播工具才能进行什么样的传播，"媒介的技术依赖性是大众传播的基本特征之一"①，"随着光阴的流逝，新闻工作者越来越紧密地与他们借以表达自己呼声的技术手段融为一体"②。媒介介质的性质差异是客观的，它们各有所长也各有所短，正如杰克·富勒所说："每种媒介都有自身的优势与劣势，它也会将这些强加在所携带的讯息上。"③ 布赖恩·斯托姆也说："技术的优点、缺点以及技术的结论决定了如何讲述新闻。"④

不同媒介形态虽然遵循共同的新闻传播规律，但又有自身的特殊性，每一种媒介形态都有自己倚重的技术、介质和符号系统。因而，对同一新闻事实的报道，其选择的方法和内容的侧重都会有一定的差别。麦克卢汉早就说过，传播媒介决定并限制了人类进行联系与活动的规模和模式。在他看来，媒介不过是人体的延伸，印刷品是眼睛的延伸，广播是耳朵的延伸，电视是耳和眼的同时延伸。不同传播介质由于诉诸感官的不同、使用媒介符号的差别，在选择事实上必须合乎自身的特征。比如，同样是真实地报道一场高水平的足球比赛，电视可以进行现场直播，让人一览无遗；广播可以现场解说，声情并茂，但讲得再热闹，也是百闻不如一见；报纸则无论如何使尽浑身解数，也只能是图文并茂，描写那些精彩的场面和最终的结果；对于网络媒介形态来说，则可以进行"立体化"的"全方位"传播，可以同时运用文字、声音、图像进行传播，而对于今天已普遍使用的微博、微信及其他各种社交媒介、智能媒介来说，在数字技术支持下，则更有着各自选择内容与方式的优势和便利。

在宏观层面上，一定历史时期具有的传播手段和技术水平是客观的、有限的，它对能够传播什么特别是如何传播同样具有客观的制约性，传播者是不能任意超越的。因此，传播者在选择事实时，必须考虑一定媒介形态能否准确反映所选择的对象，现有传播技术、传播手段能否驾驭对象。传统媒体无论做出怎样的努力，也难以将数百页的新闻内幕及时地广布天下，而这对互联网来说，简直是易如反掌。而一些新兴媒介只能以短信

---

① 屠忠俊．中国新闻业技术改造的总体态势：之八［J］．当代传播，2000（2）：15－18．
② 张穗华．媒介的变迁［M］．北京：中国对外翻译出版公司，2002：3．
③ 富勒．信息时代的新闻价值观［M］．展江，译．北京：新华出版社，1999：244．
④ 小唐尼，凯泽．美国人和他们的新闻［M］．党生翠，金梅，郭青，译．北京：中信出版社，2003：236．

化、碎片化或微化的内容与方式传播新闻，也就限制了内容上的规模化选择。传播手段的进步、媒介形态的更新不仅有力地影响着传播的方式，也影响着传播内容的选择。与媒介形态、媒介方式的适配性，已经成为选择传播内容的基本要求。

第二节　确定新闻传播内容的规范性标准

规范是对主体而言的活动准则，“从广义上说，它规定主体‘应当’如何”①。在现实的新闻传播活动中，传播主体不只是根据新闻规律做出内容选择，还要根据传播环境的实际情况进行选择，也就是说，还要根据一定社会拥有的政治、经济、文化等具体的条件确定新闻传播的内容。这是因为社会整体的政治、经济、文化制度，通过一定的法律规范、政策规定、纪律约束、道德规范等，决定着新闻传播媒介的根本制度和新闻传播的宏观价值取向，影响着新闻业自身的行业规范、职业理念和运作方式。即使是专业新闻媒体之外其他类型新闻传播主体的新闻选择也不可能是随心所欲的，同样必然受到各种社会规范的限制与约束。那种无所顾忌、任意妄为的内容选择行为一定会受到规约甚至惩罚。现实中，必须和应该遵守的规范主要有以下这些。

一、合法标准

合法，就是合乎法律精神和法律规范的要求，具体是指新闻传播主体选择的新闻事实、确定的报道内容必须是法律规范允许传播的内容、报道的事实。法律规范对新闻传播在内容选择上有一些硬性规定，限制对一些事实进行报道，这是从源头上对新闻传播进行的一种控制方式，新闻传播主体不能随意冲破这样的约束和限制，不能以合规律性的标准超越合法性的标准。

当然，合法之法必须是“良法”、正义之法。如果法律规范本身是“恶”的或不合理的，那从原则上说，作为社会舆论工具的新闻媒体，不但不能在选择新闻事实时在精神上受它的约束，而且在行动上要时刻准备冲破这种约束，通过新闻批评的方式提出各种建议和意见，使不合理的法律规范尽早得到修正。② 如果法律规范本身是合理的、正义的，那么，传播者就应自觉遵循法律规定，并将其作为确定新闻传播内容的规范性标准。传播者如果置合理的、正义的法律规范于不顾，只从自己的需要或目的出发，或从不合实际的新闻理念出发，选择法律禁载的事实信息报道，就必须承担可能的法律责任和后果。

---

① 王玉樑．价值哲学新探［M］．西安：陕西人民教育出版社，1993：430.

② 关于法的“良”“恶”标准，大致有四条：第一，看它是否反映社会的客观需要，是否有利于生产力的发展；第二，看它是否能调动社会各阶级的政治积极性和生产积极性；第三，看它在权利义务规定上是否能为社会所接受；第四，看它是否有利于社会安定和人们生命财产得到切实保障。参见王子琳．法律社会学［M］．长春：吉林大学出版社，1991：287－294。

二、合政策标准

合政策标准，是说新闻传播主体必须按照一定的新闻政策要求选择、确定新闻传播内容。“新闻政策，是指国家、政党及其地方或分支机关、组织在一定时期为所控制的新闻机构制定的行动准则。”① “新闻政策直接影响新闻报道者的新闻价值观念，它在事实成为新闻的过程中起着重要作用。”② 新闻政策标示着国家、政党对新闻传播的要求与期望，本质上是由国家、政党制定的一种新闻活动规范。这种规范从宏观上引导着新闻传播的价值取向必须与国家、社会发展的总体方向相一致，必须为国家和社会发展的总体目标服务。为了达到这样的目的，在新闻传播内容的选择上，一定的新闻政策往往会有明确的要求。有些新闻政策是稳定的、长期的，对新闻传播主体应该报道什么，不应该报道什么，多报道什么，少报道什么，都有原则性的甚至是具体性的规定；有些新闻政策是变动的、暂时的，常常会根据自然、社会中的一些最新的重大变动，对新闻传播主体的报道内容做出硬性规定，比如在战争时期、在国家遇到特殊的灾难时期、动荡时期，出台一些暂时性的新闻政策是常有的事情。

新闻传播主体只有沿着新闻政策引领的方向展开新闻传播，才能被政策制定者看作合理的、正确的，在现实操作上也才能行得通。

与法律一样，政策本身也有自己的合理性问题。如果某种新闻政策是不合理的，限制了新闻传播主体的正当行为，自然就成了新闻传播要冲破的樊篱。

三、合纪律标准

“纪律”一词的普遍意义是指“政党、机关、部队、团体、企业等为了维护集体利益并保证工作的正常进行而制定的要求每个成员遵守的规章、条文”③。显然，纪律也是一种明确的规范，目的在于维护一定群体或组织的整体利益。

新闻业在中国的性质是党、政府和人民的事业，新闻媒体是党、政府和人民的耳目喉舌，所以它必须按照党的纪律行事，特别是“党媒”，必须遵守党的新闻宣传、新闻舆论工作纪律，坚定地宣传、贯彻党的理论、路线、方针、政策，不得利用手中的媒介宣传同中央决定相违背的东西。其实，不管中外，就是那些企业性质或以企业方式进行管理的新闻传播媒体，都有用来维护集体利益的相关规章制度，要求它的成员必须遵守，这些规章制度中有一些就属于纪律性的规范。所以，纪律规范的存在也是普遍的。

纪律有不同的层次，有针对媒体的纪律（通常属于控制主体对传播主体的纪律要求），有针对媒体新闻传播人员的纪律（通常属于媒体内部的纪律要求）。但是，不管哪个层次的纪律要求，都会包含如何选择新闻传播内容的相关要求，实质上就是给传播主体指出了新闻报道的界限和范围。纪律要求有时是原则性的，有时则会相当具体。

---

① 刘建明．宣传舆论学大辞典［M］．北京：经济日报出版社，1992：1469.
② 成美，童兵．新闻理论教程［M］．北京：中国人民大学出版社，1993：46.
③ 中国社会科学院语言研究所词典编辑室．现代汉语词典［M］．7版．北京：商务印书馆，2016：616.

同样，纪律规范本身也存在合理性的问题，合理的纪律规范有利于新闻传播的正常展开，相反则会限制新闻传播的健康发展。

四、合德标准

合德，就是新闻传播主体所选择的、作为公开报道对象的新闻事实信息，应该是社会道德规范、道德观念认可、允许和能够接受的内容，应该是新闻职业道德规范允许的内容。道德“是人类社会生活中所特有的、由经济关系决定的、依靠人们内心信念和特殊社会手段维系的，并以善恶进行评价的原则规范、心理意识和行为的总和”①。它是一种精神，一种特殊的社会意识，一种特殊的价值，也是一种调节人们社会生活的规范。尽管道德规范“是一种非制度化的规范”，“一种内化的规范”，“不像法律规范那样以强制性手段”② 约束人们的行为，而是诉诸人们的良心、情感和自觉，可一旦某种道德规范得到了社会的公认，那么任何社会成员都“应该”遵守，不管是职业新闻传播者还是非职业新闻传播者。

新闻传播作为一种影响迅速、广泛的信息传播活动，在选择将什么样的新闻事实广布于众的时候，必须考虑和顾及它在道德方面的可能效应或后果。如果在内容选择上缺乏道德考虑，既有可能给相关当事人造成某种不应有的伤害，也有可能在一定程度上损害媒体或传播者的形象。对新闻报道内容及方式的选择必须符合社会道德规范的要求，能为人们普遍拥有的道德观念所接纳。

与法律、政策、纪律具有良恶之分一样，道德规范本身也有一个历史、现实的合理性问题，就是说，道德规范本身也有良与不良的区别，特别是在社会变革、转型时期，传统的、既有的一些道德规范、道德观念，即使是社会普遍认可的，也需要根据社会的发展逐步更新。在这种情况下，作为领风气之先的新闻传播媒体、新闻传播者，理应恰当选择一些新的事实适度报道，以有利于新道德、新风尚的形成，这就需要传播者把握好选择的分寸和尺度。当然，对一些所谓的新道德、新风尚也要做出审慎的判断，新并不就是合理，并不就是正确，也并不就是好或善。

第三节　确定新闻传播内容的其他标准

在现实的新闻传播活动中，尽管规律性标准和规范性标准是确立新闻传播内容最基本、最重要的标准，属于普遍而一般的标准，但新闻选择并不限于这些基本标准，在它们之外，还有与它们既有一定联系又不能够完全等同，既有可能统一又有可能冲突的其他一些标准，很有必要对这些标准加以简要的阐释。

---

① 罗国杰. 马克思主义伦理学［M］. 北京：人民出版社，1981：4.
② 姚新中. 道德活动论［M］. 北京：中国人民大学出版社，1990：11.

一、受众需要标准

从一般意义上说，按照受众的需要选择新闻报道的内容是合理的、正确的，这是新闻传播规律性的要求。我们可以说，凡是符合新闻价值标准的内容，符合规范性标准的内容，都是符合受众新闻需要的内容。

需要常常表现为两种基本形式：客观需要和主观需要。我们可以用“需要”（need）和“想要”（desire）对它们加以区别。需要是指主体实际上存在的一种匮乏状态；想要则是指主体的一种心理状态，可以说是主体的一种愿望、欲念、渴望状态。可见，需要和想要是不同的，需要是客观的，想要是主观的，而主观的想要往往不能准确反映客观的需要，“人们经常并不知道或者并不真正知道自己所需要的是什么东西”[①]。

理解了需要与想要之间的差别，才能真正理解为什么提供需要的主体不能完全依照提出需要的主体的要求去满足其需要，也才能真正理解为什么人们的需要特别是精神需要是须有适当引导的，而不仅仅是适应和迎合。[②] 当传播主体在运用“受众需要标准”确定新闻报道的内容时，应该注意以下几个方面的问题。

首先，尽可能满足收受者合理的新闻需要。收受者有不同的新闻需要，传播者应该按照不同的方式满足他们的需要。但这并不意味着，收受者有需要就应该想办法去满足。就收受者的新闻需要本身来说，客观上存在着性质上的差别，可以分为正当的、合理的需要和不正当的、不合理的需要。“需要并非天然合理，这是无可争议的客观事实。”[③] 毫无疑问，负责任的专业新闻媒体、平台媒体、机构媒体、自媒体以及作为新闻传播主体的民众个体，只应该满足收受者前一种需要，而不应该满足其后一种需要。[④]

判断什么样的新闻需要是合理的，什么样的新闻需要是不合理的，有时界限并不是那么清楚。但界限越不清楚，就越需要传播者去认真地调查研究。传播者并没有先验的能力，也没有任何特权去划定受众合理新闻需要的界限。但职业化的新闻工作者属于新闻传播方面的专业人士，承担着识别合理需要与不合理需要的职责，因而理应认真考察、分析受众新闻需求合理性的范围。从原则上说，合理的需要界限就是规范性标准界限，即超越规范性标准的新闻，本身就是不合目的的新闻、不合理的新闻（假定所有的规范本身是合理的）。在个体层面如何划定合理新闻需要的界限，原则只有一条：有利于个体身心的健康成长，有利于个体正常的生存与发展。

尽管需要什么样的新闻、选择什么样的新闻是收受者的自由，当今新闻生产传播也为收受主体提供了足够的选择自由，任何人都没有随意干涉的权利，然而一个人想要的

---

① 赵汀阳．论可能生活：一种关于幸福和公正的理论：修订版［M］．北京：中国人民大学出版社，2004：78.

② 这里之所以强调精神需要的特别性，是因为精神需要的客观性与主观性比起物质需要的客观性和主观性更加难以判断或者衡量。对于传播者来说，需要特别注意的问题是，不要把自己的传播需要简单地、自以为是地等同于受众的收受需要。

③ 王玉樑．21 世纪价值哲学：从自发到自觉［M］．北京：人民出版社，2006：27.

④ 恩格斯曾经说过这样一段话，要“通过有计划地组织全部生产，使社会生产力及其所制成的产品增长到能够保证每个人的一切合理的需要日益得到满足的程度”。参见马克思恩格斯全集：第 19 卷［M］．北京：人民出版社，1963：124。显然，满足主体的需要只能是满足主体的合理需要，而非任何需要。

并不一定就是对自己好的、有益的，物质的东西如此，精神的东西也一样。因此，新闻媒体、职业新闻工作者有责任、有义务为社会大众提供健康的、理性的新闻信息，而非职业新闻传播者也要努力做到这一点，不应该传播社会规范禁止的和不提倡的信息。

其次，尽可能引导新闻收受者追求高层次的新闻需要。新闻收受者的新闻需要不仅具有性质上的差异，也有层次上的差别。新闻传播主体首先应该满足收受者多向度、多层次的新闻需要。在这一前提下，应该尽可能引导新闻收受者追求那些更有利于自身健康生存发展的新闻需要，更有利于提高自身各方面素养的高层次的新闻需要。

像评判什么是合理的新闻需求一样，评判什么是高层次的需要、什么是低层次的需要也不容易。人的需要是一个复杂的系统，人有多种多样的需要。所有的需要都从不同侧面、不同角度、不同层次反映着人所处的生存、生活和发展状态。可以说，人有什么样的需要，就能表明其是什么样的人；有什么样性质的需要、什么样层次的需要，就基本上能反映出其本性和层次，基本上能反映出其所处的物质状况与精神状态。可见，新闻需要的层次性是与主体整体素质的层次性紧密相关的。

最后，新闻媒体、新闻传播者不应背离新闻精神，违背新闻传播的内在目的，在满足收受者新闻需要的口号下追求自己的私利，从事一些有违新闻专业理念要求、冲破职业道德底线的勾当。对非职业新闻传播者来说，最起码应遵守社会公共道德规范，不轻易传播那些真实性、可靠性令人怀疑的所谓新闻。

二、宣传需要标准

宣传是一种劝服活动，直接目的在于通过一定的方式影响他人的意识，使其接受认同宣传者的某种观念，最终目的则是接受宣传的人能够以宣传者期望的方式进行活动或行为。

新闻媒体或其他新闻传播者总有一定的新闻传播价值追求，总有自己的信念和理想，并会宣传甚至张扬自己的信念和理想，这也必然会体现在新闻传播内容的选择上。因而，传播者总是拥有某种宣传需要、引导需要，并把它作为标准去选择确定新闻报道的内容。

新闻传播独具的社会影响力、新闻特有的真实力量使得宣传者钟情于利用新闻方式实现宣传目的，把新闻当作宣传的手段。因此，当一些新闻媒体充当准宣传机构的角色时，当一些人将新闻媒体理解为宣传机构时，就会把宣传价值标准作为选择新闻内容的重要标准之一。事实上，所有的新闻媒体都有一定程度的宣传意图，差别只在于：有些媒体的宣传性强一些、明显一些，有些媒体的宣传性弱一些、隐蔽一些；有些媒体侧重于政治宣传、意识形态宣传，有些媒体可能侧重于其他观念的宣传。

宣传需要标准，实质是传播者本位标准。在这样的标准支配下，传播者会努力选择具有宣传价值的事实或信息。“宣传价值就是事实本身所包含的有利于传播者、能够证明和说明传播者主张的素质。”① 一般来说，为了更好地实现宣传目的，传播者会尽可能选取那些既有新闻价值又有宣传价值的事实信息作为传播的内容。但是，以宣传价值为主、

① 李良荣．新闻学导论［M］．北京：高等教育出版社，1999：172.

新闻价值为辅，甚至完全以宣传价值为标准的选择行为也是存在的。这样的新闻传播也就很难说是真正的新闻传播了。人们应该明白，新闻传播可能具有宣传功能，但新闻不是宣传。

三、经济利益标准

经济利益标准，也就是人们习惯所说的商业利益标准或市场标准。在市场经济体制中运作的新闻媒体，在大的框架内就得遵守市场经济的逻辑，一切生存与发展的战略设计与策略、战术行为，都离不开对市场经济规则的考虑。新闻作为新闻媒体的核心产品，在选择“生产原料”时，必然要受到经济利益的制约。“既然是经济学意义上的生产，就必须进行经济学的考虑。新闻价值的创造必然要以一定的投入为动力，这就需要认真对待投入与产出、成本与收益等一系列的问题。”① 也就是说，媒体的经济利益会成为媒体在选择传播内容时一条十分重要的标准。

经济利益标准显然也是以传播者为本位的标准。由于经济利益直接关系到一定新闻媒体生死存亡的问题，因此能否盈利有时会成为不少媒体决定刊播什么内容的决定性标准。

经济利益标准在实际的新闻传播活动中主要表现在三个方面：其一，传播的内容有可能受到广告主的影响，受到某些重要新闻信源主体的影响。为了自身的某些经济利益，一些媒体会不顾新闻传播的基本原则，在一定程度上听从于广告主的摆布。其二，媒体在选择报道内容时会进行各种成本核算，其中经济利益会被作为重要的成本衡量尺度，从而影响一些新闻的取舍。其三，有可能选择一些迎合收受者不合理需求的内容进行传播。一些新闻媒体只是把社会公众当成生产原料，通过一些低俗的新闻内容吸引公众的眼球，然后把公众制造成为商品（消费者）卖给广告主，卖给其他商品的生产者，卖给各种各样的政客。它们为了打开市场，常常会极尽能事、绞尽脑汁地制造事件、策划新闻、创造需要，而这一切都会冠上一个美名：为受众服务。其实，这里的标准并不是受众需要标准，而是传播者的经济利益标准。如果把新闻传播搞成纯粹的新闻买卖，一些有意义的新闻就会被挤出新闻市场。因此，按照纯粹的市场逻辑不可能生产出高质量的新闻产品。

需要特别说明的是，我们上面阐释的选择新闻传播内容的所有标准都存在一个合理性的问题，而且合理性的标准是更为复杂的问题，必须做出历史的和现实的分析。从理论上讲，规律性标准和规范性标准是必须坚持的，其他标准只有在不违背这两大标准的前提下才是合理的。有些标准是应该恪守的，有些标准是应该慎用的。在原则上，我们可以用规律性标准和规范性标准作为衡量其他标准是否合理的基本标准。通常来说，规范性标准比规律性标准更加严格，即一些符合新闻价值标准的内容并不必然符合规范性标准的要求，并不适宜传播。②

---

① 杨保军．新闻价值论［M］．北京：中国人民大学出版社，2003：172.

② 杨保军．论“新闻规律”与“新闻规范”［J］．新闻记者，2021（7）：41－47.

第四节　收受者选择新闻的标准

本章前三节主要以中国新闻现实为参照，讨论了传播者选择新闻传播内容时实际运用的普遍性标准。本节我们以新闻收受者为主体对象，考察他们通常是以什么标准选择新闻收受内容的。在说明收受者普遍运用的新闻选择标准之前，先来分析（相对新闻事实的）新闻（文本）的价值属性。

一、新闻的价值属性

新闻的价值就是新闻对主体的效应，即新闻的功能属性对主体产生的实际作用和影响。新闻最基本的价值就是它的信息价值，即消除人们对周围环境最新变化认识不确定的价值，这可以看作新闻的本位价值。在信息价值基础上，新闻在不同价值关系中可以显现出不同的具体价值，诸如经济价值、政治价值、文化价值、舆论价值、教育价值、知识价值、娱乐价值等，这些价值项目可以看作新闻的延伸价值。新闻的价值是由本位价值与延伸价值构成的价值系统。①

收受者选择新闻，自然要选择对自己有价值、有意义的新闻。那么，在一般意义上，什么样的新闻才是有价值的新闻？或者说，“新闻”要具备什么样的属性才是“真正的新闻”。在新闻价值论的视野中，使新闻成为真正新闻的属性，就是新闻的价值属性。

（一）真实性

真实是新闻存在的根据，任何新闻要产生新闻意义上的价值，其内容必须具备真实性，这是显而易见的。关于新闻传播中真实性的问题，我们将在下一章讨论。

（二）及时性②

新闻有无新闻意义上的各种可能价值，要看它是否及时再现了本源态的新闻事实。及时性从时间要素上规定了新闻成为新闻的价值属性。新闻的价值在很大程度上是由生产、传播新闻的时间决定的。

新近或正在发生的新闻事实能否转化成有价值的新闻，关键就在能否通过及时的报道以确保新闻事实内容的新鲜性。因此，及时性是保证事实信息新鲜性的根本手段。新闻事实的新闻价值，只有在新闻的及时性中才能得到有效的延续和传递。没有及时性的手段，具有时新性的事实将蜕变成一般的事实、“旧”事实。及时性作为新闻成为新闻的价值属性，主要有两方面的内涵。

一是快速性。快速的基本意义是指，新闻对事实再现传播得越快，它的新闻价值就

---

① 杨保军．论新闻的价值根源、构成序列和实现条件［J］．新闻记者，2020（3）：3－10.

② 时新性与及时性在本教材中并不是等同的概念。时新性是指一个事实从发生到当下的时间距离特征，及时性是指一个事实从发生到被报道的时间距离特征。

有可能越大。快，从价值追求上说，就是尽可能满足人们对自己周围环境变化的即时了解、随时把握。

二是时机性或时宜性。新闻的及时性实质上是在合规律性与合目的性的统一中确定的。在确定及时性的过程中，传播主体往往会从目的性出发去决定“及时性”的具体尺度。这种从目的性出发的决定，有时是合理的，有时则是不合理的。但不管合理与否，它都产生了“时效”“时宜”“时机”等一系列概念，即传播之“时”的快慢选择，要由传播主体追求的传播“效果目标”或价值目标确定。于是，在现实的新闻传播活动中，时机、时宜等成了及时性的真切含义，反映的正是及时性在收受关系中表现出的新闻价值属性。

（三）针对性

新闻有无价值以及价值大小，关键要看它能否满足收受主体的新闻需求。对收受者来说，新闻有无价值是由自己评判的。新闻在其满足收受主体合理新闻需求中所显示的属性就是它的价值属性。这些属性首先体现在新闻的内容上，而新闻的内容正是对客观存在的新闻事实的再现和陈述，因而事实所具有的新闻价值属性也反映在新闻之中，即事实的时新性、重要性、显著性、接近性、兴趣性等也是新闻内容具有的新闻价值属性。新闻反映、包含这些价值属性的多少和强弱将决定它新闻价值的总体质量。

新闻是以统一体面对收受主体的，我们把新闻内容方面的统一性概括为新闻的“针对性”，这样，针对性就凝结了新闻内容对于收受主体的所有价值属性，新闻对于收受主体的价值正是在这种针对性中实现的。

作为新闻价值属性的针对性，是说新闻是具有传播目标指向的新闻，所指对象就是新闻收受者，实质所指的则是新闻收受者的新闻需求，即新闻应该是针对收受主体欲知、未知、应知而创制的，缺乏这种相对收受者新闻需求的针对性，就意味着新闻对收受主体来说，不是一种对象性的存在，不是一种新闻价值关系中的存在。缺乏这种针对性，意味着新闻所包含的内容对收受主体来说，成了空泛的、一般的、可有可无的东西。因此，凡是真正的新闻，其内容必然具有针对性，其可能的存在方式必然是对象性的、具有某种新闻价值关系的存在。

内容的针对性越广泛，意味着新闻拥有的收受主体越多，因而新闻的新闻价值实现量可能越大；内容的针对性越强，意味着新闻拥有能够满足收受主体新闻需求的素质越好，因而新闻的价值质量越高；广泛而强烈的针对性，则意味着新闻既具有满足收受主体新闻需要的普遍性，又具备实现高质量新闻价值需求的优良素质。因而，内容上具有针对性的新闻才能成为有效的新闻，才能使新闻事实的潜在价值寻找到归宿。

新闻价值属性的针对性反映了新闻作为价值客体绝对性与相对性的关系。绝对性的意义在于只要新闻具有针对性，就必然包含有新闻价值，总能满足某些收受主体的新闻需求；相对性的意义本身就蕴含在针对性中，说某一事物具有针对性，言下之意就是说它对其他一些对象不具有针对性。当我们说新闻具有价值属性上的针对性时，就已经说明，任何新闻对于不同的收受主体都具有不同的新闻价值。

（四）亲和性

新闻收受的经验事实告诉人们，只有那些在再现或陈述方式上对收受者具有亲和性的新闻，才能比较顺利地实现自身的价值。因此，我们用“亲和性”这个概念指称新闻在再现或陈述方式上的价值属性。

首先，亲和性是指新闻文本必须按照新闻传播的要求去构建，按照新闻写作的规律去再现，按照新闻文体和语体的要求去陈述。记者不是文学家，也不是理论家，记者就是再现、陈述新闻事实的专家。收受主体期望从传播主体那里得到的首先是事实信息，而不是审美享受，也不是理论智慧。因此，要使新闻文本对收受主体具有亲和性，必须按照新闻再现或陈述的方式去呈现新闻内容。

其次，亲和性是指新闻文本在符号再现与表达方式上容易为收受主体所理解，再现或陈述的方式正是收受主体喜闻乐见的方式。尽管不同主体间的素质会有一定的差别，所处的新闻传收环境也会有所不同，从而使他们对“喜闻乐见”有不同的层次要求，但对面向大众的新闻来说，对收受主体的亲和性最突出的表现就是：通俗易懂，简明生动。“新闻报道必须写得从大学校长到文化程度很低、智力有限的一切读者都容易理解。”① 在新兴媒介环境中，新闻的呈现方式随着技术进步不断变化更新。丰富多彩的新闻样态，诸如大数据新闻、短视频新闻、VR新闻、新闻游戏等，越来越受到人们的青睐。

最后，亲和性是指新闻文本要与收受主体在心理上形成某种契合。在新闻文本的创制过程中，必须认真细致地研究收受主体的阅读、视听心理，包括他们的认知心理、情感心理、审美心理等。只有把握他们的接受心理，理解他们的思维方式、价值态度，新闻传播才会有针对性，才能使新闻文本具有真正的亲和性。具有亲和性的文本才能使新闻传播由“传播”达到“传通”，由“感知层次”达到“理解层次”，达到传播主体与收受主体之间的信息“交流”与“分享”。

二、收受者选择新闻的基本标准

信息需要、新闻需要是人类的基本需要，而信息时代、媒介化社会的到来使人类的这种基本需要变得越来越重要、越来越突出。尽管新闻媒介难计其数，新闻信息滚滚如潮，但社会大众选择新闻媒介、选择新闻信息的基本标准在抽象层面上还是比较稳定的。② 如果从个体收受者出发，可以将新闻收受的选择标准概括为两大类别：有用性标准和有趣性标准。具备上述属性的新闻，往往被收受者认为是有用的、有趣的新闻，因而，新闻的价值属性就成为收受者选择新闻的标准或尺度。这就是说，有用性、有趣性标准的内涵其实就是新闻的价值属性总和。

---

① 李元授，白丁．新闻语言学［M］．北京：新华出版社，2001：28．

② 这里，我们只讨论收受者选择新闻内容的标准，不讨论选择新闻媒介的标准。一般来说，收受行为的宏观逻辑过程是：选择媒介—选择新闻报道领域—选择具体新闻。

（一）有用性标准

收受者选择新闻，往往把有用性作为首要的标准。所谓有用性标准，实际上就是以收受者自己的需要为标准来选择新闻，就是以自己的需要来衡量新闻的价值有无与大小；能够满足自己需要的新闻，有利于自身利益实现的新闻就被认为是有用的新闻、有价值的新闻。因此，有用性标准也可以说是需要性标准。

收受者通常会从生存与发展的信息需求出发，选择新闻、评价新闻的价值。由于不同收受者的需要不会完全一样，因而选择新闻、评价新闻的具体标准其实是不一样的，但从抽象的意义上看，收受者都是用需要标准选择新闻、评价新闻的价值的。

新闻的有用性，对收受者来说，通常表现在以下几个方面。新闻如果在这几个方面能够满足收受者的需要，就会成为他们选择收受的对象。

其一，知情需要。这几乎是所有新闻收受者收受新闻首先的需要和目的。新闻如果能够满足收受者及时了解环境（自然、社会）最新变化的需要，能够满足收受者的知情需要，有利于收受者准确把握环境变化、调整自己的言行，就是有用的新闻。

其二，认识需要。这是收受者在知情需要这一基础上的自然追求。认识需要主要表现在两个方面：第一，通过新闻报道，收受者不仅希望知道发生了什么样的事情，有了什么样的最新变化，同时还想知道这些事情、变化等有什么样的意义，会给社会特别是给自己的生活、工作等带来什么样的影响和起到什么样的作用。如果新闻报道、新闻分析等能够有这样的认识作用，其就往往会受到收受者的普遍青睐。第二，新闻在反映、报道一些最新变化情况时，本身就内含有新现象、新问题、新成果、新人物、新知识、新思想、新观念等，本身就在传播知识、传承文化，自然而然地产生了认识作用，满足收受者的认识需要。

其三，休闲需要。在很多情况下，人们收受新闻并没有专门的、明确的目的，收受新闻不过是日常生活中的一部分内容，似乎是一种习惯，媒体扮演着类似“伴侣”的角色，新闻（还有其他信息）则发挥着提供谈资、话题等的作用，还可以成为人们互相联络感情的一种信息资源。越是容易成为人们谈资的新闻，就越是容易被人们收受。

除了上述标准之外，不同个性的人还会用自己的个别性或特殊性标准衡量新闻的有用性。对此，因人而异，就不做特别阐释了。

（二）有趣性标准

追求兴趣的满足，是人们进行各种活动的重要动力，能够激发人们兴趣的事物才会引起人们的关注。因此，收受者的兴趣是他们选择新闻的重要标准。只有那些能够激发收受者求真兴趣、求善兴趣、求美兴趣、求新兴趣、求异兴趣等的新闻，才能成为收受的内容对象。这样的对象在总体上可以被称为有兴趣的对象。

有趣性标准包括两个方面：一是指收受者容易选择那些自己“感兴趣”的新闻；二是指收受者容易选择那些“有趣味”的新闻。人们感兴趣的新闻与有趣味的新闻不能完全等同。“感兴趣”主要是从主体角度来说的，“有趣味”主要是从客体角度而言的。尽管不同的主体有不同的兴趣（即兴趣对象不一样），但是有趣味的对象容易激发几乎所有人的兴趣。

具体一点说，有些新闻几乎是所有人都感兴趣的新闻，属于“大众”性新闻。这样的新闻可以说满足了“普遍兴趣”。一般来说，具有普遍兴趣的新闻有两大类：一是与普遍利益相关的新闻，人的兴趣与人的需要是分不开的，是由需要、利益决定的；二是有趣味的事情，诸如那些具有充足娱乐要素的新闻、容易激发人们好奇心的新闻、具有丰富人情味的新闻等。

有些新闻只是有些人感兴趣，属于“小众”性的新闻。这样的新闻，可以说满足的是“特殊兴趣”，比如某些专业新闻、行业新闻以及特殊性的领域新闻等。

收受者的兴趣一旦形成就具有相对的稳定性，会对以后的新闻选择产生影响，成为重要的选择尺度。收受者对新闻媒介的选择、新闻的选择常常受兴趣的左右。有些人专注于政治新闻、经济新闻、文化新闻，有些人却迷恋于体育新闻、社会新闻、娱乐新闻，这大都是兴趣使然。

兴趣发展到一定程度就会转化成爱好，当爱好发展到极端时，便成了偏爱。人们更易于把偏爱的东西看得价值非凡。体育爱好者把体育新闻看得更重要，而歌迷更乐于搜寻歌星新闻。我们承认爱好、偏爱的尺度作用，并不意味着承认所有的爱好特别是偏爱都是合理的、正当的。有人爱好黄色新闻，有人偏爱花边绯闻，传播者自然不能因为他们有这样的爱好和偏爱而无限制地刊播它们。

虽然兴趣是重要的新闻选择标准，但有趣味的新闻并不一定就是好新闻，人们的兴趣有高雅与低俗之分，新闻的趣味素质也有不同的激发作用，对收受者可能产生性质完全相反的价值效应。因此，兴趣作为新闻选择标准，具有很强的主观色彩。

复习指点

关键概念

新闻价值　新闻选择　新闻价值标准　新闻需要　合法　合政策　合纪律　合德需要　想要　宣传标准

思考题目

1. 新闻价值属性的构成与含义
2. 媒介形态标准的基本要求
3. 规范性标准的构成与要求
4. 新闻需要的合理性与层次性
5. 收受者选择新闻的基本标准

必读文献

袁贵仁. 价值观的理论与实践 [M]. 北京：北京师范大学出版社，2006.

刘建明. 传统新闻价值说的历史终结 [J]. 新闻爱好者，2017 (1).

郝雨，任占文，郭峥. 马克思主义新闻价值观理论建构与公共性拓展 [J]. 全球传媒学刊，2017（5）.

杨保军．准确认识“新闻的价值”：方法论视野中的几点新思考［J］．国际新闻界，2014（9）.

杨奇光，王润泽．数字时代新闻价值构建的历史考察与中西比较［J］．新闻记者，2021（8）.

选读文献

孙伟平．价值哲学方法论［M］．北京：中国社会科学出版社，2008.

富勒．信息时代的新闻价值观［M］．展江，译．北京：新华出版社，1999.

杨保军．新闻价值论［M］．北京：中国人民大学出版社，2003.

杨保军．论新闻的价值根源、构成序列和实现条件［J］．新闻记者，2020（3）.

胡翼青，李子超．重塑新闻价值：基于技术哲学的思考［J］．青年记者，2017（2）.

第六章
新闻传播的普适原则

提　要

如果说“传播什么”构成了新闻传播的第一问题，那么“怎样传播”就构成了新闻传播的第二问题。新闻传播有三大原则：事实原则，包括真实、客观和全面；价值原则，体现为倾向、立场和应该追求的公正；方法原则，表现为及时和公开。三大原则或者说真实、客观、全面、公正、及时、公开之间有着内在的联系，共同构成了新闻传播中的实际要求。在新兴媒介环境中，对话、透明越来越被当作重要的新闻传播原则。这些基本原则，至少在形式上是可以超越不同性质新闻传播业的普适性原则，或者说是所有性质的新闻业应该坚持的基本原则。身处当代媒介化社会的非职业新闻传播者也应该努力提高新闻素养、媒介素养，尽可能遵守新闻传播的基本原则。新闻传播的诸多原则或观念，在操作层面上会体现为具体的报道方法。掌握这些方法，是做好新闻传播的基础。

如果说“传播什么”构成了新闻传播的第一问题，那么“怎样传播”就构成了新闻传播的第二问题。新闻传播原则关注的核心问题就是“怎样传播”。新闻传播原则指示新闻传播的方向，属于新闻传播的理念性要求，也是新闻传播必须遵守的基本规范。新闻传播原则包括三个大的方面，它们是事实原则、价值原则和方法原则。

第一节　新闻传播的事实原则

新闻的直接目的是反映、呈现事实的真相。事实原则，就是以反映、呈现事实“是什么”为目标的原则。背离事实原则就不是新闻传播。事实原则包括三个观念和方法：真实观念与方法、客观观念与方法以及全面观念与方法。事实原则的总体目标就是实现新闻真实。

一、真实观念与方法

真实问题是新闻传播的核心问题。几乎关于新闻传播活动的所有研究都承担着为实现新闻真实而“献计献策”的任务。新闻理论的主要任务之一就在于阐明新闻真实问题。新闻真实是贯穿新闻传收全过程的问题，是关涉新闻系统与环境系统关系的问题，但这里关于新闻真实问题的阐释主要针对的是新闻报道环节的真实问题，即传播真实的问题。

（一）新闻真实的本质

新闻活动属于认识活动，其形成的新闻报道是一种认识结果，所以新闻真实属于认识论意义上的真实。新闻真实是指新闻与其反映对象的符合性关系。符合，就是真实的；不符合，就是不真实的。①

真实既有质的规定性，也有量的规定性，质上它与虚假相对立，量上它是有限度、有程度的，因而在质量统一性上，真实包含最基本的两个方面：真实和真实度。新闻真实同样既有真实性的问题，也有真实度的问题。真实性是好把握的，但真实度是难计量的。

新闻作品中传播者对新闻事实的评论和评论是否正确，不属于新闻的真实性问题，而属于意见的真理性、合理性问题；传播者对新闻事实的情感态度属于一种价值评价的方式，只能从事实出发，并依据一定的价值准则说其应该与否、合理与否，它也不属于新闻的真实性问题，但新闻中包含的作者或媒体意见、情感会影响新闻的真实性。

真实，首先要求所反映的对象是客观存在的，这是真实的事实基础或前提；其次，真实讲的是正确的、全面的反映，即揭示真相，这构成了“真”的真正内涵。

因此，就具体的或单一的新闻报道而言，新闻真实包含两个层面的意思：其一，新闻报道的对象是实际存在的、实有其事。其二，新闻对新闻事实的反映、呈现是全面的、正确的。这就是说，新闻真实的基本要求是报道事实，更高要求是揭露真相，实现事实与真相的统一是新闻报道在真实维度上应该追求的最高目标。

就整个新闻传播界来说，其面对的是两方面的真实，一方面是具体真实，另一方面是整体真实。谈到整体真实问题时，人们针对的已经不是具体的单篇新闻报道、具体的单一事实对象，而是新闻媒体、新闻传播界针对一定报道领域、在一定时间范围内所有具体新闻报道构成的“全体”。因而整体真实的实质性问题是：新闻媒体、新闻传播界在一定时空范围内形成的“全体”报道是否反映了事实世界的主要状态、主流方面、主导

---

① 需要注意的是，除了符合论新闻真实观之外，还存在着其他一些不同的新闻真实观，如符号论新闻真实观、社群论新闻真实观、融贯论新闻真实观等。参见蒋晓丽，李玮．从“客体之真”到“符号之真”：论新闻求真的符号学转向 [J]．国际新闻界，2013（6）：15-23；李玮，蒋晓丽．从“符合事实”到“社群真知”：后真相时代对新闻何以为“真”的符号哲学省思 [J]．现代传播，2018（12）：50-58。在笔者看来，新闻真实的本质是新闻与报道对象事实的符合，但要实现符合的目标，必须通过符号再现、构建的方式，也需要通过对话交流互动的方式，符号真实、社群认知真实等并不是新闻真实的本质，而是实现新闻真实的方式和途径。如果否认新闻真实是新闻与事实的符合，那就意味着将从根本上失去检验、证实新闻真实的标准。事实是检验新闻是否真实的唯一标准。

趋势。如果是，就实现了整体真实；如果不是，就未达到整体真实。①

要求新闻报道追求整体真实，内含的真实观是全面的、宏观的真实观，要求新闻反映事实世界的每一个侧面，而不是某一个侧面，并且要根据事实世界每一侧面在自然、社会中实际的比例程度、重要程度安排新闻报道的数量和分量，从而达到一种和谐的匹配关系。显然，要实现这样的新闻真实是十分艰难的事情，对新闻传播来说具有理想色彩。因此，整体真实问题也是新闻界长期争论的问题。②

（二）新闻真实的特性

1. 新闻真实是事实性真实

强调与客观事实的符合性，落到新闻传播活动的实处，就是指每一具体的新闻报道与其报道对象的符合性，一定“全体”报道与相应时空范围内整体事实对象的符合性。马克思所说的“根据事实来描写事实”的新闻原则强调的正是新闻的事实性真实。新闻必须完全立足事实，引用事实和直接以事实为根据进行判断，得出的结论仍然是明显的事实。③ 由于新闻是对真实存在的事实的报道，这就决定了事实性是新闻真实最重要、最突出的特性。

2. 新闻真实是过程性真实

过程性是说新闻真实是在报道过程中实现的，事实的真实面目是在新闻报道过程中逐步揭示的。新闻报道大都是在一定的过程中完成的。新闻事实客观上的各种差别、传播主体认识能力上的局限、传播目的的影响，以及一些媒介通道信息容量的有限性等因素，决定了不同的新闻事实需要采取不同的过程方式去报道。针对那些既复杂又重要的事实，特别是处于动态变化中的重要事实，如果想使新闻报道既成为及时的新闻，又能最终在整体上反映事实的真实面目，就必须通过过程性的、进行式的或追踪式的多次报道来实现。诚如马克思所言，只要报刊有机地运动着，全部事实就会完整地被揭示出来。不管客观事实多么复杂，通过分工与连续性的反映与再现，就能一步一步地弄清全部事实。④

如果超越传播真实、报道真实来看新闻真实，完整的新闻真实还应包括收受真实。只有在新闻的收受环节实现了新闻的理解真实、信任真实，新闻真实才会得到比较完整的实现。⑤

3. 新闻真实是有限度的真实

新闻真实是有限度的真实，主要表现在这样几点：其一，新闻真实是新闻传播范围内的真实。新闻真实是指新闻报道的真实，并不包括新闻媒介上其他信息的真实。在一般事实与新闻事实的关系上，一般事实是全体，新闻事实是部分，而且是很小的一部分。

---

① 杨保军．准确理解新闻的“整体真实”[J]．新闻界，2020（4）：35－42.

② 杨保军．新闻真实论［M]．北京：中国人民大学出版社，2006.

③ 马克思恩格斯全集：第 42 卷［M]．北京：人民出版社，1979：413.

④ 中国社会科学院．马克思恩格斯论新闻［M]．北京：新华出版社，1985：115－116.

⑤ 杨保军．论新闻“理解真实”实现的多元方式及其关系［J]．现代传播，2021（5）：31－36．杨保军，刘泽溪．论主体间信任关系与新闻真实的实现［J]．当代传播，2021（3）：23－27，48.

这就从根本上决定了新闻真实只能是关于新闻事实的真实，新闻报道的真实只能是新闻传播范围内的真实。新闻传播只是人类认识、反映事实世界的一种手段，利用这种手段把握到的真实原则上只能是“新闻世界的真实”。其二，新闻真实是一定新闻传播价值取向下的真实。新闻传播必然要受到传播主体新闻价值观念的影响，传播内容、方式都是在传播价值取向下的选择，这就决定了新闻真实必然要受到价值取向的制约，难以彻底避免新闻真实的建构性。其三，新闻真实是传播者认知限度内的真实。传播者认识新闻事实能力的有限性决定了新闻真实实现的有限性和相对性。“仅仅讲出真相，这容易得多，而要讲出全部真相，这要困难得多。”① 其四，新闻真实必须是及时、迅速的反映。快，就容易看“走眼”，难免失实。新闻事实的多样性、复杂性、变动性等特征，即使在传播者已有分工的情况下，仍然要求传播者既要成为“杂家”，又要成为“专家”，而这实在是太难了，难就容易出错。其五，新闻真实是环境因素影响下的真实。构成新闻传收环境的政治、经济、文化、技术等各种因素，都会以各种方式影响到新闻真实的范围和程度。因此，现实中，人们很难通过新闻报道认识、把握到事实的完整面目或形象，新闻的真实总是或多或少有些“残缺”。

4. 新闻真实是即时性真实

新闻真实最直接的表现方式是即时性，这是由新闻传播方式上的及时性、实时性所决定的。新闻的真实总是针对一定事实对象在某一时间范围内的存在状态、变动情况而言的，是以一篇篇具体报道的即时性而存在的。因而，新闻真实追求的是当下的真实，不能把真实轻易留给未来去证实，不能让新闻真实陷入不停的“反转”之中，这是新闻传播者对新闻真实应该持有的基本态度，也是既对现实负责又对历史负责的态度。

5. 新闻真实是公开的真实

新闻传播方式的公开性决定了新闻真实必然是一种公开的真实。公开的真实是说新闻报道将新闻事实的真实面目呈现在社会大众面前，使其成为原则上人人都可以见到的真实、可以进行独立判断的真实。新闻传播以自己的公开、透明方式把新闻事实的真相公布于阳光之下，显示出新闻真实特有的魅力和力量。

公开的真实是自由的真实。公开的真实使真实的新闻插上了翅膀，具有自由传播的力量。公开的真实是充满力量的真实。新闻公开的范围大小意味着人们能够了解到的真实世界的范围大小，因此公开与真实有着实质性的内在联系。公开的真实从根本上斩断了虚假新闻传播的翅膀。不能公开或难以公开是产生虚假信息的重要根源之一。社会的整体公开和透明是减少和消除虚假新闻的根本途径之一。公开的真实使新闻真实本身成为社会可以监督的对象。公开的真实是说新闻真实是可见的真实，可以呈现出来的真实，是具体的真实，不是抽象的真实，是以公开方式获取的真实。

（三）新闻真实的新表现

后新闻业时代开启后，新的媒介生态基本形成，多元传播主体结构已成事实。与此

---

① 拉库蒂尔．新闻工作者的良知［M］//张穗华．媒介的变迁．北京：中国对外翻译出版公司，2002：6.

相应，新闻真实领域产生了诸多新问题，需要做出新的理论抽象和概括。其中最为典型的表现是："有机真实"进入新的有机方式；"前瞻真实"成为新的新闻真实类型；"整体真实"有了新的实现可能；"真实确证"面临新的方法困境。

1. "有机真实"进入新的有机方式

"有机真实"主要是指由多元新闻生产传播主体相互影响、相互作用，在一定过程中共同呈现、塑造、建构的新闻真实。[①]

在传统新闻业时代，新闻传媒组织及其职业新闻传播主体是专门的新闻生产者、传播者，一个新闻事实、一种新闻现象直至一定社会的整体新闻景象能够得到怎样的认知、反映、呈现甚或塑造与建构，主要是由新闻传媒组织及其之间的相互作用决定的。

在今天的新兴媒介环境中，新闻真实的实现越来越成为多元新闻传播主体、新闻行动主体共建的"有机真实"；新闻真实不再是某一种眼光中看到的真实，而是多元眼光中"对话""协商"的真实，不是"我的""你的""他的"真实，而是"我们"共同认知、共同反映、共同呈现新闻事实的真实，是"我们"以主体间关系有机作用、有机影响、有机统一而达致的"有机真实"。但我们应该明白，事实真相只有一个，传播主体之间的有机作用是揭示真相的方式及过程。

2. "前瞻真实"成为新的新闻真实类型

所谓"前瞻真实"，是指对未来"可能真实"的一种预测或估计；但这样的预测或估计基于当下的基本事实，可以说是对当下事实特别是对"隐在"的或"潜在"的苗头、因素等未来演变发展可能趋势的描述与预判。

新闻是一种事实信息，表现为对事实的反映和报道。在传统新闻业时代，新闻报道的主要是过去的或正在发生的事实。但如今的新闻，不仅"面向过去""面向当下"，也越来越"面向可能""面向未来"，即人们越来越看重新闻的预测、前瞻功能，新闻真实不仅强调与既往事实、既在事实的符合，也越来越强调与可能事实的符合。

"前瞻真实"之所以能够成为新闻真实的新类型，不仅是社会变迁的信息化对新闻传播提出的新要求，更为直接的根据在于，建基于网络技术、数据分析技术、数据挖掘技术基础上的"数据新闻"（基于"数据事实"）正在成为新闻生产、新闻传播新的普遍现象。在数据新闻中，由于特有的"大数据"及"大数据挖掘技术""大数据计算技术"的支持，新闻报道依据的数据不再是传统意义上"精确新闻"（precision journalism/reporting）或"计算机辅助新闻"（computer aided reporting）的"小"数据，而是"数字化时代"的"大"数据。因而，依据当下新闻事实所体现出来的数据，并通过数据分析、过滤、计算，形成或建构预测未来事实趋势、走向的前瞻性新闻报道不仅成为可能，也会越来越容易，越来越多，越来越准确，这就使得"前瞻真实"成为现实。[②]

3. "整体真实"有了新的实现可能

"整体真实"大致包括三个方面的内容：一是相对"具体事实"的"整体真实"；二

---

① 杨保军．论新闻的"有机真实"[J]．新闻大学，2020 (1)：40－52，126.

② 杨保军．新媒介环境下新闻真实论视野中的几个新问题 [J]．新闻记者，2014 (10)：33－41.

是关于一定“目标报道领域”而言的整体真实；三是要求新闻传媒反映一定社会、一定阶段最新的整体社会状况。

在传统新闻业时代，新闻的真实性要求，不管是具体真实还是整体真实，都主要是依赖单一的职业新闻传播主体实现的。但后新闻业时代的开启，在一定程度上提供了实现新闻整体真实的新可能。第一，后新闻业时代初步形成了“共享”新闻资源、“共产”新闻文本、“共绘”新闻图景的“共同主体”时代，从而使各个社会领域以及社会生活的方方面面都有了呈现的机会。第二，新的传播技术、报道技术、报道方法的支持，使整体真实实现的可能性得以增强。在传统新闻业时代，新闻认识的核心方式是记者的直接感知、体验、采访、调查等，要反映一定时间范围内整个社会最新的整体真实状况比较困难。但在新的媒介环境条件下，不管是针对一个具体的新闻事实，还是针对一定的目标报道领域，或是一定时段、一定社会的最新整体状态，多元传播主体已经拥有了整体反映报道的工具与方法，它为新闻整体真实的实现提供了新的可能。

4.“真实确证”面临新困境

“真实确证”，是指对新闻报道真实性的证实问题。新闻真实的过程性，从根本上决定了依据对新闻事实的最新认知，不断修正既有新闻报道的失实或错误是一个必然的过程。

“现在是新闻最多的时代，也是新闻最差的时代。我们比以往更多地获得新闻，同时也更容易困惑；我们似乎更容易看见‘真相’，但追究真相更难。”① 新闻真实的确证尽管在新的技术支持下有了更多的新的途径与方法，但同时也面临着新的困境。事实上，新技术也会被用来进行新闻的深度造假。

在传统新闻业时代，职业新闻传播主体报道的新闻是否真实，主要是由职业新闻传媒组织及其工作者自身决定的。对新闻真实性的确证通常有两类方法：第一，单一媒体的自证。即如果发现某一新闻的真实性是可疑的或不真实的，当初进行报道的媒体自身会采取一定的补救措施，修正过去的报道。第二，新闻媒体间的互证。即面对同一新闻事实，不同新闻传媒之间的不同报道既可以形成报道的相互补充，也可以形成一种互证新闻真实性的效果。在一些特殊情况下，不同新闻传媒之间甚至会以直接的互动方式为各自新闻报道的真实性展开辩护，并在辩护过程中逐步达成一致，从而在最终意义上为社会大众揭示新闻事实比较全面真实的面目。

与传统新闻业时代相比，新媒介环境中确证真实的基本特点可以大致概括为这样几点：第一，传统确证方式、方法依然是确证真实的常态方式、方法。第二，新生媒介形态、媒介样式也像传统新闻媒介一样，能够以“自清自证”“互清互证”的方式、方法修正、确证相关新闻的真实性。与传统新闻媒介相比，新兴媒介基于自身的特征，在“自清自证”“互清互证”的总体速度上更加快捷。第三，依托于不同形态、样式的媒介，不同类型的新闻传播主体间可以展开“互清互证”，其中最典型的表现就是，非职业新闻传播主体与职业新闻传播主体在一些新闻报道中，尤其是那些有争议的相对比较复杂的新闻事实报道中，常常生成比较激烈的新闻竞争场面，从而形成互相质疑、互清互证新闻

---

① 陈力丹．树立全民“新闻素养”理念［M］//科瓦奇，罗森斯蒂尔．真相：信息超载时代如何知道该相信什么．陆佳怡，孙志刚，译．北京：中国人民大学出版社，2014：推荐序言 2.

真实性的场景，这在总体上有利于新闻真实的实现。第四，采用新的技术手段，如通过专门的网络信息监测软件等对各种信息的真实性展开查证、过滤。

但是，必须清醒地认识到，新媒介环境条件下的真实确证，只是在以媒介形态结构、传播主体结构为主的变迁中获得了新的可能，并没有从根本上解决问题，也许不可能彻底解决，只能是一个历史过程。而且，在新的环境中，还产生了确证新闻真实性的新困境。首先，非职业新闻的真实性并非天然可靠。其次，关于同一新闻事实的多源、多主体的规模化甚至海量化报道、碎片化呈现，一方面使人们有了更多的机会获取更为丰富的信息，但另一方面也使人们在众多纷繁杂乱的信息中不知所措。最后，新兴技术造假“出神入化”，使得分辨真假更加困难。总而言之，老困境依旧存在，新困境又已产生。

（四）新闻真实的意义

首先，真实的意义是把新闻与非新闻区别开来，真实是新闻存在的根据，是新闻安身立命的根本。新闻以真实作为自己的旗帜和灵魂，以真实奠定自己的地位和影响。“真实是真正新闻的试金石。”① 因此，“为报道真实新闻而奋斗”② 是新闻传播主体永远的职责，是新闻传播者永远应该坚持的职业理念和精神，也是任何一个非职业新闻传播者（包括转发者）应该坚持的认知底线、良心底线。

其次，真实是实现新闻传播目标的基础。失去真实性，新闻传播的追求也就失去了根基。“只有通过提供事实的新闻报道，才能实现新闻传播的使命。”③ 对于新闻传播主体来说，实现真实本身就是首要的目标。进一步说，只有真实本身得以实现，依赖于新闻传播的其他目标才有实现的条件。

再次，真实是新闻传播的力量所在，优势所在。列宁说过，“我们应当说真话，因为这是我们的力量所在”④，报纸“要向公众作全面介绍，阐明真相，不吹嘘，不浮夸，也绝不散布谣言和传播见不得人的小道消息”，“吹牛撒谎是道义上的灭亡，也势必引向政治上的灭亡”⑤。有学者指出：“新闻的唯一真正的权力存在于代表民意的法庭中，一旦失去了可信度，这种权力也就荡然无存。”⑥ 毫无疑义，这种权力的力量来自新闻的真实。新闻传播以事实胜于雄辩的方式显示出它“忠于事实、忠于真理”的独特优势。

最后，真实是满足收受主体新闻信息需求和新闻媒体获得信任的根本保证。收受主体的新闻需求是真实的需求，虚假新闻是不能真正满足真实需求的，它只能带来损害和灾难。陆定一说：“新闻工作搞来搞去还是个真实问题。新闻学千头万绪，根本性的还是这个问题。有了这一条，就有信用了。有信用，报纸就有人看了。”⑦ 真实就能赢得信赖，有了人们的信赖，才能求得媒体的发展。可见，真实不仅是力量的源泉，也是新闻媒体发展的源泉。新闻媒体只能在不断满足收受主体新闻需求的过程中谋取发展。“专业新闻

---

① 童兵．比较新闻传播学［M］．北京：中国人民大学出版社，2002：85.
② 周恩来1950年元旦给《新华日报》的题词。
③ 童兵．理论新闻传播学导论［M］．北京：中国人民大学出版社，2000：73.
④ 列宁全集：第11卷［M］．2版．北京：人民出版社，1987：333.
⑤ 同④204，331.
⑥ 张穗华．媒介的变迁［M］．北京：中国对外翻译出版公司，2002：126.
⑦ 项德生，郑保卫．新闻学概论［M］．武汉：武汉大学出版社，2000：176-177.

的一切价值都基于对真相的宣称与公众对真相的需求上，如果这种供需关系结束了，便必然意味着专业新闻的边缘化。"[①] 非职业新闻传播主体只有真实地反映事实、传播新闻才能赢得大众的赞赏与信任。

以上诸多意义是就新闻系统内部而言的，就新闻与社会的关系而言，新闻真实是实现民主的基本信息保障，是信息社会安全的重要前提，是知识社会、媒介化社会成长的必要条件，是道德社会的内在诉求。[②]

（五）具体真实的实现

这里所说的具体真实的实现，是指具体新闻报道真实的实现问题。保证一篇具体报道的真实实现，主要在于把握好以下三个方面。

1. 要素真实

一则具体的新闻是由一系列新闻要素构成的，因而具体新闻的真实首先依赖于新闻要素的真实。如果构成新闻的基本要素出现虚假不实，也就没有了新闻真实的基础。

任何事实，从原则上说都是由何人、何时、何地、何事、怎么样、为什么等要素结构而成的统一体。所谓新闻的要素真实，就是指构成事实的这些要素原则上要在新闻作品中得到全面的、正确的反映。

在构成新闻事实的上述要素中，何人、何时、何地、何事四个要素是"显在"的，可以直接看得见或感觉得到。因此，关于它们的真实反映比较容易，一般的常态新闻大都是对这些事实要素的反映。而"怎么样"和"为什么"这两个要素处于"显在"和"隐在"之间，有些东西看得见，有些东西看不见，需要仔细观察、认真分析，发现其中的来龙去脉、前因后果，因此一些涉及"怎么样"特别是"为什么"的报道，通常被人们称为深度报道，其真实性也是比较难实现的。事实上，一般新闻报道的难度不在于描述"显在"的要素，而在于揭示"隐在"的和"既隐又显"的要素，在于揭示各要素之间或隐或显的各种关系。当然，由于新闻报道要求及时迅速，一般情况下，特别是在纯新闻的报道中，记者只要将"显在"的事实要素准确报道出来，也就基本完成任务了。这也大致就是人们所说的新闻的现象真实。

2. 事项真实

任何新闻事实都是在一定时空中发生展开的，而展开的过程中必然会形成一些既相对独立又相互联系的部分或片段事实。我们把这样的部分或片段称作新闻事实的事项，也可称作事实单元。一个完整的新闻事实是由不同的事项构成的。

从事项构成角度分析新闻事实的结构，就是看新闻事实是由哪些具体事项构成的。由于各事项在整体新闻事实中的地位、作用不同，可以按它们对整个新闻事实性质、形态影响作用的程度，划分出这样几种基本的事项：主要事项、次要事项、边缘事项、背景事项等。主要事项，是指对一个新闻事实性质、形态、结果具有主导作用和影响的事

---

① 胡翼青．后真相时代的传播：兼论专业新闻业的当下危机［J］．西北师大学报（社会科学版），2017（6）：28－35．

② 杨保军．新闻理论研究引论［M］．北京：中国人民大学出版社，2009：第二章．

实部分或事实片段；次要事项，是指对一个新闻事实性质、形态、结果虽有影响，但相对主要事项来说影响较小的事实部分或事实片段；边缘事项，是指对整个新闻事实的性质、形态、结果影响很小的事实部分或事实片段，边缘事项的主要作用在于体现新闻事实作为事实的完整性，但它本身没有多大的新闻价值；背景事项，是指构成一个新闻事实的各种背景事实部分，它反映着新闻事实的来龙去脉，烘托着主要事项的价值显现。

所谓新闻的事项真实，就是指新闻报道关于这些事项的反映是真实的。如果新闻未能反映构成新闻事实的某一必要事项，新闻真实就必然是“残缺”的真实；如果新闻未能准确反映构成新闻事实的某一事项，新闻就必然包含失实的因素。构成新闻事实的每一具体事项，其本身也不是单一的，即每一事项本身也是由许多更小的事项构成，可称之为“细节事项”或“细节事实”，它们才是构成一个新闻事实的真正的“细胞”。新闻作品中的每一信息单元，就是对细节事实的陈述或再现。人们所说的新闻的细节真实，就是指构成具体事项的细节事实的真实。它也是对新闻真实的细节要求。新闻报道只有在每一细节上达到了真实，并在所有细节之间的关系上达到了真实，才算真正实现了报道真实。缺乏细节真实的新闻真实是大而化之的真实，是粗线条的真实，往往也是不生动的真实。

3. 关系真实

构成新闻事实的不同要素、事项，总是处在一定的客观结构关系中。发现事实构成的要素、事项往往不是特别困难的事情，但要发现事实要素之间、事项之间的全面关系则是相当困难的。而新闻报道只有把这些关系揭示出来，才能发现事实的真相。因此，新闻能否准确反映不同事实要素之间、事项之间的客观关系，是新闻能否达到真实的一个关键所在。

构成具体新闻报道的基本要素有着内在的联系。新闻报道中的时间、地点、人物、事件、如何、为什么等要素必须有明确的所指，必须具有高度的统一性，即谁在什么时间、什么地点、做了什么事、怎么样、为什么，要清清楚楚、明白准确。不少新闻失实就是由要素的混淆导致的。

构成新闻事实的要素，其内涵是不断变动的，要素之间的关系也是不断变动的。比如，一个新闻事实总是在时间的流逝中展开的，有可能是在空间的不断变换中进行的，因而不同要素之间的关系是一种动态的关系。新闻报道如果要真实反映事实要素之间的关系，就必须把要素之间动态的关系反映出来，这样才能让人们真正了解到新闻事实的变动性和过程性。

正确把握和处理不同事项之间的联系与区别，是实现新闻报道真实、客观、全面、公正的重要基础。新闻能否把不同事项之间的客观关系准确反映出来，直接影响着新闻再现的真实性。

新闻事项关系的真实要求新闻报道中不能遗漏构成新闻事实的必要事项。一旦缺少这样的事项，人们就不能完整理解新闻事实。新闻报道中的多数失实主要不是由于作品中陈述的事实不存在，而是由于作品对事实的反映不全面——遗漏了许多应报的必要事项。一旦遗漏了应该报道的事项，就等于破坏了新闻事实的本来结构，搞乱了新闻事项之间的本来关系。这样的新闻真实只能是片面的、不周全的真实，而片面的、不周全的真实可以说就是不真实，有时比假新闻具有更大的欺骗性和危害性。

新闻事项关系的真实要求新闻报道中不能颠倒不同事项之间的各种客观关系，比如，主次关系、中心与边缘的关系、前景与背景的关系、因与果的关系、并列关系、包含关系等等。如果对事项之间的关系反映错了，即使新闻报道中包含了所有必不可少的新闻事项，新闻报道本身仍然是失实的。

二、客观观念与方法

客观观念与方法是人类新闻传播发展史上的一笔财富，客观原则是新闻传播中最引人注目的一条原则。尽管从它被提出的时候起，人们就以各种方式对它批评、发难，对它进行修正、改造，然而，“客观报道的理想并未被取而代之，相反的，每经历一次痛苦的洗礼，它的权威就更坚定”①。

（一）客观观念的来源

客观观念“起源于19世纪的某个时期，英国和美国广泛称赞是20世纪头25年中最独特的新闻学贡献”②。

首先，客观原则是新闻业伴随社会政治、经济、文化、科学等同步发展的产物。“在历史向度上，我们可以说客观报道是物质生产发展到一定历史阶段的产物，是体现自由主义经济的物质生产方式特点的一种精神生产方式。”这种生产方式要求新闻实现市场化运作，为满足大部分人的信息需求，“必然要有客观报道的形式”③。客观原则的出现，也受到当时科学中的经验主义和文学中的现实主义的影响，在19世纪中叶，“绝大多数从业者（指新闻从业者——引者注）受的是文学、自然科学方面的专业训练”，他们“很自然地相信，对人类社会加以精密的观察和描述，同样可以像自然科学一样揭示其内在规律”④。因此，“不管记者自认是艺术家或科学家，他们深信自己应当写真，在报道中侧重事实”⑤，剔除所有偏见、个人色彩和风格，去如实地报道事实。

其次，客观原则的产生与发展“也有其哲学基础”⑥。新闻的客观性原则植根于人的精神交往需要和人的社会性道德意识，“或者说，它是体现人的社会本性的一种表达方式”。同时，客观原则更是“植根于人的理性精神和求真意识”⑦。客观报道原则更是自由主义报刊理论的必然产物。自由主义报刊理论强调，新闻报道的目的不是向公众提供某种必须遵循的意见，而是客观反映现实。它“把客观地向公众提供事实作为新闻报道的最高标准和新闻从业人员的职业道德标准。所以，自由主义报刊理论崇尚并提倡客观性报道。可以说，客观报道是自由主义报刊理论在新闻实践中的具体体现”⑧。

---

① 舒德森．探索新闻：美国报业社会史［M］．何颖怡，译．台北：远流出版事业股份有限公司，1993：12-13.

② 西伯特，彼得森，施拉姆．传媒的四种理论［M］．戴鑫，译．北京：中国人民大学出版社，2008：51.

③ 单波．重建新闻客观性原理［J］．现代传播，1999（1）：28-35.

④ 李良荣．当代西方新闻传播业［M］．北京：中国人民大学出版社，2000：130-131.

⑤ 同①75.

⑥ 同②76.

⑦ 同③.

⑧ 同④.

再次，便士报（penny press）是客观原则发育的肥沃土壤。本杰明·戴1833年9月3日创办的纽约《太阳报》（*The Sun*）是美国第一份成功的便士报（廉价报纸）。“它的出现和成功是资产阶级报纸向廉价报纸发展的转折点”①，“与新闻史上的这一伟大事件（便士报产生）相伴随的是有关新闻概念的新观念被引了出来，在发展迅速的机器时代，通信传播的速度也不断增强，这一切导致了一场新闻报道方面的革命”②。“这场革命使‘新闻’战胜了‘社论’，‘事实陈述’战胜了‘意见呈现’。”这种“战胜”不仅标志着报纸由“言论纸”过渡到了“新闻纸”，告别了政党报纸的“黑暗时代”，更意味着“不久之后，客观便成了新闻界人人必须遵行的法则”③。

最后，通讯社特别是美联社（成立于1848年）的诞生与发展，是客观报道原则得以确立的重要动力。“新闻的定义为何会在这个世纪转变成无党派色彩，严格地作事实报道——很明显地，这和美国第一家电子通讯社‘美联社’（Associated Press）诞生有关。”④ 通讯社强化了新闻的商品性，通讯社为了把自己采集的新闻供给持有不同立场、不同办报方针的报纸，就得在新闻中去掉自己的立场和观点，只提供客观的事实信息。1900年美联社进行了改组，把“报道事实，而不报道意见”作为宗旨，“这是美国，也是西方国家第一次正式把客观性定为新闻传播原则，也标志着‘客观性’作为一个重要新闻观念的问世”⑤，而1923年美国《新闻规约》第5条对客观原则的确认，是客观报道原则确立的最终标志。这条规定说：“不偏——健全的工作可以使新闻报道和意见表达清楚地区别开来。新闻报道不应该掺加意见或任何偏见。”⑥ “到了20世纪30年代，客观已成为新闻界常见的说法。”⑦

（二）客观原则的内涵

新闻传播中所讲的客观，从直接性上是指相对传播主体而言的客观，即存在于传播主体之外的一切事物对于传播主体都是客观的。因而，所谓新闻报道的客观性，就是指传播主体在报道自身之外的对象时，不能用自己的意识、意志、情感等改变对象的本来面目，即不改变对象自身的内容。这种客观性的具体内涵包括两个大的方面。

一是作为新闻精神的客观理念，也可以称之为客观精神。贝尔纳·瓦耶纳说：“无论在何处，对于事实的客观态度都是进行这一切活动（指新闻活动——引者注）的基础；也就是说，要把观察者和被观察者、思想意识和客观世界、理想和现实区别开来。”⑧ 客观精神要求传播主体必须始终具有明确的自我意识和对象意识，在新闻报道中能够自觉地将对象与自身加以区分，承认客观事实相对传播主体的外在性、实在性。客观性的本质在于传播者的超然性，即“新闻工作者摒弃个人好恶，主观世界服务客观世界，而

---

① 郑超然，程曼丽，王泰玄．外国新闻传播史［M］．北京：中国人民大学出版社，2000：322.
② 李良荣．西方新闻事业概论［M］．上海：复旦大学出版社，1997：44.
③ 舒德森．探索新闻：美国报业社会史［M］．何颖怡，译．台北：远流出版事业股份有限公司，1993：17.
④ 同③8.
⑤ 童兵．比较新闻传播学［M］．北京：中国人民大学出版社，2002：94.
⑥ 同⑤.
⑦ 同③158.
⑧ 瓦耶纳．当代新闻学［M］．丁雪英，连燕堂，译．北京：新华出版社，1986：34.

‘没有权利从一群事实中，摒弃不符合我们的立场和观点的新闻’，力争以最充分的事实展现客观世界的完整面貌”[①]。客观原则，作为一种新闻精神，作为一种职业理念，不仅是“事实第一”的“求实”性要求，在它背后更深层的要求是一种价值追求，即追求新闻报道的公正性。“客观性要求新闻工作者尽可能地、全身心地投入新闻工作中去，并且以所了解之事实与自己的看法互相印证。简言之，作为主观性的反义词，客观性就是不断地努力摆脱自我，寻求他人，宁肯坚定不移地尊重事实，绝不随心所欲地屈从人意。”[②]

二是作为新闻报道操作规范的客观方法。在操作层次上，客观原则的核心是把事实与意见分开。“以一种公正、超然以及不含成见的态度来报道新闻；反对在新闻中夹叙夹议，不能参与个人见解，只要把事实发生的时间、地点、人物、情况、原因交代清楚就行了。”[③]“所谓客观性，就是依据事物的是非曲直如实报道事实。”[④] 具体说，客观报道在操作上有这样的规范：(1) 以倒金字塔方式在第一段简述基本事实；(2) 以五个 W 报道；(3) 以第三人称语气报道；(4) 引述当事人的话；(5) 强调可以证实的事实；(6) 不采取立场；(7) 至少表达新闻事实的两面。[⑤]

在客观精神与客观报道方法之间，只有具备客观精神，才能进行客观报道，“没有客观性的思想，就没有客观报道的方法”[⑥]。如果从态度上试图借用新闻事实来表达传播者自己的意见、追求自己的利益，则与客观原则的内在精神相去甚远。如果用客观的方法表达主观的情感与意见，而这种情感与意见影响了人们对于事实本来面目的正确理解，那么这种表达就是不合理的，不符合新闻传播的客观精神。

（三）客观原则的意义

坚持客观原则对新闻传播有着特别重要的意义。简要概括有以下几条：第一，客观原则是实现新闻真实的基本途径。客观首先是以超然的实录方式将事实的本来面目记录下来，这是实现新闻真实的基础。尽管我们不赞成新闻报道中的“有闻必录”和“客观主义”[⑦]，但新闻中包含的信息必须是客观事实的反映，必须有客观的根据，如此，才能去证实新闻的真实性。

第二，客观原则是确保新闻报道可信和公正的核心手段。“在世界任何一个角落，报纸是靠金钱办的，但归根结底，报纸是靠信任生存的。没有了信任，新闻业将无法存在。”[⑧] 而“新闻事业的客观性是通向‘合法’和‘可信’的途径”[⑨]。客观原则以超越自

---

① 埃默里 M，埃默里 E. 美国新闻史：大众传播媒介解释史：第 8 版 [M]. 展江，殷文，主译. 北京：新华出版社，2001：866.

② 瓦耶纳. 当代新闻学 [M]. 丁雪英，连燕堂，译. 北京：新华出版社，1986：36.

③ 吴飞. 西方新闻报道方式变革的内在动力 [J]. 现代传播，1999 (2)：5-10.

④ 阿特休尔. 权力的媒介 [M]. 黄煜，裘志康，译. 北京：华夏出版社，1989：148.

⑤ 同①865.

⑥ 郭镇之. “客观新闻学” [J]. 新闻与传播研究，1998 (4)：58-66.

⑦ 有闻必录，指只要有人讲过或见之于其他文字材料的事情，采访者即可持之为据，照录报道，而不对所报道事情的真假负责。客观主义，指不分主次、不分本质与现象，把一大堆各不相属的现实加以罗列，以示其客观性，客观主义又被称为“自然主义”“纯客观”。参见甘惜分. 新闻学大辞典 [M]. 郑州：河南人民出版社，1993：29，28。

⑧ 程晓鸿. 36 篇假新闻使《纽约时报》蒙羞 [N]. 珠海特区报，2003-05-25.

⑨ 同⑥.

我（传播主体）的态度和方式面对世界、面对事实，这种价值无涉的姿态和做法是可信的基础、公正的保证。“客观性已经成为一种公认的语汇和普遍的模式。它代表了现代社会对新闻媒介的常识、期望，是人们构思、定义、安排、评价新闻文本、新闻实践和新闻机构的标准。”①

第三，客观原则是充分实现收受主体知情权的保证。客观原则排除传播主体对客观事实的主观干涉，不以传播主体的私利隐瞒或遮蔽事实信息，而以自觉的意识、尽可能的公开性和透明度，力求把事实信息的原本状态呈现在收受者的面前，把判断、评价事实的机会和权利更多地留给收受主体。如果提升到人类生活的整体层面，可以说，客观原则的价值在于它“通过扫除偏见而扩大精神交往的空间，通过公开的报道、公正的呈现而使人拥有民主、自由、平等的理想和探求真相的理性精神，维持主体的社会性道德意识网”②。正因为如此，客观再现新闻事实的原则已经被新闻界普遍认同。

（四）客观性的限度

客观报道是可能的，但客观性的实现是有限度的，不存在绝对的客观。

人类的认识史表明，世界是可知的，存在、发生在这个世界中的事物、事实、事件也是可知的，人类具有认识世界的能力。“同科学家的客观性一样，新闻工作者的客观性也完全是可能的。”③ 不能因为认识离不开主体对客观对象的主观性把握，便说达到客观真理是不可能的；同样，不能因为再现新闻事实离不开传播主体的主观意识，就说传播主体不可能客观再现对象的本来面目。如此，必然导致新闻认识上的怀疑论和不可知论。事实上，人们只有通过在实践基础上形成的能动的主观性，才能达到对新闻事实的客观反映。否认客观性，等于否认认识的可能性。

正因为人们具有明确的主观意识和对象意识，才能在思维中将客体和主体区别开来，才有可能将不属于对象自身的东西尽可能排除在报道之外，从而达到客观再现和陈述。“客观性是一切认识活动追求的目标……客观性是一切认识活动的根本要求……客观性是判别一切认识的真假的根本依据。”④ 新闻传播作为一种特殊的认识活动，自不例外。不能因为新闻传播实践中一些新闻报道没有达到对新闻事实的客观反映，就否定客观原则本身，或否认客观报道的可能性；同样，也不能因为一些新闻媒体、一些新闻传播者在客观原则的幌子下做了一些有悖于客观原则的报道，以主观塑造、建构的方式呈现新闻事实，就把“罪责”归结到客观原则身上。主观的不可避免性，不能否定客观追求的正当性。

但是，承认客观报道的可能性并不等于说新闻报道可以与新闻事实达到天衣无缝、绝对符合的地步，那是镜像认识论的幻想。认识是思维对客体的永远的、没有止境的接近过程。任何认识与客观对象的符合都不是绝对的，认识的客观性是历史的、具体的、

---

① 郭镇之．“客观新闻学”［J］．新闻与传播研究，1998（4）：58-66.

② 单波．重建新闻客观性原理［J］．现代传播，1999（1）：28-35.

③ 瓦耶纳．当代新闻学［M］．丁雪英，连燕堂，译．北京：新华出版社，1986：37.

④ 周文彰．狡黠的心灵：主体认识图式概论［M］．北京：中国人民大学出版社，1991：252-253.

相对的①，新闻传播作为一种认识活动当然也要遵循这一普遍的认识规律。确立客观报道的有限性观念，承认新闻传播中存在着不可避免的主观性、新闻中存在着新闻事实信息之外的其他信息，是一种实事求是的态度，一种科学的、符合新闻传播实际的态度。

新闻报道中的客观性始终是相对主观性的客观性，是传播主体把握到的客观性，是传播主体认识水平范围内的客观性，是通过主观性实现的客观性，这正是客观性之有限性的主体根源。传播主体对新闻事实的认识不是大脑对新闻事实的机械复制或镜子式的反映，也不是新闻事实单独作用于传播主体大脑后留下的印记或印象，而是传播主体与新闻事实在一定认识环境中、通过一定认识中介相互作用的结果，是经过一系列复杂的感觉、观察、思维、理解的结果，在这种结果中必然融进了传播主体的解释或理解，必然或强或弱渗透着传播主体的情感和意志的影响。“记者是客观报道者，但并不是冷酷的旁观者”②，他们会用心灵去领会人们的好恶，去感受芸芸众生的脉搏。他们是以自己能动的主观性去反映客观事实的客观性的，如果没有这种主观性的参与，客观性本身也是不可理解的。正是因为主观性的介入和干预，才有了报道中的客观性问题，也才使本体论意义的绝对客观性转化成为认识论意义的有限客观性。正是因为传播主体已经自觉到客观性的有限性，同时又意识到接近客观性的可能性，才会坚持客观原则的精神要求，采用客观报道的方法，努力实现新闻传播的客观性。

从新闻传播的实际出发，客观原则的限度就是达到客观报道的规范要求（如上文所列诸条），即如果一则新闻报道达到了专业标准或规范，就被认为是客观的。专业标准和规范是专业领域的共识，是公共性的而非私人性的，是历史经验的总结和概括，必然是一定认识水平的表现，是主观限度内的客观标准。无疑，客观报道的规范与标准也会随着新闻传播本身的发展而变化，因为新闻传播实现客观报道的手段、方法在不断更新，比如当今的大数据新闻、传感器新闻等就更有可能实现较好的客观报道。

三、全面观念与方法

全面原则是反映、呈现新闻事实整体面貌的原则，是实现新闻真实的必然要求。不同层面的全面性意味着新闻传播将会达到不同层面的真实性，因而全面是实现新闻真实的关键观念和方法。③

（一）全面性的含义

全面是相对片面而言的，既是新闻报道的一种观念，也是新闻报道的基本方法。新闻传播的全面性，就是向社会公众提供全面的而不是片面的、整体的而不是零星的、正确的而不是歪曲的事实、情况和意见。从一般意义上说，所谓全面就是从纵、横两个向

---

① 周文彰．狡黠的心灵：主体认识图式概论［M］．北京：中国人民大学出版社，1991：263．

② 江瑞熙．爱·激情·严谨：一个新闻工作者的随想［M］//张维义．当代老新闻．北京：中国广播电视出版社，1994：128．

③ 黄旦．新闻传播学［M］．杭州：杭州大学出版社，1997：253．

度上“提供各方面的事实、情况、意见，不片面报道和隐匿事实”①。具体来说，全面性包含以下几个要点。

从新闻事实的构成角度看，全面性有三个方面的基本含义或要求：一是针对个别事实报道的全面性；二是针对同类事实报道的全面性；三是针对一定时空范围内所有事实报道的全面性。第一种全面性能够落实在每一具体的新闻报道之中，是传播主体易于把握和相对比较容易做到的，后两种全面性首先是对新闻报道观念的要求，实质上就是要求以全面（整体）真实的新闻观指导和约束新闻报道活动，去对待同类事实和一定时空范围内的所有事实（目标报道领域），不能以点代面、以局部代全部、以微观代宏观，要注意各种事实之间的平衡关系。

从新闻报道的时间性上看，全面性包含即时全面和历时全面两个基本方面。所有具体新闻报道的要求是及时快速，因而所谓即时全面，就是指具体新闻报道要反映事实在截稿时刻或某一确定报道时间节点的整体面貌。历时全面的核心含义是指新闻报道要反映新闻事实历时变化的全面性和完整性。

针对实际情况，全面性有两个需要特别强调的方面：一是全面必须是包含对负面新闻事实报道的全面，尽管“报喜不报忧”或“报忧不报喜”在全面原则面前都是偏颇的，但就实际而言，需要解决的主要问题是报喜不报忧的现象；二是对于那些有争议的问题，集中表现在揭露性、批评性报道中，传播主体要特别注意顾及各方的情况和意见，要主动运用均衡或平衡报道的手法，把事实的整体状况呈现出来。

（二）全面原则的意义

首先，全面原则提升了新闻传播的层次和境界，强化了新闻传播的理性精神，提高了对新闻媒体和新闻传播主体的要求。新闻传播要达到一点、一面、一事层次的真实、客观是比较容易的，但要实现全部、全局、全体的真实和客观是艰难的。全面原则的提出，用意就是要求传播主体不能停留在低层次的真实、客观上，而是要“从事物总体、社会的总体联系中来考察、评判事实”②，不仅达到“一时一事”的具体真实，而且还要努力反映“全时全事”的整体状况，这显然是一种高层次的要求。如今，在新的媒介生态环境条件下，不管是针对具体的事件还是针对一定的目标报道领域，职业新闻与非职业新闻的互动互补都在一定程度上促进了新闻报道的全面性，多元新闻生产传播主体的共同努力总体上有利于呈现一个更为全面真实的事实世界。

其次，全面原则是实现真实、客观、公正的必然理念和方法。“要做到真实，就要全面，缺一面就不是真理。”③ 片面的真实也是真实，但那是低层次的真实，相对事实整体来说是“残缺”的真实、局部的真实，这种真实极有可能误导人们片面地理解某一事实，甚至片面地对待整个事实世界。只有全面观念支配下的全面报道，才有可能达到全面的真实，实现新闻真实的较高境界。

---

① 童兵．理论新闻传播学导论［M］．北京：中国人民大学出版社，2000：84.

② 黄旦．新闻传播学［M］．杭州：杭州大学出版社，1997：253.

③ 刘少奇．对华北记者团的谈话［M］//中国社会科学院新闻研究所．中国共产党新闻工作文件汇编：下卷．北京：新华出版社，1980：256.

最后，全面原则是一条确保为社会和人们提供比较健全的新闻信息服务的原则。从新闻传播的根源上说，全面原则的根据在于，只有全面才能为收受主体提供健全的新闻信息，只有健全的新闻信息才能使人们真正了解某一新闻事实的整体面貌，了解生存、发展的环境变化，把握自然、社会的最新变动情况，从而有效调整自己的行为。进而言之，只有全面，才能确保达到新闻的事实真实（个体真实）和整体可信。“新闻报道做到既真实又全面，就能实现具体真实和整体可信的统一。”①

（三）全面的限度

与真实、客观一样，实现全面报道是可能的，但也是有限度的。

首先，新闻报道的全面性是新闻眼光中的全面性，是全面报道理念和全面报道方法下的全面性，不是有闻必录、事无巨细的全面性。新闻传播媒介对整个新闻事实世界的描述、对个别新闻事实的描述，都不可能达到与对象的绝对符合，总有一定的遗漏，“我们试图用我们的网把世界的一切捕捉干净，但总会有从网眼中遗漏的”②。新闻传播是有选择的传播，对于具体事实，它要选取有新闻价值的部分和侧面进行报道；对于整个新闻报道来说，全面性的有限性是显而易见的，任何新闻传播媒介都不可能发现所有的新闻事实，也不可能把发现的新闻事实信息在有限的版面或时段中全部传播出去。因而，对于每一具体的新闻传播主体来说，它的全面性必然是有限的。即使在新媒体环境下，有了“弥漫”在整个社会中的各种类型的新闻传播者，依然不可能把全部有意义的新闻全面呈现出来。

其次，传播主体认识事实的能力与水平，客观事实本身构成或变化的复杂性，新闻传播环境限制或宽松的程度，等等，都会对传播主体全面把握新闻事实形成各种作用和影响。由于主客观条件的限制，人的认识绝不会完全地做到全面，但是“全面性这一要求可以使我们防止犯错误和防止僵化”③。全面性的有限性表明了实现全面性的艰难，但不能因为艰难而退缩。全面的新闻传播理念和方法可以帮助新闻传播主体向全面性接近。

第二节 新闻传播的价值原则

不管是职业新闻传播还是非职业新闻传播，实际的新闻报道活动整体上都会遵循一定的价值原则。新闻传播的现实告诉人们，传播主体不只是“让事实说话”，传播主体还会“用事实说话”“为事实说话”，表达自己的意志意见，追求自己的新闻理想和其他传播目标。新闻传播的价值原则就是新闻传播主体为实现一定利益需要而坚持的原则。这种价值原则的具体形式可以概括为两个：公正原则和立场原则。

---

① 孙旭培．新闻学新论［M］．北京：社会科学文献出版社，1993：218.
② 黄小寒．“自然之书”读解：科学诠释学［M］．上海：上海译文出版社，2002：197.
③ 列宁全集：第40卷［M］．2版．北京：人民出版社，1986：291.

一、公正观念与方法

公正传播，是所有新闻媒体都在标榜的一条基本价值原则，当然也是新闻传播主体理应具备的职业精神和追求，同样应是人类新闻传播业追求的价值理想。新闻传播包括非职业传播，若是能够正大光明，以天下为公，也是千千万万民众的渴望。

（一）公正的含义

公正是传播主体在新闻传播活动中“应当”追求的一种价值，也是传播主体应该坚守的新闻道德原则。从本质上说，公正原则是相对事实原则的“应然之则”。公正原则的核心在于实现“新闻正义”，承担新闻媒体应尽的社会职责，即通过新闻传播实现和维护人们应该享有的最基本的新闻自由权利。

公正原则在宏观层面上要求新闻媒体、新闻传播主体拒绝向任何权力和金钱做出不正当的倾斜。“新闻事业应以独立的精神执行其任务，以社会利益为前提，不与政治人物勾结，更不可牺牲其永恒的利益，而向任何政权低头。”① 公正原则要求新闻传播媒体、新闻传播主体尽力消除传播中的歧视行为，树立为所有民众服务、为整个社会服务的新闻职业道义和精神，不能把传播仅仅指向那些社会的强势群体、富裕地区和发达领域，而无视弱势群体、贫困地区和欠发展领域的利益和需要。

新闻传播公正性的基础是：事实本身天然是公共性的；新闻本身是真实的、客观的和全面的；新闻传播本身是及时的、公开的、透明的。只有呈现出新闻事实自身的面目，达到“让事实说话”的要求，才能真正奠定新闻传播公正性或正义性的基础。

公正原则落实到具体的、微观的新闻报道活动中，其最典型的体现是要求传播主体在反映、呈现新闻事实时，必须以“平等”的态度与平衡报道的方式对待新闻事实的“当事者”各方。因为“一般公正”是指对事物的不同方面、不同意见都提供同等的待遇。对新闻传播来说，只有为构成新闻事实、事件各方，特别是为争议各方提供平等利用媒介的机会，才能从手段上、形式上保证再现事实的全面性、客观性和公正性。

公正原则对新闻传播主体自身提出的直接要求是，不能利用职业之便随意表达自己的情感和意见，不能将非新闻的东西当作新闻来报道，不能有意进行失实的、片面的、歧视的报道以实现自己的私利，更不能以虚假的、有偿的报道来误导收受者、欺骗社会。公正原则对新闻传播主体（包括非职业新闻传播主体）提出的更高要求是：在“让事实说话”的基础上，敢于坚持社会正义，以新闻方式“为事实说话”，即敢于将应该公开的事实、公开的信息迅速及时地公之于众，而不怕任何权力的压制；敢于揭露社会的各种丑恶，特别是权力阶层的丑恶；敢于为社会中的弱势群体呐喊，维护他们的权益。新闻公正原则的最终目的就是为人民服务、为社会服务，以新闻方式维护社会的良性运行。

---

① 童兵．比较新闻传播学［M］．北京：中国人民大学出版社，2002：86.

（二）公正的意义

公正或正义，从古至今都被人们看作“百德之总”，是“一种最高的价值观念”①。公正或正义同样是人类新闻传播事业追求的伟大理想。新闻公正自然是社会公正的有机构成部分，也是实现社会公正的基本手段。“新闻的公正，只能是致力于‘人的全面发展’的社会公正，而不仅是属于新闻业的公正。”② 公正意味着透明、公开和公平，意味着民主、平等和自由。这种美好的景象、理想主义的东西始终是人类追求的境界和目标。

公正传播是实现新闻传播媒体社会责任的保证。作为新闻正义的内在要求，公正是新闻道德理念的核心，它要解决的是新闻传播的正当性和合理性的问题。对新闻传播者来说，公正是应该做的事、必须做的事。只有通过公正的报道态度和公正的报道方式，才能获得公正的报道结果，实现新闻媒体的社会责任。

公正传播是实现有效传播的基础。对新闻传播来说，有效传播的根基性因素是真实、公正、及时、公开。真实是公正的事实基础；及时、公开是新闻公正实现的特殊途径，而“中立、公正是可信的思想交流形式，因而也是有效的新闻传播方式”③。灌注在公正原则中的灵魂，对于传播主体来说，就是排除自己的私利。公信是以公正为前提的。

（三）公正的评判

新闻传播公正与否的评判者不能由新闻媒体和传播者自己担当，也不应该由官方（或新闻资产的控制者）或某种所谓的权威人士来担当。作为“大众”传播的新闻传播，其公正性的评价主体天然地就应该是作为新闻收受者的“大众”，或者是某一新闻媒体的目标收受人群。任何人，只有当他是某一新闻媒体的收受者时，才有资格去评价其公正性，这里最根本的原因是，目标收受者、现实收受者普遍拥有比较良好地、充分地进行公正性评价的信息基础。目标收受者、现实收受者之外的收受者不应该成为评判传播公正性的核心主体。

新闻收受主体评判新闻传播公正性的尺度依赖于收受主体作为评价者的正义观念或公正观念。就实际情况来说，这种尺度通常有两大类：一是利益尺度，即看新闻传播是否维护了目标收受者中绝大多数人的利益，或扩展开来，看新闻传播是否有利于社会的普遍利益或绝大多数人的利益；二是平等或公平尺度，即看新闻传播是否给收受者提供了平等利用新闻媒体的实质性机会，从新闻媒体的角度确保了新闻自由的实现可能。

在实际的新闻传收活动中，人们评判传播公正性的直接标准大致包括两个方面：一是规律性标准，即看被评判的新闻传播是否遵循了新闻传播的基本规律和要求；二是规范性标准，即主要是看新闻传播从内容到方式是否合乎现实社会对新闻传播提出的一系

---

① 严存生. 论法与正义［M］. 西安：陕西人民出版社，1997：172－176.

② 在公正传播的思想系统中，有以下三点需要特别注意：（1）新闻的公正，只能是致力于“人的全面发展”的社会公正，而不仅仅是属于新闻业的公正。（2）新闻的人本主义精神，能够让新闻为了人、属于人、回到人，超越专业主义的藩篱，演化为以常人生活、社会幸福为本的价值体系。（3）新闻应从自指性的公共领域转向国家、社会与公共领域的总体。因为只有在这样一种总体性叙事之中，传播才有真正的政治道德可言，新闻才能完整地持有公正。参见杜骏飞. 公正传播论（1）：新闻人本主义的兴起［J］. 当代传播，2022（1）：44－50。

③ 郭镇之. “客观新闻学”［J］. 新闻与传播研究，1998（4）：58－66.

列规范性要求。合法性、合政策性是对公正性最基本的评判，合德性是对公正性进一步的评判。

就某一具体的新闻报道来说，新闻事实的当事者是否能够平等地享有相关法律所规定的相关自由权利，是衡量新闻传播是否公正的重要尺度，也是传播者判断自己是否在新闻作品中公正再现了新闻事实的尺度。如果传播机构和传播者公正对待了新闻事实，公正对待了新闻事实的当事者，就是对社会公众的公正。如果新闻传播维护了社会和公众普遍认可的正义观念、公正观念，合乎人们普遍认可的情理，满足了收受者获取新闻事实真相的知情权等，就是对收受者的一种公正对待。

公正性评价的实现方式通常是自发的社会舆论方式。人们根据新闻媒体、新闻传播者长期的新闻传播实践，或针对一些具体的新闻传播活动，以公众舆论的方式、天下自有公论的方式，形成对媒体和传播者的评价。人们对新闻传播公正性的评价还会以行为的方式表现出来，即用实际行动支持或抗议某种新闻传播行为。对非职业新闻传播的公正性，人们通常会以公共舆论的方式展开评判。

二、新闻传播的立场与倾向

现实中的各种新闻传播主体不只是在传播新闻事实信息，还在通过对新闻事实信息的各种处理而“说话”。“大众传媒的新闻或信息的生产与传播并不具有纯粹的‘客观中立性’，而是依据传媒的一定立场、方针和价值标准所进行的一种有目的的取舍和加工活动。”① 其实，不只是大众新闻传媒，所有的新闻传播主体都有自己的立场，所不同的是不同的传播主体拥有不同的立场，而有些立场是正确的、合理的，有些立场则是错误的、不合理的。

新闻传播价值原则最明显的表现就是新闻传播的立场性和倾向性，传播主体的立场主要是通过传播中的倾向性来实现的，因此可以将立场与倾向放在一起加以讨论。

（一）立场的含义

新闻传播立场是指传播主体在传播新闻信息过程中的倾向或态度，实质就是传播者的价值取向或目标追求。

由于“人在与客观现实交互作用过程中对现实事物总有一定的看法、态度”②，所以倾向是普遍存在的，是所有新闻传播者都会有的。“新闻媒介组织总是要从属于社会或某一个集团、党派、阶级，而其本身，又是由一群按照一定方针、宗旨、任务聚集在一起的活生生的人所组成，因之，它必定有自己的传播意图和目的，并把这一切贯彻到新闻传播过程之中。”③ “倾向性是一种必要的、一般新闻都会有的新闻的属性。”④ “控制媒体机器的男男女女，并不是中立、无偏的电脑，他们有自己的思想倾向。在‘客观’的表

---

① 郭庆光．传播学教程［M］．北京：中国人民大学出版社，1999：165.
② 黄希庭．普通心理学［M］．兰州：甘肃人民出版社，1982：133.
③ 黄旦．新闻传播学［M］．杭州：杭州大学出版社，1997：234.
④ 童兵．马克思主义新闻思想史稿［M］．北京：中国人民大学出版社，1989：205.

象下，他们有自己的生活方式与政治价值。”[①]“说新闻工作者没有感情真是荒谬，你不能指望新闻工作者成为机器。”[②]实际上，新闻工作者以及其他生产传播新闻的主体不仅要遵守客观报道的原则，坚守“让事实说话”的信条，同时，在一些事实面前有表达倾向的义务和职责，要“为事实说话”，在报道事实的基础上，要善于和敢于发表新闻评论。

新闻传播倾向性的内容是相当丰富的，不只是政治倾向、意识形态倾向，还有传播主体对社会生活的态度、意见和看法或总体的文化倾向；倾向也不只是一些理性的观念和意见，还包含大量非理性的情感、意志等因素。但政治倾向性是最主要的倾向性，理性倾向性是自觉的、目的性最强的倾向性，正是这些倾向性标示着传播者的主要立场。

（二）立场的体现

立场和倾向是客观存在的，在新闻传播中的体现也是多样化的。

媒体的定位和编辑方针就是最明确的立场、最明显的倾向，就是其新闻活动的核心框架、思想体系、行动指南。传播什么，怎样传播，为谁传播，对新闻媒体来说是公开的，不是隐蔽的。但不可否认的是，有些媒体宣称的立场与实际的立场是不完全一致的，宣称的倾向和实际的倾向也是有错位的。

媒体或传播者的倾向更多的是通过新闻报道体现的。各种媒体或多元传播主体的新闻选择、新闻把关、议程设置和新闻评论是直接的倾向表达、立场显示。在常态情况下，有些传播者会在新闻作品中公开表明自己的态度和意见，有些则遮遮掩掩；有些表达是自觉的、有意的，有些则可能是不自觉的、无意的。

就职业化、专业化的新闻传播来说，尽量避免新闻主观倾向是规范性的要求。人们厌倦了“新闻”中的说教，他们需要的是事实。因此，新闻传播活动可以有立场、有倾向，但最好不要体现在“新闻”报道中，而是通过其他正当的手段去实现。

对于当前的民众个体来说，通过各种新兴媒介传播新闻信息似乎是次要的，而急不可耐地表达意见是主要的。因此，立场、倾向不仅明显而且强烈，实事求是地讲，离客观传播信息、理性表达意见还有相当长的距离，正因为如此，造成了所谓的“后真相”现象。其他组织、群体的新闻传播，具有十分明显的立场和倾向，它们的新闻传播更像是公关、广告或宣传；那些新兴的互联网机构（各种类型的平台媒体）的新闻传播，也在各种技术的支持下，传递着自身的倾向和价值偏好。非职业新闻传播如何坚持恰当立场、表达合理倾向，是当下新闻理论研究与传播实践值得探索的重要问题。

（三）立场的意义

传播主体在新闻传播过程中表达倾向是普遍的，但并不一定是单纯为了传播主体自身的利益或情感。以合理的方式表达合理的倾向不仅是媒体的职责和义务，也是社会的要求、广大新闻收受者的需要。

新闻传播有诸多功能，但最基本的功能是传播新闻信息和引导社会舆论。“那种‘把

---

① 舒德森．探索新闻：美国报业社会史［M］．何颖怡，译．台北：远流出版事业股份有限公司，1993：186.
② 史密斯．新闻道德评价［M］．李青藜，译．北京：新华出版社，2001：334.

一切奉献给读者，让他们自己去判断’的传播理念，对信息时代的大众来说，是一种不负责任的表现。”① 站立在社会发展潮头的新闻传播者，具有特殊的“信息优势”地位，作为社会的“守望者”、环境的“监测者”，在以事实为根据的前提下，通过表达合理的倾向性来引导人们的观念和行为是理所应当的。问题的关键不在于是否应该有传播立场，是否应该表达倾向，而在于如何合理、有效、公正地表达倾向、坚持立场。

表达传播立场与倾向，常常是传播主体用来维护自身及其所代表的群体的政治利益、经济利益、文化利益等的重要手段，可以实现事实信息无法直接实现的一些目的。一般说来，传播主体总是愿意选择符合本媒体传播方针和本媒体利益的新闻信息进行传播，“与媒介的方针和利益一致或相符的内容更容易优先入选、优先得到传播”②。这道出了新闻传播倾向性的重要根源之所在。

但是，应该明白，传播倾向本身有合理与不合理的区分、正当与不正当的差异，不同的传播主体具有各自的传播倾向性，在不同性质、不同类型媒体从事新闻传播的主体具有不同的传播倾向。如何使媒体立场、传播倾向成为实现真实报道的立场和倾向，成为维护社会公共利益的立场和倾向，才是问题的关键。

三、公正原则与立场原则的关系

公正原则与立场原则最基本的关系就是统一与矛盾。站在不同立场上的传播主体都会宣称自己是公正的，自己是正确的，自己是为最广大收受者利益服务的，但宣称并不就是事实，宣称并不意味着人们的认可。

从理想意义上说，新闻传播遵循的价值原则应该是唯一的，这就是公正原则、正义原则，如果有立场，这种立场只应该是公正或正义的立场，而不应该是别的什么立场。公正原则从新闻传播的价值取向上约束着传播者合目的性的追求，它不拒绝传播者在反映、呈现新闻事实时可以从自己的立场出发表达一定的倾向性，但它要求这种立场、倾向必须是正义的、公平的和合理的，是社会公众期待新闻传播应当达到的一种状态。

虽然传播主体往往必须在如实报道新闻事实与发表意见之间寻求某种方法保持平衡，但必须清楚的是，新闻首先必须是客观的、公正的，绝不能根据某种观点和偏见去报道新闻事实，扭曲新闻事实；毫无疑义，保持公正是新闻传播必须始终坚持的原则。

新闻传播活动可以是有立场的传播，但狭义的“新闻”不应该是有立场的，它应该只是对事实信息的陈述，立场应该体现、表达在对“新闻”的看法中，即体现、表达在新闻评论中。这是一种理想，也应该是新闻传播主体追求的新闻精神境界。

第三节　新闻传播的方法原则

新闻传播在方式、方法上具有自身的特点。及时、公开的传播方法使新闻传播表现

---

① 杨保军．新闻事实论［M］．北京：新华出版社，2001：145.

② 郭庆光．传播学教程［M］．北京：中国人民大学出版社，1999：165.

得日日常新，时时引人。新闻的价值、新闻的社会影响力，不管是正面的还是中性的、负面的，正是在及时、公开的传播方法中实现的、形成的。下面我们就新闻传播的及时与公开观念与方法分别加以说明。

一、及时观念与方法

及时是新闻传播的时间原则，是通过对时间的把握来获取良好新闻传播效果的原则。在所有能够公开传播的信息传播中，及时传播可以说是新闻最突出的特征，也是新闻传播规律的内在要求。如果说真实是新闻的第一生命，那就完全可以说，及时是新闻的第二生命。

（一）及时的含义

及时最基本、最重要的含义就是“快”，就是要尽可能在距事实发生最短的时间内将事实信息反映出来、传播出去。

从新闻传播的总体要求上说，对新闻事实的反映报道越及时越好。及时的程度是以新闻事实的发生、发现到传播实现间的时距来衡量的，因此从新闻事实发生、发现到得到反映报道的时距越短就越及时。在广播、电视、互联网等的现场直播中，这种时距对视听者几乎为零，它们成为一种实时性的传播。及时之“快”，意味着“抢”新闻是新闻传播主体必然的、必需的行为。在新兴媒介环境中，“快”特别是原创性的快发新闻，仍然是媒体之间展开新闻竞争的基本维度。

如前一章所说，在“快”的原则下，及时的时间效果还可能通过时机、时宜的方式来实现。及时并不是绝对地越快越好，还有“时机”“时宜”问题。时机、时宜的本质在于通过对报道时间的把握，求得传播者预期的传播效果。既讲快速又讲效果是及时传播原则需要把握的又一基本精神。① 因此，快闻（新闻）、慢闻（旧闻）常常成为新闻传播的时间艺术。

（二）及时的意义

及时传播的根本意义在于保证新闻事实信息的时新性，进而保证新闻价值的最大实现。

首先，从传播者方面看，只有及时才能完成新闻人观察世界、监测环境的基本使命。新闻报道的主要对象是自然、社会的最新变动情况。这种变动随时随地、层出不穷，客观上要求新闻传播者以及时的、随时的、全时的方式去反映、报道这种变化，如果不能及时报道，新闻也就失去了存在的价值和意义。对新闻传播来说，“时间就是一切”②。民众通过微博、微信等手段传播新闻信息的独特优势和魅力常常就在这里，因为只有他们才有可能随时随地以最快的速度、最短的时距将信息传达给想知道、应知道的人们。

---

① 杨保军，王阳．论新媒介环境下新闻传播的“时效统一”原则［J］．当代传播，2018（3）：4－8，18.
② 马克思恩格斯全集：第29卷［M］．北京：人民出版社，1972：383.

其次，从收受者方面看，及时或同步了解、把握自己生存与发展环境的最新变动情况，才能有效调整自己适应或改造环境的行为。时过境迁式的新闻报道对收受者来说是“马后炮”，既不能满足他们的新闻需要，也极有可能失去“有用”和“有趣”的基本价值。及时传播的意义正在于，它以最快的信息流通方式，为人们提供了随时获取信息的可能，为人们提供了尽快调适自己言行、心理的参考信息，消除人们对环境认知上的不确定性，直至满足人们的一些实际需要。一句话，是新闻，就应该成为“及时雨”。事实上，在当今数字新闻环境中，及时传播与随时收受已经成为基本事实，在新闻时间领域，人类新闻活动正在进入弹性的、自由时间时代。①

再次，从新闻传媒间的竞争关系看，使用的直接手段或第一手段就是“新”闻，竞争力的集中表现就是看谁的新闻发现力强，谁能更准确、更迅速地发现收受者的新闻信息需求，谁能以最快的速度传播出具有吸引力的新闻，谁能用有吸引力的新闻吸引收受者的注意力，从而塑造出广泛的社会影响力。陈旧、滞后的新闻报道将失去对收受者的吸引力，而没有吸引力的传媒自然缺乏影响力。

最后，从及时原则与其他新闻传播原则的关系看，真实、客观、全面、公正等的要求都以及时传播为前提。如果没有了及时性的要求，传播所实现的真实、客观、全面、公正等就不再是新闻意义上的。因此，及时原则既是“事实原则”的要求，也是“价值原则”的需要，可以说，它是有效实现“事实原则”和“价值原则”的“方法原则”。

二、公开观念与方法

与及时一样，公开也是新闻传播在传播方式上最显著的特点之一。公开性使新闻传播成为阳光下的传播，成为一种能够广泛地为公众服务、为社会服务的信息传播。公开性亦是新闻传播实现社会影响力的根本途径。

（一）公开的含义

公开，首先是指新闻传播的大众性和社会性。这意味着新闻传播是面向整个社会的传播、面向所有人的开放性传播；意味着传播新闻、收受新闻无论在实质上还是在形式上都不是某些人的特权，而是人们应该拥有的一种普遍权利。公开，意味着新闻传播应该是一种自由的传播，即既有传播自由又有收受自由的传播。新闻自由是公开原则的内核和根本精神。

公开，要求新闻传播主体不能隐瞒或遮蔽新闻事实的本来面目，在每一个传播环节上，都能够以公开的方式处理新闻信息。新闻传播过程本身的公开是新闻传播公开原则的实质性内容。一些新闻传播在第一环节——采访——的非公开性（隐性采访）是应该努力避免的。“除非信息对公众利益意义重大，而以传统的开放方式又无法获得，否则不要暗中探听，不要用鬼鬼祟祟的方法搜集信息。如果使用了这种方法，应在报道中予以

① 杨保军，孙新．论新闻时间观念的构成与变迁规律［J］．新闻与写作，2022（6）：60－70.

解释。”①

公开，要求一定的组织、团体或个人，按照有关法律或相关规定的要求，履行应尽的义务，通过新闻传播媒介，及时向社会和公众告知与社会公共事务相关的新闻信息。公开，特别要求政府、政党向媒体、公众依法公开公共信息资源。公开，要求新闻传播主体在非特殊情况下，应该向社会和收受者公开新闻信息的来源。

新闻传播是一种系统性的公开，既关系到新闻传播内部的公开，也关系到社会相关系统的公开；新闻传播是一种过程性的公开，涉及新闻传播的每一个重要环节。只有把握住新闻传播公开性的系统性和过程性特点，才能比较全面地理解新闻传播公开性的含义。②

（二）公开的意义

公开报道最重要的意义在于，它是公民知情权得以普遍实现的条件和基本保障。“公开报道”不仅能够满足人们知情的需要，更为重要的是“它能够吸引广大人民群众主动地参加解决这些与他们最有切身关系的问题”③。“只有当群众知道一切，能判断一切，并自觉地从事一切的时候，国家才有力量”④，他们自身的利益才有可能得到有效的维护。“一个信息封闭的地方，很难想象那里的民众能够同其他地方进行广泛畅通的相互传播和交流。信息公开的程度直接影响到这个地方及其民众的发展水平。”⑤

公开意味着透明和平等，意味着民主和自由。“没有公开性而谈民主制是很可笑的。”⑥ 新闻传播的公开性特点恰好使人们能够以相对比较自由、主动、平等的方式去了解世界的变化，把握自己生存、发展环境的变动情况，从而能够及时发表意见、表达看法，以舆论的或其他的方式参与重要事务的决策，实现自己的民主权利。

公开是新闻传播的力量源泉之一。新闻的力量基于真实。但是，真实的力量要通过公开的传播方式来实现。新闻传播的社会吸引力和影响力只有通过公开传播的方式才能得到规模化的有效实现。

公开使新闻媒体的传播呈现在阳光之下，使新闻传播主体的行为展现在社会公众的面前，从而使人们能够对新闻媒体本身进行有效的监督，这自然有利于新闻媒体和新闻传播工作者的健康成长，在新兴媒介环境中则有利于整体正常新闻秩序的形成和建设。

（三）公开性的实现

1. 确立服务公众的新闻传媒理念

新闻传播能够公开和应该公开的根据在于：新闻媒介是为社会服务、为大众服务的公共平台，新闻领域是公共领域的一种基本形式。一个为社会大众服务的媒介，一种为

---

① 史密斯．新闻道德评价［M］．李青藜，译．北京：新华出版社，2001：37.
② 杨保军．全面理解新闻的“公开性”［J］．新华文摘，2008（18）：136-138.
③ 列宁全集：第34卷［M］．2版．北京：人民出版社，1985：138.
④ 列宁全集：第33卷［M］．2版．北京：人民出版社，1985：16.
⑤ 魏永征．信息公开制度在中国［M］//魏永征．新闻法新论．北京：中国海关出版社，2002：412.
⑥ 列宁全集：第6卷［M］．2版．北京：人民出版社，1986：131.

社会大众服务的传播，只有在公开的传播中才能为更多的大众服务，才能实现为大众服务。

2. 建立必要的保障制度

新闻传播公开性的实现须有各种制度的保障。新闻传播公开性的过程性和系统性，要求保障新闻传播公开性的制度具备稳定性、动态性和全面性的特征。由于新闻源的信息公开是新闻公开性实现的前提，因此，首先应该建立法律制度，将信息公开制度纳入法律制度体系中。以法律规范方式保证信息公开，针对的不是只有政府，而是以政府信息公开为主的整个社会的公共信息的公开问题。其次，应该有相应的新闻传播政策保障，主要通过政策的灵活性调整特殊时期新闻传播公开性的有效实现。最后，还应该有道德规范的保障，把公开与社会公众利益相关的信息，作为具有责任能力人的道德权利和道德义务。

3. 有规范、有限度的公开性

新闻传播的公开性是有规范的公开性、有限度的公开性，公开有度才能公开有效。“讲透明要有个‘度’，不能超度，讲公开也不能凡事都完全公开，要注意新闻传播的社会效果。”① 这一点，不仅适用于职业新闻传播，也适用于其他类型传播主体的新闻传播。任何传播者的新闻传播都必须遵守国家法律及相关政策。但更需注意的是，对公开性做出限制的规范，必须是合理的制度性规范。虽然对新闻传播公开性的限制是必要的，但“对限制本身应当有所限制”②，即把限制本身限制在合理的范围内。

4. 遵守新闻传播的基本原则

新闻传播公开性的有效实现，需要落实在具体的新闻传播过程之中。因此，按照新闻传播的基本原则传播新闻是确保公开性的基本要求。首先，坚持事实原则是实现公开原则的基础。其次，在新闻传播特有的时间原则中，实现新闻传播的公开性。新闻传播的公开性是及时传播中的公开性，公开性的力量不仅源于真实，也源于及时。最后，在坚守新闻传播的公正原则中，确保公开性的正义和正当。

三、对话、透明观念与方法

真实、客观、全面、公正、及时、公开等新闻传播原则、规范或要求，是人们在传统媒体时代总结概括出来的。后新闻业时代开启后，新的技术、新的媒介以新的结构性力量改变了人类生产新闻的能力与关系，改变了人类新闻活动的一些方式方法，一些新的新闻生产传播观念、要求凸显出来了，比如新闻传播的对话、透明观念与方法。这些观念与过往的传播要求有着内在的联系，具有内在的统一性，但又有所不同。

---

① 郑保卫．当代新闻理论［M］．北京：新华出版社，2003：54.

② 杨宇冠．人权法：《公民权利和政治权利国际公约》研究［M］．北京：中国人民公安大学出版社，2003：351.

（一）对话新闻的新追求

后新闻业时代开启后，一些不同于传统新闻生产主导观念（客观理念）的新观念也相伴出现，对话新闻观念就是典型表现之一。对话新闻观念与客观新闻理念并不矛盾，而是适应了新的媒介环境，契合了新的新闻生产传播消费方式，是对客观新闻理念的有益深化和补充。在更宏观的意义上，对话新闻是整个社会民主化、平等化发展对新闻领域提出的内在要求。我们“可以将新闻的本质理解为建立在公共协商基础上的文化实践”①，“新闻是对话的一部分”②。对话理念以及具体的对话方式能够更好地实现新闻的真实、客观、全面、公正、公开、透明，对话新闻观念及其做法能够促进不同类型新闻活动主体之间的和谐关系。

第一，从概念内涵上说，关于对话新闻，有两种基本理解方式：一是将“对话”作为新闻活动的观念和方式，通过对话观念的指导、对话方式的展开，进行新闻生产传播；二是把“新闻”作为不同社会群体之间展开各种领域交流对话的一种方式，特别是作为不同国家、文明、文化之间展开对话交流的一种方式。显然，前一种理解主要指向新闻活动内部，后一种理解则指向新闻的社会交流对话功能，或新闻作为对话交流中介的意义和价值。当然，“新闻对话”中一定存在着“对话新闻”活动。我们所说的“对话新闻”主要是指新闻生产传播本身的对话理念和对话方式。

第二，从历史维度看，新闻活动始终都是人类交流对话的一种方式。新闻信息的传收过程天然就是人类的对话交流活动。交流对话是新闻活动的本体特征，只是不同时代有不同的具体特点，不同时代有不同的具体交流对话方式。前新闻业时代是强对话模式，人类古老的新闻交流方式是自在自然的、面对面的对话交流方式。新闻业时代是相对弱对话模式，在现代新闻业发展到相对比较成熟的时候，新闻的单向传播特性得到了进一步的强化，导致新闻交流的主要模式为以单向为主的大众传播模式。后新闻业时代开启后是新的强对话模式，以互联网为基础设施的新兴媒介技术、数字技术、智能媒介技术的日新月异，使得对话新闻成为新闻生产传播的重要方式，开辟了新闻生产传播的新境界。

第三，对话新闻理念及其相应的对话新闻活动贯穿在整个新闻活动过程之中，即这一理念体现或具体落实在新闻生产、传播、收受、管控的完整过程之中。首先，新闻是传播主体与信源主体、报道对象主体对话的结果。不管是职业新闻传播主体还是非职业新闻传播主体，展开新闻生产传播的第一个环节就是与报道对象主体的对话，与新闻信源主体的对话，表现为具体的观察、采访、分析与理解等活动。其次，新闻是传播主体与控制主体、影响主体对话的结果。新闻传播主体传播什么、怎样传播、为谁传播，必然要受到一定社会中控制主体的管理和控制，也必然会或大或小、或强或弱地受到各种可能的影响主体的作用和影响。最后，新闻是传播主体与收受主体对话的结果。新闻活动中最基本的关系是传收关系，最基本的主体间关系是传播主体与收受主体之间的关系，

---

① 沃尔-乔根森，哈尼奇．当代新闻学核心［M］．张小娅，译．北京：清华大学出版社，2014：14.

② 伯德，达尔代纳．反思作为叙事的新闻和神话［M］//沃尔-乔根森，哈尼奇．当代新闻学核心．张小娅，译．北京：清华大学出版社，2014：227.

对话新闻最深层的体现就是传播需要与收受需要之间的对话，传收主体之间的对话互动才具有终极意义。

第四，对话新闻观念与方式有着自身特殊的意义和价值。首先，对话新闻观念进一步揭示了新闻呈现的实质。新闻报道本质上是对新闻事实所包含的事实信息的反映和呈现。新闻在反映和呈现事实信息的过程中离不开不同新闻活动主体的参与互动、对话交流。在一定意义上，新闻就是对话的产物。不管是整体的新闻动态图景还是具体的新闻报道，都是在不同新闻活动主体的对话过程中生产传播的、收受理解的。其次，对话新闻观念是对传统新闻客观理念的重要深化和补充。客观新闻理念强调事实世界的客观性、事实的可知性，相信新闻主体有能力认识反映新闻事实的真实面目，要求新闻传播主体要以客观理念和客观方式反映事实、报道新闻。对话新闻观念强调新闻是对话的产物，是不同新闻活动主体对话的产物，而非传播主体单一反映事实的产物。应该说，对话新闻观念比较准确地反映了当今人类新闻活动的最新突出特点。但对话新闻观念要真正发挥作用，就必须建立在客观新闻理念基础之上。不同主体展开对话的基础和根据必须是客观事实，而非纯粹的主观意愿或意见。离开新闻事实的对话，可以是意见对话、思想交流，但不再是新闻对话，也不可能生产出真正的对话新闻。最后，对话新闻观念在新的环境中进一步揭示、体现了新闻活动本性上的公共性。新闻活动本性上就是一种公共性的活动，生产的信息应该是公共信息，是原则上能为所有人的思想、行为提供参考的公共信息、公共知识。

（二）透明新闻的新境界

新闻的透明性或新闻透明观念是在新兴媒介环境中提出的新问题，是针对客观理念、公开观念提出的一种带有一定新意的新闻理念，它有自身独特的内涵和实践上的基本要求。

第一，新闻透明观念指向的对象是新闻领域自身，而不是新闻领域之外，主要指向的是传播主体特别是职业新闻传播主体，而不是其他新闻活动主体，但会关涉其他主体及其新闻行为。

新闻透明的内容主要是传播主体的新闻生产传播活动。[①] 从宏观上看，传播主体的新闻生产传播活动包含两大方面：一是传播内容，二是传播方式。因而，所谓透明，意味着传播主体需要把新闻生产的内容、过程、程序、方式方法在必要时展示给社会公众。如此一来，传播主体以外的其他相关新闻活动主体的行为，如果与新闻生产传播的内容形式相关，也就同样有可能展示在公众面前。与此同时，社会公众也就有可能、有机会参与、监督传播主体的新闻生产传播行为，也可以延伸监督其他相关新闻活动主体的行为，如此就使“监督新闻”能够真正落到实处。

新闻透明的核心目的在于解决新闻业面临的信任问题。作为公共事业的新闻业，作为以公共服务为基本目标的新闻传播，在全球范围内，越来越受到人们的质疑，信任度在不断下降。新闻界到底在做什么，又是如何做的，这是社会公众越来越关心的问题。

---

① 涂凌波，张天放．数字时代如何理解新闻透明性？[J]．全球传媒学刊，2022（1）：146-162.

美国学者科瓦齐（也译作科瓦奇）和罗森斯蒂尔在《新闻的十大基本原则：新闻从业者须知和公众的期待》中指出，“对公众保密是一个错误。当公民对新闻工作者和政府当局越来越不信任时，这种不利于公众的行为只会让新闻工作遭到更多质疑”①。“用核实加以约束，尤其是透明的观念，是新闻工作者解决偏见问题的最有效方式之一。”② 显然，新闻透明的责任主体主要指向传播主体（主要是职业新闻传播主体，包括组织主体和个人主体），核心目的则在于解决传播主体与收受主体（社会公众）之间的信任问题，提升新闻业、新闻传播的公信力和影响力。

第二，新闻透明不只是一种新闻理论观念，更是一种新闻实践观念和方式。依据当前新兴媒介环境的实际来看，实现新闻透明的原则性方式包括两大方面：一是传播主体特别是职业新闻传播主体自身的公开、透明，二是社会公众的监督与参与。

对传播主体来说，在观念上需要充分自觉到新闻透明不仅是应该的，也是自身的责任，即传播主体的公开、透明应该是主动自觉的行为。“这项责任要求新闻工作者尽可能如实、公开地告诉受众，他们知道什么以及不知道什么”，“新闻工作者愿意公开其所作所为，是在表明新闻工作者对真相非常在意”③。在行动上，则需要贯彻落实到采写编制播等新闻生产传播过程的各个环节。完整的透明才是透明，半透明或部分透明等于不透明。

对社会公众来说，在新的媒介技术支持下，不仅能够更好地实现对职业新闻传播主体新闻生产传播活动的监督，而且在很多情况下，能够直接参与到有些新闻的报道、评论之中，可以直接呈现新闻事实的面目，从而使那些试图遮遮掩掩的新闻生产不再那么容易，新闻生产传播中的各种不正当的交易行为不再那么肆无忌惮。

第三，新闻透明观念是新兴媒介环境促生的观念，但又不是全新的、无历史根源的新闻观念，而是与传统的客观理念、公开观念有着历史的、现实的内在关系，与新闻业、新闻传媒的本性有着内在的关系。

其一，就公开与透明二者之间的关系来看，传统的新闻公开主要有两方面的含义：一是指新闻媒体自身新闻生产传播活动的公开；二是指拥有新闻信息资源主体的公开，主要是拥有公共信息资源最多的政府的信息公开。新兴媒介环境中兴起的新闻透明观念，还特别强调社会公众对新闻传播主体新闻生产传播行为的监督、对新闻活动的参与。这样的观念和做法尽管在传统新闻业时代已经出现，但只有到了今天这样的后新闻业时代，才具有较好的现实可行性。进一步说，针对职业新闻传播主体而言，在公开与透明之间，有着内在的统一性，即它们的基本精神是一致的、价值取向是一致的。

其二，就透明观念与客观理念之间的关系来说，透明观念与客观理念还不是同一层级的观念。透明观念更多的是在新兴媒介环境中对职业新闻传播主体提出的新要求，更多的是与整体性客观理念中公开观念相并列的观念，是对传统公开观念的进一步深化和扩展。它像新闻对话观念一样，在新兴媒介环境背景下，进一步深化和扩展了客观理念

① 科瓦齐，罗森斯蒂尔．新闻的十大基本原则：新闻从业者须知和公众的期待［M］．刘海龙，连晓东，译．北京：北京大学出版社，2011：87.

② 同①92.

③ 同①110－111.

的外延，深化了客观理念的内涵。与全面、公正、及时、公开等观念相比，透明观念可以说是在新兴媒介环境中对新闻传播提出的进一步的更高要求，是为了更好地实现新闻的真实、客观、全面、公正和公开。

第四，新闻透明观念与方式具有特殊的意义和价值。作为实践观念的透明观念，要求传播主体公开新闻生产传播的过程，这自然会对传播主体形成一种约束和压力，迫使其必须提高自省意识和责任意识。越来越多的社会主体如果认同新闻透明观念，那么在非职业新闻生产传播活动中，可能也会注意到新闻的真实、客观、全面、公正等问题，这样自然有利于新闻真实的整体实现，有利于一定社会形成良好的信息秩序、新闻秩序。

四、三大原则的关系

在讨论了三大原则的相关问题之后，很有必要对它们之间的主要关系加以说明。在实际的新闻传播活动中，三大原则是同时发挥作用的，它们之间既有统一性，也有矛盾性和冲突性。

（一）三大原则的定位关系

三大原则的定位关系，主要是讲它们在指导新闻传播的原则体系中的结构关系、地位关系和功能关系。现实的新闻传播活动，作为以反映事实世界最新变动情况为基本任务和职责的一种社会认识活动，离不开三大原则的共同支撑。

事实原则是基础，决定着新闻传播的本性。如果离开对真实、客观、全面的追求，新闻传播将背离它自身的内在规律，异化为非新闻的传播活动。在这种情况下，谈论新闻传播的价值原则、方法原则是毫无意义的。因而，坚持事实原则是运用价值原则和方法原则的前提，尊重新闻事实是任何价值追求的根本，依赖客观事实是及时、公开、对话、透明的基础。

价值原则是方向，反映着传播主体的传播态度与利益追求。没有价值取向的新闻传播是不存在的。新闻传播不是纯粹的旁观式的传播，而是灌注着传播主体的立场和情感，渗透着传播主体对公正、正义的理解和追求。价值原则像方向盘一样，驾驭着新闻传播的基本走向。它使一些新闻事实信息得到传播，另一些新闻事实却得不到反映；它使一些新闻事实得到快速、公开、透明的报道，另一些新闻事实却步履蹒跚、半遮半掩地与公众见面。价值原则的功能往往令人眼花缭乱，需要仔细地考量，不能轻易地用简单的方式去回答。

方法原则是途径，体现着新闻传播方式的个性特色。事实原则、价值原则的要求都是在及时、公开、对话、透明的传播方式中实现的。正是新闻传播的方法原则保证了事实原则追求的真实是新闻性的真实，价值原则追求的公正和正义是新闻性的公正和正义，体现的立场、倾向是新闻性的立场和倾向。

（二）三大原则的一致与矛盾

在新闻传播实践中，事实、价值、方法三大原则的具体实现既有和谐一致的一面，也有矛盾对立的一面。

首先，事实原则从本性上讲是价值无涉的原则，在逻辑上与及时与否没有必然关系，它以揭露事实的真相为最终目的，因而在结果上追求公开。但新闻传播的事实原则是在新闻传播价值原则、方法原则中运用和实现的原则，事实原则的价值无涉性会受到价值原则的重要影响，既有正面的，也有负面的，事实原则追求的真实性目标同样会受到及时性、公开性、对话性、透明性的制约。

其次，价值原则是利益原则，是重要的主体活动动力原则。这种动力原则的动力方向具有多向性。运用合理正当，可以激发传播者去探究事实真相，尽快揭露事实真相，传布事实真相；运用不合理不正当，则可能造成传播者对新闻事实本来面目的有意掩盖或扭曲，从而背离事实原则的基本要求，也可能造成传播主体对新闻事实的反映报道缺乏应有的职业热情，行动迟缓，与新闻传播方法原则的要求不相适应。

最后，方法原则与事实原则相比不是对新闻再现内容的要求，而是对再现时间形式、实现方式和公开性的要求，及时、公开、对话、透明与内容的真实没有必然的逻辑关系，但及时和公开能够很好地体现新闻再现事实真实性的特点和力量，对话和透明能够更好地保证新闻真实的实现。新闻的时效与新闻的真实性是一对矛盾，在有限的时间内实现真实报道有时是相当艰难的。同样，没有新闻意义上的公开性、对话性、透明性，要实现事实原则的目标追求也是十分困难的。与价值原则相比，方法原则可看作一条能力原则，即它主要是对传播主体职业能力、价值实现能力的反映。这种能力是基于新闻传播内在规律的要求，是不可或缺的东西。同时，尽管及时与公正间也无必然的逻辑关系，但对新闻传播来说，及时再现是实现新闻公正、新闻正义的重要条件。一旦错过时机，把握不好及时传播的原则，传播主体的价值追求、立场表达可能落空甚至适得其反，迟到的公正很可能不再公正，而是对公正的嘲讽。而公开性、对话性、透明性是实现新闻公正性的基本条件，只有公开、透明并且多方对话，新闻传播本身才是可检验的、可监督的。

复习指点

关键概念

新闻真实　具体真实　整体真实　客观理念　客观方法　全面　公正　及时　公开　对话　透明

思考题目

1. 新闻传播的事实、价值、方法原则
2. 新闻传播三大原则的关系
3. 新闻真实的特点
4. 新闻真实、客观、全面的限度
5. 新闻真实、客观的意义

必读文献

童兵．理论新闻传播学导论［M］．北京：中国人民大学出版社，2000：第五章．

杨保军．准确理解新闻的“整体真实”［J］．新闻界，2020（4）．

杜骏飞．公正传播论（1）：新闻人本主义的兴起［J］．当代传播，2022（1）．

科瓦齐，罗森斯蒂尔．新闻的十大基本原则：新闻从业者须知和公众的期待［M］．刘海龙，连晓东，译．北京：北京大学出版社，2011．

单波．重建新闻客观性原理［J］．现代传播，1999（1）．

选读文献

杨保军．新闻真实论［M］．北京：中国人民大学出版社，2006：第一章，第二章．

陈力丹．“遵循新闻从业基本准则”：马克思主义新闻观立论的基础［J］．新闻大学，2010（1）．

蒋晓丽，李玮．从“反映论”到“对话观”：论多重语境下新闻的转向［J］．湘潭大学学报（哲学社会科学版），2012（6）．

夏倩芳，王艳．从“客观性”到“透明性”：新闻专业权威演进的历史与逻辑［J］．南京社会科学，2016（7）．

杨保军．论新闻的“有机真实”［J］．新闻大学，2020（1）．

第七章

新闻传播的特殊原则

提　要

我国新闻业是中国特色社会主义新闻业，新闻媒体是党、政府和人民的耳目喉舌，“为社会主义服务，为人民服务”是我国新闻业的宗旨，“坚持正面宣传为主，实现正确舆论引导”是我国新闻传播的基本方针，坚持正面宣传（报道）为主是我国新闻工作的基本方法。在我国，新闻传播除了要遵循普适性原则外，还要从我国的传统与实际出发，遵守四大政治原则：党性原则、“人民中心”原则、舆论引导原则和批评监督原则。在所有这些原则中，党性原则是我国新闻宣传、新闻舆论工作中最根本的原则。

新闻业作为人类的事业，对于不同国家和民族必然具有普遍的性质和功能；同样，新闻业具体存在和发展于不同的国家和民族，而每个国家和民族都拥有自己的文化传统、历史特征，拥有自己的实际情况、价值观念和发展方式，拥有自己的理想目标和未来追求，这就决定了新闻业的现实面貌在不同时代里、不同社会制度下、不同社会形态中、不同国家会表现出不同的特征。认识这种差异也是新闻业理论必须关注的重要问题，而努力认识中国特色社会主义新闻业的基本方针和原则，更是中国新闻工作者、研究者、学习者理应承担的职责。

第一节　我国新闻舆论工作的方针与任务

当代中国新闻业就是中国特色社会主义新闻业，它是党、政府和人民的事业。中国的新闻业是“新闻宣传”“新闻舆论”事业，它具有一般产业的基本属性、为社会公众服务的公共性，同时具有意识形态的特殊性。中国特色社会主义新闻业的这种地位和性质从根本上决定了它拥有自己特殊的运行方针和任务。新闻业的方针规定了新闻业的发展方向和目标，用来指导新闻媒体及其从业人员的新闻传播活动；新闻业的任务是新闻业需要承担的社会职责和需要做的具体工作。因此，新闻业的任务构成了其方针的实质内容，而完成任务就是对新闻业方针的实现。

一、当代中国新闻业的基本含义

要准确理解中国特色社会主义新闻业的含义，有两个基本的定位问题要弄清楚。第一，一个基本的时间概念——当代，指中华人民共和国成立以来的年代，特别关注改革开放以来这一历史时期，人们通常称之为“新时期”[①]。中国共产党十八大召开以来，中国特色社会主义已经进入新时代，改革开放已经进入新时代。第二，一个最大的前提——中国特色社会主义，即中国特色社会主义是讨论当代中国新闻业的前提。

中国特色社会主义的本质特征是中国共产党的领导。中国特色社会主义，是在党领导下根据中国国情实行的社会主义，它既不同于传统社会主义，也不同于资本主义。如今，我国社会主要矛盾已经转化为人民日益增长的美好生活需要和不平衡不充分的发展之间的矛盾。与社会经济基础相适应，社会结构的上层建筑也发生了一定的变化，“国家机器”（政治上层建筑）的运转正在走向法治化和民主化，思想意识形态领域（思想上层建筑）的自由度在不断扩大，社会整体的民主化程度在不断提高，社会主义核心价值观念体系正在建立。在人类发展的全球化进程中，中国正在以崭新的面貌走向世界，正在为人类发展贡献中国智慧、中国方案；世界也在张开双臂拥抱中国。这是理解当代中国新闻业的宏观背景。

具体理解中国特色社会主义新闻业，需要抓住两个基本要点：性质上的社会主义、个性上的中国特色。所谓性质上的社会主义，是指当代中国新闻业在本质上是社会主义的，而不是其他什么主义的。社会主义的本质是解放生产力和发展生产力，建设富强、民主、文明、和谐的国家，使人民过上共同富裕的幸福生活。因此，社会主义性质的新闻业同样要解放和发展新闻生产力，把社会主义新闻业建设成为能够促进国家发展、人民幸福的事业。所谓个性上的中国特色，是指社会主义的民族性；中国特色社会主义新闻业就是追求和建设具有中华民族个性特征的新闻业。

总而言之，“有中国特色的社会主义新闻事业其本质是社会主义的，不是资本主义的；同时又具有不同于其他社会主义国家新闻事业的民族特色。这就是有中国特色社会主义新闻事业的基本含义”[②]。具体说，中国特色社会主义新闻业是党、政府和人民事业的一部分，新闻媒体是党、政府和人民的耳目喉舌，新闻媒体机构既是以传播新闻为主的社会信息中心，更是党和政府的思想宣传中心、新闻舆论中心。这是理解当代中国新闻业所有具体问题的基础或前提。

二、当代中国新闻舆论工作的主要方针

新闻传播的方针规定着新闻业的发展方向和目标。中国特色社会主义新闻业遵循的

---

① 我们可以把改革开放前的当代中国历史阶段定性为“前当代中国”，而把改革开放以来的历史阶段定性为“后当代中国”。

② 项德生，郑保卫．新闻学概论［M］．武汉：武汉大学出版社，2000：166.

方针是由基本方针和具体工作方针构成的，基本方针决定了整个新闻业的方向和宗旨，具体工作方针则是实现基本方针的方法原则，是用来具体指导新闻传播业务工作的方针。

（一）新闻业的基本方针

中国特色社会主义新闻业的基本方针是为社会主义服务，为人民服务。“社会主义的新闻事业同社会主义的文学、艺术、出版等事业一样，虽然各有自己的特点和具体发展规律，但是它们作为意识形态领域的组成部分，都要为社会主义服务，为人民服务。尽管服务的具体形式、内容、方法不尽相同，但都必须遵循这个基本方针。”① 这一方针是由中国特色社会主义新闻业作为党、政府和人民事业的基本性质决定的，是中国特色社会主义新闻业的根本价值取向，也是最高价值目标。

为社会主义服务，是指新闻业要以自身特有的手段，充分发挥自身的实体功能和传播活动的多样性功能，特别是报道新闻、引导舆论、监督社会的基本功能，积极为社会主义的物质文明、政治文明、精神文明、社会文明、生态文明建设贡献力量。为社会主义服务，“就要积极推动、巩固发展社会主义经济基础，完善和发展社会主义制度，推动社会主义的思想道德建设和教育科学文化事业的发展”②。

为人民服务，是指新闻传播业要以自身特有的手段，全面发挥自身的功能，坚持人民中心立场，反映人民的生活，满足人民的需求，充当人民的耳目喉舌，依靠人民的力量，永远把人民的共同利益置于崇高的地位。人民是否满意应该成为检验新闻传播是否有效、是否成功的根本标准。

为社会主义服务和为人民服务从根本上是完全统一的。社会主义制度本质上是人民当家作主的制度，因而必然是人民追求拥护的制度，也是保证人民幸福和利益得以很好实现的制度，近代以来的中国社会发展史对此已经做出了有力的证明。尽管现实的社会主义建设历经风风雨雨、艰难曲折，但社会主义还是人民的社会主义，人民还是社会主义的主人。因此，“离开了社会主义道路，也就从根本上脱离了人民，违背了人民的最高利益”③。我国的新闻业、新闻媒体、新闻宣传工作者要“更加自觉主动地为人民服务、为社会主义服务、为党和国家工作大局服务”④。或者说，在总体上，“宣传思想工作一定要把围绕中心、服务大局作为基本职责，胸怀大局、把握大势、着眼大事，找准工作切入点和着力点，做到因势而谋、应势而动、顺势而为”⑤。

（二）新闻业的具体工作方针

新时期以来，中国新闻业在贯彻落实“为社会主义服务，为人民服务”这一基本方针的过程中，根据不同阶段社会变革发展的实际情况，提出了改进、改革新闻业各个方

---

① 江泽民．关于党的新闻工作的几个问题［M］//新华社新闻研究所．新闻工作文献选编．北京：新华出版社，1990：187．

② 童兵．理论新闻传播学导论［M］．北京：中国人民大学出版社，2000：132．

③ 同①．

④ 唱响奋进凯歌 弘扬民族精神：记胡锦涛总书记在人民日报社考察工作［N］．人民日报，2008-06-21（1）．

⑤ 学习习近平总书记8·19重要讲话［M］．北京：人民出版社，2013：1．

面的诸多具体方针。但最重要的、最稳定的工作方针可以概括为两条：一是“坚持正面宣传为主”；二是“坚持以正确的舆论引导人”。前一工作方针注重手段，后一工作方针注重目的，可以说坚持正面宣传为主，核心就是为了实现以正确的舆论引导人。因此，从理论角度可以将它们概括为一条方针：“坚持正面宣传为主，实现正确舆论引导。”

习近平明确指出：“团结稳定鼓劲、正面宣传为主，是党的新闻舆论工作必须遵循的基本方针。”① 坚持以正面宣传为主的方针，是由曾经担任过中共中央高级领导人的李瑞环提出的。在1989年11月召开的全国新闻工作研讨班上李瑞环做了题为《坚持以正面宣传为主的方针》的讲话。他说，新闻报道必须坚持以正面宣传为主的方针，“坚持这个方针，就是要准确、及时地宣传党的路线、方针、政策，实事求是地反映社会现实生活的主流，让人民群众用创造新生活的业绩教育自己，形成鼓舞人们前进的巨大精神力量，在当前就是要造成一个有利于稳定局面的舆论环境”②。他指出：“我们所说的‘正面’，所说的‘为主’，就是要着力去宣传报道鼓舞和启迪人们发展社会生产力的东西，鼓舞和启迪人们坚持四项基本原则、坚持改革开放的东西，鼓舞和启迪人们加强社会主义民主和法制建设的东西，鼓舞和启迪人们推进社会主义精神文明建设的东西，鼓舞和启迪人们热爱伟大祖国和弘扬民族文化的东西，鼓舞和启迪人们维护国家统一和民族团结的东西，鼓舞和启迪人们为推动世界和平与发展而斗争的东西。总之，一切鼓舞和启迪人们为国家的富强、人民的幸福和社会的进步而奋斗的新闻舆论，都是我们所说的正面，都应当努力加以报道。”③

我国学者从学术角度对什么是“正面”做过进一步的探讨，最典型的是两种观点。有人认为，“正面是与反面相对的，是指好的、积极的一面。正面宣传就是好的、积极的一面的宣传。正面宣传讲的是宣传什么，讲的是内容，也就是说讲的是报道题材的规定”④。有人认为，“正面宣传本身对报道题材的选择并没有什么绝对的限制，……社会效果的好坏是检验宣传是不是正面宣传的唯一标准”⑤。“‘鼓舞和启迪’人们的恐怕不只是‘正面事实’的报道，对‘负面事实’的报道，也许更能使人们关注国家的前途和自己的命运，从而做出更加有利于社会发展的事情。‘以正面报道为主’的报道方针，不仅指以对‘正面事实’的报道为主，也应包含以正面报道手法去报道各种新闻事实。”⑥ 显然，这是两条不同的思路，前者是从报道内容出发理解正面的含义，后者是从报道结果出发理解正面的含义。两种理解都有一定的道理。可以简明地讲，正面宣传为主，就是指在新闻宣传、新闻舆论工作中，在质和量上都要以报道、宣传正面事实为主，对负面事实可以报道，也必须报道，但要以有利于团结、稳定和发展的方式进行适度报道。

---

① 习近平谈治国理政：第2卷［M］. 北京：外文出版社，2017：333.

② 李瑞环．坚持以正面宣传为主的方针［M］//新华社新闻研究所．新闻工作文献选编．北京：新华出版社，1990：202.

③ 同②206.

④ 赵水福．正面宣传与非正面宣传不可混淆［J］. 中国广播电视学刊，1990（5）.

⑤ 喻国明．正面宣传：判别标准与操作性定义［J］. 新闻记者，1990（4）：12-15.

⑥ 杨保军．新闻事实论［M］. 北京：新华出版社，2001：42. 关于“正面新闻”与“正效新闻”的关系，可参见杨保军．正效新闻·负效新闻·零效新闻：为解决老问题而提出的一组新概念［J］. 今传媒，2006（8）：12-13。

坚持以正确的舆论引导人，这是中国共产党新闻事业一直坚持的一条基本方针。比如，中国共产党1922年创办的第一种理论刊物就叫《向导》。1948年10月2日，刘少奇在《对华北记者团的谈话》中就说，“报纸办得好，就能引导人民向好的方面走，引导人民前进，引导人民团结，引导人民走向真理。如果办得不好，就存在着很大的危险性，会散布落后的错误的东西，而且会导致人民分裂，导致他们互相磨擦”[①]。到了当代，面对改革开放的新形势，江泽民以十分明确的方式提出这一工作方针，他在1994年1月全国宣传思想工作会议上发表的讲话中说：“我们的宣传思想工作，必须以科学的理论武装人，以正确的舆论引导人，以高尚的精神塑造人，以优秀的作品鼓舞人，不断培养和造就一代又一代有理想、有道德、有文化、有纪律的社会主义新人，在建设有中国特色社会主义的伟大事业中发挥有力的思想保证和舆论支持作用。”[②] 他指出，“舆论导向正确是党和人民之福，舆论导向错误是党和人民之祸”[③]。进入21世纪，以胡锦涛同志为总书记的党中央更加重视新闻宣传工作，重视舆论引导、舆论导向问题。胡锦涛说：“舆论引导正确，利党利国利民；舆论引导错误，误党误国误民。”“要把提高舆论引导能力放在突出位置”[④]。中国特色社会主义进入新时代，中共中央总书记习近平更是郑重指出：“经济建设是党的中心工作，意识形态工作是党的一项极端重要的工作”[⑤]；能否做好意识形态工作，事关党的前途命运，事关国家长治久安，事关民族凝聚力和向心力。必须把坚持正确导向摆在首位，始终绷紧导向这根弦，讲导向不含糊、抓导向不放松，任何时候都不动摇。[⑥] 他还明确要求，“新闻舆论工作各个方面、各个环节都要坚持正确舆论导向”[⑦]。

三、当代中国新闻舆论工作的主要任务

新闻舆论工作在整个党、国家和人民的事业中有着特殊的地位。习近平指出，“党的新闻舆论工作是党的一项重要工作，是治国理政、定国安邦的大事。做好党的新闻舆论工作，事关旗帜和道路，事关贯彻落实党的理论和路线方针政策，事关顺利推进党和国家各项事业，事关全党全国各族人民凝聚力和向心力，事关党和国家的前途命运”[⑧]。这意味着新闻舆论工作承担着重要的职责和任务。

新闻业作为党、政府和人民的事业，新闻媒体特别是党报、党刊、党台、党网作为党、政府和人民的耳目喉舌，“二为”基本方针以及“坚持正面宣传为主，实现正确舆论

① 刘少奇选集：上卷［M］．北京：人民出版社，1981：396.

② 江泽民．在全国宣传思想工作会议上的讲话［M］//中共中央文献研究室．十四大以来重要文献选编：上．北京：人民出版社，1996：647-648.

③ 金炳华．新闻工作者必读［M］．上海：文汇出版社，2001：65.

④ 唱响奋进凯歌 弘扬民族精神：记胡锦涛总书记在人民日报社考察工作［N］．人民日报，2008-06-21（1）.

⑤ 习近平谈治国理政：第1卷［M］．2版．北京：外文出版社，2018：153.

⑥ 学习习近平总书记8·19重要讲话［M］．北京：人民出版社，2013.

⑦ 习近平在党的新闻舆论工作座谈会上强调：坚持正确方向创新方法手段 提高新闻舆论传播力引导力［N］．人民日报，2016-02-20（1）.

⑧ 本书编写组．习近平新闻思想讲义：2018年版［M］．北京：人民出版社，2018：25.

引导”的具体工作方针，决定了中国新闻业在宏观层面上的任务必然与党和政府的工作任务相一致。与其他领域不同的是，新闻业是通过新闻宣传、新闻舆论、报道手段去完成自己的任务的。由于党和政府的工作重心、主要任务会随着历史的发展、主客观条件的变化而变化，所以不同时期新闻业的具体任务也会有所不同。“在新的时代条件下，党的新闻舆论工作的职责和使命是：高举旗帜、引领方向，围绕中心、服务大局，团结人民、鼓舞士气，成风化人、凝心聚力，澄清谬误、明辨是非，联接中外、沟通世界。”① 如果暂且略去不同时期具体任务之间的差别，从理论上对我国新闻业、新闻媒体的任务加以分析，则可以大致从以下几点具体把握。事实上，只有做好以下这些主要方面的工作，实现正确舆论引导才能真正落到实处。

其一，基本理论宣传。这方面主要有两项内容：一是马克思主义基本理论的宣传，包括马列主义、毛泽东思想、邓小平理论、“三个代表”重要思想、科学发展观和习近平新时代中国特色社会主义思想，其中重点则是对当代最新中国化马克思主义成果——习近平新时代中国特色社会主义思想的宣传。中国的新闻工作者必须清楚，宣传思想工作就是要巩固马克思主义在意识形态领域的指导地位，巩固全党全国人民团结奋斗的共同思想基础。二是党和政府在一定时期总的路线、方针、政策的报道与宣传，国家法律、法令、政令等的报道与宣传，党的决策、决议等的报道与宣传。毛泽东认为党报的主要任务就是宣传党的政策，贯彻党的政策，反映党的工作，反映群众生活，这样的党报才是名副其实的党报。报纸的作用和力量就在于能使党的纲领路线、方针政策、工作任务和工作方法最迅速、最广泛地同群众见面。②

其二，报道、宣传正面事实。这是坚持正面宣传为主方针的必然要求，也是坚持新闻传播原则，真实、客观、全面、公正、及时、公开报道中国现实的要求。正面为主不是纯粹主观的意愿，只有与客观实际相符合才能成为科学合理的方针。正是由于中国社会实际整体上的蒸蒸日上、繁荣昌盛，整体上的社会进步与发展占据着主导的潮流（所谓主流），因而以正面报道、正面宣传为主才是实事求是的。另外，如果把新闻传播作为一种宣传的方式，对于宣传者来说，只有以宣传对象所作所为的正面为主，才能对宣传的收受者形成激励和鼓舞，因此，要想发挥新闻传播的宣传功能、引导功能，就必须以正面报道为主。基于这样两个方面，中国新闻媒体既是信息传播机构又是思想宣传、舆论引导部门的性质，决定了它必然要把报道、宣传正面事实作为自己日常工作的主要任务。应该说，讲好中国故事，传播好中国声音，解释好中国特色，是新闻宣传、新闻舆论工作者的基本职责。

其三，适度报道负面事实。为社会主义服务、为人民服务的基本方针，要求新闻业以实事求是的科学态度，将一个全面的社会、真实的世界告知人民。坚持正面宣传为主的新闻工作方针是全面之下的正面为主，并不排除对负面事实的报道。事实上，客观世界中发生的负面事实往往与社会的良性运行、人民的利益需要有着直接的、引人注目的关系，因而既有很高的新闻价值，也是党、政府和人民群众共同关心的事实，因此及时

① 习近平谈治国理政：第2卷［M］. 北京：外文出版社，2017：332.

② 毛泽东新闻工作文选［M］. 北京：新华出版社，1983：149.

报道负面事实是新闻业必须承担的任务，是应尽的社会职责。但坚持正面宣传为主的方针，不允许新闻媒体把负面新闻信息的传播报道作为主要内容，而是要控制在一定的量度上，其核心是，弘扬主旋律，传播正能量，不能误导新闻收受者对社会的整体认知。

其四，运用新闻手段进行批评报道和监督报道。监督是新闻业的基本功能之一，也是新闻业应该承担的重要社会职责。习近平指出，“舆论监督和正面宣传是统一的。新闻媒体要直面工作中存在的问题，直面社会丑恶现象，激浊扬清、针砭时弊，同时发表批评性报道要事实准确、分析客观”①。新闻监督的具体手段主要有两种——批评报道和监督报道。所谓批评报道，就是运用新闻手段对社会生活中的不良表现、阴暗面、消极腐败现象以及落后反动势力等进行的批评和揭露报道。监督报道，主要是指通过新闻手段监督社会结构中的权力组织及其权力拥有者的报道，核心是利用新闻批评的方式揭露各种权力滥用、权力腐败现象，但监督报道还包括对权力正常运用过程的报道，以引导人们利用舆论的方式监督权力的运用。可见，监督报道并不是单纯的批评、揭露报道。

其五，充分运用各种传媒，特别是以互联网为基础的各种新兴媒体，加强互联网内容建设，营造清朗的网络空间，努力实现全媒体传播，发挥新闻业的多样功能，满足人们的多种需求。上面几项是当代中国新闻业的主要任务，但作为新闻业主体的新闻媒体，并不是单纯的新闻传播、新闻宣传、新闻舆论机构，还是文化产业、文化事业实体，因而新闻业还承担着满足社会和人们其他文化教育、文化娱乐需求的任务。

其六，我国的新闻媒体承担着重要的对外新闻宣传、对外传播任务。向世界说明中国、解释中国、传播中国，向中国说明世界、解释世界，为中国与世界的交流与沟通搭建桥梁，为中国的建设和发展、世界的和平与和谐营造良好的舆论环境，都是我国新闻工作的基本任务。

第二节　当代中国新闻舆论工作的政治原则

当代中国新闻业是党、政府和人民的新闻业，新闻媒体是党、政府和人民共同的耳目喉舌。当代中国新闻传播越来越重视按照新闻传播基本原则进行、按照新闻传播规律展开；作为党的新闻舆论事业，当代中国新闻业必然要遵循以党性原则为核心的一系列政治原则。可以说，以真实、客观、全面、公正、及时、公开、透明等为基本要求的新闻传播原则与以党性原则为核心的一系列政治原则，构成了当代中国新闻传播的原则系统。上一章，我们已经讨论了前一系列的基本原则；这里，我们主要对后一系列原则加以阐述和说明。

一、党性原则

“新闻业的党性，是一定政党的阶级利益、意志和思想、感情通过新闻手段的集中表

① 习近平谈治国理政：第2卷［M］. 北京：外文出版社，2017：333.

达和体现。它是指传播者站在一定政党的立场上，以该政党的利益和主张作为选择和评价新闻事实的标准，以维护本党的利益和要求。”[①] 新闻业的党性原则，就是一定政党在新闻业上的党性规范、准则和要求。在中国，新闻业是中国共产党所有事业的一个部分，是党的喉舌。因此，党性原则是新闻工作的根本性问题，可以说是中国新闻业的第一原则、生命原则。[②] 同时，“我们还必须清楚，明确坚持党性原则是中国特色社会主义新闻学与其他新闻学的重大区别之一”[③]。

在无产阶级新闻事业史上，最早对党性原则进行理论阐释的是马克思主义创始人马克思和恩格斯。他们认为党报是党的武器、党的阵地、党的“政治中心”“组织中心”[④]。“在无产阶级党报史上，第一个明确使用‘党性’这一概念，并对其内容做出系统论述的是列宁。”[⑤] 列宁认为，“报纸应当成为各个党组织的机关报。写作者一定要参加到各个党组织中去”，出版事业的各种机构“都应当成为党的机构，向党报告工作情况”[⑥]。党的中央机关报应当成为全党思想上的中心，党报是党这个集体的宣传员、鼓动员和组织者[⑦]。党报机构或党的其他出版组织要及时清除违背和破坏党性原则的成员，使整个出版事业成为真正的党的事业，而确定是否违背党性原则、是否属于“党的观点”或“反党的观点”的标准不是党的领导人的主观意志，而是党的纲领、党章和党的策略原则。

中国共产党人主要继承和发扬了马克思、恩格斯、列宁的党报思想，在毛泽东的亲自领导下，经过延安《解放日报》的改版[⑧]，形成了比较系统的报纸党性原则，其要点是：报纸是党的喉舌，是党这一巨大集体的喉舌，办好党报是党的中心工作之一；各级党的组织都应该高度重视党报工作，加强对党报的领导与监督，要适时讨论新闻政策及社论方针，并充分利用报纸开展工作；党报要和党中央保持绝对一致，党报工作者要有“党的机关报”的责任意识，主动积极地宣传党的方针政策，不能与党闹独立性等。

进入改革开放新时期后，中国共产党高度重视新闻事业的党性原则问题。邓小平一贯强调新闻工作必须毫不动摇地坚持党性原则，他要求党的报刊必须“成为全国安定团结的思想上的中心”[⑨]，要为经济建设创造良好的安定团结的舆论环境。江泽民结合新的形势对新闻工作的党性原则做了明确的概括，他指出，“坚持党性原则，就要求新闻宣传在政治上必须同党中央保持一致”，“坚持党性原则，就要求新闻工作者必须同人民群众保持最广泛最深刻的联系，从群众的实践中汲取智慧和力量”，“坚持党性原则，就必须

① 郑保卫．当代新闻理论［M］．北京：新华出版社，2003：340．

② 《中共中央、国务院关于深化文化体制改革的若干意见》（2005年12月23日）指出：要坚持党管媒体，坚持党管干部，坚持正确的舆论导向，始终确保党和人民喉舌的性质。

③ 尹韵公．新中国60年：当代中国传媒事业的特色与启示［J］．新闻与写作，2009（10）：20-22．

④ 童兵．马克思主义新闻思想史稿［M］．北京：中国人民大学出版社，1989：2-6章．

⑤ 项德生，郑保卫．新闻学概论［M］．武汉：武汉大学出版社，2000：215．

⑥ 列宁全集：第12卷［M］．2版．北京：人民出版社，1987：94．

⑦ 列宁在为《火星报》1901年第4号写的名为《从何着手?》的社论中说：“报纸的作用并不只限于传播思想、进行政治教育和争取政治上的同盟者。报纸不仅是集体的宣传员和集体的鼓动员，而且是集体的组织者。”参见列宁全集：第5卷［M］．2版．北京：人民出版社，1986：8。

⑧ 1942年9月22日，《解放日报》发表社论《党与党报》认为，党报“一切要依照党的意志办事，一言一动，一字一句，都要顾到党的影响”，党报“要与党的领导机关的意志呼吸相关，息息相通”。参见中国社会科学院新闻研究所．中国共产党新闻工作文件汇编：下卷［M］．北京：新华出版社，1980：55。

⑨ 邓小平文选：第2卷［M］．2版．北京：人民出版社，1994：255．

在新闻宣传中旗帜鲜明地坚持不懈地反对资产阶级自由化”①。胡锦涛在2008年6月20日视察人民日报社的讲话中，把“必须坚持党性原则，牢牢把握正确舆论导向”放在做好新闻宣传工作的第一条。他对坚持党性原则提出了这样的总要求：“要牢固树立政治意识、大局意识、责任意识、阵地意识，把坚持正确导向放在新闻宣传工作的首位，坚持团结稳定鼓劲、正面宣传为主，唱响主旋律，打好主动仗，更加自觉主动地为人民服务、为社会主义服务、为党和国家工作大局服务。要增强政治敏锐性和政治鉴别力，严格宣传纪律，做到守土有责，在重大问题、敏感问题、热点问题上把好关、把好度。”② 习近平更是多次强调，“党的新闻舆论工作坚持党性原则，最根本的是坚持党对新闻舆论工作的领导。党和政府主办的媒体是党和政府的宣传阵地，必须姓党”③。

在一般意义上说，党性原则的首要一点是，把新闻业当作党的事业的重要组成部分，因而在组织上自觉接受党的领导，严格按照党的组织原则和纪律规范办事，必须实行“政治家办报”④，把新闻业的领导权“牢牢掌握在忠于马克思主义、忠于党、忠于人民的人手里”⑤。在后新闻业时代到来后，还须特别管理好、运用好以互联网为基础的各种新兴媒介，“把党管媒体的原则贯彻到新媒体领域”⑥。其次，党性原则要求所有新闻媒体必须在思想上始终以马克思主义的基本理论为指导，特别要与时俱进，用当代中国化的马克思主义新成果——习近平新时代中国特色社会主义思想——作为指导新闻舆论工作的根本思想，始终坚持解放思想、实事求是的思想路线，以科学的态度展开新闻工作。最后，新闻业的党性原则要求所有新闻传播活动必须在政治上与党中央保持一致，始终为党的全局和大局工作服务。党的新闻业必须与全党的奋斗目标保持一致，与党的战略部署、战略决策一致，与党的政策策略一致，与党的宣传方针、宣传口径一致。党媒要始终充当党的喉舌，运用新闻舆论手段为党的各项工作特别是全局性、大局性的工作营造良好的舆论环境。而广大新闻舆论工作者要努力成为“党的政策主张的传播者、时代风云的记录者、社会进步的推动者、公平正义的守望者”⑦。

二、“人民中心”原则

党媒新闻业之所以能够在观念上、实践上确立“人民中心”原则，是由中国共产党作为无产阶级政党的性质决定的，是由其奉行的历史观特别是历史主体观决定的。中国

---

① 中共中央宣传部新闻局．中国共产党新闻工作文献选编：1938—1989年［M］．北京：人民出版社，1990：189，190.

② 胡锦涛．在人民日报社考察工作时的讲话［M］．北京：人民出版社，2008：4-5.

③ 本书编写组．习近平新闻思想讲义：2018年版［M］．北京：人民出版社，2018：前言2.

④ 这个口号是毛泽东首先明确提出来的。1957年6月7日，他在与当时准备兼任《人民日报》总编辑的吴冷西进行谈话时说，“要政治家办报，不是书生办报”，办报要敢担风险，要有“五不怕”的精神——不怕撤职，不怕开除党籍，不怕离婚，不怕坐牢，不怕杀头。同年6月20日，在中共中央的政治局会议上，毛泽东再提政治家办报，他说：“报纸办得好坏，要看你是政治家办报还是书生办报。我是提倡政治家办报的。”1996年1月2日，江泽民在接见解放军报社师以上干部讲话时重提“政治家办报”的要求。政治家办报的核心思想是指办报者要有政治家的眼光和见识，能够从政治上总览全局，能够抓住事情的要害，能够使新闻宣传工作紧密配合形势的发展变化，为党和政府的工作大局服务。另可参见吴廷俊．“政治家办报”：研究20世纪五六十年代中国新闻史的一个关键词［J］．国际新闻界，2010（3）：12-18。

⑤ 金炳华．新闻工作者必读［M］．上海：文汇出版社，2001：66.

⑥ 同②131.

⑦ 习近平在党的新闻舆论工作座谈会上强调：坚持正确方向创新方法手段 提高新闻舆论传播力引导力［N］．人民日报，2016-02-20（1）.

共产党坚持马克思主义的历史唯物主义。历史唯物主义始终把人民群众看作历史的主人，看作创造人类历史的主体。“人民是历史活动的主体、历史的创造者；社会历史规律就是人民活动的规律。”[①]因而，“人民中心观”是马克思主义新闻观、马克思主义新闻价值观的自然核心观念，“人民中心”原则自然是党媒奉行的工作原则。这一原则主要表现在以下几点。

其一，党的新闻事业也是人民的新闻事业。从本质上说，坚持党性就是坚持人民性，坚持人民性也就是坚持党性，党性寓于人民性之中，没有脱离人民性的党性，也没有脱离党性的人民性。[②] 马克思早就强调，人民报刊要体现“人民精神”，“它生活在人民当中，它真诚地和人民共患难、同甘苦、齐爱憎”[③]。1956年《人民日报》改版时，毛泽东就曾指出，报纸“应该是人民的公共财产、公共武器、公共汽车，要全心全意为人民服务”[④]。人民群众是新闻业的主人，是新闻业发展的基础力量。新闻媒体并不只是党和政府的耳目喉舌，同时也是人民群众的耳目喉舌，而且充当党的耳目喉舌是为了成为人民的耳目喉舌，为了人民的根本利益。一言以蔽之，党性和人民性从来都是一致的、统一的。

其二，党的新闻业必须依靠人民群众。人民是历史活动的主体，人民是历史进步的真实动力，群众是真正的英雄。“人民是社会物质财富的创造者，也是社会精神财富的创造者，也是实现社会变革的决定性力量。”[⑤] 人民群众本就是新闻活动的主体、社会舆论的主体。党媒运行所依赖的各种资源（物质资源、信息资源、人力资源等）本质上要么直接来自人民，要么是由人民群众创造的。因此，不仅是党媒，任何新闻传媒的正常运行，实质上都离不开社会大众，都得依赖人民大众。马克思早就说过这样的话，“民众的承认是报刊赖以生存的条件，没有这种条件，报刊就会无可挽救地陷入绝境”[⑥]。而中国共产党历来就有“全党办报、群众办报”的观念和做法，毛泽东说过，“我们的报纸也要靠大家来办，靠全体人民群众来办，靠全党来办，而不能只靠少数人关起门来办”[⑦]。在今天这样的环境中，依靠人民群众办好新闻事业与传统媒介时代有了很大的不同，但依靠人民群众建设新闻事业的基本观念依然是必要的。不难看到，人民大众在整体的新闻生产传播活动中，在新闻舆论、社会舆论的整体图景形成变化中，发挥着越来越大的作用和影响。因而，对党媒来说，在新兴媒介环境条件下，更是需要与人民群众的新闻生产传播形成良性的互动关系。如何依靠人民群众的力量更好地呈现现实世界，更好地营造舆论环境，是新闻舆论工作面临的新挑战。从原则上说，党媒系统所代表的机构性、组织性新闻舆论工作，只有得到人民群众的支持，赢得人民群众的信赖，并与人民群众的新闻传播、舆论表达形成良性的互动，才有可能真正实现预期的传播效果。

其三，要全心全意为人民服务。为什么人的问题是一个根本的问题。人民群众的信息需求、新闻需要是党媒新闻舆论活动展开运行的重要动力，也是主要目标。对于党媒

① 吴向东．以人民为中心的发展观［N］．光明日报，2018-01-15（15）．
② 学习习近平总书记8·19重要讲话［M］．北京：人民出版社，2013：21.
③ 中共中央宣传部新闻局．马克思主义新闻工作文献选读［M］．北京：人民出版社，1990：2.
④ 童兵，林涵．20世纪中国新闻学与传播学理论：理论新闻学卷［M］．上海：复旦大学出版社，2001：303.
⑤ 同①.
⑥ 马克思恩格斯全集：第1卷［M］．2版．北京：人民出版社，1995：381.
⑦ 毛泽东新闻工作文选［M］．北京：新华出版社，1983：150.

来说，要坚持把实现好、维护好、发展好最广大人民的根本利益作为新闻宣传工作、舆论工作的出发点和落脚点。以人民为中心或为人民服务的宗旨，表明党媒不仅是党的思想中心、宣传舆论中心，也应该成为人民群众交流公共事务、公共议题的中心，互动的中介，成为广大人民群众实现知情权、表达权、监督权、参与权的重要平台。让广大人民群众真实分享到新闻事业发展的成果，感受到质量不断提高的信息服务、新闻服务。党领导的新闻业、新闻媒体要尊重人民主体地位、发挥人民首创精神，坚持“三贴近”（贴近实际、贴近生活、贴近群众），坚持“走转改”（走基层、转作风、改文风），使新闻报道真正能够反映人民的生活状态，呈现中国的基本事实面貌。新闻报道、新闻宣传中，人民群众应该成为主角，应该成为主要目标对象，人民群众的实际生活、喜怒哀乐应该成为新闻报道的主要事实来源。新闻舆论工作确实能够像党所要求的那样，能够把党的主张和人民的心声统一起来。新闻报道、新闻宣传的内容、形式好坏，应该以人民群众是否满意、是否喜闻乐见为基本标准。“让群众满意是我们党做好一切工作的价值取向和根本标准，群众意见是一把最好的尺子。”① 在新兴媒介环境中，所有的新闻媒体都能够尽力而为，从自身的特点出发，积极探索运用新兴媒介手段、采用各种可能的新闻方式有效展开新闻舆论工作，实现为人民服务的目标。

三、舆论引导原则

“坚持正确舆论导向，是新闻舆论工作的生命线。”② 如何以正确的舆论、新闻舆论引导人，是党媒工作的重要原则。

展开新闻舆论引导，必须明确“正确舆论”的含义。在大的原则上说，正确舆论，就是能够遵循马克思主义的立场、观点、方法看问题；在核心意义上说，判断舆论是否合理正确的根本标准就是党和政府的有关路线、方针和政策，与其一致的才是合理正确的，相反的则是不合理的、错误的；在具体工作层面上，那些能够促进实际问题解决的、有利于化解相关矛盾的看法和意见，是更为合理正确的意见，相反，那些故意挑起事端、激化矛盾的看法，是不合理的、错误的意见。

有效展开新闻舆论引导，需要科学合理运用舆论引导方法。党媒依据马克思主义新闻观的指导，特别是根据党媒自身的历史经验与教训，认为坚持以正面宣传或正面报道为主，是实现正确舆论引导的关键。“团结稳定鼓劲、正面宣传为主，是党的新闻舆论工作必须遵循的基本方针。”③ 通过新闻传媒所进行的舆论引导，本质上不是强制的过程，而是引导者与被引导者平等对话交流的过程。舆论引导既要坚持一定的原则，又要有高超的艺术。通过新闻方式进行的引导，应该遵守新闻规律，遵守新闻舆论的传播规律，这是实现正确舆论引导的基础性要求。④

---

① 习近平．在党的群众路线教育实践活动总结大会上的讲话［M］．北京：人民出版社，2014：10－11.

② 本书编写组．习近平新闻思想讲义：2018 年版［M］．北京：人民出版社，2018：63.

③ 习近平谈治国理政：第 2 卷［M］．北京：外文出版社，2017：333.

④ 丁柏铨，任桐．“新闻舆论的传播规律”初探［J］．新闻记者，2017（12）：4－13.

实现正确的新闻舆论引导，还要面对不断变化更新的媒介生态环境、新闻生态环境。在新兴媒介时代，自然需要特别做好网络正面宣传、正面报道。“加强网络内容建设，做强网上正面宣传”①。网内网外或网上网下的客观存在，以及内外上下的紧密联系，要求党媒在新闻舆论引导工作中必须处理好二者之间的关系，使“网上网下要形成同心圆”②，要把握好舆论引导中“时度效”的关系，即要“抓住时机、讲究策略，从时度效着力，体现时度效要求”③。

四、批评监督原则

坚守舆论引导原则，不是不要新闻监督；坚持正面宣传，不是不要新闻批评。“舆论监督和正面宣传是统一的。新闻媒体要直面工作中存在的问题，直面社会丑恶现象，激浊扬清、针砭时弊，同时发表批评性报道要事实准确、分析客观。”④ 在正面宣传、正面报道与负面揭露、舆论监督之间，不是哪个能做哪个不能做的问题，而是如何处理好二者之间的关系问题，“关键是要从总体上把握好平衡”⑤。

事实上，揭露和批判社会黑暗、腐败现象，批评和自我批评党内及人民内部的缺点错误，是党媒的优良传统。批评监督原则已经成为当代中国新闻业极其重要的并且是越来越重要的工作原则。

批评监督原则即新闻批评、新闻（舆论）监督原则要求，通过新闻媒体的新闻批评、新闻监督报道努力做到如下方面：批判、揭露国内外一切敌对势力、敌对分子的破坏行为，主要包括各种颠覆国家政权的行为，破坏国家稳定、团结、发展局面的行为，以各种非法手段损害国家利益、人民利益的行为等；重点揭露权力机构、权力组织、权力拥有者的各种损害国家利益、党的利益、人民利益的腐败行为；揭露社会各个领域特别是与人们利益密切相关的经济领域、文化领域中存在的丑恶现象和违法犯罪行为；揭露各种社会团体、个人的不法行为和丑恶表现；重点批评党政部门中存在的各种不良作风和习气；批评在社会生活各个领域中存在的各种错误倾向、观念和思潮以及各种不良表现和错误行为。

如果新闻批评与监督本身是合理的、正确的、适度的、建设性的，就会产生极高的工具价值、手段价值，即一定能够为社会的良性运行、公共利益的维护与保障等发挥建设性的效应和影响。新闻批评与监督是广大人民群众运用和实现民主权利的重要途径，是防治政治腐败、经济腐败和其他社会腐败现象、丑恶现象和不法行为的有力武器，是提高党的素质、建设优良政府、增加社会信任、密切社会关系的重要手段，是增强媒体权威性和影响力的基本方法，也是赢得人民信赖的必然途径。

当代中国新闻业作为党的新闻业，在进行新闻批评、新闻监督时，必须在党的领导

---

① 习近平谈治国理政：第2卷［M］. 北京：外文出版社，2017：337.

② 同①335.

③ 习近平在党的新闻舆论工作座谈会上的讲话［M］//中共中央宣传部新闻局．习近平总书记党的新闻舆论工作座谈会重要讲话精神学习辅助材料．北京：学习出版社，2016：7.

④ 同①333.

⑤ 学习贯彻习近平总书记新闻舆论工作座谈会重要讲话精神［OL］.（2016-02-20）［2019-05-06］. 人民网.

下进行，必须坚守一些基本的批评监督原则。第一，建设性的批评态度。这是新闻批评、新闻监督的价值取向原则。所谓建设性的态度，一是指新闻批评、新闻监督的出发点必须合理，必须与人为善、公正公平，二是指新闻批评、新闻监督应该追求良好的社会效果。第二，尊重事实，实事求是，客观全面。这是新闻批评、新闻监督的事实原则，它要求新闻批评、新闻监督必须正确。第三，适度、典型原则。这是保证新闻批评、新闻监督发挥正面效应的方法原则。第四，遵守法律，符合政策，恪守纪律，不背道德。这是新闻批评、新闻监督必须遵行的基本规范。第五，积极主动、独立负责。这是新闻媒体在进行新闻批评、新闻监督时必须具备的职业理念、专业精神。第六，充分运用各种新兴媒介的优势特征，与广大民众同心合力，共同做好新闻批评、新闻监督工作。

本节对当代中国新闻业的主要政治性原则做了阐释，其中党性原则既是根本性原则、第一原则，又是一个总的原则，其他三个原则是党性原则的内在要求，是党性原则的内涵。之所以将四个原则分开来叙述，是因为尽管其他三个原则是党性原则的内在要求，但它们毕竟反映了中国新闻业作为党、政府和人民喉舌对新闻工作不同侧面的要求，每一原则都有自己一些独特的内容。

复习指点

关键概念

中国特色社会主义新闻业　党性原则　“人民中心”原则　舆论引导原则　批评监督原则　正面宣传（报道）

思考题目

1. 我国新闻业的宗旨、方针
2. 正面宣传、正面报道的含义与意义
3. 党性原则的基本要求
4. “人民中心”原则、舆论引导原则、批评监督原则的基本要求
5. 新闻舆论工作的基本任务

必读文献

习近平谈治国理政：第1卷［M］. 2版．北京：外文出版社，2018.
习近平谈治国理政：第2卷［M］. 北京：外文出版社，2017.
新华通讯社课题组．习近平新闻舆论思想要论［M］. 北京：新华出版社，2017.
胡锦涛．在人民日报社考察工作时的讲话［N］. 人民日报，2008-06-21（1）.
江泽民同志视察人民日报社时的讲话［J］. 新闻战线，1996（11）.
李瑞环．坚持以正面宣传为主的方针［M］//新华社新闻研究所．新闻工作文献选编．北京：新华出版社，1990.

选读文献

陈力丹．党性和人民性的提出、争论和归结：习近平重新并提“党性”和“人民性”

的思想溯源与现实意义［J］. 安徽大学学报（哲学社会科学版），2016（6）.

童兵 . 百年大党对党媒的引领、规范和关爱：兼记党媒对中国共产党百年成长的贡献［J］. 新闻大学，2021（6）.

郑保卫 . 论中国共产党百年新闻思想的核心与精髓［J］. 新闻爱好者，2021（9）.

尹韵公 . 媒体社会责任感的中国特色［J］. 新闻与传播研究，2009（6）.

杨保军 . 准确理解“党媒”新闻报道“全面”观念与“正面为主”观念之间的关系［J］. 西安交通大学学报（社会科学版），2022（3）.

第八章
新闻传媒

提　要

新闻传播媒介就是将新闻传播者和新闻收受者连接起来的承载着新闻信息符号的物质实体。传收新闻的媒介形态主要有报纸、杂志、广播、电视、网络、手机以及其他一些新兴媒介形式。新闻业就是新闻机构及其活动的总称。新闻业是一定社会上层建筑中的一种意识形态系统。新闻业有其自身产生、演变、发展的历史和规律。新闻业拥有自身的功能系统，包括媒体作为各种实体组织的功能和各种传播活动发挥的功能，但传播新闻始终应该是新闻业的核心功能，而报道新闻、实施监督、引导舆论是新闻媒介新闻传播活动的基本功能。专业新闻媒体单一的国家所有制，产业与意识形态双重属性，马克思主义新闻观念为主导，宣传与新闻并重的核心功能，在政治、经济、文化等多元力量中运行，是当前中国新闻业的典型特征。

就目前来看，尽管后新闻业时代已经开启，非职业新闻的影响力越来越大，但常态的新闻生产传播活动主要还是由各种新闻传媒机构运行、实施的。事实上，新闻传媒业或新闻业，就是由不同的新闻传媒机构及其各项信息传播活动、经营管理活动等构成的。因此，要想在宏观上把握新闻传播活动的实际景象，就必须考察和分析新闻业的本质、特征、功能以及新闻业的制度、体制、运行规律等问题。当然，首先认识和理解不同类型新闻媒介的特点，是把握新闻业的重要前提。

第一节　新闻传媒的类型与特点

人类用来进行信息交流的媒介原则上都可以成为传播和收受新闻的媒介。就当前实际来看，传收新闻的主要媒介形态类型有报刊、广播、电视、互联网、手机以及其他一系列新兴媒介形式等。站在时代平台上分析这些媒介的特点，认识它们的短长，掌握它们的主要功能，是新闻学的基本任务。

一、媒介与新闻媒介

任何形式的传播总要依赖一定的媒介。媒介是构成传播活动的要素。自然，新闻媒介也是新闻传播得以顺利进行所不可或缺的。媒介决定着信息传播的基本方式，对于传播什么，特别是怎样传播以及传播的效果都有直接的影响。因此，理解媒介与新闻传播媒介的基本内涵有着重要的意义。

（一）媒介的含义

“媒介的概念不像看起来那么简单。”① 媒介的含义有广义和狭义之分。广义的媒介是指将不同事物连接、联系在一起的中介物或居间者，即“‘媒介’意指‘那些处于中间位置的东西’”②。在这一意义上，万物皆媒；狭义的媒介是指从各学科、各领域自身出发所界定的媒介。

在传播学、新闻学领域，人们常常在不同的意义上使用“媒介”这一概念。概括起来，大致有这样几种：其一，把媒介概念与媒介组织或媒介机构相等同。比如，有人说：“传播媒介有时也称媒体。”③ 其二，把媒介主要理解为制作、传输信息产品的工具或手段。比如，“大众媒介就是把信息转换成符号或信号并通过特定渠道面向大众、定期传播的机械手段”④。“所谓大众传播媒介，也称大众文化媒介，是指有组织的传播者为了实现一定的目的而向广大收受者进行信息符号的复制和传播时所凭借的传播手段、工具、途径和渠道。具体说，当代大众传播媒介有印刷媒介和电子媒介。”⑤ 其三，把媒介理解为媒介产品或媒介的具体形式，即把媒介理解为媒介组织人员运用媒介工具生产出来的具体的信息产品，诸如具体的报纸、广播电视节目、网页等。比如，传播媒介就是信息载体。⑥ 其四，严格区分媒介与媒体概念。用媒体概念指运用媒介进行信息传播活动的组织或机构，用媒介概念指称作为物质手段的传播工具。“前者（指媒体——引者注）强调的是一种社会组织、社会机构，后者（指媒介——引者注）则是指物理意义上的‘中介’‘介质’‘载体’。”⑦

对以上几种理解，我们做这样的评析：首先，从严格意义上讲，把媒介等同于媒介组织是不恰当的，就传播所运用的工具来说，媒介在本质上是一种物质手段，而媒介组织是人（传播主体）与物（不只是媒介）按照一定方式和要求构成的有机统一体。媒介主要是指承载信息的实体，而媒体主要是指生产信息产品的组织或机构。其次，将媒介等同于具体的媒介产品尽管没有错误，并且确实抓住了媒介的核心含义，但还是有所欠缺。因为尽管媒介产品确实是传播信息的直接中介，但将传播者与收受者连接起来的媒

---

① 施拉姆，波特．传播学概论：第2版［M］．何道宽，译．北京：中国人民大学出版社，2010：114.
② 彼得斯．奇云：媒介即存有［M］．邓建国，译．上海：复旦大学出版社，2020：34.
③ 童兵．理论新闻传播学导论［M］．北京：中国人民大学出版社，2000：93.
④ 黄旦．新闻传播学［M］．杭州：杭州大学出版社，1997：204.
⑤ 邹广文．当代中国大众文化论［M］．沈阳：辽宁大学出版社，2000：88.
⑥ 同③98.
⑦ 丁柏铨．中国当代理论新闻学［M］．上海：复旦大学出版社，2002：32.

介本身是一个系统，它还包括制作和收受信息产品的媒介，比如作为大众媒介的印刷设备、广播电视设备、网络技术设备、各种收受信息的设备等，离开这些中介物，传播者和收受者是难以沟通的。如此传收意义上的媒介系统，实质上构成了一定社会正常运行的媒介基础设施。最后，把媒介仅仅理解为制作媒介也是有问题的。制作媒介只是间接的传播媒介，而不是传播者与收受者之间的直接中介。

因此，对信息传收活动中媒介的理解，应该确立系统的思维方法，从传收活动的整体过程去把握媒介的含义。[①] 第一，传收媒介是由制作媒介、传输媒介和收受媒介共同构成的统一的媒介系统，这样的媒介系统构成了新闻业的物质基础结构。第二，传播媒介的核心是指将传播者与收受者连接起来的承载一定信息符号的物质实体。传播媒介是由三个最基本的要素构成的，一是一定的介质，二是以一定方式附着在介质上的信息符号，三是将介质与符号结合在一起的相关技术。

此处需要特别说明的是，如今，很多人已经习惯于在一般意义上将大众媒介等同于大众媒体（组织和机构），等同于大众媒体所生产的产品。其实，如果从实际出发，将作为物质手段的媒介、建立在物质手段基础之上的媒介组织以及媒介组织生产的信息产品看成一个统一体，并且在此统一体的意义上理解大众传播媒介，也许更容易说明大众传播中的理论问题和实践矛盾。我们可以通过不同的语境具体理解学者们赋予媒介、媒体的含义。

（二）新闻传播媒介

当把媒介主要理解为将传播者与收受者连接起来的承载一定信息符号的物质实体时，新闻传播媒介就是将新闻传播者和新闻收受者连接起来的承载着新闻信息符号的物质实体。简单说，凡是负载着新闻信息符号的物质实体都可以叫作新闻传播媒介。

当一种媒介被定义为新闻传播媒介时，其基本根据是：第一，从传播者角度说，必须以传播、评述新闻事实信息为媒介的基本使命。第二，就媒介本身所承载的内容而言，新闻在质与量的统一性上必须占据所有传播内容的核心地位。第三，从收受者角度说，对媒介的信息诉求或心理期待主要是新闻事实信息和相关的新闻评论，而非其他内容。这三条的核心是说，新闻媒介必须以负载新闻信息符号作为自己的立身之本。

然而，问题并不如此简单，正如上面所说，人们常常把新闻媒介组织、机构也称为新闻传播媒介。将新闻传播机构称为新闻传播媒介具有一定的合理性，需要从宏观上加以理解。就整个社会系统而言，新闻传播组织或机构确实充当着采集、加工、制作、传播新闻信息的角色，它将社会、公众与一定的新闻信息连接起来，起到一种桥梁或者说是媒介的作用，因此，人们常常把组织机构性的大众传播媒体叫作大众传播媒介，在新闻学意义上，又称之为新闻传播媒介。实际上，“传播意义上的媒介是指传播活动的中介或中介物，它本质上由物质、技术、人或组织构成。媒介处于传播过程的每个环节，并与整个传播过程融合在一起”[②]。但是，在有必要时，我们还须区分媒介和媒介组织或媒

---

① 注意，我们有时使用“传播媒介”，有时使用“传收媒介”，前者侧重指称传播者使用的媒介，后者则包括传播者和收受者使用的媒介系统。

② 崔保国．媒介变革与社会发展［M］．南京：南京师范大学出版社，1999：326.

体。“媒介的具体体现是报纸、广播、电视，而媒体的具体体现是报社、电台、电视台。‘媒介’在英文中对应‘media’，而‘媒体’在英文中应该对应‘media organization’或‘news organization’。”①

二、主要新闻媒介类型及特征

广义上，一切皆媒，因而，媒介可以包括自然媒介、人媒介和人造媒介。从原则上，所有的媒介形式都可以传播信息、传播新闻。就新闻媒介的现实构成来看，主要是各种传统媒介和以互联网为基础的新兴媒介。当然，新闻传收并不是只依赖于这些媒介。但此处，我们重点选取以传播新闻为主要任务的一些具体媒介类型，对它们的个性特点做一些简要的描述和说明。

（一）报纸

报纸是“以刊载新闻和时事评论为主的定期连续向公众发行的散页出版物”②。这是报纸作为新闻纸的定义。有人说：“以 20 世纪的标准来看，一份真正的报纸必须符合以下条件：它必须是定期出版的，每日一期或每周一期；它必须诉求读者的普遍兴趣，而不是某种特殊的兴趣；它必须提供及时的新闻。”③

作为大众化媒介，报纸的历史是最长的。如果从 17 世纪初世界上出现最早的一批近代报纸算起，已有 400 多年的历史。报纸作为纸质媒介，运用的主要是文字语言符号和相对较少的静态平面图像符号；作为传播媒介，它通过一定的发行渠道与读者见面。正是这些符号上、媒介形式上和发行方式上的特点使报纸形成了自己不同于电子媒介的个性特征。

首先，报纸的物质形式使它易于携带，便于保存；而报纸依赖的物质形式也使它的传播速度无法与电子媒介相比。其次，以文字符号为主的信息传递方式，使报纸新闻易于进行深度报道、进行一些相对抽象的分析。“文字符号比起广播、电视语言来，更能诉诸人们的思辨理性。报纸能够通过文字符号细致而深刻地揭示、分析事实的来龙去脉和各种意义，具有得天独厚的广度和深度，它为读者留下了充足的‘反刍’余地和机会。”④但也正是文字符号的限制，使得报纸缺乏电子媒介的形象性和直观性，使报纸新闻对收受者提出了更高的智力要求，因而它的收受面会受到一定的影响。再次，报纸并非仅限于文字符号，它同样也诉诸非语言符号，图片、图表、图画等已成为报纸再现新闻事实不可或缺的重要手段。报纸还以特有的版面语言塑造自己的形象，吸引读者的注意。版面本身就是新闻，就是对新闻的评价。最后，当今的报纸与传统报纸已有所不同，它实质上成为融合媒体的一种形式，成为进入网络媒介的端口，读者可以通过印刷在报纸上

---

① 杜骏飞. 网络新闻学［M］. 北京：中国广播电视出版社，2001：47.
② 甘惜分. 新闻学大辞典［M］. 郑州：河南人民出版社，1993：65.
③ 埃默里 M，埃默里 E，罗伯茨. 美国新闻史：大众传播媒介解释史：第 9 版［M］. 展江，译. 北京：中国人民大学出版社，2009：8.
④ 杨保军. 新闻事实论［M］. 北京：新华出版社，2001：102.

的二维码进入互联网时空。

（二）广播

广播是通过无线电波或导线传送声音的媒介。如果从最初的实验广播算起，广播的历史也超过百年了。无线电广播的出现是新闻传播的一场革命，它打破了传播的时空界限，大大加快了新闻传播的速度，增强了新闻传播的效果。

广播尽管受到各种媒介的严峻挑战，但依然依赖自身的特点获得了生存和发展的空间。“广播媒介所传播的信息，收受者可以‘随身听’，内容丰富，听来让人感到‘宜而爽’，收音机价格低廉、收听广播无须付费，可谓‘万家乐’。”①广播通过声音的音量、音调、音色等，可以充分展示广播新闻的个性色彩，而广播对自身非语言符号如音响、音乐和其他声音的实时应用，更能显现新闻的真实性，增强新闻的感染力和可受性，它甚至可以通过听众的想象和推理塑造出“在场”的感觉。广播声音符号的优势和劣势始终是相伴的，它可以通过设备的轻便性，用无线电波以最快的速度把新闻信息传送到四面八方；听众几乎可以以任何姿态、在任何情况下收听；但它听完即逝，不易留存，对收听的时间有着客观的限制；同时声音语言的口头化也使它难以像文字符号那样很好地进行深度报道。

如今，在互联网技术、数字技术的支持下，广播新闻实际上已经突破了传统广播时代必须按照播出时间顺序收听的限制，听众可以通过互联网、手机随时随地收听相关新闻或其他节目。

（三）电视

电视是运用电子技术传送声音、图像的一种传播媒介。电视的历史已近百年，它的辉煌始于20世纪50年代。电视被看成20世纪人类最伟大的发明之一。互联网时代到来后，传统电视开机率、收视率都在下降，但它仍然是当今普遍认可的重要新闻媒介。

电视将图像、声音、文字等齐集荧屏，以全能语言或全能符号的方式让人们可以同时收受声、像和文字传播。而它的另一突出特点是，对收受者的文化水平要求不高，这就极大地扩展了收受人群的范围，把新闻传播带入一个普遍收受的时代。与报纸的文字信息相比，电视的图像具有更为直接的信息刺激作用和力量，它以生动直观的形象绕过人们大脑的理性思考直接指向人们的内心，引发心灵的震撼，产生即时效应。它的现场性使观众有了“在场”的感觉，可以直观事实的动态过程，这种感觉大大强化了新闻的可信性。

电视在传播新闻方面也有它明显的劣势和不足，一些重大的新闻或重大新闻的一些部分或细节并不总是可以看得见的，这就意味着电视无法用自己特有的画面方式进行记录。事实上，电视不能展现自己风采的时候往往正是报纸能够出彩的机会，它们具有互补的关系。与广播一样，电视顺时而播的特点，对人们的随意收视形成了客观限制。但在当今新兴媒介环境中，电视也像广播一样，可以通过互联网随时收看，一些传统的不

---

① 丁柏铨．中国当代理论新闻学［M］．上海：复旦大学出版社，2002：257.

足不再是收看的障碍。

（四）新媒介

“新媒介”或“新媒体”概念是由美国人 P. 高尔德马克（P. Goldmark）于 1967 年提出的。他在当时的相关计划书中把“电子录像”称为“新媒体”。[①]

如今“新媒介”或“新媒体”是一组概念的集合，是利用数字技术，通过计算机网络、无线通信网、卫星等渠道，以及电脑、手机、数字电视机等终端，向用户提供信息和服务的媒介，目前来看，主要包括网络媒体、手机媒体、网络电视等媒体形态以及丰富多彩的社交媒体形式。“新媒介”或“新媒体”也是一个通俗的说法，严谨的表述是“数字化互动式新媒体”。从技术上看，“新媒体”是数字化的；从传播特征看，“新媒体”具有高度的互动性。“数字化”“互动性”是新媒体的根本特征。新媒体的传播过程具有非线性的特点，信息发送和接收可以是同步的，也可以异步进行。关于新媒体的界定，还有其他多种说法。[②]

新媒介群的核心是由各种技术支持的互联网。互联网是 20 世纪最后几十年的产物，“是一种把众多计算机网络联系在一起的国际性网络，它是计算机技术、信息技术与通信技术融合的产物”[③]。互联网是当代世界上规模最大的超远距离信息传送网络，“被人们视为自发明报刊以来的一项无与伦比的创举，信息生产、传播及交换领域的一场革命”[④]。互联网的意义已经远远超出了信息生产、信息传播的范围，它带来的是整个人类认识方式、生活方式、生产方式、思维方式等的革命性变化，它已经成为社会整体运行的基础设施，对整个人类社会发展带来了革命性的作用和影响。

互联网的主要作用很难说是传播新闻，但它传播新闻的功能却是独特的，是传统媒介在许多方面无法相比的。其多形式[⑤]、大容量、高速度、超文本、互动性的特点，使新闻传播朝着更加自由、更加快捷、更加便利、更加多样化和个性化的方向发展。一系列新技术、新传收方式的不断发明，使网络在新闻活动中的功能作用越来越大、越来越强，已经和正在改变传统新闻传收的整体图景。以互联网为中心的媒介生态结构已经逐步形成，一个新的网络化、数字化的新闻活动时代已经到来。与此相适应，新闻业正在进入数字新闻业时代[⑥]，新闻学正在进入数字新闻学时代[⑦]。

网络新闻是真正全球化的新闻，它以自己的技术优势，不仅给社会公众提供了自发自收的自由，而且提供了抵抗多种可能的收发限制，这就使网络新闻能够在一些新闻事件、问题、人物、现象上形成独特的舆论环境。网络新闻传播使新闻源、传播者和收受

---

① 宫承波．新媒体概论［M］．4 版．北京：中国广播电视出版社，2012：2.

② 匡文波．“新媒体”概念辨析［J］．国际新闻界，2008（6）：66－69.

③ 匡文波．网络传播技术［M］．北京：高等教育出版社，2003：1.

④ 佩利谢尔．在电脑空间遨游［M］//张穗华．媒介的变迁．北京：中国对外翻译出版公司，2002：122.

⑤ 互联网是网络传播的总平台，在这个总平台上，不断有具体的传播形式被创造出来，比如 BBS、QQ、E-mail、Blog、Microblog、Twitter 等各种社交性媒介形式以及丰富多彩的 App。而每一种新形式的创造，都在实质性地充实着网络平台的内涵。

⑥ 彭兰．数字新闻业中的人-机关系［J］．新闻界，2022（1）：5－14，84.

⑦ 陆小华．数字新闻学的产生基础、逻辑起点与演进路径［J］．新闻记者，2021（10）：3－7，18．李艳红．学科范式・创新路径・拓展传承：厘清数字新闻学理论创新的几个问题［J］．新闻记者，2021（10）：19－36.

者之间的关系发生了巨大的变化，创造了新的“面—面”的或者说“大众—大众”的传收模式。在传统的传播媒介中，人们收受到的新闻都是经过职业新闻传播者加工处理的，很难与最初的信息源直面，但网络却使一些新闻不再经过传统新闻“守门人”的把关或过滤，而是直接与公众见面了。正是互联网激活了所有的社会主体，从原则上使所有社会主体成为新闻的生产者、传播者，创造、开启了新的新闻传播时代。

互联网给新闻传播带来的另一具有革命意义的表现，就是“媒介融合”时代的开启。“媒介融合是指在以数字技术、网络技术和电子通信技术为核心的科学技术的推动下，组成大媒体业的各产业组织在经济利益和社会需求的驱动下通过合作、并购和整合等手段，实现不同形态的内容融合、传播渠道融合和媒介终端融合的过程。”①如今，在智能技术支持下，人机协同（也可看成一定意义的人机融合）、人工智能体的新闻生产传播正在迅猛发展，一个智能媒介时代正在开启。

从媒介角度看，“媒介融合”促生了“融合媒介”。从字面上说，“融合媒介”就是多种媒介形式的融合统一；但在实质上，融合媒介主要是信息符号意义上的融合，是指在网络媒介平台上各种媒介符号的整合。在当代，技术的整合使新闻传播成为多媒介的共同传播，信息符号的整合使信息传播成为多符号系统的共同传播，功能的整合使信息传播成为多功能的传播，而技术、符号、功能系统的共同整合，使信息传播成为超越任何单一类型文本的传播。网络媒介本质上就是整合的媒介，并且在继续整合。

网络电视、网络广播等实际上就是网络媒介与电视媒介、广播媒介在网络技术支持下融合的结果。网络媒介可以把视频、音频完美地整合起来。在传收通道上形成了全感觉（包括视觉、听觉，还有可能包括嗅觉和触觉等）、立体化的通道特征，全觉传播正在形成之中。

“融合媒介”（融合媒体）和“全媒体”是两个不同的概念。融合媒介指的是多种媒介形式在网络平台上的整合；全媒体是说一个媒介组织拥有不同形态的媒介，比如，一家媒介集团同时拥有广播、电视、报纸、网络等多种媒介形式，人们便说它是一个全媒体组织。

（五）通讯社

在传统意义上，新闻通讯社是专门搜集和供应新闻稿件、资料（包括文字、图片、声像等）的新闻发布机构。② 它被称为“供应新闻的大动脉”“消息的总汇处”，因而它是新闻信息高速、有效流通的重要媒介或通道。从严格意义上讲，通讯社不是新闻媒介（news media），而是媒介组织（media organization），它与报社、电台、电视台、网站等是并列的概念。但考虑到通讯社主要以供稿方式进行新闻传播的特点，我们姑且列在此处加以说明。若再考虑到如今的通讯社通过自己所属的不同媒介形态（报纸、网络、电视等）直接向受众传送新闻信息和其他信息的现实，我们就更有理由在媒介意义上理解通讯社的功能。

① 蔡雯，王学文．角度・视野・轨迹：试析有关“媒介融合”的研究［J］．国际新闻界，2009（11）：87－91．

② 如今，通讯社也在通过自己的媒介诸如电视、网络、报纸等直接传播新闻和其他信息，不再仅仅是“信息供应商”的角色。

电报技术使信息传播改变了实体传播的状态，变成了以电波信号为载体的电子传播，因而电报技术为通讯社的建立和发展创造了前提，成为通讯社发展的助推器。1832年德国人韦伯和高斯造出了世界上第一台电报机，为实现信息的远距离传递送来了第一声福音；1837年，美国人莫尔斯的电磁式电报收发机实验成功，七年后，他又发明了电报电码，消除了电信传输中的语言障碍；1839年，英国人惠斯通架起了世界上第一条商用电报线，为电信技术的商业运用打开了方便之门。1835年，法国籍匈牙利人查理·哈瓦斯在巴黎创办了哈瓦斯通讯社，这是世界上第一家通讯社。这家在电报技术商用之前创办的通讯社一开始是借助信鸽、车马等普通传递工具传递信息的。电报发明之后，一些通讯社便陆续采用了这种新式的传递方式。1848年，美国纽约的六家报社联合成立了港口新闻联合社。1892年，该社改为现名——美国联合通讯社，简称美联社。1849年，曾在哈瓦斯通讯社实习过的贝纳德·沃尔夫在柏林独自创办了沃尔夫通讯社。1850年，另一位曾在哈瓦斯通讯社实习过的保罗·朱利叶斯·路透在德国亚琛独自创办了路透社。该社1851年迁往伦敦，成为金融街一个引人注目、影响巨大的信息采集和发布中心。对通讯社发展起到促进和推动作用的，还有海底电缆的发明和运用。1851年，英国和法国之间穿越多佛尔海峡的世界上第一条海底电缆铺设成功。在以后的20年中，电报线以欧洲为起点，逐步延伸到了北美、中东、印度和澳大利亚。海底电缆也穿过大西洋铺到了美洲（1866年到北美，1874年到巴西）。到19世纪70年代，一个连接全世界的电报通讯社网络基本形成，大大方便了通讯社的信息传递。几家最早建立的通讯社正是借助这些四通八达的电报线路将自己的通信业务逐步推进和扩展到世界各地，使自己的业务迅速发展起来。

进入20世纪，新闻通讯社在演变发展过程中出现了一些重要的变化。1907年，斯克里普斯报业集团创办了合众社；1909年，赫斯特报业集团创办了国际新闻社；1958年，两社合并为合众国际社，很快成为国际级的通讯社。1933年，由于希特勒的上台，德国政府接管了沃尔夫通讯社，改组为德国新闻社（简称德新社）。哈瓦斯通讯社在第二次世界大战期间也历经各种磨难，反复易手。第二次世界大战结束后，法国几家参加抵抗运动的通讯社在原哈瓦斯通讯社的基础上建立了法国新闻社（简称法新社）。1917年俄国十月革命成功后，于1918年成立了罗斯塔通讯社，1925年改组为塔斯社，第二次世界大战后发展成为世界级的通讯社。1931年，中国共产党领导的红色中华通讯社在瑞金成立，1937年1月改名为新华通讯社（简称新华社），1949年10月中华人民共和国成立后成为国家通讯社。

从第二次世界大战结束到冷战结束前，世界上有五家世界性通讯社：美联社、合众国际社、路透社、法新社、塔斯社。1991年苏联解体后，塔斯社改组为俄罗斯通讯社，降级为全国通讯社，因此现在只有四家国际性通讯社，它们垄断着世界上80％的国际新闻的传播。近些年来，中国的新华社在国际新闻通讯界的地位也在不断上升。

进入20世纪八九十年代，随着通信技术的迅猛发展，“通讯社越来越广泛地依靠国际互联网传送新闻、播发稿件，极大地提高了传播的时效、数量和质量。这场传播方式的变革把世界新闻通讯事业带入一个前所未有的新时代”①。

三、不同新闻媒介的共同特征

新闻媒介丰富多彩、各有个性，但作为新闻媒介必然具有一些共同的特征。从宏观层面上分析这些共同的特征，有利于从总体上把握新闻媒介。

首先，新闻媒介是一种实体性的存在物。不管什么样具体的新闻媒介，一定是一种实在性的存在，看得见，摸得着。新闻媒介的这种实体性集中表现在两个方面：载体的实体性和信息符号的可感性。

其次，新闻媒介具有中介性，即新闻媒介是将新闻事实、传播者、传播内容、收受者连接起来的桥梁和中介。离开新闻媒介的中介性或中介作用，就不可能在传播者与收受者之间产生新闻传收关系。

再次，新闻媒介，特别是大众新闻传播媒介，是一种介质、技术和信息符号的融合物、统一体，也可以说是实现新闻传播的物质手段。比如，作为大众传播媒介的印刷媒介就是将文字与纸通过印刷技术结合在一起的传播新闻的物质手段。新闻媒介的融合性特征意味着传播媒介的每一次更新特别是革命性的发展，需要多方面条件的有机联系与契合。

又次，大众新闻传播媒介必然具有大众性。大众性在实质上指新闻传播媒介内在的可扩散性，对一定时空的可超越性。大众性的内涵是广泛的个体性，一种新闻媒介只有能够被广泛的个体接触和运用，才能称得上是大众媒介。正是在这一意义上，我们既可以把以网络媒介为代表的一系列新媒介称为大众新闻媒介，也可以称它们为个体性的新闻媒介。社交媒介既是典型的个体性媒介，同时也是大众化的媒介。

最后，当我们在更宏观的层面上把新闻传播媒介理解为一种组织或机构时，它具有明显的公共性或社会性。它是大众提供、获取和交流信息的最大媒介和最大平台。个体、群体意见正是通过大众新闻传播媒介，才可能和可以迅速转化为社会意见、公共意见。对于组织机构意义上的传播媒介，在构成上具有明显的层次性，这种层次性尽管在现实中有时依赖于行政的规定，但就新闻传播的内在发展机制而言，是传播媒介竞争的必然结果。

第二节 新闻业的本质与特性

新闻传媒业就是新闻传播业或新闻业，作为人类新闻活动的历史产物，新闻业有其形成的基本标志，有其产生与发展的动力和规律。我们现在做出的种种描述和判断，是对人类新闻传播活动轨迹反思认识的结果，是对人类新闻业实践历史的分析、抽象和概括。

---

① 郑超然，程曼丽，王泰玄．外国新闻传播史［M］．北京：中国人民大学出版社，2000：28.

一、新闻业的本质

新闻业是新闻机构或新闻媒介组织及其活动的总称。“新闻传播事业是指各种新闻传播机构及其各项信息传播活动和经营管理活动的总称。”① 新闻业的实体是各种各样的新闻媒体（包括以互联网为基础的一些以传播新闻为重要目的的新兴媒介组织），还包括那些主要为新闻媒介组织提供支持和服务的相关机构及其活动；新闻业的活动内容主要包括采集、加工、传播新闻信息的活动，其他信息生产、传播活动，新闻媒介组织的经营管理活动。在确定了新闻业的基本含义之后，我们先简要说明新闻业的产生和发展过程，随后重点解释新闻业的本质和特性。

（一）新闻业的产生

从雏形算起，新闻业产生至今已有 400 多年的历史，其间不仅有日积月累的量变，还有多次飞跃发展的各种质变，才形成了今天这样的整体局面。作为一个制度化、组织化、系统化、规模化的行业，新闻业是人类社会发展到一定阶段的产物。从根本上说，新闻业也像人类的其他事业一样，是社会发展需要的产物，具体讲，则是人类规模化新闻需要的产物。因此，“不是报纸创造了新闻，而是新闻创造了报纸”②。

新闻业的产生有其深厚宽广的历史背景，有其相互联系的诸多原因。新闻业的产生过程也是近代报刊的诞生与扩散过程。新闻史家们普遍认为，近代报刊从孕育、生长到相对成熟经历了数百年的历史。这一过程大致包括三个环节。

15 世纪中叶金属活字印刷技术的发明和在德国出现的印刷新闻纸，是近代报刊产生的第一个环节。16 世纪，西班牙、葡萄牙、荷兰等商业民族在全球的经商活动中，无意中传播了欧式印刷技术和简单的公报式的报纸，构成了近代报业产生的第二个环节。第三环节，从 17 世纪开始，英国面向全球的殖民过程将近代报刊移植到世界各地，出现了近代报刊的准“全球化”现象；18 世纪到 19 世纪，近代报刊遍及世界各个角落，在世界范围内完成了近代报刊的起源过程；③ 到了 19 世纪三四十年代，欧美一些资本主义国家的报业适应自由市场经济的发展，进入了大众化的报刊时期，可以说是近代报刊走向成熟的基本标志。

近代报刊产生于欧洲，有这样几条相互依存、缺一不可的条件：世界地理大发现使得欧洲的商业和工业从地中海贸易转向全球贸易，因此造成对新闻信息的规模化需求，而此前的手抄新闻传播方式已经很难满足这样的需要；欧洲地理上在这一时期形成相互联系的文明地区，各国及地区之间的贸易关卡减少，传递信息的障碍也随之减少，从而使规模化的信息传播成为可能；欧洲的主要民族经过文艺复兴运动的洗礼，基本形成了

---

① 童兵．理论新闻传播学导论［M］．北京：中国人民大学出版社，2000：118.

② 埃默里 M，埃默里 E，罗伯茨．美国新闻史：大众传播媒介解释史：第 9 版［M］．展江，译．北京：中国人民大学出版社，2009：7－8.

③ 陈力丹．世界新闻传播史［M］．上海：上海交通大学出版社，2002：12．另请注意，西方历史学者一般把 15 世纪中期以后的历史称为“现代史”，而中国学者通常把俄国十月社会主义革命之后的历史称为“现代史”。陈力丹运用的是西方学者的划分方式。我们采用了中国学者的一般划分概念。

各自的标准语言和文字，奠定了规模化新闻传播的语言文字基础；谷登堡印刷技术的发明，提供了规模性、持续性新闻传播的技术条件；文艺复兴后，文化从僧侣阶层的垄断下逐步解放出来，转向世俗社会，为规模化的新闻传播提供了一定的读者市场。①

从这些条件中可以看出：第一，商业经济的发展是新闻业演进最根本的经济基础。埃默里父子说："商业的发展对第一份报纸的创办影响极大，而所有早期的报纸都是在商业中心问世的。"② 第二，生产力水平的提高是最大的社会动力。没有印刷技术的发明，规模化的新闻传播是不可想象的。这两者之间的相互作用促成了近代报刊这种新的社会事物的出现，使人类信息传播活动开始进入一个分门别类的新时代。第三，文化发展既是新闻活动演变的动力，又是新闻活动水平提升的表现。

（二）新闻业的演变发展

如果以全球新闻传播业整体的演变为背景，略去不同国家、地区的特殊历程，可以把人类近代报刊产生以来新闻业的发展大致描述为前后承继、相互联系的三个历史时期。③

1. 漫长且单一的报纸主导时期

如果从1615年诞生于德国的、被视为德国也是世界上最早的"真正的报纸"——《法兰克福新闻》（周报）算起，到1920年广播新闻诞生为止，报刊作为单一的、大众化的（在19世纪30年代商业报纸诞生前的报纸只能是准大众化的）新闻媒介就有300多年的历史。在这300多年间，人类社会发生了翻天覆地的变化，创造了过去几千年都没有创造出的文明成果，报纸同样在这剧烈变化的世界中留下了自己运行的轨迹。

15世纪中叶到17世纪初可以被看作近代报纸的起步阶段，也是封建官报与初级商业报纸的并存时期。从资产阶级革命酝酿到资产阶级政权在主要资本主义国家确立，经历了资产阶级政党报纸时期，这一时期大约有200多年的历史。在此期间，以维护本阶级利益为目的，作为与资本家、资产阶级进行斗争手段的精神武器——工人报刊、无产阶级报刊，从19世纪二三十年代在欧洲开始登上世界报业的舞台。

19世纪三四十年代，首先兴起于美国的大众化报纸，将资本主义新闻业带入了史称的自由报刊时期。从此开始，报业在资本主义世界逐步进入产业时代。而19世纪30年代电报技术的发明、改进与运用，50年代到70年代海底电缆的发明与运用，使新闻业如虎添翼，可以说进入了报业时代的"全球化"时期。19世纪末20世纪初，在一些比较发达的资本主义国家，比如英国、美国，开始出现垄断性的报业集团。就在广播诞生前夕，另一种性质的新闻业（报纸）——社会主义新闻业（报纸事业）——在苏维埃政权下的俄国诞生。

---

① 陈力丹．世界新闻传播史［M］．上海：上海交通大学出版社，2002：10-11.

② 埃默里M，埃默里E．美国新闻史：大众传播媒介解释史：第8版［M］．展江，殷文，主译．北京：新华出版社，2001：5.

③ 但仍需特别说明的是，世界各地、各国新闻业的发展是极不平衡的，它们拥有各自特殊的历史演进方式，这需要通过地区新闻史、国别新闻史去描述、呈现。

2. 逐步走向三足鼎立的多种媒介时期

无线电技术、电波调制技术、图像传输技术等的发明，促成了 20 世纪 20 年代广播在世界各主要国家的诞生，电视在西方国家的诞生（真正兴盛于 50 年代之后），从而使新闻业在世界范围内从 20 世纪 50 年代到 80 年代末处于报纸、广播、电视三大媒介三足鼎立、并驾齐驱的历史时期。卫星技术、彩印技术、光电技术、计算机技术等使传统媒介得到不断的技术提升和改造，并且不断以新的面貌展现在人们的面前。

在这一时期的资本主义世界，伴随着垄断资本主义的不同发展阶段，单一类型的媒体集团、跨媒介的媒体集团、跨地区和跨国的媒体集团相继出现；在社会主义国家，计划经济主导下的新闻业基本上延续着政党报刊的新闻理念，充当着宣传为主、新闻为辅的角色，但从 20 世纪 80 年代初开始，出现了按照社会主义商品经济、市场经济运作的新闻业。

3. 互联网产生后的新时期

计算机的发明、网络技术的创造、信息高速公路的建设、多媒体技术的运用、数字技术的勃兴、智能技术的不断发展，不仅使互联网成为信息传播领域的新贵，也促成了各种新兴媒介形式的不断诞生，促成了新闻业的新时代。

20 世纪 90 年代互联网真正进入新闻传播领域后，便以信息平台的方式成为“第四媒体”，冲击着报纸、广播、电视构筑的传统新闻业格局，逐步形成了传统媒介与新媒介共生的新的媒介生态结构，将人类新闻传播业带入了一个新的时代。随着网络技术的不断提升，数字技术的普遍使用，智能技术的迅猛发展，新媒介的不断出现，以及新的具体网络传播方式的不断生成，特别是各种媒介融合步伐的不断加快，新闻业在网络时代的基础上开始进入融合时代，打破了传统三大媒介（报纸、广播、电视）的基本结构，使新闻业开始进入后新闻业时代，其实质就是数字新闻业、融合新闻业。

如今，大规模的整合不断上演，全媒体新闻组织不断增多，传媒业领域的全球性“巨无霸”相继诞生，这不仅固化了既有的全球新闻传播不平衡局面，而且正在塑造更为严重的国际新闻传播不平衡现象。另外，在这一时期，以中国为代表的社会主义新闻业也进入了实质性的改革阶段，不仅认可了新闻业的产业属性，而且从 20 世纪 90 年代中期开始，以集团化的方式运作新闻业，市场经济逻辑、政治逻辑与技术逻辑等一起，成为新闻业运行背后的共同力量。

（三）新闻业的本质

揭示新闻业的本质，最主要的是两个问题：一是新闻业的性质，即新闻业在社会有机系统的整体结构中属于哪个领域，处在什么地位，担当什么角色；二是新闻业的特性，即在与其他社会子系统的比较中，新闻业所呈现出的个性特点是什么。我们先来讨论第一个问题。

在哲学视野里，新闻业主要属于社会意识领域。从一般哲学认识论的角度看，新闻无非是作为主体的人通过新闻手段对作为客体的自然、社会中的最新变化的反映和报道。“报刊是人的眼和耳通过大脑对外部世界的反映，报刊是关于对象的反映，是人们表现现实世界的精神世界。”[①] 在经济学视野中，新闻业已经成为经济基础的一部分。新闻业作为文化产业的一部分，已是客观事实。因此，它必然具有产业属性。在政治学的视野中，新闻业是一种政治性很强的舆论工具。新闻业是政治宣传、政治斗争、政治革命和政治建设的手段或工具。因此，政治视野中的新闻媒体具有强烈的阶级性和政治性。在文化学视野中，新闻业是一种大众文化事业。大众文化事业的性质决定了新闻业的文化属性和普遍的社会性或者公共性。同时，作为大众文化事业的新闻业，其根源在于市场经济，因此新闻文化必然具有商品文化的属性，新闻产品必然具有商品属性。

马克思主义新闻学主要是从社会基本结构即经济基础与上层建筑的相互关系中理解新闻业本质的，认为新闻业属于上层建筑思想意识形态的一个子系统，是对一定社会经济基础通过新闻手段的反映。[②] 这其中有两个质的判断：第一，新闻业属于上层建筑，但上层建筑是由政治上层建筑（指由政治制度决定的政府、法庭、议会、警察、军队等带有一定国家权力的机构和组织，即国家机器）和思想上层建筑（指哲学、文学、艺术、道德、宗教、政治学说、法律学说等意识形态的东西，它们都是对客观社会生活的不同反映形式）构成的。第二，进一步将新闻业归属于思想上层建筑，即思想意识形态领域。这种性质定位是准确的。如前所说，新闻传播活动本质上属于一种社会认识活动，因而新闻业必然属于意识形态的东西，不属于国家权力机关，不属于政治上层建筑。一旦分不清这一基本界限，就有可能把新闻业作为思想专政的工具。实践已经反复证明，这“不仅在理论上是极其荒谬的，对社会生活的破坏也是十分严重的”[③]。但应该注意到，既然新闻业是通过新闻手段对一定社会经济基础的反映，因而新闻手段掌握在不同人的手里，对经济基础、社会生活的反映就往往会表现出不同的特征，这正是新闻业具有阶级性、政治性、倾向性的主要根源，也是人们把新闻业看成阶级舆论工具的客观根据。而对一个国家来说，由于统治阶级总是占有和支配社会物质资源的主要力量，因而作为思想意识形态的新闻业在整体上也总是掌握在统治阶级的手中，主要为统治阶级的利益服务，诚如马克思、恩格斯所说：“占统治地位的思想不过是占统治地位的物质关系在观念上的表现，不过是以思想的形式表现出来的占统治地位的物质关系”[④]。

综上所述，新闻业在社会整体结构中属于思想意识形态的范围，是以传播新闻为主来反映客观世界的社会信息、舆论系统，构成这一系统的实体机构——新闻媒体，同时也是经济实体和文化实体。

---

① 童兵．马克思主义新闻思想史稿［M］．北京：中国人民大学出版社，1989：198.

② 比如，毛泽东就认为，报刊是运用新闻手段反映社会经济的产物。他在 1957 年 6 月 14 日写的《人民日报》社论《〈文汇报〉在一个时间内的资产阶级方向》中指出，在社会主义国家，报纸是社会主义经济即在公有制基础上的计划经济通过新闻手段的反映，和资本主义国家报纸是无政府状态的和集团竞争的经济通过新闻手段的反映不相同。他还说过，“报纸，这是属于意识形态范围的”。参见中共中央党校．马列著作毛泽东著作选读：党的学说部分［M］．北京：人民出版社，1978：450。

③ 童兵．理论新闻传播学导论［M］．北京：中国人民大学出版社，2000：124.

④ 马克思恩格斯选集：第 1 卷［M］．2 版．北京：人民出版社，1995：98.

二、新闻业的特性

新闻业主要是由新闻机构[①]及其活动构成的，因此，考察新闻业的特征实质上是在分析新闻机构及其总体活动的特征。根据上面对新闻业性质的分析，新闻业的主要特性如下。

首先，新闻业在社会整体结构中的意识形态定位决定了它影响社会生活的非强制性，它属于马克思所说的“批判的武器”。这是所有意识形态子系统与政治上层建筑相区别的共同特征，当然也是新闻业与政治上层建筑相区别的一个重要特征。新闻业是信息传播业、大众文化事业，新闻机构是社会舆论机构，不是政治权力实体，新闻从业者是新闻作品、产品的创制者，不是社会官员。新闻业只能依靠报道新闻、评论新闻、传播其他信息的方式，在社会赋予的新闻传播自由权利范围内监督社会、引导人民。它不具有指令社会、强制公众的权力。如果构成新闻业的实体机构新闻媒体自以为是与立法、司法、行政相平行的权力实体、管理机构，就会陷入滥用新闻权利、滥用新闻自由的泥潭。

其次，作为信息产业的一种，新闻业最突出、最明显的活动就是传播新闻。与其他意识形态子系统相比，新闻业最大的特点就是通过新闻方式或新闻手段[②]为社会服务、为人民服务。这就是说，新闻业是通过报道新闻事实、评论新闻事实的方式来展开其主要活动的。

再次，与社会权力系统的接近性。与其他意识形态子系统相比，新闻业与社会权力系统靠得最近，在一定的历史条件下，它甚至与权力系统一体化，成为权力系统的思想武器、舆论工具，遮蔽自身的新闻功能，凸显政治功能、宣传功能。新闻业之所以具有这样的特征，基本原因如下：其一，新闻业与社会生活联系的紧密与广泛，往往使新闻传播行为成为牵动大局或者全局的导火线、鼓风机、泄气阀，直接影响着社会的稳定与发展，这就决定了任何一种政治权力组织都会积极地将新闻业作为自己的精神武器，从而使新闻业具有强烈的阶级性和政治性。其二，新闻业的立身之本是传播最新的、重要的事实变动信息，而在一个社会系统中，政治权力系统的变动常常具有牵一发而动全身的效应，人们最为关注。因此，新闻业对政治活动有着天然的敏感和偏好，这就导致它不得不与政治权力系统亲密接触，涂染上难以避免的政治色彩。其三，政治权力在社会生活中的特殊地位，使得任何媒体都得从维护自己的利益出发，把握自己的政治风向标。

最后，与社会生活联系的紧密性和全面性，对社会生活影响的及时性和普遍性。与其他任何意识形态子系统相比，新闻业与社会生活联系的紧密性和全面性以及对社会生活影响的及时性和普遍性都是绝无仅有的，它通过新闻将人们的生存环境与生活世界勾

① 传统的新闻机构只有职业新闻机构，但在新兴媒介环境中，出现了非职业的新闻机构，这些机构尽管没有职业新闻机构的许多新闻权利，如新闻采访权，但它们可以依据网民的信息以及职业新闻机构的产品进行再生产、再编辑、再传播，从而实质性地成为重要的新闻生产和再生产、再传播机构。因此，传统的新闻媒体机构边界正在被打破，构成新闻业的实体机构的结构正在变化。

② 关于“新闻手段”，在我国新闻界有三种基本理解：一是指新闻媒介，诸如报纸、广播、电视、网络等；二是指具体报道新闻、评论新闻、编发新闻的形式总和，诸如消息、通讯、评论、新闻图片等；三是指“用事实说话”的写作报道方式。此处所说的新闻手段，主要指新闻报道和新闻评论。

连起来，将人与人联系起来。新闻业以全天候的方式关注着自然、社会中一切与人们利益相关的、重要的新近变动，它的眼光投向社会运行的每一个领域，它的触角伸向社会人群的每一个角落，它以最为及时快捷的方式将环境变动的最新状况告知社会、告知每一个人，它以无时不在的信息传播影响着社会的运行，它以丰富多彩的功能属性作用于人们的思想和行为。

第三节　新闻体制

新闻业具有自己的制度或体制形式，决定着新闻业的整体运行方式。而不同社会形态、不同社会制度下的新闻业，既有共同的也有不同的体制形式。不同新闻体制意味着媒介所有权的不同，意味着新闻传播方针、宗旨、功能等的区别，意味着媒介管理、经营方式的差异，因此把握新闻体制对于深入、具体了解新闻业的运作具有重要的意义。

一、新闻体制的基本含义与作用

对一个国家来说，新闻体制直接决定着其新闻业的整体结构方式和运作方式，而对一家具体的媒体来说，新闻体制直接决定着它的业务方针与经营运作方式。

（一）新闻体制的基本含义

新闻体制指的就是新闻业的体制。“新闻传播体制又称媒介制度，是指传媒机构的隶属关系、传播宗旨、管理方式和经营运作模式”，“新闻媒介体制的核心是资产的所有权和新闻报道的支配权”[①]。“新闻体制指的是新闻事业的所有制性质、决策机构的构成、新闻事业的结构和国家社会对新闻事业的制约机制等等。”[②] 新闻体制是“新闻事业的组织制度，它包括新闻事业的行政隶属关系、内部结构、组织体系、干部制度等”[③]。

可见，新闻体制实质上讲的就是新闻传播的制度问题，主要包括新闻资产的所有制问题、新闻业的组织结构问题、人事制度问题等，在这些具体的体制内容中，新闻资产的所有制是新闻体制的核心，它决定着其他体制内容的具体安排方式。

新闻制度、新闻体制“与国家基本的政治制度和经济制度、文化制度相比，它是亚层次的制度实体，是整个社会制度体系中的一个构成‘要素’”[④]。因此，它必然受制于一个国家的基本经济制度和政治制度。比如，在公有制经济（为主）的国家，新闻资产所有制的主导形式必然是公有（国有或全民所有）制，而在基本经济制度为私有制的国家，新闻资产所有制的主导形式必然就是私有制。

---

① 刘建明．当代新闻学原理［M］．北京：清华大学出版社，2003：464.
② 李良荣．新闻学概论［M］．上海：复旦大学出版社，2003：79.
③ 甘惜分．新闻学大辞典［M］．郑州：河南人民出版社，1993：5.
④ 郎劲松．中国新闻政策体系研究［M］．北京：新华出版社，2003：148.

在一个国家范围内，在一种经济制度、政治制度下，在一种主导的新闻体制下，可能会有其他一些非主导的体制形式。比如，在资本主义社会，新闻资产的私有制尽管占据主导地位，但同时存在着国有媒体、公共媒体或其他类型的媒体所有制。同样，新闻资产私有的新闻媒体、公司合营的新闻媒体以及其他非完全国有、公有的媒体，都曾在苏维埃政权下的俄国（十月革命成功之初）、中国共产党领导下的中国（中华人民共和国成立之初）、铁托领导下的南斯拉夫出现过。

（二）新闻体制的基本作用

新闻体制在新闻业的运行中有着根本性的作用。可以说，新闻体制决定着新闻业的整体面目。具体来讲，新闻体制的作用主要表现在以下三个方面。

第一，新闻体制决定着新闻业的整体利益取向。一种新闻业到底将什么人的利益、什么样的利益作为最高的、至上的追求目标，从根本上取决于新闻体制的性质和特征。社会主义新闻业公有制的根本制度决定了它必然把全体人民的利益，也就是把社会整体的利益作为至上的目标。资本主义新闻业私有制的主导地位决定了它必然把个人利益、资产所有者的利益置于核心地位。但我们同样应该注意到，新闻业特有的社会性和公共性迫使新闻资产的所有者必须考虑社会公共利益，只有这样才有可能实现自己的利益追求。

第二，新闻体制决定着新闻传播的总体方针和价值取向。构成新闻业的具体新闻机构以什么样的方针和价值取向指导自己的新闻传播活动，从根本上受制于一定的新闻体制。新闻媒体的业务运行不可能超越新闻体制的约束和限制。政府或政党所有的新闻媒体，必然以宣传政府或政党的路线、方针、政策为使命，以维护政府或政党的利益、形象为基本职责；个人私有的媒体必然以自己的利益为传播的根本价值取向，不会以损害自己利益的方式去维护他人的利益或公共利益。

第三，新闻体制影响着新闻业的经营管理方式。市场经济体制下的新闻业必然会按市场经济的方式管理、经营，计划经济体制下的新闻业只能按照行政机构、政府部门甚至政党组织部门的方式去管理，经营则很难谈得上；而在社会主义市场经济体制下，只能以与其相匹配的方式——事业单位，企业管理——去经营、管理，这也决定了中国的新闻传播也只能在政治逻辑与经济逻辑中求得平衡发展。

二、新闻体制的基本类型

新闻业发展至今，在世界范围内已经形成了多种类型的新闻体制。不同国家之间的各种差异，特别是经济制度、政治制度上的差别，使得不同国家之间的新闻体制表现出较大的差别，拥有各自核心的制度体系。[①] 这里，主要从新闻资产所有制的角度对新闻体制的主要类型加以简要说明。

---

① 对于西方新闻业体制，有人主要概括为三种：极化多元主义体制、民主法团主义体制和自由主义体制。可参见哈林，曼奇尼．比较媒介体制：媒介与政治的三种模式［M］．陈娟，展江，等译．北京：中国人民大学出版社，2012。

（一）国有型体制

国有型体制，是指由国家创办并控制新闻业或新闻机构的体制。在这种体制下，新闻资产属国家所有，实际上就是属代表国家政权的政府所有，因而这种体制下的新闻媒体被称为国家媒体或政府媒体。

国家媒体的负责人由国家直接指派任命，负责业务操作和资产的经营管理，而媒体不同的经济来源方式决定着不同的经营管理方式。一般而言，国家媒体的经济来源依赖于国家财政拨款、广告收入、发行或视听收费等。在西方，国家媒体的运作经费主要来自财政和视听收费，政府一般不允许媒体刊播广告；在中国，就目前的情况来说，由于特有的社会主义市场经济体制，国家媒体的运作经费主要依赖广告和发行（视听）收入，但对一些相对比较落后地区的新闻传媒，中央政府、地方政府会以不同的方式给予补贴。

国家所有的新闻媒体必然是国家政权的附属物，因而国家媒体一定是国家（实际上是政府）的耳目喉舌，实质上就是政府的宣传工具，因而属于政治宣传型媒体。国家媒体的总体编辑方针和传播价值取向由政府有关部门来确定，它以宣传、报道国家内政外交为主要内容，以用新闻舆论手段帮助执政者实现政府工作目标、维护政府形象为基本职责。

（二）政党型体制

政党型体制，是指由一定政党创办、控制媒体的体制形式。在这种体制下，新闻媒体的所有权掌握在一定政党的手中，按照政党的政治纲领和组织原则来运行，因而这种媒体可以称作政党媒体，通常被叫作“党报、党台、党站（指网站）”，也可以统称为“党媒”。

政党媒体的领导者是由政党组织直接委派的，负责媒体的新闻业务和经营管理。传统的政党媒体一般不考虑盈利问题，它是作为政党的一个组织部门或宣传思想中心、舆论中心来运作的。在资本主义国家，政党直接所属的媒体相对较少；在社会主义国家，政党媒体占据着核心、主导地位。

政党媒体的运作经费主要来自政党的资产，如果某政党在一个国家是执政党（通常须是唯一的），则其所属媒体的经费也可能来源于国库（但也可能以其他方式获取运行经费）。在这种情况下，政府和政党往往在本质上（在形式上是党政分开的）是一体化的，政党媒体也就变成了政府媒体；反之亦然。

政党媒体的所有权决定了政党媒体必然是政党的耳目喉舌或宣传工具、舆论工具，如果政党和政府本质上是一体化的，政党媒体就必然是政党和政府共同的耳目喉舌。政党媒体宣传报道的核心是政党的路线、方针和政策，它的新闻报道活动主要围绕政党的政治需要和其他需要而展开。坚持党性原则是所有政党媒体的第一原则，政党媒体本质上属于政治宣传型、新闻舆论型媒体。

政党媒体和有政党背景的媒体有所不同，前者是政党直接控制管理的媒体，后者是受一定政党思想影响的媒体，它不是政党的资产，媒体方针也不由政党来决定。在当今西方，公开声称自己是政党媒体的新闻机构越来越少，但一些媒体拥有一定的政党背景、受一定政党的影响，在一些事关重大的问题上，往往会通过新闻报道的方式支持一定政党宏观的路线、方针和政策。

（三）公共型体制

公共型体制，是指新闻媒体属全体人民或全体国民所有的新闻体制。这种体制下的媒体通常称为公共媒体，它以公共利益为传播价值的基本取向，因而又被人们称作公共利益型媒体，以示与政党、政府之类的政治宣传型媒体和私有商业型媒体的区别。

由于公共媒体既不属于私人，也不属于政府或政党，因而它的领导、管理机构具有特殊的组建方式。以世界上具有代表性的公共媒体英国的 BBC 为例，它的最高管理机关是议会（议会批准政府的有关提名）和专业团体代表组成的管理委员会，因而选定的管理者可以说既代表政府又代表全体国民。因此，公共媒体实质上与政府有着内在的关系。

公共媒体的管理机构一旦组成就独立运行，不受政府或他人的控制，其编辑方针和财政预算等重大问题皆由媒体管理机构确定。但是，公共媒体与政府之间的内在联系决定了它具有倾向政府的本质，因而常常被人们看作半官方性质的媒体或机构。公共媒体不以盈利为目的，通常不播广告，其运作经费的主要来源是视听收费和其他一些经营收入，但这些具体的运营策略会随着时代的变化进行调整或改变。

（四）私有型体制

私有型体制，是指新闻媒体属私人所有的新闻体制，私有的方式既可以是独资所有，也可以是合伙所有，以股份制的形式出现。当以股份制形式出现时，它表现为一定范围内的共有媒体（媒体归属于所有拥有股份的人）。

私有媒体的控制权掌握在资产所有者的手里，所有者通常关注的是媒体的宏观管理及业务与经营部分之间的协调工作，具体的编辑业务则由总编辑去负责，经营管理则由总经理负责。私有媒体独立于政府，拥有独立的发言权，因而可以批评政府，但通常不会批评媒体背后的各路“财神”。

私有媒体通常以盈利为目的，高度商业化是其典型的特征，按照市场化的方式经营是其通行的方式，因而又被人们称为商业价值取向的媒体。但媒体为了赢得收受者的信赖，也会注意普遍的社会效益和公共利益。在西方，私有型体制是主导型的媒体所有制形式，但在当今中国，还不存在私人所有的新闻媒体。

第四节　新闻业的发展运行特征

新闻业的运行，是指构成新闻业的诸多内外要素、条件，通过相互作用所形成的以新闻传播活动为主的实际过程。新闻业的本质、特性和功能决定了它在运行过程中有自身稳定的、持久的特征，而不同历史条件、不同社会制度下的新闻业又有各自运行的特殊性。把握新闻业运行的基本特征，是在规律层面上对新闻业的进一步认识。

一、世界新闻业的一般特征

现代新闻业诞生以来，经历了印刷时代、传统电子时代，现今正经历着以互联网为中心的新媒体时代、数字新闻业时代。但就现实的新闻传播来说，当下是一个复合的、并驾齐驱的时代，是印刷新闻、广播电视新闻、网络新闻、手机新闻、融合新闻等共同塑造新闻符号世界的时代，在社会视野中，则是职业新闻与非职业新闻共同建构新闻世界的时代。透过历史的演变与现实的表现，能够发现新闻业的发展有其自身的特点和规律。在世界范围内，尽管不同性质、类型的新闻业之间存在着差别，发展也不平衡，但总有一些共同的一般特征。

（一）社会总体发展水平决定新闻业的整体水平

与社会总体发展、社会性质演变的同步性是新闻业发展最明显的特征之一，甚至可以说是新闻业发展的一条基本规律。

首先，人类或一定社会整体的物质文明、精神文明、政治文明程度，决定着新闻业的整体发展规模和水平。人类或一定社会新闻业的每一次划时代的提升，总是与物质生产方式的进步、科学技术的更新、整体文化水平的提高、政治统治的变革相一致。而且，这种同步性、一致性并不是只与其中某一个要素的同步或一致，而是与各要素统一形成的社会的总体发展相一致。

其次，新闻业的演变与一定社会的性质演变几乎完全一致。我们所说的社会性质主要有两个含义：一是指社会形态，比如，封建社会、资本主义社会、社会主义社会；二是指同一社会形态的不同制度表现，主要包括经济制度和政治制度。因而，所谓新闻业与社会性质演变具有同步性或同质性，就是指新闻业的性质总是与一定的社会形态性质相一致，与体现一定社会形态的经济制度、政治制度相一致。

封建社会形态的官报与封建经济制度以及封建政治统治的集权性、专制性是一致的。资本主义社会形态的商业化报纸与其自由市场经济制度是一致的，垄断式的新闻业与其整体的垄断经济是一致的，而资本的全球化自然会创造出全球化的新闻传媒。社会主义形态的计划性新闻传播业与其计划经济、高度集中的政治权力是一致的。当社会主义的计划经济转变为社会主义的市场经济、社会主义政治制度的民主化程度不断提高时，新闻业的经济形式、政治自由度也在发生着变化。

需要注意的是，不管是在社会主义社会还是在资本主义社会，不管因为什么样具体的原因，一旦出现集权式的统治、法西斯式的专制，新闻业的性质也会随之改变，蜕变为具有封建色彩的运作方式。而且，即使没有出现政治统治上的剧烈变化，新闻业也会随着一定社会一些特殊的经济变化、政治变化而不得不改变自身的运作。

（二）资产所有制决定新闻传播的价值取向

有什么样的所有制形式就有什么样的价值取向，这是新闻业运作中最为明显的一个特征。新闻资产所有制形式与新闻传播价值取向间通常有两个层面的关系。在宏观层面上，新闻资产所有制形式决定了新闻传播在整体上必然要维护某种所有制形式所依赖的社会经济制度和政治制度，要维护新闻传播赖以存在发展的文化环境和社会主流价值理念，因为这是新闻资产所有制自身存在的前提条件；在微观层面上，新闻资产所有制形式决定具体媒体的传播价值取向，表现为资产所有者最终决定一定媒体的经营方针和业务方针。

新闻资产所有制与传播价值取向之间这两个层面的关系是稳定的、持久的，因而是内在的和本质的。资本主义新闻业通过新闻传播活动维护资产阶级的统治和资本主义社会的正常运转，在整体上极力维护资本主义的经济制度、政治制度、文化价值理念；而私有的具体媒体，从总体上说，都把经济利益置于首位，按照资本的赚钱本性运作媒体，新闻传播以及其他信息活动最终都成为实现经济利益的手段。社会主义新闻业也不例外，其新闻资产的公有、国有性质，决定了它必然通过新闻传播在总体上维护自身所依存的社会经济制度、政治制度、文化价值理念。

尽管新闻资产所有制可以不断地在不同国家的历史发展过程中变化，但资产所有制决定新闻传播价值取向的稳定关系没有变化，因而这不仅可以看作当代世界新闻业的普遍特征，也可以看作人类新闻业发展的基本规律之一。当然，不能否认，任何一种资产制度内部都有可能滋生出反自身的因素，人们一旦自觉到一种制度的问题，就会有新的想法与追求。

（三）市场是维系媒体经济命脉的基本手段

首先，近代新闻业的产生过程表明，它的起源、演变尽管受到政治斗争、阶级斗争以及其他社会、文化因素的影响，但其背后最根本的动力是市场经济的孕育和形成。“资本主义商品经济孵化了新闻事业。”[①] 历史事实告诉人们，手抄小报之所以最先出现并繁荣于意大利的一些商业城市，最根本的原因乃是商业贸易对各种信息的规模性需求。而意大利之所以没有成为近代报刊发展的“黄金地区”，同样是由于各种历史机缘使它失去了商业贸易中心地位。

其次，市场经济始终是近现代新闻业演变、发展的基本动力。“全球性市场经济的发展，是推动现代新闻传播业发展的基本动力。如果没有现代世界市场和世界交往，现代新闻传播业是不可想象的。”[②] 市场经济以其客观的力量调整左右着人们的主观行为。阶级斗争、政治斗争的需要一定会造成人们对政治信息的需求，但这种斗争的需要难以形成广泛的、持久的社会性市场，人们不会总是生活在阶级斗争、政治斗争之中。人们的需要是多元的、多层次的，需要自由的传播环境，需要新闻传播、收受的自由，因此，“对新闻传播的社会化需要，只能来自市场经济，而不可能来自其他经济形态”[③]，近代新闻业的市场经济基因注定了它只能按照市场经济的方式开辟自己的发展道路。只有创造性地运用新闻业的这一发展规律（还有其他规律），才能促进新闻业的顺利发展。当然，单一依赖市场经济的自发力量，也很难保证新闻业能够为社会公共利益服务。

---

① 复旦大学新闻系新闻理论教研室．新闻学概论［M］．福州：福建人民出版社，1985：37.
② 陈力丹．世界新闻传播史［M］．上海：上海交通大学出版社，2002：17－18.
③ 同②18.

再次，就当今全球的基本事实来看，市场是媒体获取经济保障、维护正常运转的基本手段。新闻业是产业，新闻产品是商品。由市场经济规模化信息需求催生的近代新闻业在当代已经获得了世界范围的本性回归，使市场手段成为大多数新闻媒体主导性的生存与发展方式。新闻媒体通过新闻传播或其他信息传播吸引社会公众的注意力，塑造广泛的社会影响力，从而赢得发行费、视听费，特别是赢得广告主的青睐，使自己不断从社会环境中汲取营养，维系运作的经济命脉。

新闻业整体的产业运作方式使新闻产品和其他信息产品的质量，即它们能够满足新闻市场需求的程度，成为新闻媒体生存与发展的根本所在。与此同时，人们看到，市场经济行为的利己目的和经济利益的最大化追求，有可能导致新闻市场的恶性竞争，导致新闻产品的低俗化，导致黄色新闻、煽情写作、恶性炒作、弄虚作假、凭空捏造等滋生，正是市场手段丑陋的一面。因此，在市场经济体制下，并不能以完全自生自发的方式，让所有的新闻传播都步入"市场化"的道路。市场不是万能的，也不是自然良性的，必须有一定的规范和界限。

最后，市场经济的法治要求、道德要求（所谓市场经济是法治经济、道德经济）以及"看得见的手"的适度干预，不是反市场经济的，而是保证新闻传播市场良性化的必要手段，也是新闻业作为社会舆论事业、文化事业的内在要求。就是说，新闻业的运作，既需要"看不见的手"，也需要"看得见的手"，还需要社会法治规范、伦理道德之手的约束和限制。这既是世界各国新闻业的现实，也是我们理解市场手段作为维系媒体经济命脉方式时应该注意的一面。但市场手段成为当今媒体的基本生存手段是不可否认的共同特征。

（四）传播技术提升和整合的速度越来越快

传播技术的飞速提升和整合是当代世界新闻业发展的突出特征。新闻业的自身发展，最典型地表现在新闻媒介形态的不断变迁上。因此，从新闻媒介变迁角度来考察新闻业的发展特征有着特别的意义，它不仅使人们能够看到新闻业内部的演变机制，同时也能够发现传播技术与新闻业的内在关系。

人们看到，传播技术更新换代、加速提升。当我们回望传播媒介的发展历程，去触摸那一个个划时代的媒介里程碑时，就会发现：从前口语传播时代到口语传播时代，大约用了 140 万年；从口语传播时代进入文字传播时代，用了近 10 万年的时间；从文字传播时代发展到印刷传播时代，大约用了 4 000 年的时间。而当人类进入新闻业时代之后，媒介发展的速度更加惊人，从单一的印刷传播时代到广播电视为主的电子传播时代，只有几百年的间隔；而从广播电视传播时代到网络传播时代只有几十年的时间，网络时代各种新兴媒介形式更是层出不穷、日新月异。传播媒介的发展是一个更新换代、加速提升的历史过程。进入当代，网络媒介自身的演进以及与其他媒介的整合速度更是越来越快，令人目不暇接。每过几年就会有新的网络传播技术面世，而每一项新的传播技术都会对信息传播、新闻传播产生或大或小的影响。从整体上说，传播技术（还有其他相关技术）的飞速提升给当代人类新闻传播业带来了巨大影响，不仅改变了传统的媒介形态格局，也在很大程度上动摇了世界新闻信息传播的传统秩序。正是传播技术的飞速发展，使人类的信息传播、新闻传播进入了全球传播的时代，在一定程度上也使世界进入了全球化的时代。①

传播技术更新换代、加速提升的过程也是不同媒介形态不断扬弃、更新叠加的过程。“新媒介绝不会自发地和孤立地出现——它们都是从旧媒介的形态变化中逐渐脱胎出来的。当比较新的形式出现时，比较旧的形式就会去适应并且继续进化而不是死亡”，“新出现的传播媒介会增加原先各种形式的主要特点”②。媒介发展显然是一个进化、扬弃的过程，而不是简单的替代过程。传播媒介的发展“不是依次取代的过程，是一个依次叠加的进程”③。依据传播媒介叠加发展规律，可以猜测，即使人类新闻传播进入后新闻业时代，有了更加神奇的传播媒介出现，也不会彻底抛弃既有的新闻传播媒介，只能是一种扬弃式的发展。当然，这并不是说，媒介之间的结构关系不会变化，也不是说媒介之间的地位作用关系不会变化，恰恰相反，新的传播媒介的诞生，必然要以更新换代的、扬弃的方式，改变传播媒介的结构关系，改变它们之间的地位、作用关系。比如，作为新闻纸的报纸很难再有昔日的辉煌了，但报纸所塑造的新闻观念、新闻思维方式、新闻技术会渗透到其他媒介形态之中传承下去。

由网络技术、数字技术、智能技术等造成的媒介融合步伐越来越快，不同媒介形态的优势整合更是势不可当。媒介整合使传播媒介进入了一体化的新时代，“传统印刷媒体和广播电视媒体之间的界限已经被全新兴起的数字媒体抹除，在互动的多媒体时代，所有媒体都开始真正融合，成为巨型媒体公司”④。

（五）社会影响全面扩展，互动作用日益增强

从世界范围来看，新闻业的社会功能不断增加、增强，社会影响全面扩展、深入。人们看到，新闻业的功能走向多样化、立体化，走向泛化，构成新闻业的实体机构不再是单一的传播“新闻”的机构，它们的身份也在多角色化，也在泛化。这使新闻业的社会影响波及社会的各个领域、人们日常生活的方方面面。

进入20世纪以后，新闻业的发展越来越快，20世纪末21世纪初，更是进入一个日新月异的发展阶段。作为实体的新闻机构已经发展成为重要的经济实体，作为行业的新闻业也成为重要的产业，在整个经济构成中比例不断提高。作为社会舆论体系、意识形态子系统的新闻业，在世界各国的政治活动中作用日益增强，人类政治活动开始进入媒体政治的新时代。作为文化事业的新闻业，其作用更是不可小视，大众文化的勃发、文化传播与交流的兴盛，在一定程度上说明了新闻业在整个文化发展中的影响越来越大。而传媒对普通社会大众的影响，人们对传媒的依赖程度，是以往任何一个时代都无法比拟的。人们“对大众传媒的使用，从来没有像今天这样广泛、及时、须臾不可或缺，人

---

① 英国著名社会学家安东尼·吉登斯就认为，如果没有媒介和传播就不会有全球化，参见兰塔能．吉登斯和“全球化”一词：对安东尼·吉登斯的访谈［J］．陈韬文，黄煜，马杰伟，等译．传播与社会学刊，2008（5）：1-33。

② 菲德勒．媒介形态变化：认识新媒介［M］．明安香，译．北京：华夏出版社，2000：24-25．

③ 郭庆光．传播学教程［M］．北京：中国人民大学出版社，1999：28．

④ 丹尼斯，梅里尔．媒介论争：数字时代的20个争议话题：第4版［M］．王春枝，译．北京：中国人民大学出版社，2019：关于本书2．

们难以逃脱无处不在、无时不有的大众传媒的深刻影响”①。社会已经成了媒介化社会，人在一定意义上已成了“电子人”“媒介人”“手机人”，媒介生存正在成为人们基本的生存方式，新闻生活越来越成为日常生活不可缺少的有机部分。

伴随后新闻业时代的展开，新闻业与社会的互动作用在日益增强。这种互动作用既有良性的也有不良的，需要人们全面看待。就整体来看，新闻业对社会的良性发展起到了巨大的推动作用，而社会整体上的经济增长、技术进步、政治民主、文化繁荣，也为新闻业的发展提供了比较好的社会环境。

二、当代中国新闻业的主要特征

当代中国新闻业的运行具有世界新闻业运作的一般特征，或者说遵循新闻运作的一般规律。但中国新闻业与整个当代中国社会一样，处于一种渐变的转型状态。改革开放40多年来，中国新闻业与当代中国社会一起发生了重大的变革。就目前来看，当代中国新闻业以其单一的资产国有制，占据绝对主导地位的马克思主义新闻观，突出的新闻宣传、新闻舆论功能，社会主义市场经济的运作方式，在世界新闻业系统中形成了特殊的色彩和风格。

（一）新闻资产：单一国家所有制

新闻媒体属国家所有，在现实中主要有两种情况：一是任何非公有资本不得投资新闻媒体，特别是不能投资新闻传媒的核心业务部门。这方面已经有明确的规定，2005年，国务院颁布了《关于非公有资本进入文化产业的若干决定》，其中明确规定了非公有资本不得投资设立和经营的范围，具体包括通讯社、报刊社、出版社、广播电台、电视台、新闻网站等。二是新闻媒体要么直接隶属于国家机关，要么必须有国家认定的主办单位和必要的上级主管部门，而这些上级主管部门也是国家机关或者党的组织部门。②

新闻资产所有制是新闻业作为事业和产业的根本，谁掌握了这个基础或根本，谁就掌握了新闻话语权。而新闻话语权当然不是简单的新闻信息传播，而是关系到一个国家的主导意识形态体系、社会核心价值观念体系的宣传与建构问题。经济权力和政治权力之间是可以转换的，一旦把经济权力（资产所有制就是最大的经济权力）放开，也就意味着放开了政治权力。因此，资产所有权不放开，就是政治权力不放手，就是要把政治权力牢牢掌握在党和政府的手里，而不是任何其他个人或者利益集团的手里。

依据当前中国新闻业的实际情况，新闻资产所有制构成已经发生了一些结构性的变化，“以混合所有制为标志的传媒新体制基本成型”③。“传统媒体中属于党的喉舌性质的报纸、广播、电视仍坚持国家所有，但互联网上的大部分新媒体则属于民营资本所有。”④

---

① 童兵．比较新闻传播学［M］．北京：中国人民大学出版社，2002：总序2.

② 新闻媒体属国家所有，在现实中还有一种特殊的实行方式，这就是媒体所有权被划归到党的有关部门。比如，2007年解放日报报业集团上市，宣布其产权属于上海市委宣传部。这等于说解放日报报业集团属于党产。

③ 李良荣，袁鸣徽．中国新闻传媒业的新生态、新业态［J］．新闻大学，2017（3）：1-7，146.

④ 同③.

比如，以诸多互联网公司为代表的民营资本在政策的支持下，以参股、合作、收购等多种方式在传统媒体和新媒体领域积极布局，对中国新闻业的整体结构与发展已经产生了重要的影响。尽管国家相关法律、政策没有赋予非国家所有的互联网企业独立的新闻采访权，但它们在实际上从事新闻生产和传播活动，为非职业新闻的生产传播提供了巨大的中介和平台，为社会大众的新闻收受提供了巨大的分享、共享通道和平台，它们自身就是传统媒体无法竞争的信息分发者、新闻分发者，在新兴技术特别是大数据技术、计算技术、智能技术的支持下，拥有日益增长的社会影响。因而，从新闻资产所有制结构变化角度对其加以关注是十分必要的。这也是中国新闻资产所有制不同于传统媒介时代的突出特点。

（二）主导观念：马克思主义新闻观

一般而言，在特定社会中，总是存在着主导性的新闻观念，构成该社会的主导新闻观，或者说是主导性的新闻意识形态。主导性的新闻意识形态，必然是该社会主导意识形态的有机构成部分，必然是该社会价值观念体系的有机构成部分；主导性的新闻意识形态引导着新闻业、新闻媒介、新闻传播的总体价值取向。

中国化的马克思主义是中国共产党领导整个国家的指导思想，这样的指导思想伴随历史的主题变化而不断更新发展，形成与时代特征相适应的时代化、中国化的马克思主义。中国新闻业是国家事业系统的有机组成部分，属于领域性的社会事业，因而，马克思主义自然而然地成为中国新闻业的根本指导思想，马克思主义新闻观自然而然地成为中国新闻业的主导观念。①

在一般意义上说，“观”是主体关于一定对象根本而系统的看法。“新闻观，是以‘新闻’为对象的一种‘观’，是关于新闻是什么、应该是什么以及如何进行新闻实践的根本而系统的看法。或者说，新闻观就是新闻主体从新闻认识论、新闻价值论和新闻方法论相统一角度形成的关于新闻的根本而系统的看法。”② 马克思主义新闻观，就是站在马克思主义立场上，用马克思主义观点、方法形成的关于新闻的看法，它是马克思主义新闻认识论、新闻价值论、新闻方法论的统一观念，从根本上反映了马克思主义对于“新闻的本质是什么、应该是什么、应该如何做新闻”的系统看法。

马克思主义新闻观是不断进化的新闻观，是随着历史发展而不断变化更新的。就当前中国来说，马克思主义新闻观的核心观念主要是党性原则观念、“人民中心”观念、新闻规律观念和正确舆论观念。③ 党性原则观念强调党对新闻事业的绝对领导，是“马新

① 改革开放以来，马克思主义新闻观经历了由新名词到学术关键概念再到政治术语的发展过程。参见邓绍根．正本清源：“马克思主义新闻观”概念的生成与发展［J］．湖南师范大学社会科学学报，2021（2）：1-17。1978年1月，马克思主义新闻观作为新名词，先后三次出现在北京广播学院新闻系编撰的《广播电视宣传概论》的绪论部分，参见北京广播学院新闻系编采教研室．广播电视宣传概论［M］．北京：北京广播学院新闻系编采教研室，1978：1，8，10-11。1997年7月，马克思主义新闻观作为关键学术概念，在林枫的《讲政治 要坚持马克思主义新闻观》一文中得到比较深入的阐释，参见林枫．讲政治 要坚持马克思主义新闻观［J］．新闻战线，1997（7）：3-4。21世纪以来，马克思主义新闻观成为具有中国特色的政治术语，并由政府主导，在新闻业界、高校及相关研究单位展开马克思主义新闻观教育。

② 杨保军．论新闻观［J］．国际新闻界，2017（3）：91-113.

③ 杨保军．当前我国马克思主义新闻观的核心观念及其基本关系［J］．新闻大学，2017（4）：18-25，40，146.

观”的本体观念；“人民中心”观念强调为人民服务是新闻业的价值目标，是“马新观”的价值观念①；新闻规律观念强调新闻业必须尊重新闻规律、按照新闻规律办事，是“马新观”的基础观念②；正确舆论观念强调新闻传媒必须以正确的舆论引导人，是“马新观”的方法观念。

（三）基本属性：意识形态与产业并举

当代中国新闻业既有意识形态属性、事业属性，又有产业属性。前一种属性意味着新闻媒体是舆论机构，是事业机构，是思想宣传中心，是教育引导人民跟党走、跟政府走的工具。一句话，当代中国新闻业是党的事业，新闻媒介是党和政府的耳目喉舌，因而它们必须坚守社会主义意识形态原则，坚守马克思主义的指导地位、统率作用，坚持党对新闻事业的绝对领导，以追求社会效益为至上目标，不能屈服于市场压力。后一种属性意味着新闻媒体是信息生产企业，因而它必须按照社会主义市场经济的逻辑，像其他企业一样在法律和道德允许的范围内追求最大的经济效益。构成当代中国新闻业主体的所有新闻媒体，就是在这种既有事业性质又有产业性质的双重属性中运行的，因而政治逻辑、意识形态运作的诸多规则与经济逻辑、市场经济运作的诸多机制相互作用，共同支配着当代中国新闻业的实际运行状态。

从理论上说，意识形态属性从本源上受制于产业属性，经济是命脉，传播是表现。新闻业发展的根本动力来自新闻市场，来自人们的信息需求、新闻需要。但意识形态是方向盘，把握它的是政治权力。因此，如果政治体制改革没有质的突破，新闻体制改革就不会有实质性的变化。

需要特别说明的是，产业属性意味着商业利益的至上性，意识形态属性意味着政治利益的至上性，而这两种属性能否保证社会公共利益的实现，始终是值得探讨的问题。如何从根本属性上保证新闻业、新闻媒体、新闻职业自身的担当或理想——维护社会公共利益，即如何把新闻业建设成为真实的公共事业，如何把新闻媒介建设成为真实的公共平台，如何把新闻领域建设成为真正的公共领域，如何使职业新闻工作者成为真正的社会公仆，在产业属性、意识形态属性之外，还必须强调新闻业的公共性。只有在根本属性上确立新闻业的公共性，才能在源头上保证社会公共利益的实现。

（四）主要功能：舆论引导与新闻传播并重

作为党、政府和人民喉舌的中国新闻业、新闻传媒，其宣传功能、舆论引导功能一直占据着核心地位。1978 年以来，中国新闻业的功能开始多元化、多样化、多层次化，新闻本位功能得到了强化和提升。但不管功能怎样变化，宣传功能、舆论引导功能并没有被弱化或淡化，而是不断得到强化。可以说，在新闻与宣传、舆论引导几种主要功能的实现中进行传播，是当代中国新闻业的突出特征之一。

中国新闻媒体从事宣传思想工作、舆论引导工作是公开的、旗帜鲜明的，而不是遮

---

① 杨保军，王敏．论中国马克思主义新闻价值观的典型特征［J］．山西大学学报（哲学社会科学版），2018（6）：63－71．

② 杨保军．新闻规律观念：“马新观”的基础观念［J］．国际新闻界，2020（2）：130－143．

遮掩掩的。它明白无误地宣称要进行政治宣传和思想宣传，要教育人民、引导人民，贯彻落实党和政府的路线、方针和政策，实现党和政府的意志，要通过新闻媒介进行宣传、鼓动和组织，统一思想，统一意志，进行中国特色社会主义建设。中国的新闻媒体不像西方媒体那样，即使做了宣传也要隐瞒自己的真实面目。在中国，在党、政府和人民群众的心目中，新闻工作者不仅是职业新闻人，也是职业的新闻宣传工作者、舆论引导者。

对中国的新闻媒体来说，它们一方面把传播报道新闻本身作为直接目的，另一方面则把报道新闻作为手段以实现宣传目的、舆论引导目的。新闻媒体通常追求的境界是在传播中将新闻与宣传及舆论引导统一起来，即在新闻报道中实现宣传、实现舆论引导，在宣传与舆论引导中报道新闻、实现新闻价值。

对不同新闻媒体来说，它们在处理新闻与宣传的关系上有所差别。一般说来，产业属性较强的新闻媒体更注重新闻报道，而意识形态属性较强的新闻媒体，比如"党媒"更注重新闻宣传、新闻舆论引导。

需要特别提醒的是，在强调新闻、宣传、舆论功能时，并没有否认当代中国新闻业其他功能的存在和发挥。实际上，当代中国新闻业最大的变化就是媒体、媒介功能的多元化、多样化、多层次化（下一节将讨论）。但就当代新闻业来说，将新闻与宣传自觉、明确且有机地结合起来、统一起来，无疑具有十分明显的中国个性、中国特色甚至可以称作中国气派和中国风格。

（五）发展逻辑：多元力量相互制衡

如前所述，意识形态属性与产业属性已经成为中国新闻业、新闻传媒的基本属性，这决定了当代中国新闻业必须在双重基本属性中运行，必须在产业与事业中求得平衡，必须在社会效益与经济效益的追求中谋求统一。因此，新闻媒体既要遵守作为意识形态机构的诸多政治规范，按照意识形态领域的运行规律、工作方式进行新闻生产传播，又要以企业角色适应市场经济的逻辑规则，按照市场经济的要求或规律实行经营管理。在政治与经济之间，在两种属性之间，当代中国新闻业尽管不会被市场经济的规则完全支配，但从大的历史趋势上，可能会越来越受到市场经济规律的作用和影响。同样十分明显的是，在政治逻辑与经济逻辑之间，政治力量具有更大更强的作用和影响，始终是把控新闻业改革发展方向的根本力量。中国新闻业首先属于政治，然后才会属于其他，这一点是理解当代中国新闻业实际情况的根本所在。

当代中国新闻业属于现代性质的新闻业。双重基本属性定位、运行中的新闻业，如果想求得顺利的发展，就必须求得各种社会力量的满意。其中，具有基础地位的是社会大众也即公众的满意。公众的信息需求、新闻需要、表达交流需求才是新闻业、新闻传媒生存发展的深层动力，也是新闻业得以持久良性运行的基本逻辑，如果得不到社会大众的认可、人民的信任，新闻传媒是无法得到持续生存发展的。

影响当代中国新闻业运行的另一种重要力量是技术力量。每当有划时代的技术特别是媒介技术、传播技术出现时，就会有新的媒介形态生成，就会有新的新闻传播图景出现。技术的发明创造和运用不仅改变了媒介形态结构，也在改变新闻传播主体的结构，改变和调整各种新闻活动主体之间的关系。一言以蔽之，技术演进不断改变着新闻业的整体面貌。因而，技术逻辑是影响当代中国新闻业运行的重要力量。

新闻业是整体社会事业的一个领域、一个子系统，必然会受到社会系统中所有其他领域和子系统的作用和影响。与此相应，它必然要受到多种规范、多种规律、多种力量的共同制约，“共同制约的结果是呈现出相当的复杂性，诸种力量最后形成了合力，由这股合力推动着传媒的发展”①。

总而言之，当代中国新闻业、新闻媒体是在政治、经济、社会（公众）、技术等基本力量的相互作用中演进的，是在这几大要素形成的共同机制中运行的。当然，不能忘记的是，所有这些力量或要素都离不开全球化的宏大背景，更离不开中国文化、中国历史的深刻作用。

第五节　新闻业的功能

新闻业的功能是指新闻业具有的能够对人和社会产生作用与影响的性能，因而讨论新闻业的功能，是把新闻业作为整体对象置于整个社会有机系统中，看它对整个社会有些什么样的作用能力和属性。这些能力和属性的外化就是新闻业对社会产生的实际作用和影响。我们主要从构成新闻业的实体（媒体）及其传播活动两个方面来说明新闻业的功能。

一、新闻业实体机构的功能

新闻业主要是由新闻传播实体机构及其全部活动构成的。新闻业依赖实体性的媒介组织而存在，这些实体具有的功能自然也是新闻业功能的重要组成部分。

首先，新闻媒体是重要的经济实体，新闻业是整个社会产业系统中的一个重要组成部分，因此媒体作为实体具有经济功能。作为产业的一部分，它“参与了产品的生产和经营”，“在经济基础的部分有了它的位置”②。大众媒体作为经济实体，“一是通过媒介商品的生产与交换，直接发挥生产剩余价值的经济作用；二是通过广告，在其他的商品生产部门中间接发挥创造剩余价值的作用”③。如果把平台媒体、自媒体、机构媒体等也在一定意义上看作新闻媒体，其经济功能更是显见而强大。

其次，新闻机构是一种舆论机构，它通过新闻手段来反映舆论、表达舆论、营造舆论、引导舆论，从而显示出强大的舆论功能。作为舆论机构的新闻媒体，总要发表意见和看法，而不只是单纯地传播新闻信息，因而它必然具有宣传功能、舆论功能，必然具有意识形态的功能。

再次，新闻业是典型的文化事业，新闻传播机构是典型的大众文化机构，发挥着文

---

① 丁柏铨．中国当代理论新闻学［M］．上海：复旦大学出版社，2002：123．

② 同①60．

③ 莫斯可．传播：在政治和经济的张力下：传播政治经济学［M］．胡正荣，张磊，段鹏，等译．北京：华夏出版社，2000：102．

化机构实体的功能。新闻传播者是新闻文化最主要的创造者和传播者。“新闻从业者在美国是最可贵的人才之一，是我们文化的捍卫者，他们有着特殊的使命。”[①] 新闻传播业的文化功能主要通过自己的新闻产品和其他信息产品来体现。新闻业作为一种文化事业，不仅创造新闻文化，也是其他文化的传承载体，可以充当一切精神文化的载体与传播中介。“一家报纸就是一个国家的文化的一部日记。”[②] 新闻文化自身也是文化系统的一部分，它在记录、传播、传承其他文化的同时，也将自己作为文化的形象，描绘在人类文化发展史的宏大画卷上。

最后，新闻媒体往往充当着准政治实体的角色，发挥着重要的政治功能。历史上或现实中，新闻媒体确实以政治机构的角色存在过或存在着。资产阶级革命前后的政党报刊社，无产阶级政权属下的几乎所有的新闻机构都曾经是政治实体组织。把新闻机构作为政治实体，即作为国家权力部门，在第二次世界大战期间的德国、意大利、日本都曾发生过，在“文化大革命”期间的中国也发生过。当然，在不少国家的历史上，一些新闻机构都曾经扮演过政治机构的角色。这时，新闻机构充当着思想斗争、政治斗争的工具或武器，发挥的主要功能是政治功能、宣传功能。这种情况下的所谓新闻机构其实是宣传机构，最多是宣传性的新闻机构，报道新闻仅是其次要的功能，是发挥政治功能、宣传功能的手段。因此，当新闻机构变成了政治实体后，其原则上不再是新闻机构，而是宣传机构。新闻媒体具有政治功能、宣传功能是客观事实，但把宣传功能作为新闻机构的主要的、核心的功能，必然会改变至少是影响新闻机构作为新闻媒体的性质。

二、各种传播活动的功能

新闻机构从事的主要活动是传播活动，是多样化的、多类型的传播活动，这就从根本上决定了新闻业的功能是多样的。但是，既然是新闻业，就必须以传播新闻、评论新闻为其天职和使命，这是其最基本的传播活动，也是由社会分工形成的它所必须担当的社会角色和必须履行的社会职责。因此，在新闻业的多样性功能中，有些功能处于基本地位、核心地位。

（一）多样性功能

作为一种社会认识活动，“新闻工作关注着一切”[③]。作为大众传播媒介的新闻媒介，传播内容包括各种各样的信息。因此，解释和揭示新闻传播活动的多样性功能，首先需要从广义上探讨它在实行这种多样化内容传播过程中对社会和个人所产生的作用和效能。在这一意义上，新闻传播活动的多样性功能与人们通常所说的大众传播媒介的功能是一致的。

拉斯韦尔在 1948 年发表的《传播在社会中的结构与功能》中提出，大众传播有三大社会功能：一是环境监视；二是使社会各个不同部分相互关联以适应环境（社会协调功

---

① 小唐尼，凯泽．美国人和他们的新闻［M］．党生翠，金梅，郭青，译．北京：中信出版社，2003：7.
② 沃克．报纸的力量：世界十二家大报［M］．苏潼均，诠申，译．北京：新华出版社，1987：33.
③ 同①4.

能）；三是使社会遗产代代相传（社会遗产传承功能）。美国另一位学者查尔斯·赖特在其1959年出版的《大众传播：功能的探讨》一书中主要从社会学的角度提出了大众传播的“四功能说”：一是环境监视；二是解释与规定；三是社会化功能；四是提供娱乐的功能。施拉姆与波特在1982年出版的《传播学概论》中对大众传播的社会功能做出了新的概括：一是政治功能，包括监视环境、社会协调和遗产传承；二是经济功能，指大众传播媒介通过经济信息的搜集、提供和解释，能够开创经济行为；三是一般社会功能，包括社会控制、规范传递、娱乐提供等。施拉姆和波特的独特之处在于他们对大众传播的经济功能做了明确的表述。拉扎斯菲尔德和默顿从大众传播社会功能的正负效应出发，提出了他们的“三功能说”：授予地位的功能、促进社会规范实行的功能和麻醉精神的负功能。他们的独特贡献在于明确指出大众传播具有负功能的问题，开阔了人们研究大众传播功能的视野。

西方学者着重从传播学的角度对大众媒介的社会功能做出了上述概括。我国学者主要从新闻媒介的角度对其社会功能做出这样的概括：报道新闻、传播信息；表达意见、引导舆论；服务社会、指导生活；传播知识、普及教育；提供娱乐，裨益身心。[①] 有些概括与此略有不同，恰好形成一种互补关系。比如，《新闻学大辞典》在上述五条之外，又加了“播载广告，促进产销”一条。[②] 有人则明确加了两条：“实施舆论监督”和“作为企业赢得利润”[③]，其中最后一条属于我们前面所说的新闻媒体作为经济实体的功能。

（二）基本功能

在中国语境中，在新闻传播活动的多样性功能中，人们普遍认为，传播新闻、监督社会和引导舆论是最基本的功能，或者说是新闻媒体基本的职能。这里我们先来解释监督功能和引导舆论功能。关于传播新闻这一核心功能，下文将做专门说明。

1. 监督功能

新闻传媒是人民的耳目喉舌，是公共舆论机构，新闻工作者是社会运行的守望者、监测者，因而新闻传播的一个重要职责就是监测社会环境的最新变化，其中特别关注的一类变化就是可能导致社会发生不良或恶性运行的“坏人坏事”或“好人错事”。对这一类最新不良变动事实的及时揭露、批评和报道就是人们通常所说的新闻监督，而新闻传播活动在这一过程中发挥的功能相应地被称作新闻的或新闻媒介的监督功能。

新闻监督主体直接表现为新闻传播主体，但实质上应该是社会公众。传播者或任何其他社会成员的监督权利是反映社会公共意志的法律赋予的，它是新闻自由权利的核心内容之一。可见，新闻监督本质上是社会公众对自己生存发展环境的监督。因此，新闻监督的力量源泉不仅在于它特有的那种真实和公开，更在于它是人民的力量、民主的力量。因而，民主是监督的基础，如果一种媒体不是人民的耳目喉舌，不代表社会的公共利益，它的声音就是虚弱的，它的监督就是乏力的。在新媒体环境下，社会大众已经

① 童兵．理论新闻传播学导论［M］．北京：中国人民大学出版社，2000：109.
② 甘惜分．新闻学大辞典［M］．郑州：河南人民出版社，1993：10.
③ 李良荣．新闻学概论［M］．上海：复旦大学出版社，2003：115－118.

可以直接通过各种新兴媒介通道施行新闻监督和舆论监督，监督的对象不仅指向政治领域、经济领域和其他社会领域的运行情况，也会指向专业新闻组织的新闻生产传播活动。

新闻监督的对象是整个社会中与公众利益相关的人和事，这是广义的监督对象。狭义的监督对象主要指向社会的权力组织及其权力的直接拥有者，其中最主要的无疑是掌管国家权力的各级政府机构及其公职人员。政党组织及其领导成员在社会政治权力活动中的重要性，也使其成为新闻监督必须重点指向的对象。权力机构、组织及其权力拥有者的一切涉及公共利益的言行都属于新闻监督的范围。立法、司法、行政过程中的所有决策行为、实施行为、管理行为及其结果都应该置于阳光之下，接受新闻监督、接受人民的监督。在市场经济环境下，各种企业的行为也越来越成为重要的新闻监督对象，因为它们的行为与公共利益的关联度越来越高。

新闻监督功能的发挥程度和实际效果如何依赖于社会的民主程度、新闻自由的程度和范围。如果缺乏足够的新闻自由权利，新闻监督功能不可能得到正常而充分的发挥。纯粹依赖自我批评式的新闻监督是不可靠的、乏力的。

2. 引导舆论功能

新闻传播活动的直接目的是传播新闻，有些新闻传播的目的仅此而已。但是，传播者对有些新闻的传播往往不会停留在这种直接目的上，而是把报道新闻作为手段，追求进一步的目的。传播者通过报道新闻的方式，营造一种信息环境，使新闻收受者的观念、态度甚至行为方式向传播者期望的方向强化或转变，这实质上就是舆论引导。新闻传播活动通过这样一种方式发挥的功能就是引导舆论的功能。

“舆论是公众关于现实社会以及社会中的各种现象、问题所表达的信念、态度、意见和情绪表现的总和，具有相对的一致性、强烈程度和持续性，对社会发展及有关事态的进程产生影响。其中混杂着理智和非理智的成分。”① 简单点讲，舆论就是公众或很多人对他们共同关心或感兴趣的问题、现象、人物或事件公开发表的意见。舆论的主体是社会公众，舆论的客体就是舆论主体共同关注的问题、现象、人物或事件，舆论的结果（也就是舆论的形态）主要表现为一定的公开意见。舆论的本原价值就是表达舆论主体的意愿，舆论追求的更大目标价值是公共利益的实现。②

舆论通过自身的特点，即一致性、强烈程度和持续性等，会对舆论客体的演变发展产生一定的作用和影响。这正是引导舆论必要性和重要性的根据。作为意见，舆论在整体上显然是人们对一定事物的一种认知反映，因而必然有对错问题，即舆论有正确的舆论，也有错误的舆论。这正是引导舆论的认识论根据。如果舆论总是正确的，引导就是多余的。

---

① 陈力丹．舆论学：舆论导向研究［M］．北京：中国广播电视出版社，1999：11.

② 杨保军，许鸿艳．论我国党媒体系新闻舆论的特殊价值［J］．南昌大学学报（人文社会科学版），2021（4）：70－77.

所谓引导舆论，就是将舆论引导到正确舆论的方向上去，即引导到有利于正确解决舆论客体所涉及的问题的方向上去。引导舆论的方式很多，新闻传播手段只是其中之一。新闻传播之所以能够引导舆论，是因为它作为一种社会认识活动可以反映舆论、代表舆论和营造舆论环境。新闻媒体应该引导舆论的根据在于，它负有监测环境、守望社会、为人民服务的职责。

通过新闻传播手段引导舆论，实质上就是通过新闻舆论来引导社会舆论、形成社会舆论。新闻舆论是指通过新闻传播手段营造的舆论。通常，传播者通过议题或议程设置方式，通过强化（淡化）报道某一或某类新闻、强化（淡化）评论某一或某类新闻事件的方式营造一定的新闻舆论环境，使广大的新闻收受者接受传播者的“洗礼”，以传播者期望的方式议论相关舆论客体，最终形成传播者期望的舆论结果，从而达到舆论引导的目的。

这里应该特别注意的问题是，传播者在以新闻方式塑造舆论环境时，同样可能犯错误，即传播者可能以错误的新闻舆论去引导错误的社会舆论，或以错误的新闻舆论去引导正确的社会舆论。

（三）核心功能

新闻业、新闻媒体、新闻媒介、新闻传播指向的直接目的是新闻。报道或传播新闻是新闻传播活动的核心功能，或者说是新闻媒介的核心职能。对此，新闻界已经达成高度共识。传播信息“当然是构造整个新闻事业大厦的基础”①。“新闻界的力量并不在于以意见劝服他人，而在于传播信息以及唤起人们或深刻或肤浅的问题的兴趣。”②

新闻传播现象根源于人们的信息交往需要、新闻需要，新闻传播业的诞生根源于对新闻信息的规模化需求。这一切都表明，新闻传播业、新闻媒介的核心功能只能是传播新闻的功能。传播新闻能够成为核心功能的另一根据在于，其他功能的发挥依赖于新闻传播，可以说是新闻功能的延伸或派生。“报道新闻在新闻事业的多种功能中起着支配作用，其他功能往往要靠传播新闻来实现。”③“新闻传媒的基本功能定位是社会系统中的社会信息子系统。它的基本功能（即我们所说的核心功能——引者注）就是搜集信息，加工、处理信息和传播信息。在此基础上衍生出媒介的其他功能。”④

报道新闻是媒体传播活动的核心功能，因而要想成为名实相符的新闻媒体，就必须始终把新闻作为媒介的核心内容，不仅在量上要有版面、频道、时段、栏目、页面等的可靠保证，而且在质上要严格遵守新闻传播的基本原则。

在讨论了新闻业的功能后，我们可以结合第四章关于新闻的功能的说明，对新闻活动的功能系统做一个整体的图示（见图 8－1）。

---

① 弗林特．报纸的良知：新闻事业的原则和问题案例讲义［M］．萧严，译．北京：中国人民大学出版社，2005：248.

② 埃默里 M，埃默里 E，罗伯茨．美国新闻史：大众传播媒介解释史：第 9 版［M］．展江，译．北京：中国人民大学出版社，2009：81.

③ 项德生，郑保卫．新闻学概论［M］．武汉：武汉大学出版社，2000：128.

④ 丁柏铨．中国当代理论新闻学［M］．上海：复旦大学出版社，2002：50.

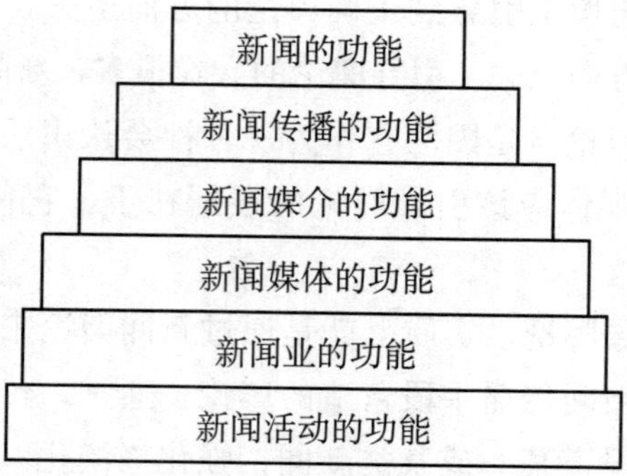

图8-1　新闻活动功能系统结构图

从图8-1中可以看出，新闻业的功能是相当丰富的，但新闻业的“高级功能”是新闻传播的功能，这也应该是新闻业基本的职责，新闻业的“顶级功能”是新闻的功能，这也就是说，作为新闻业，必须把新闻放在本位，必须以“新闻”为核心手段实现新闻业的社会价值。

复习指点

关键概念

媒介　媒体　新闻媒介　新闻业　新闻体制（制度）　多元性功能　基本功能　核心功能　舆论　新闻舆论　舆论引导

思考题目

1. 新闻媒介的类型、特征
2. 新闻业的性质与特性
3. 世界新闻业发展运行的总体特征
4. 当代中国新闻业的特征
5. 新闻业的功能

必读文献

方汉奇．中国新闻传播事业一百年［J］．国际新闻界，2000（6）．

丁柏铨．中国新闻传播事业40年发展中的10个关键节点：写在纪念改革开放40周年之时［J］．新闻与写作，2018（8）．

陆小华．数字新闻学的产生基础、逻辑起点与演进路径［J］．新闻记者，2021（10）．

杨保军．新闻观念论［M］．上海：复旦大学出版社，2014．

黄旦．延伸：麦克卢汉的“身体”：重新理解媒介［J］．新闻记者，2022（2）．

选读文献

维尔．世界报刊史：报刊的起源、发展与作用［M］．康志洪，王海，译．北京：科学出版社，2018.

杨保军．论当代中国新闻观的基本特征［J］．编辑之友，2021（7）．

哈林，曼奇尼．比较媒介体制：媒介与政治的三种模式［M］．陈娟，展江，等译．北京：中国人民大学出版社，2012.

杨保军．新闻领域的中国模式：描述、概括与反思：上［J］．新闻界，2011（4）．

杨保军．新闻领域的中国模式：描述、概括与反思：下［J］．新闻界，2011（5）．

彼得斯．奇云：媒介即存有［M］．邓建国，译．上海：复旦大学出版社，2020.

第九章
新闻规律

提 要

一门学科或一个领域的探索研究就在于揭示相关对象比较稳定的内在机制或运行规律。“新闻规律”是“新闻活动规律”“新闻传播规律”等说法的简称。新闻规律是一种社会领域活动规律，是指新闻活动具有的相对稳定的特征和演变趋势，或者新闻活动内在的稳定关系及其变化趋势，具有规律的一般性和自身的个性特征。新闻规律是在自发与自觉的新闻活动过程中生成的；新闻规律是个规律系统，由内部规律子系统与外部规律子系统构成。我国“党媒”作为新闻媒体除了遵循一般新闻规律外，还有自身的特殊规律。自发与自觉及其统一是新闻规律产生作用的基本方式与机制。

前面几章已经比较系统地阐释了新闻传播的要素、过程、普适原则和特殊原则，讨论了新闻媒介和以运行新闻传播活动为核心的新闻业，现在我们可以站在更高的层面上或更深入的层次上，对新闻活动规律做出概括和总结。

第一节　新闻规律的本质与特征

新闻规律揭示的对象是什么，所指的内涵是什么，这是探讨新闻规律的前提性问题。只有对新闻规律的所指对象比较清楚，探究的问题比较明了，才能发掘新闻规律的本质，分析新闻规律的具体特征。

一、新闻规律的本质

新闻活动是有规律的，马克思指出，“要使报刊完成自己的使命，首先必须不从外部为它规定任何使命，必须承认它具有连植物也具有的那种通常为人们所承认的东西，即承认它具有自己的内在规律，这些规律是它所不应该而且也不可能任意摆脱的”①。马克思的这段话尽管针对的是报刊，但从原则上也适用于后继而来的各种媒介形态。

要认识新闻规律，首先需要在哲学层面上理解规律的基本含义。在辩证唯物主义看来，规律是客观事物本身内在的联系，“规律就是关系，本质的关系或本质之间的关系”②。“规律是事物本身固有的本质的、必然的联系，是事物运动变化的基本秩序和必然趋势。”③ 那么，这些所谓本质的、内在的、必然的关系，到底是什么样的关系？就是指构成事物的要素之间的稳定的、持久的关系。一个对象运动变化的规律主要是由该事物系统内部各要素的相互关系决定的，正是系统内部要素之间的相互作用，形成了事物运动变化的动力机制，也正是在系统构成要素的相互作用中，形成了事物的运动方式。如果事物运动变化始终依赖要素间某种或某些稳定的关系，这种或这些稳定的关系就是规律性的关系，这种或这些稳定的关系决定着事物变化发展的基本秩序和趋势，因而也就是该事物的运动变化规律。当然，任何事物内部要素的相互关系都会受到其所在环境的作用和影响，并且这种相互作用也有其自身的规律性。

新闻活动属于人类的社会实践活动，本质上是一种认识实践活动、交往交流活动，因此新闻规律属于社会活动规律。作为社会实践活动的一种，新闻活动必然遵循社会活动的普遍规律；作为一种特殊的社会实践活动，新闻活动必然具有自己特殊的活动规律、领域性规律。

规律是规律对象的规律。新闻规律是指人类新闻活动的规律。作为新闻理论研究中的一个重要概念，“新闻规律”是一个简化的表达，主要是对“新闻活动规律”的简称。同时，新闻规律也是对“新闻传播规律”“新闻收受规律”“新闻价值规律”“媒介形态演变规律”“新闻业演进规律”“新兴媒体发展规律”等诸多新闻活动具体规律形式的总称。规律是对象物内在的关系、本质的关系或比较稳定的发展趋势。依照这样的逻辑，新闻规律就是新闻活动的内在关系、本质关系。这是对新闻规律最抽象的表达。

要想进一步理解新闻规律的实质，就要理解这里所说的新闻活动的内在关系、本质关系到底指的是什么样的关系，或从哪些方面、维度去观察、理解基本的内在关系。我们在第一章说过，新闻活动是关于新闻信息的交流活动，其中包含着人类的精神交往与交流、文化交往与交流，新闻活动是贯穿在人类各种社会交往活动、实践活动中的一种信息活动，必然与社会整体以及各个社会领域产生诸多关系。这意味着揭示新闻规律，既要关注新闻系统内部的信息交流关系，也要关注新闻系统与社会环境之间的外部关系。只有把新闻系统的内部规律和新闻系统与社会环境的关系规律（可以称为外部规律）都揭示出来了，才能比较全面地把握新闻规律。

二、新闻规律的特征

可以从两大方面理解新闻规律的特征，一是它与一般社会规律共有的特征，二是它

---

① 马克思恩格斯全集：第1卷［M］. 2版. 北京：人民出版社，1995：397.

② 田心铭. 认识的反思［M］. 北京：人民出版社，2000：224.

③ 陶富源. 实践主导论：哲学的前沿探索［M］. 合肥：安徽人民出版社，2001：222.

作为交流新闻信息活动的个性特征。

就第一方面看，新闻规律作为社会规律中的一类，具备一般社会规律具有的客观性、稳定性、历史性等特征。

第一，新闻规律具有任何规律都具有的第一特征——客观性。"客观性是一切规律最根本的性质，是规律成其为规律的必要条件。"① 所谓客观性，是指新闻规律的存在及其作用不以人的意志为转移。新闻规律是存在于新闻活动中的诸多客观法则，是新闻活动各种要素之间、各个环节之间本质的、必然的联系，属于"是"的范畴，人们只可发现它、认识它、尊重它、运用它，却不可随意违背它、改变它。新闻规律的客观性意味着不管人们是否认识到它的存在和作用，它都自在地发挥着作用。"如果实践规律果真'以人的意志为转移'（哪怕是'一定程度'），它的客观性就不存在了。"②

第二，作为实践规律的一种，新闻规律是主体性的活动规律。这意味着新闻规律包含着新闻活动主体的主观意识因素，意味着新闻规律是在新闻活动主体有目的、有意识的自觉活动中形成和发挥作用的。新闻规律的主体性特征为新闻活动主体自觉运用新闻规律、提高新闻活动的有效性提供了理论和实践根据。

第三，作为一种规律，新闻规律具有一般规律都具有的稳定性特征，即新闻规律的存在与作用具有历史的持久性和稳定性。规律是事物内在的、本质的联系，新闻规律是构成新闻活动的基本要素之间的内在联系，是新闻活动系统与社会环境之间的内在联系。正因为如此，新闻规律才可能是稳定的，具有相对的历史持久性特征。

第四，作为一种主体性的实践规律，新闻规律具有历史性特征。新闻规律是一种主体性的活动规律，而主体从事的任何活动，都会随历史的变化而变化，因此，主体的活动规律也会在主体不断更新的活动中形成和展开、变化和发展。"人的活动规律是历史性的规律，是发展变化的"，"人的活动的规律的形成是一个过程，它所起作用的大小也并非是固定不变的"③。因此，在认知新闻规律稳定性特征的同时，也必须认知它的历史变动性，这样才能有效地、灵活地利用新闻规律。

第五，社会规律的主体性、历史性意味着，新闻规律也像其他社会领域规律一样，具有地方性的特殊性，即不同社会中的新闻活动具有自身的不同于其他社会中新闻活动的规律性。

就第二方面看，新闻规律作为人类新闻信息交流活动的规律，可以从以下几个具体方面加以理解。

首先，新闻规律是系统性的主体间交流规律。新闻活动本身就是庞大的系统性活动，是弥漫性、渗透性很强的活动，是与社会环境关系特别紧密的活动。如此活动特点，从根源上决定了新闻规律必然是由诸多具体规律构成的有机规律系统，并不是一条或几条简单的规律。

其次，新闻规律是以新闻传收规律为核心的规律系统。无论新闻活动多么复杂多样，具体的新闻生产方式、传播方式、收受方式、管理控制方式在历史演进过程中发生怎样

---

① 田心铭．认识的反思［M］．北京：人民出版社，2000：225．
② 同①177．
③ 同①186－187．

的变化和更新，却总有其稳定甚至不变的核心活动，这就是它始终是关于新闻信息的传收活动。也正是因为这一点，人类才能相对比较明确地将新闻活动与其他各种活动区分开来。因而，无论新闻规律是多么复杂庞大的一个系统，有多少具体的规律，其核心的内在规律仍是“新闻‘传—收’规律”。

最后，新闻规律是以新闻信息为核心内容的交流规律。以新闻信息为核心的交流规律，呈现的是新闻规律在规律内容上的典型特点。人类是信息动物。人类的信息交流内容丰富而多样，但大致可以分为三类：事实信息、情感信息和意见信息。在现实的人类信息交流活动中，要想将三类信息绝对分离开来，几乎是不可能的。但是，不同信息类型的交流也是可以相对区分开来的，这不仅是理论逻辑上的可能，也是实践中的经验事实。新闻交流是以“事实信息”为核心、为基础甚至是为直接目的的交流，最能代表新闻交流的个性特征。新闻的本质是事实信息，新闻是对一定事实信息的反映和陈述；离开事实信息的交流，原则上就不再是新闻交流，相应的活动不再是新闻活动，也就没有根据谈论新闻规律。

第二节　新闻规律的生成与构成

新闻规律不是预制的，而是在人类新闻活动过程中生成的。新闻规律是一个复杂的规律系统，可以从不同角度分析新闻规律的具体构成。

一、新闻规律的生成

作为主体性规律，新闻规律自然蕴含在人类新闻现象、新闻活动之中，是在新闻现象的不断变化、新闻活动的不断演进中形成的。伴随人类新闻活动方式的演进、更新过程，那些贯通性的新闻规律始终处在形成之中，而有些具体规律会消亡，有些具体规律会逐步诞生。但作为主体性的新闻规律，不管是贯穿人类新闻活动始终的历史性规律，还是仅仅存在于一定历史时代、一定社会新闻活动中的特殊规律，或者是那些针对具体媒介形态而言的个别规律，本质上都是人类自在活动与自觉创造活动的共同结果，是新闻系统与社会整体系统相互作用的结果。

（一）新闻规律形成的自发与自觉机制

新闻活动具有自发性和自觉性，是自发性与自觉性不断统一的历史过程。因此，新闻规律必然形成于自发、自觉以及自发与自觉相统一的演进中。

新闻活动是人类传收、交流新闻信息的活动，并且首先是相伴人类历史演进的自在自发的活动。因而，如果人类新闻活动存在规律，那自然是在自在自发过程中形成的，不是什么神秘意志或权威意志的产物，不是上帝的预制，也不是某个人设计的、创造的，而是在所有新闻活动者的新闻活动中逐步形成的，是新闻活动系统中所有要素相互作用、相互影响的自发产物。这是理解新闻规律形成的基础。

新闻活动是人类自在自发的社会活动，但与此同时，人在自然进化中转变成了典型的社会动物，转变成了可以自觉自主活动的理性动物。这就是说，新闻活动在历史演进中逐步成为人类自觉展开的活动，成为有目的性的活动，并且是目的性越来越强、越来越专门化的活动。恩格斯说过："在社会历史领域内进行活动的，是具有意识的、经过思虑或凭激情行动的、追求某种目的的人；任何事情的发生都不是没有自觉的意图，没有预期的目的的。"[①] 作为主体性规律，新闻规律无疑是在主体活动中形成的，自然也是在主体自觉自为的新闻活动中产生的。

由此可见，新闻规律是自在与自觉活动的共生结果。人类新闻活动具有自发自在的一面，是一个自然的历史过程。同时，人类新闻活动又有自觉自为的创造性的一面，这就从根本上决定了蕴含于新闻现象、新闻活动中的新闻规律必然是在自发与自觉新闻活动中形成的，即新闻规律是自在与自觉的共生结果。

（二）新闻规律形成的社会作用机制

新闻规律是在新闻系统与其他社会系统相互作用、相互影响过程中形成的，而非新闻系统内部孤立的产物，新闻规律的形成还要受制于社会整体的运行规律，受制于一定社会政治、经济、文化、技术等发展变化的整体状况，受制于其他社会领域或社会活动规律。

新闻规律形成于整体的社会运行系统中。作为新闻活动领域的规律，新闻规律具有自身的独立性和自主性，这根源于新闻活动有其自身的活动领域、内容、方式和特征，有其特有的社会功能和作用、意义和价值。但是，新闻活动不是孤立的人类活动，而是与其他人类活动共存共在的社会活动，因而新闻规律的形成必然要受到社会整体发展状态、发展水平的影响，必然会受到其他相关社会活动不同程度的作用和影响。首先，社会的整体发展水平制约着新闻活动的整体活动方式和活动水平，也就自然制约着新闻规律的整体形成方式及其表现形式。其次，人类不同历史阶段的整体发展状态，特别是技术、媒介技术发展状态，决定着相应阶段新闻活动的整体状态和方式，也就决定着相应阶段主导性新闻规律的形成方式以及新闻规律的样式和表现。最后，新闻规律形成于社会系统的整体运行之中，这意味着有什么样的社会运行方式，就会有什么样的特殊新闻规律形成方式。这里实质上是说，在不同的社会形态、不同的社会制度中，新闻规律的具体形成方式、具体表现方式可能都是有差别的。

新闻规律形成于新闻活动与其他社会活动的相互作用中。在社会有机系统中，并不存在纯粹的某类社会活动，不同领域的社会活动都是相互作用、相互影响而交融交织在一起的。因而，从原则上说，不同社会领域的活动规律也是交融交织在一起的，一个领域的规律总是要受到其他领域规律的牵制或影响，差别只在于有些领域的规律具有更强的独立性和自主性，而其他一些领域规律的自主性、独立性可能相对弱一些。从规律形成论的角度看，新闻规律形成于新闻活动与其他社会活动的相互作用、相互影响的过程中。首先，新闻规律的形成始终受到一定社会经济活动的基础性影响。从社会结构上看，

---

① 马克思恩格斯选集：第4卷［M］. 2版. 北京：人民出版社，1995：247.

物质领域、经济领域始终处于基础地位，它对建于其上的政治上层建筑和意识形态领域具有决定性的影响。其次，新闻规律的形成过程会受到政治活动的直接影响，政治活动甚至对其起决定作用。经济基础、经济活动是以社会结构的基础地位决定新闻活动的方式，政治活动则是在社会上层建筑层面内部对新闻活动产生直接的作用和影响。一定社会中的新闻活动如何展开，往往直接受制于该社会的政治权力结构方式、运行方式。最后，新闻活动直接表现为传收新闻信息的活动，但广义上它同时也是一种文化传播、文化传承活动。其实，新闻活动始终展开在一定的社会文化系统中，总会受到一定社会文化传统、文化特征、文化追求、文化信念的影响，新闻文化、新闻规律的形成也就自然会受到整体文化状况的影响。

二、新闻规律的构成

新闻规律是个规律系统。要比较充分认识和把握新闻规律的构成，就得从不同视野、不同角度、不同层次、不同要素等进行全面分析与揭示。新闻规律系统的构成分析实质上也是新闻规律的类型化分析，这是对新闻规律更为精细的把握方式。

（一）新闻系统内外视野中的新闻规律构成

新闻系统是相对独立的社会活动系统，但它总是运行于一定的自然环境、社会环境之中。因此，如果把新闻活动以及相应的新闻规律作为内部对象，把社会整体或其他社会领域的整合作为环境，就可以将新闻规律系统从宏观上分为两大子系统：一个是内部规律子系统，另一个是外部规律子系统。

1. 新闻系统内部规律构成

人们通常所说的新闻规律，主要是指新闻内部系统的运行规律。新闻系统内部规律主要包括两大部分内容：一是各个系统要素本身的演变规律，二是各要素之间的关系规律。

所谓新闻系统构成的要素规律，就是构成新闻系统基本要素的历史演变规律。新闻内部系统是由传播者、传收内容、传收媒介、收受者共同构成的。要素规律，实质上是指这四个基本要素在人类新闻活动中各自稳定的历史变迁机制。

所谓要素关系规律，要复杂一些。它一方面包括这些基本要素在人类新闻活动中的历史性稳定关系，另一方面包括这些基本要素在共时性上的内在关系。并且，新闻系统要素之间的历史关系与共时关系之间也有内在的关系。事实上，一定共时性的内在关系总是通过历史的过程性关系来呈现的。新闻系统要素之间的关系规律是更为重要的规律，因为实际的新闻现象、新闻活动只能在这些要素的相互作用、相互影响关系中展开，正是它们之间的实际关系造成了新闻图景的真实样貌。

2. 新闻系统外部规律构成

新闻系统与作为环境的社会整体及其各个社会子系统的关系，可以称之为相对新闻系统内部关系的外部关系。如果把新闻系统的要素规律、要素关系规律称为内部规律，那么就可以把新闻系统与社会整体及其各个社会子系统之间的关系规律称为外部规律。如果将新闻系统的内部规律看作微观规律，那就可以将外部规律看作宏观规律。内外部规律一起，构成完整的新闻规律系统。

新闻系统的外部规律包括两大部分内容：一是新闻系统与社会整体（环境系统）的关系规律，二是新闻系统与社会各个领域系统特别是主要社会子系统（如经济系统、政治系统、文化系统、技术系统等）的关系规律。新闻学关于新闻与社会、政治、经济、文化、技术以及其他社会领域的研究，最终的学术目标就是探求新闻与它们之间的本质关系，也即与它们之间相互作用、相互影响的基本规律。

所谓新闻系统与社会整体的关系规律（可称之为总体关系规律），是指新闻系统与社会整体之间的内在关系，即稳定的或本质的关系。所谓新闻系统与主要社会子系统的关系规律（可称之为具体关系规律），主要是指新闻系统与政治系统、经济系统、文化系统、技术系统等之间的内在关系，即稳定的或本质的关系。这些关系决定着新闻系统与社会环境、新闻系统与主要社会子系统之间的整体走向与趋势。

3. 内外部规律间的基本关系

客观上，内外部规律是共时共在的，共同支配着新闻现象或新闻活动的展开。就人类新闻活动的实际看，不管是历史事实还是现实情况，新闻系统在社会整体结构中都处于从属地位，受制于社会的整体发展情况，受制于一定社会政治、经济、文化和技术系统的整体发展水平。因而，新闻系统如何运行，常常要看新闻与社会的实际关系。

新闻理论关于新闻规律的研究直接关注的核心对象是新闻系统的内部规律，这是因为新闻系统之外各种因素对新闻的作用和影响，或者说外部规律对新闻系统的制约作用，最终还是要渗透、落实在新闻内部要素及其要素关系上，要通过内部要素及其关系的变化来实现，所谓外因要通过内因起作用。因而，研究内部规律时，必然关涉到外部的各种因素、各种关系，必然要对各种相对而言的外部因素、关系进行考察和分析。在这一意义上，所谓内外其实也是相对而言的，不可能存在纯粹的内部规律或外部规律研究，它们总是相互紧密地渗透纠缠在一起。按照这样的理解，完全可以说，新闻规律只有一个，并不存在内外部规律之分。事实上，人们通常都说“新闻规律”，而不会说内部新闻规律、外部新闻规律。

（二）新闻规律系统的层次构成

新闻规律系统有自身的层次结构，表现为不同层次的新闻规律。新闻活动是所有人的活动，因而应该存在基于人类新闻活动总体特征的新闻活动规律；新闻活动是一定社会中的新闻活动，因而应该存在基于一定社会新闻活动特征的活动规律；新闻活动表现为不同具体媒介形式的活动，因而应该存在基于不同媒介形态特征的活动规律。

1. 宏观层面的普遍规律

所谓新闻活动的普遍规律，是指人类整体意义上的新闻活动规律，因而也是最为宏观的新闻规律。这样的新闻规律，是在人类作为主体的新闻活动过程中形成的，深藏或蕴含在人类新闻活动之中，当然也会表现在人类丰富多彩的新闻活动中。关于新闻规律的普遍性，至少可以从以下几个维度加以理解。

第一，在纵向意义上，普遍新闻规律是指存在着贯通整个人类新闻活动史的新闻规律，这样的规律可以称之为新闻活动的历史规律，它是人类历史演进规律的一部分，或者说是人类历史演进规律的领域化体现。

第二，在横向意义上，也即在共时意义上，普遍新闻规律是指存在着一定历史时期人类社会范围内的普遍新闻规律。这样的普遍规律，尤其表现在近代新闻业诞生之后的职业新闻活动中。当然，在近代新闻业诞生之前，人类新闻活动中也存在着共同的以人际交流为主的活动规律。

第三，在媒介形态意义上，普遍新闻规律是指存在着贯穿于所有媒介形态之中的新闻规律。即不同媒介形态，尽管介质有所区别，背后的技术支持不同，所运用的个性化媒介符号系统不同，但它们却遵循一些共同的新闻生产和传播原则。

2. 中观层面的特殊规律

特殊规律揭示的是，一定社会人群在一定历史时期、一定社会范围内新闻活动中形成的稳定机制或内在关系，这样的规律只存在于特定的历史时期、特定的社会之中。

首先，特殊新闻规律是指特定社会范围内的新闻规律。全球所有地区之间、不同社会之间以及不同国家之间，除了具有同一性、相似性之外，都拥有各自的历史进程、地域特点、文化传统和社会特征、国家特色，而且所有这些特征或差异都会在一定程度上体现在新闻活动和新闻事业之中，这就从根本上决定了人类不同地域的新闻活动，全球不同社会、国家的新闻业，各具个性、各有特色，在遵循普遍规律的同时，也会拥有自身的特殊规律。

其次，特殊新闻规律是指特定历史时期、历史时代的新闻规律。在历史向度上，人类新闻活动可以说是一个进化的过程，因而存在着总体性的历史演进规律。但与此同时，人类新闻活动总会形成不同的历史时代、历史时期。就是说，一种主导性的媒介形态或新闻活动方式形成之后，往往会持续一段时期甚至会一直持续下去。以一定历史时期主导媒介形态为主的新闻活动，就会形成该时期主导性的新闻规律。

3. 微观层面的个别规律

微观层面的个别规律，主要是针对具体新闻业领域（或者说领域性新闻业）和具体新闻媒介形态设定的。

首先，个别新闻规律是指以特定媒介形态为中介展开新闻活动形成的规律。这其实是对特殊规律的进一步细化。

其次，个别新闻规律是指领域性新闻业的运行规律。新闻行业是个整体，有其整体的运行规律（普遍规律），但在新闻行业系统中，依托一定的主导性媒介形态，又形成了既有历时性又有共时性的领域性新闻业，诸如报业、广播业、电视业、新媒体业等，如此也就自然形成了具体领域性新闻业的个别规律。

最后，个别新闻规律是指新闻内部系统中每一具体要素的历史演变规律，这种演变既可以包括人类新闻活动意义上的演变，也可以包括一定社会范围内新闻活动要素的演变。

4. 不同层次规律间的基本关系

如果从新闻规律系统的结构层次上看，可以将新闻规律分解为普遍规律、特殊规律和个别规律几个层面。这样的划分尽管有一定的客观根据，但更多的是为了研究、叙述方便的一种逻辑区分。在实际的新闻活动中，被称为新闻规律的那些新闻活动中的内在关系、本质关系，并不是以规律层级的方式分别发挥作用的，而是以整体方式产生影响的。

第一，从层次结构上看，普遍规律是最高层次的规律，特殊规律属于中间层次的规律，个别规律属于最低层次的规律。第二，不同层次的新闻规律本质上是相互贯通的、统一的，它们对新闻活动的作用和影响本质上是一体化的。第三，同一层次和不同层次间的新闻规律，既具有一定的统一性也可能具有一定的相异性或矛盾性，其间的关系比较复杂，需要做具体的分析。第四，规律的层次性是绝对的，但同时也有一定的相对性。当从人类整体意义上系统观察、分析新闻活动的规律性时，上面三个层次的划分就是绝对的。如果只从一定社会、国家范围考察新闻规律，那就可以把整体的社会层面的规律看作普遍规律，把领域性新闻业的规律看作特殊规律，个别规律则是不同类型新闻媒体的运行规律问题。

第三节　新闻规律的主要内容

新闻规律是个规律系统，由诸多具体规律构成。上节我们阐释了新闻规律的构成，本节选取新闻规律的实质内容加以介绍，主要包括新闻活动的宏观规律、核心规律以及中国“党媒”的特殊规律。

一、新闻活动的宏观规律

新闻活动是人类众多社会活动形式中的一种，与整体的社会环境及其他各种活动形式之间有着不可分割的紧密关系。新闻活动与社会整体的互动规律应该是新闻规律系统中最为宏观的规律。这里我们主要介绍两大规律，一是新闻与社会整体的关系规律，二是新闻与技术的关系规律。

（一）新闻依赖律

在整个社会有机系统的结构中，新闻活动本质上属于认识活动、精神活动，这就从根本上决定了它对社会物质系统的依赖性；而建制性、职业性或者说机构性新闻活动（表现为新闻传媒业）的上层建筑性质、意识形态属性，又从根本上决定了它对一定社会政治系统的依赖性。对经济、政治、技术的整体依赖性是新闻活动存在、变化、演进的总体性宏观规律，可以称之为“新闻依赖律”。

新闻依赖律是说，在新闻与社会之间，总体特征就是新闻对社会的依赖，或者明确地说，就是社会整体发展对新闻演进的决定作用。当然，新闻对社会也具有能动的反作用，并且，随着信息时代、信息社会或媒介化社会的到来，新闻对社会发展具有强烈的或越来越大的反作用，新闻与社会正在进入一种前所未有的互动状态。①

人类新闻活动的发展水平受制于社会的整体发展状况，这是由社会结构方式从根本上决定的。按照历史唯物主义的社会结构理论，一定社会可分为经济基础和上层建筑两大部分或双层结构，二者之间的基本关系是经济基础决定上层建筑，上层建筑对经济基础具有反作用。在这样的社会结构中，新闻领域属于上层建筑，经济领域属于经济基础。因而，新闻领域自然受制于经济领域，经济发展水平在根基意义上决定着新闻活动水平。在一定社会的上层建筑结构内部又可分为政治上层建筑和思想上层建筑（意识形态领域）两个部分，这两部分之间最基本的关系是，政治上层建筑决定意识形态，意识形态对政治上层建筑具有反作用。政治上层建筑主要由政治领域、法律领域构成，主导着一定社会、国家的政治制度和政治文明；而意识形态领域主要由政治、法律观念以及宗教、哲学、文学、艺术、道德等具体意识形态构成，呈现着一定社会的精神文化状况。作为实践活动的新闻，本质上属于人类认识世界的一种方式，整体上属于人类的意识形态领域、精神领域。按照政治上层建筑与意识形态二者间的基本关系，可以说新闻受制于或依赖于一定社会的政治领域。

新闻依赖律并不否认新闻对社会发展的能动作用。新闻系统与社会整体本质上是相互影响、相互作用的关系，不只是新闻对社会的依赖，对政治、经济的依赖，还有新闻业、新闻传媒、新闻传播、新闻对社会整体发展以及社会各个子系统变化的主动作用和影响。事实上，“新闻在人类社会中占据极其核心的话语地位，是左右历史发展的一种力量”②。新闻对于经济发展、政治文明、文化传播传承等都有重要的作用和影响。

（二）技术主导律

新闻活动的整体发展水平是由社会的整体演进决定的，其中具有核心地位的社会系统是生产力系统，具有核心地位的要素是技术要素。技术发展是新闻活动演进的根本动力，这种根本动力关系，从新闻规律的角度可以概括为“技术主导新闻律”，简称“技术主导律”。

在新闻生产力系统中，作为活的要素的人，通过其感觉系统与智力系统，可以直接采集、加工、制作、传播新闻信息，作为新闻生产工具的新闻生产技术则在历史演进过程中被不断发明创造出来，而作为生产对象的事实信息或其他信息，则伴随人类历史的演进时时刻刻都在变化更新。在这三类基本要素中，作为新闻生产主体的人，会依据自身不断进化、扩大的新闻需要以及其他相关信息需要，在整体社会环境中不断发明创造新的新闻生产技术，持续延伸和提升新闻生产的能力；与此同时，新闻生产主体会运用不断更新的新闻生产技术，对不断更新的新闻生产对象进行加工、制作，从而形成不断更新的新闻生产方式和新闻产品形态。显然，在这三大要素的相互联系、相互作用中，新闻生产主体是最重要、最活跃的要素，只有主体才能在不断演进的历史中，以不断更

---

① 杨保军．论新闻对社会发展的能动作用［J］．山西大学学报（哲学社会科学版），2019（4）：58－73．

② 史剑辉．新闻观：人文主义转向何以可能?：南京大学杜骏飞教授学术专访［J］．新闻记者，2018（10）：29－36．

新的方式将三者有机统一起来，形成新闻生产方式的整体进化。但是，这三大要素以怎样的方式有机结合或统一，主要依赖的不是新闻活动主体的主观愿望，也不是新闻事实信息的内容变化，而是新闻生产技术的特征和水平。因此，一个历史时代能够拥有什么样的新闻生产方式，新闻能够具有怎样的样态，主导性的要素或力量就是作为新闻生产手段、工具的新闻生产技术，它是将新闻生产主体与生产对象连接起来的真正中介。人类发明创造了媒介技术，媒介技术又反过来改变人类的新闻生产方式，这是一个历史的辩证演进过程。经过上述的层层分析，可以得出一个总体性的结论：新闻生产技术主导着新闻生产方式，主导着新闻的呈现方式或形态，在历史向度上也在改变着新闻生产关系。

技术主导律的主要内容如下：（1）技术主导新闻业态的整体演进。每当一种新的具有某种程度革命性的传播技术出现时，在不久之后就有可能造成一种新型媒介形态的诞生，进而造成一种新的新闻业态的出现和成长，并在一定程度上改变整个新闻业态的结构。一种革命性新闻生产传播技术的诞生，意味着一种全新的具有时代意义的新闻业态的生成，意味着新闻业态的时代性转换。（2）技术主导新闻活动主要方式的变革。在技术与新闻活动方式之间，技术主导新闻传播主体的新闻生产方式，主导新闻收受主体的新闻收受方式，主导新闻控制主体的新闻控制方式。从原则上说，有什么样的技术方式就有什么样的新闻活动方式。技术主导新闻媒介形态的更新。（3）技术要素是媒介形态的核心要素。一种媒介形态主要由技术、介质、符号构成，正是技术要素决定了媒介形态相应的个性化介质需求，从而也决定了一种媒介形态能够承载的特有的个性化符号系统。在媒介形态演进上，技术要素是媒介形态得以生成更新的根本动力。技术的历史发展主导着媒介形态的历史结构，每当一种新的媒介技术特别是那种影响广泛的新兴技术面世，既有的媒介形态结构就会逐步发生结构性的变化。在媒介功能上，技术要素对不同媒介形态的功能构成及其功能发挥着重要的基础作用。（4）技术主导新闻思维的变化。技术是新闻观念生成、演进或更新的重要条件和动力。现代新闻观念系统中一些基本观念的诞生与演进，原则上都与媒介技术高度相关。现代新闻的时空观念、客观观念、真实观念、价值观念、公开观念、对话观念、透明观念等，无不与现代媒介技术的演进有着内在的关系。

需要强调的是，相对人类而言，技术本质上是工具和手段，不是主体和目的。技术是人的延伸，是主体能力的外化，不能成为主体本身。[①] 人类不仅要不断地发明创造新兴技术，更应该不断学习如何合理驾驭使用技术。诚如有研究者指出的那样，“真正的危险并不在于计算机将开始像人一样思维，而是人将开始像计算机那样思维”[②]。

二、新闻活动的核心规律

新闻活动的核心内容是新闻的生产传播和新闻的收受。新闻传收始终是新闻活动的

① 杨保军．简论智能新闻的主体性［J］．现代传播，2018（11）：32－36.
② 张明仓．虚拟实践论［M］．昆明：云南人民出版社，2005：297.

基本关系、核心关系。狭义的“新闻规律”就是“新闻传收规律”，就是新闻传收互动律。这样的传收互动规律主要包括互有内在联系的三条具体规律：新闻传收选择律、新闻传收效用律和新闻传收接近律。

（一）新闻传收选择律

任何完整的新闻传播过程都是新闻活动双重主体选择的过程和选择的结果。新闻传收行为，从总体上说是一种主动的、自觉的行为，选择机制支配着新闻传收过程。新闻传收选择规律，简称新闻选择律。这一规律是指，在新闻内部系统，新闻活动主要是在传播主体与收受主体的相互选择过程中展开的。传播主体选择收受主体的目的在于满足自身的传播需要，收受主体选择传播主体的目的在于满足自身的收受需要，“随时随地与我们想要的信息保持联系是一种深刻的人类需要”①。因而，传收主体间的互相选择实质上是传播需要与收受需要之间的活动，两种需要之间的互动才是传收选择的内在机制、稳定关系。

选择，一般意义上是指主体的目的性活动，是行为主体对行为目标或方案的寻找、比较和确认。在新闻传播过程中，选择是传播系统内部诸多基本要素之间稳定的、持久的、始终如一的内在关系。新闻活动作为主体性的活动，选择者应该是参与新闻活动过程的所有主体，但核心主体是传播主体和收受主体。其他主体的影响和作用最终会体现在传播主体和收受主体身上。

任何一次完整的新闻传收过程，传播主体总要选择新闻事实和报道的方式，同样，收受主体总要选择收受的方式、收受的内容。如果在更宏观的层面上考察新闻传播过程，人们会发现，传播者要选择用于传播目的的新闻媒介，要选择媒体方针、编辑方针，要选择目标收受者，而新闻收受者要选择接触的媒介，要选择传播者，要选择具体的收受内容。完整的新闻传播过程就是在这种双向的选择中完成的，缺少任何一方的选择，传播都会变成不完整的传播，难以真正实现的传播。

凡是发生新闻传收的时候，凡是发生新闻传收的地方，就存在着传播者与收受者之间的互相选择行为，这是一种双重主体间的选择。尽管选择的方式、选择的程度、选择的水平百样千种，但互相选择的行为是客观存在的事实。因此，对于新闻传播来说，对于任何一个新闻传播过程来说，选择是内在的、必然的，因而是规律性的存在，不是偶然的行为。

传播者与收受者在新闻传播过程中的选择行为，使彼此之间形成了互动的关系。传播者的选择为收受者限定了收受的宏观范围，设置了各种议题，分配了收受者的媒介注意力、新闻注意域，也引导着收受者的思想观念甚至行为方式；同样，收受者的媒介选择、内容选择行为，直接制约着传播者的选择行为，也分配着传播者的注意域和注意力，影响着传播者的新闻观念、新闻行为。总之，在传收双方的选择互动关系中，二者互相促进、互相制约，共同塑造着新闻传播的图景。

新闻传播选择律体现在双重主体的选择行为中，但二者的选择对新闻传播的影响或

---

① 莱文森．人类历程回放：媒介进化论［M］．邬建中，译．重庆：西南师范大学出版社，2017：中文版序言 2.

作用方式有所不同。传播主体的选择直接影响着每一次具体的新闻传播过程，从而也会影响收受主体的每一次收受行为；而收受主体的选择更多的是以累积效应的方式（通过各种反馈渠道）形成对传播主体的影响。

（二）新闻传收效用律

新闻传收效用律，简称新闻效用律。这一规律是指，新闻活动是在传收双方追求各自直接目的的互动中展开的。效用的本质是价值，直接表现为新闻对传收主体的作用与意义，背后则是传收主体间的互为手段、互为目的的关系。价值是人类互动核心层面的追求，从本质上决定着一种活动的稳定取向。因此，新闻效用律其实是对新闻选择律的进一步深化，它要回答的核心问题是，传收主体之间为什么会形成稳定的、内在的互选机制。追求效用是其中的根本，诚如有人所说，“新闻首先要有用，使人们可资利用，使得生活得以维持，对整个社会有正面建设性意义”①。

新闻传播者通过处理事实与新闻选择标准、事实与媒介、事实与收受者、媒介与收受者（以及自身与传播环境）等诸多具体矛盾，追求新闻传播目标，实现新闻传播意图，争取预期效果；而新闻收受者则主要通过处理自身与媒介、与新闻文本、与收受环境的诸多关系，获取有用、有趣的新闻信息，以满足自己的新闻需要。完整的新闻传播过程就是在传播者追求传播效果、收受者追求新闻满足的互动中进行的，这种效用互动是任何新闻传播在客观上不可避免的、必然的、稳定的关系，因而效用律是新闻传收的重要规律之一。

新闻传收效用律以相同的逻辑、不同的样式体现在双重主体的新闻传收行为中。所谓相同的逻辑，是说双重主体都会通过新闻媒介去实现各自的传播或收受目的；所谓不同的样式，是说双重主体利用新闻媒介的方式有所不同。收受主体为了满足自己的新闻需求，把握环境的最新变动情况，必须诉诸新闻媒介。一方面，收受者希望尽快获得欲知、未知的新闻，希望传播者提供的新闻越多越好；另一方面，收受者希望自己在最短的时间内能够获得最有新闻价值的新闻。因此，传播主体要想实现自己的新闻传播目标，取得预期的传播效果，就必须一方面为收受者提供尽可能快和尽可能多的新闻信息，另一方面要为收受者提供富有新闻价值的新闻信息，这就形成了新闻传播过程的两种追求：追求尽可能大的新闻流通量，追求尽可能高的新闻价值。② 这是传播者和收受者互动之下的共同追求，是新闻传播得以循环往复、不断提升的根本的内在机制。

（三）新闻传收接近律

新闻传收主体接近律，简称为新闻接近律或主体接近律。这一规律揭示的是人类新闻活动的目标机制，因而也可以称为新闻活动目标律。新闻传收过程直接表现为传收主体间关于事实信息、意见信息的交流、分享或共享过程，而“达到传播主体与收受主体之间的精神交流与接近，进而产生行为上的某种一致”，“是新闻传播的深层目的和理想

---

① 赵立兵，文琼瑶．超越危局：新闻业应立足于公共生活：美国威斯康星大学传播艺术系教授潘忠党学术专访［J］．新闻记者，2017（12）：14－21．

② 黄旦．新闻传播学［M］．杭州：杭州大学出版社，1997：235－239．

境界"①，"可以称之为'最佳双重主体接近律'"②。新闻活动的最终目的就是通过以新闻事实信息为基础的交流，实现传播主体与收受主体之间的相互理解、相互认同，使传收双方成为和谐、平等相处的共同体，使所有的新闻活动主体成为共同体。

在新闻传播过程中，传播者总是希望收受者能够像传播者设想的那样理解新闻、接受新闻，能够像传播者预期的那样认可传播者的内容选择、传播方式选择，即在实质上认可、同意传播者的传播观念和传播目标，达到与传播者自己的接近；而收受者总是希望传播者能够像收受者期望的那样，反映报道收受者欲知、应知、未知的事实或信息，能够像收受者期待的那样，以收受者能够接受、乐于接受的方式传播新闻，即在实质上认可、同意收受者的新闻需求和精神需要，达到与收受者自己的接近。双重主体的希望与期待有时一致，有时错位，有时甚至冲突矛盾，大多则可能在一致与错位之间，但渴望接近或一致是二者共同的理想，是二者作为新闻传播主体和收受主体稳定的、始终如一的追求，因为社会发展、个人生存在客观上需要一个自由、平等、和谐的信息交流环境、精神交往环境，需要人与人之间的和谐相处与共同合作，正是这种客观需求上的接近或一致，使接近律成为新闻传播的内在规律。

遵循接近律，对于传播主体来说，内容上要选择与收受主体利益接近、需求接近、兴趣接近的新闻事实，形式上则要采取收受主体喜闻乐见的传播方式方法。只有在内容与形式上皆与收受主体接近、亲和的新闻文本，才能使新闻传播由"传播"达到"传通"，才能使传播主体与收受主体之间达到新闻信息、新闻价值的"交流"与"分享"。进而言之，只有找到传播者与收受者共同感兴趣的东西，新闻传播才能达到充分的效用，双重主体之间也才能达到充分的接近，实现主体间的和谐关系。

实事求是地分析新闻传播发展史，不难发现，新闻传播由特权向普遍权利的转化、由小范围向无边界的不断扩展、由一定的隐秘性向公开性的进化，都是在向新闻传播的本性回归，向新闻传播应然的境界提升，这背后客观的支配力量离不开新闻传播接近律的作用。当人类越来越自觉到这一传播规律的存在时，就会做出各种各样的努力，使新闻传播过程变成一个公开的过程，变成一个信息自由交流的过程，去实现传收双方的接近。人们不难发现，不断出现的新媒介之所以受到人们的青睐和普遍使用，就是因为比起传统媒介来，它们更有利于人们的平等交流、亲近对话，更符合新闻传收接近律的内在要求。

（四）三大核心规律的基本关系

选择律、效用律和接近律构成了新闻传收规律的具体内容，揭示的是新闻传收活动中不同维度、侧面、环节的具体内在关系，它们构成新闻传收的总体互动规律，因而三条规律之间必然有着内在的统一性。

第一，三条规律有各自的侧重内容：选择律是新闻传收活动的行动规律、手段规律或方法规律。效用律是相对比较深层次的传收规律，揭示的是传收互动基本动机或动力

① 杨保军．新闻价值论［M］．北京：中国人民大学出版社，2003：230.
② 黄旦．新闻传播学［M］．杭州：杭州大学出版社，1997：239－240.

根源，反映的是传收双方对于传收活动的需要或效用预期，可以说是新闻传收得以展开的动力学规律。接近律揭示的是传收双方展开新闻传收的终极目标，以及希望达到的传收主体关系状态；传收的发生在于传收主体天然的共在（因共在而传收，因传收而共在），传收的接近则是传收相处的理想境界（通过传收交往形成和谐的共同体），因而接近律可以说是新闻传收活动展开的目标律。因而，我们可以说，新闻传收总体互动律是由效用律、选择律和接近律构成的。

第二，三条规律之间有着复杂的具体关系。首先，作为手段律、方法律的选择律，会受到效用律、接近律的制约。传收双方的动机与目标从深层次上决定着传收手段与方法的选择及运用。效用律是选择律的动力机制，接近律是选择律的目标机制，选择律在这两种机制作用下得以运行。其次，效用律、接近律又是在选择律的作用下得以展开和实现的。传收双方的动机需要、目标追求（结果状态）总要依赖一定的方式方法去实现，不同的动机需要、目标追求自然会促成传收双方的不同选择行为。动机、手段、结果（目标）只有形成相互和谐匹配的关系，才能形成有效的传收过程，相反，则会产生更多的传收矛盾和冲突。最后，效用律与接近律在本质上是一致的。从逻辑上说，传收双方的效用动机将决定传收双方可能达到的接近状态和程度；反过来说，传收双方试图达到的主体间亲近关系，将决定传收双方展开传收活动的动机强烈程度。传收主体如果出现效用动机错位，就不可能达到主体关系的接近状态，同样，传收主体如果没有相同或相似的主体间关系状态追求，也就不大可能具有相同或相似的新闻需求动机。

第三，从总体上看，效用律、选择律和接近律揭示了新闻传收完整过程中的内在联系。不管是传播（主体）还是收受（主体）都有各自的动机（需要）、手段（方法）和目的（目标），双方的动机（需要）、手段（方法）与目的（目标）之间自然也会形成互动关系，从而既形成各个传收环节之间、要素之间的内在关系，又形成传收完整过程的内在关系。这三条规律的统一，无论从系统性（静态分析）还是从过程性（动态观察）上，都比较完整地揭示了新闻传收之间、新闻传收主体之间的互动规律。

三、“党媒”的特殊规律

新闻规律既有普遍规律，又有特殊规律。“不同的国家具有不同的历史条件，不同的文化传统，不同的社会现实，这就使不同的国家具有不同的社会发展规律。”① 整体的社会领域如此，具体的社会领域同样如此。中国的党媒事业拥有自身特殊的规律。因而，“新闻学作为一门科学……既要强调新闻工作的党性，又不可忽视新闻工作自身的规律性”②。“党的新闻舆论工作是一门科学，必须按照规律办事”，“推动传统媒体和新兴媒体融合发展，要遵循新闻传播规律和新兴媒体发展规律”③。

---

① 杨耕．社会科学的特殊性［N］．光明日报，2017-04-24.

② 习近平．摆脱贫困［M］．福州：福建人民出版社，1992：64.

③ 习近平论新闻舆论工作［N］．人民日报海外版，2018-08-22（5）.

（一）“党媒”所指

“党媒”是“政党媒体”简化的说法，它是所有新闻传媒中的一类。所谓政党媒体是指政党创办或所属的媒体，其核心功能是为政党的宣传服务，自然，政党媒体也会同时具有其他新闻媒体的一般功能。

就中国当前的现实情况来说，如果从执政党中国共产党的视野出发看待新闻传媒，大致可以对新闻媒体做这样的特征区别：一类是中国共产党直接拥有的新闻媒体，如主要是由各级党委、党组织创办、拥有的机关类新闻媒体；另一类是除执政党机关新闻媒体之外的但是由中国共产党领导的其他新闻媒体。因而，可以笼统地说，中国的所有新闻媒体是党和国家领导的，也是党和国家所有的，只是在机关媒体与非机关媒体之间有一些具体的区别。

基于以上的基本理解，党媒在最宽泛的意义上是指中国共产党领导的所有新闻媒体，而在探讨党媒运作的基本规律时，针对的核心对象是中国共产党创办和实质拥有的新闻媒体，包括党报、党刊、党台、党网。

（二）党媒的三大特殊规律

规律总是一定对象的规律，是一定对象本质特征及其内在关系的反映。党媒特殊规律反映的是党媒自身运行的内在稳定关系。从构成上看，党媒特殊规律主要包括本体性的党性统摄律、人民中心价值律和舆论引导方法律。需要说明的是，党媒特殊规律体现在党媒新闻工作的特殊原则（参见第七章）之中，因此，理解党媒特殊规律要与理解党媒特殊原则紧密结合起来。

党性统摄律或党性主导律，是指党性是党媒的根本属性，党媒的其他属性不能超越党性，而要服从党性。党媒姓党，党性原则是主导和统领党媒事业、党媒工作的最高原则、总体原则，党性原则必须贯穿在新闻舆论工作的总过程，或者说必须贯穿于新闻舆论工作的各个环节和所有方面。党媒作为党的耳目喉舌，本质上必然要在组织上、思想上、行动上始终与党保持高度一致。

人民中心价值律，是指党媒始终以人民为中心。党媒的直接利益是党的利益，但不同政党的利益追求是不同的。中国共产党向人民承诺、向世人宣示，她没有自己的私利，她所追求的利益只有一个，那就是广大人民群众的利益。“以人民为中心是新时代坚持和发展中国特色社会主义根本立场。”① 中国共产党的如此利益目标、价值追求、信念理想，从精神观念、社会理想层面上意味着，她所拥有的、领导的新闻业、新闻媒体必然以人民为中心。也就是说，为人民服务是党媒的终极性价值目标，这是稳定的、内在的、具有规律性的要求。

舆论引导方法律，是指党媒通过舆论引导为主的方法，实现党媒的职责和使命，这是党媒的内在要求，是将党性统摄律和人民中心价值律落到实处的途径和方法。经过百年多的探索，中国共产党发现了党媒工作的方法规律，这就是坚持以正确的舆论引导人，

① 中共中央宣传部．习近平新时代中国特色社会主义思想三十讲［M］．北京：学习出版社，2018：85.

核心就是要用正确的“新闻舆论”，以正确合理的方法，引导“社会舆论”或“公众舆论”，实现党媒“上连党心，下连民心”的桥梁纽带作用。

（三）三大规律的关系

首先，三大规律共同构成了党媒规律的有机系统。党媒的规律系统应该既包含一般新闻传媒的运行规律，同时也包含党媒的特殊运行规律，党媒是在这两类规律的共同作用下展开运行的。党性统摄律、人民中心价值律和舆论引导方法律则属于中国语境中党媒具有的特殊规律。一般规律与特殊规律的共在，只能说明党媒运行规律更为复杂，也意味着党媒作为新闻传媒在新闻传播实践、新闻宣传实践、新闻舆论活动中，需要面对和处理更为复杂和更多的各种关系，兼顾党媒作为特殊类型新闻传媒的各种功能作用。

在党媒特殊规律的意义上，作为针对同一对象的不同维度规律——党性统摄律、人民中心价值律、舆论引导方法律——必然具有客观上的内在统一性，它们一起构成党媒的特殊规律体系或系统，它们之间的相互作用、相互影响共同构成党媒的基本运行机制。

其次，在党媒特殊规律系统中，每个规律都有自身的相对独立性。不同规律处于规律系统的不同地位或层次，每个规律的作用都有自身的侧重。党性统摄律是党媒最具特色的运行规律，属于党媒本体性的规律。党性统摄律揭示的是党媒的所有权和领导权问题，揭示的是党性在党媒作为媒体所具有的众多属性中的地位作用问题。作为具有本体性、根源性的规律，它像血液一样灌注、流通、循环在党媒作为党的有机体的所有部分。人民中心价值律是党媒运行的价值律，它揭示了党媒运行的价值根源、价值动力与价值追求、价值目标，居于党媒规律系统的灵魂地位。舆论引导方法律反映的是党媒主要工作方式方法的内在特征，属于党媒新闻舆论工作的方法律。

最后，三大规律之间既有内在的统一性，也具有一定的相互制约性。党媒姓党，党媒的党性决定了党性统摄律对其他两条规律具有直接的统领支配作用。党媒的价值追求、舆论引导都是在党媒存在的前提下进行的。党性统摄律内在地要求党媒以人民为中心，党性统摄律内在地要求党媒要以党的意志引领人民的意志，用党的路线、方针、政策引导人民的思想和行动。如果党性不能统摄、领导、支配党的媒体、党的新闻事业，党媒、党的新闻事业实质上也就不再是党媒了、不再是党的新闻事业了，进而党媒的人民中心追求、新闻舆论引导也就自然不存在了，这两条规律也就失去了依托的客观基础。显而易见，在党媒规律体系中，党性统摄律具有绝对的核心统领地位，人民中心价值律、舆论引导方法律受制于党性统摄律，一定意义上都是党性统摄律的某种延伸、派生和具体表现，这是三条规律之间的本质关系。

党性与人民性的统一性决定了党媒的核心价值指向是为人民服务。党性是党媒的方向盘，人民性是党媒的前进目标。因而，是否以人民为中心，是检验党媒新闻舆论工作的核心标准。党媒党性的落实，最终要通过具体的新闻舆论工作来体现。因而，能否以正确的舆论引导人，是否实现了正确的舆论引导人，是检验党媒工作有效性的直接标准，也是检验党媒党性是否落实的直接方法。

在人民中心与舆论引导之间更是有着直接的内在关系。人民是一个整体性的概念，在现实社会中，他们实际生存、生活、工作于不同的具体社会时空，存在、活动于不同的社会阶层、社会群体、社会领域当中，他们拥有各自的特殊利益，同时作为共同体拥有共同的利益，他们都会通过各种各样的渠道表达自己的诉求、表达自己的意见，从而形成复杂多变的舆论生态。如何进一步有效交流意见、达成共识，就需要党媒和党所领导的媒体提供平台，并展开必要的舆论引导。因而，“人民中心”的实现，总是需要“真实新闻”“正确舆论”的反映和引导。从规律论的角度看，人民中心价值律内在需要舆论引导方法律去实现。

四、特殊规律与一般规律的关系

事物的存在都是个别的，因而一般的东西总是隐藏在个别之中，所谓“个别就是一般”。一般规律是从特殊、个别对象中抽象出来的共同规律，而那些无法从一定范围内所有事物中抽象出来的“剩余规律”就是特殊规律、个别规律。这就从根本上决定了，任何特殊事物、个别事物必然受到普遍规律的支配，同时还要受到特殊规律、个别规律的直接作用。

（一）党媒遵循一般规律

党媒是新闻媒体中的一类，因而，不管它有怎样的特殊性、个别性，它都会遵循新闻传媒的一般规律或普遍规律，“普遍规律是指对任何事物都毫无例外地普遍适用的规律。”[①] 事实上，中国共产党的党报理论、党报思想在强调党性原则、人民中心、舆论引导的同时，也始终都在强调党媒必须尊重新闻规律、按照新闻规律办事这一基本原则。

首先，党媒和党领导的新闻事业，在宏观上遵循新闻依赖律和技术主导律。所谓党媒遵循一般新闻规律，在新闻依赖律、技术主导律意义上，就是说党媒像其他新闻媒体一样，总是存在、运行于一定的社会环境之中，受制于一定社会整体的发展水平和运行状况，受制于一定社会整体的技术发展状况，特别是传播技术、媒介技术的发展水平。

其次，党媒和党领导的新闻事业，在新闻活动过程中，遵循新闻传收中的三大核心规律——传收选择律、传收效用律、传收接近律。不管什么类型、性质、层次的新闻传媒，一旦展开运行，其中的核心关系一定是传播主体与收受主体之间的关系，表现为传播需要与收受需要之间的关系。党媒作为一类特殊的新闻媒体，本身就把人民中心作为自身的价值目标，把新闻舆论引导作为自身的核心工作，把正面报道、正面宣传为主作为自身的核心工作方式，这就意味着，它更会受到这三种规律的支配，也更会遵循这三种新闻传收中的基本规律。党媒会始终把人民大众作为自身的核心受众对象，始终以满足人民大众的信息需求、新闻需要为核心目标，始终追求能与人民群众同呼吸、共命运，成为真实的共同体。

最后，党媒在自身的演进过程中遵循媒体系统要素演变规律。要素演变规律，是针对媒体系统的构成要素，揭示了每一要素的历史演进机制，指出每一要素都有自身的相对独立的存在方式和演变方式，它们的变化演进体现了新闻业的整体变化和发展。党媒

---

① 周宝玺．矛盾规律研究［M］．北京：中国人民大学出版社，2013：162.

也是一种新闻媒体系统，也是由传播内容、传播者、媒介形态、收受者等要素构成的，因而，只要党媒持续存在，不断发展，构成其媒体系统的每一要素就会遵循自身的演进规律。

（二）特殊规律是支配党媒运行的根本规律

党媒之所以是党媒，主要在于它的特殊性，而非它与其他类型媒体相似的共同性。因而，按照党媒的党性以及党性支配下的特殊规律展开运行，才是党媒的根本逻辑。在规律论视野中，支配党媒运行的核心规律必然是党媒的特殊规律。

从客观逻辑上说，事物的存在是具体的、个别的，每一事物都具有自身的特殊性或个性，只有按照它们的特殊性或个性展开运行才能成为它们自己，才能显示出自身特有的功能意义。特殊事物之所以特殊，就是因为其是在特殊规律支配下运行的。党媒之所以受制于党媒特殊规律，是由党媒承担的实际工作、完成的核心任务决定的；党媒特殊规律就是在直接为党工作服务的实际过程中形成的。不能因为普遍规律的普遍性而否认特殊规律的特殊性。在新闻传媒领域，党媒作为一类特殊的新闻媒体类型，只有按照党媒的特殊规律运行才能体现党性、实现党性，发挥党媒特有的功能作用。

党媒在按照特殊规律运行时，不可能超脱一般新闻规律的约束，而会将新闻领域一般规律的要求转化为党媒的一些基本要求。比如，在新闻依赖律作用下，党媒会自觉处理党媒与党的关系，党媒与其他各种政治力量的关系，党媒与经济、商业的关系。在技术主导律作用下，党媒同样会高度重视技术对党媒事业的整体性作用和影响。在新闻传收互动律作用下，党媒更会特别注意其在具体新闻业务领域的操作方式和方法，会自觉要求新闻报道要坚持真实、客观、公正、快速、公开、透明、对话等基本原则和要求，努力实现与社会大众作为新闻收受主体的接近关系或共同体关系。党媒在以党媒特殊规律展开工作时，不会违背党媒作为一般新闻媒体的基本工作规律。

党媒也是新闻媒体，因而，它自然会受到一般新闻规律的支配。如果背离一般新闻规律，它就会受到新闻规律的“惩罚”，即它所做的新闻报道以及依托新闻所进行的新闻宣传、新闻舆论引导，很可能产生不了预期的作用和影响，达不到实际的目的，即党媒很难产生实际的引导力、影响力、公信力。

（三）党媒特殊规律与一般新闻规律是统一的

在认识论意义上，党媒特殊规律与一般新闻规律是统一的。马克思主义认识论始终承认，一定时空范围内的同类事物存在着共性，同时承认构成同类事物的个体（个别事物）具有自身的个性。因而，同类事物既有普遍的运行规律，同时也会存在各自特殊的运行规律，而且两类规律是统一的，一般规律是通过个别规律来体现或表现自身的。人类新闻活动、新闻业、新闻媒体的运行具有自身的客观规律，具有普遍或一般的规律。同时，存在于具体环境的新闻活动、新闻业、新闻传媒，存在着一些适应特殊环境的特殊规律。因而，对于党媒来说，它是在新闻普遍规律和党媒特殊规律共同作用下运行的，两类规律会以共时同在的方式影响党媒的运作，或者说，普遍规律会凝结灌注在特殊规律之中产生自身的作用。

在实践论意义上，党媒特殊规律与一般新闻规律也是统一的。党媒在新闻宣传、新闻舆论实践中，既要遵循党媒特殊规律，同时也必须遵循一般新闻规律。其中最为根本的原因在于，对于党媒来说，既受党媒特殊规律又受一般新闻规律支配是一种客观事实。党媒的党性从根本上决定了其只有按照党媒特殊规律展开工作，才能完成自身作为党媒的职责；党媒作为新闻媒体的工作方式，内在要求其必须遵循一般新闻规律。因而，为了实现党性要求，必须在实践上实现一般规律与特殊规律的统一。党媒的价值目标决定了党媒的新闻舆论实践必须努力实现两类规律的统一。人民中心的价值追求能否转换成有效的新闻舆论工作实践，对作为新闻媒体的党媒来说，最基本的要看党媒能否以新闻为本位、能否按照新闻规律的基本要求展开工作，完成作为新闻媒体最基本的职责，实现新闻的基本功能。进一步说，党媒期望实现的新闻舆论引导，只有以新闻规律所要求或体现的真实、客观、全面、公正、及时、公开、透明的新闻方式展开，只有以符合新闻惯例、符合新闻伦理道德的方式展开，才能达到预期目标。因而，一言以蔽之，党媒只有实现一般新闻规律与党媒特殊规律的统一要求，才有可能实现人民中心这样的价值目标。党媒的工作方针、工作方法，要求党媒必须按照两类规律的统一要求展开新闻舆论工作。坚持以正确的舆论引导人是党媒的基本工作方针，坚持以正面宣传、正面报道为主是党媒的基本工作方法。用正确的舆论进行正确的引导，这是党媒的直接职责和任务，这也是党媒特殊规律的内在要求。完成这样的任务、履行这样的职责，作为新闻媒体的党媒当然不能以纯粹宣传的方式、说教的方式进行，而必须以新闻方式、运用新闻方法进行。

尽管一般新闻规律与党媒特殊规律本质上是统一的，但在新闻实践中，也可能存在一些矛盾冲突。其一，一般新闻规律更强调新闻媒体的相对独立性，而党媒特殊规律更强调党对新闻媒体的绝对领导。显而易见，在新闻媒体的自主性、独立性上，两类规律的实际作用方向是有差异的。但是，我们在讨论新闻依赖律时已经指出，新闻媒体的运行发展整体上是依赖社会发展的，从根本上说是不可能超脱政治、经济、文化特别是政治的直接影响的，这是规律性的现象。其二，一般新闻规律更强调新闻监测环境、守望社会的信息功能、监督功能，党媒特殊规律则更强调新闻的舆论反映功能、塑造功能，特别是新闻舆论的引导功能。但是，仍然要注意到，无论党媒以外的其他媒体如何宣称其中立性或价值无涉的观念，它们在实际的新闻报道中却总是在用自身的立场和偏好设置议题、选择报道对象，也都在表达自己的意见。这一切都表明，新闻媒体总在以这样或那样的方式发挥着舆论引导作用，只是不同的媒体舆论引导的方向或具体方式方法有所区别而已。其三，一般新闻规律更强调新闻报道侧重关注具有新闻价值的事实变动情况，更注重公共利益和公共兴趣，党媒特殊规律则在一般规律要求的基础上，同时更加特别强调新闻的宣传价值、引导意义，特别强调媒体作为党和政府耳目喉舌的功能作用。但是，我们看到，这些表面表述的不一，本质上却并没有什么区别，公共利益就是人民的利益，党媒的根本目标是人民的满意。因而，如果党媒或其他类型的媒体都能像它们宣示的那样去做，它们遵循的基本原则、运行的内在机制（规律）就没有什么水火不相容的地方。

最后需要指出的是，对于党媒来说，在新闻舆论工作实践中，一般新闻规律是通过贯穿在党媒特殊规律之中产生作用和影响的。也就是说，在实际中，党媒是按照统一的党媒原则、党媒规律展开工作的，并不是说党媒的这一部分工作是按照一般新闻规律展开的，另一部分工作是在党媒特殊规律支配下展开的。

第四节　新闻规律的作用方式与机制

新闻规律存在和作用于新闻活动之中，它对新闻传播与收受行为的作用方式有两种基本模式：一是自发作用方式，二是主体的自觉运用方式。认识新闻规律的目的是充分发挥新闻主体的能动性，提高人们对新闻规律自觉运用的水平，努力把对新闻规律的理论把握转化成为运用规律的方法，实现规律论与方法论的统一，最终提高新闻活动的效率。

一、自发作用方式

新闻规律是客观的，不以任何人的主观意志为转移。因此，新闻规律对新闻传播活动最基本的作用方式就是自在、自发的作用方式。新闻规律的客观性决定了它的自发作用能够形成对新闻活动主体的强制性，无论主体是否认识到它的作用，是否愿意接受它的作用，都不可能抹去它的实际作用的存在和发生。自发作用的客观性和强制性使一切新闻行为都处于新闻规律的约束之中，限制了人们可能的长期的任意妄为。

自发作用的核心含义是，不管新闻活动主体是否意识到、认识到新闻规律的存在和作用，是否自觉按照新闻规律进行新闻活动，其行为都要受到新闻规律的支配。

自发作用是自在的，新闻活动主体常常会以不自知的方式按照新闻规律活动，这正如不知逻辑学的人也会按照符合逻辑的方式思维，不懂语法的人也会按照语法规则说话一样。然而，这必定是低水平的新闻活动方式，缺乏足够主体性的活动方式。当人类新闻活动处于缺乏新闻意识的时代，传播规律的作用方式是自发的。即使到了今天这样的信息时代、媒介化社会，新闻活动者如果没有自觉的新闻规律意识，就仍然不可能去自觉地运用新闻规律，而只能依赖规律的自发作用。

一般来说，所有新闻活动者的一些行为总会与新闻规律相背离，这种情况下就可能受到规律的惩罚，规律的自发作用方式往往是以后果的形式呈现自身的存在与作用的，这也正是规律以其客观的力量对新闻活动者的一种提醒和警示。在新闻规律的自发作用方式中，规律用它客观的力量调整着新闻活动者的行为，而非行为者对规律的自觉运用。

新闻规律自发作用的结果为新闻活动主体提供了反思活动效果的对象，因而也成为规律由自发作用向自觉运用转化的中介。自发作用下的新闻活动结果有可能是“良果”，也有可能是“恶果”。在前一种情况下，成功是成功之母的逻辑累积成人们的新闻活动经验，促使新闻活动者自觉到规律的存在和作用，逐步实现规律作用方式从自发到自为的转变；在后一种情况下，失败是成功之母的逻辑累积成人们的新闻传播教训，促使传播者和收受者反思、追问失败的原因，从而促进对新的活动方式、方法的探索，使新闻规律的发现成为可能，使规律发挥效用的方式有可能实现从自在到自觉的转变。

二、自觉运用方式

新闻规律的客观性决定了它会自然而然地发挥作用，影响新闻活动主体的新闻行为，但这并不意味着人们的新闻行为都会自然而然地按照新闻规律办事。以自觉的方式在新闻活动中运用新闻规律，是一个需要做出多种艰苦努力的过程。新闻活动主体只有正确认识、准确把握了具体的新闻规律，并且找到了运用新闻规律的实际方法，才有可能自觉运用新闻规律。

恩格斯曾经讲过一段被人们反复引用的话："在社会历史领域内进行活动的，全是具有意识的、经过思虑或凭激情行动的、追求某种目的的人；任何事情的发生都不是没有自觉的意图，没有预期的目的的。"① 合理新闻活动的展开应该是合规律性与合目的性的统一，然而历史的和现实的传播事实一再告诉我们，人们确实是在按照自己的目的性从事新闻活动，但并不能够始终按照新闻规律进行新闻活动，从而导致新闻传收活动的低效或失败，这就使自觉认识和运用新闻规律成为必要。"人们的活动确有合乎规律与违背规律之别，因而自觉地认识规律、遵循规律才成为必要。"② 自觉才不至于使人们成为规律的奴隶，掉进宿命的陷阱。

新闻规律像其他任何规律一样，是可知的、可把握的、可运用的。当人们认识到新闻规律是什么时，就应该能够以自觉的方式主动积极地运用它，去提高新闻活动的效果、效率。新闻规律作为新闻活动主体从事新闻活动的实践规律，就存在、作用于新闻活动之中，新闻活动主体既可以经验到它的存在与作用，也可以把握和运用它的力量。新闻规律并不是看不见的手，也不是什么神秘的、不可捉摸的东西。在规律面前，人们可以发挥能动的作用。

但是，人们在一定的历史时空中，对新闻规律的认识也像对其他任何事物运动变化规律的认识一样，不可能达到绝对的把握，不可能认识所有的新闻规律，更不可能对所有的规律都获得真理性的认识。对新闻规律的认识和把握是伴随新闻传播发展的长久过程。前面总结、概括出来的新闻规律，只是我们现在认识到的一些规律。事实上，还有我们没有认识到的规律，即使是这些所谓已经认识到的规律，还有可能包含着错误的因素。何况，对认识到的、正确把握到的规律的运用，还需要各种各样的条件，而有些条件可能具备，有些条件只能在将来具备。因此，对新闻规律的运用不可能是完美无缺的。在规律面前，不存在一劳永逸的美景。人类的新闻实践，与人类的其他实践活动一起，在不断发展变化，不断推陈出新，因此新闻规律的具体表现样式、客观的作用方式也会发生变化。新闻规律的历史性、变动性、特殊性等特征，要求人们必须实事求是、具体问题具体分析。"任何实践主体都应该依据时间、地点、性质等社会历史条件去认识和运用实践规律"③，新闻活动的实践者当然不能例外。

① 马克思恩格斯全集：第 21 卷 [M]. 北京：人民出版社，1965：341.

② 田心铭. 认识的反思 [M]. 北京：人民出版社，2000：234.

③ 同②187.

三、新闻规律的整体作用机制

机制是指系统内部不同要素之间形成的比较稳定的相互作用关系或方式，它支配着一个系统的状态或运动变化的趋势。新闻规律的作用机制，实际上是讨论新闻规律两种基本作用方式——自发作用与自觉运用——在新闻活动中的相互关系。依据自发作用与自觉运用的特点，可以把新闻规律的作用机制大致分为两种：自然机制（也可称之为自发、自在机制）和自主机制（也可称之为自觉能动机制）。自然机制就是新闻规律自行产生作用的机制，自主机制就是新闻活动主体自主运用新闻规律的机制。在人类有了自觉的新闻意识、新闻规律意识之后，两种机制是共在共时的。因而，针对现代新闻产生以来的新闻活动，特别是新闻职业、新闻专业诞生以来的新闻活动，可以说，新闻规律产生作用的总机制是自然机制与自主机制形成的统一机制，简化为“自然与自主统一机制”。

第一，新闻规律作用的自然机制是永恒的。只要人类新闻活动存在，新闻规律自然作用机制就始终存在；而对于具体的新闻活动方式来说，所谓永恒也是相对该新闻活动方式的存在而言的，即只要某种具体的新闻活动方式存在，相应的规律作用自然机制也就始终存在。如果人类消亡了，人类新闻活动自然就消亡了，依赖人类新闻活动的新闻规律也就消亡了。如果某种具体的新闻活动方式被历史淘汰了，蕴含其中的具体规律也就消亡了。

自然机制永远是规律产生作用的基础机制，正是因为自然机制的永久性存在，才构成了新闻活动主体需要不断认识规律、尊重规律的客观根据。从本质上说，自主机制不过是对自然机制的认识、把握和转换。在本体论层面上，规律作用机制只有一个，那就是自然机制。

第二，新闻规律作用的自主机制在新闻活动的历史演进过程中，总体上会变得越来越强，越来越具有主导地位。规律的主导作用方式有一个由自发主导向自觉主导的总体历史进化过程。尽管规律的自发作用机制永远存在，但它并不会成为永远的主导作用机制。随着人们对新闻规律认识水平、把握程度的提高，自觉运用方式就会越来越成为主导的作用方式。

自主机制的有效运行，需要新闻活动主体自身的素质保障、能力保证。自主机制的实现水平，取决于新闻活动主体对新闻规律的认识水平，取决于对新闻规律尊重的程度，更有赖于在此基础之上的新闻实践能力、创新创造能力。人们对新闻规律认识得越是准确，就越有可能科学合理地运用新闻规律，就越有可能让新闻规律发挥合目的的作用，避免有损合目的的作用。

第三，自然机制是永恒的作用机制，自主机制是人们对新闻活动有了自觉意识、对新闻规律有了自觉意识之后的作用机制。因而，对今天人类的新闻活动来说，从总体上看，新闻规律作用的机制必然是也应该是自然机制与自主机制的某种统一。

实现统一机制，要承认和尊重客观存在的自然机制，始终以自然机制为基础。统一机制的目标应该是促进“合理”新闻活动的展开，合理就是使新闻活动达到合规律性与合目的性的统一，既尊重实际，又满足需求。统一机制的实现，是一个需要理论上不断认识反思、总结概括的过程，实践上不断探索实现途径、实现方法的过程，而且，这两个过程本身也应该是相统一的过程。就人类新闻活动演进的总体趋势看，自然机制与自主机制的统一是一个不断提升统一层次、提高统一水平的过程。

复习指点

关键概念

规律 新闻规律 新闻依赖律 技术主导律 新闻传收选择律 新闻传收效用律 新闻传收接近律 党媒 党媒特殊规律 党性统摄律 人民中心价值律 舆论引导方法律

思考题目

1. 规律的本质与特征
2. 新闻规律的本质
3. 新闻规律的基本内容
4. 新闻规律的基本特征
5. 新闻规律的作用方式、机制

必读文献

杨保军．新闻规律论 [M]. 北京：中国人民大学出版社，2019.

张昆．新闻传播史演进的三大规律 [J]. 新闻大学，2008 (2).

陈力丹．精神交往论：马克思恩格斯的传播观：修订版 [M]. 2 版．北京：中国人民大学出版社，2016.

中共中央宣传部新闻局．习近平总书记党的新闻舆论工作座谈会重要讲话精神学习辅助材料 [M]. 北京：学习出版社，2016.

杨保军．论当代中国“党媒”理论体系的构建 [J]. 新闻界，2021 (1).

选读文献

有林，张启华．论马克思揭示的社会发展一般规律 [M]. 北京：中央民族大学出版社，2005.

杨耕．社会科学的特殊性 [N]. 光明日报，2017-04-24.

杨保军．理论视野中当代中国新闻学的重大问题 [J]. 国际新闻界，2020 (10).

丁柏铨．浅议网络传播规律 [J]. 中国地质大学学报 (社会科学版)，2017 (6).

丁柏铨，任桐．“新闻舆论的传播规律”初探 [J]. 新闻记者，2017 (12).

第十章

新闻自由

提　要

新闻自由主要是指创办新闻媒体，搜集、发布、传送和收受新闻的自由。新闻自由属于所有人的道德权利、基本人权，但在现实社会中，它是一种政治自由、法律自由。新闻自由具有政治性、相对性、手段性与目的性等特征。新闻自由在不同社会中有不同的表现。新闻自由的实现是一个历史过程，一定社会新闻自由的实现水平与其政治、经济、文化、技术等整体条件是相适应的。

新闻业在一定意义上是人类追求信息自由流通和信息共享的产物。传播与收受信息的自由、交流与表达的自由是人类自由的灵魂，是一切自由的动力和中枢，是人类文明发展的伟大成果，是新闻活动、新闻业始终追求的重要目标，也是人类追求幸福美好生活的重要手段，更是文明社会本身应该具备的基本素质和基本标志。步入信息时代、媒介化社会后，人类对新闻自由的强烈追求与高度渴望成为更加普遍的事实。新闻自由因而也成为新闻理论必须关注的重大课题。

第一节　新闻自由的实质与内容

新闻自由的实质是什么，这是理解新闻自由首先要面对的基本问题。揭示新闻自由的实质就是给新闻自由一个比较明确的界定，说明新闻自由到底是什么。新闻自由的内容是新闻自由实质的具体体现，是新闻自由的具体形式或具体权利形式。

一、新闻自由的实质

要理解新闻自由的实质，首先必须理解自由的实质。据以塞亚·柏林（也译作以赛亚·伯林）的统计，关于自由的定义至少有 200 种。但在此处，我们不可能也没有必要对自由问题展开十分细致的探讨，而主要是在有助于理解新闻自由的意义上来讨论一般自由的实质问题。

（一）自由的实质

自由只存在于能够自由活动的动物之中，存在于能够受意识、意志支配的活动领域之中。人们通常言说的自由，只是人的自由，因而人用自己的意志支配，而不是受外界力量的强制的活动就是自由的活动。“从最一般的意义来说，能够按照自己的意志、自己的目的来行动，而不是按照外界的强制或限制来行动，就叫做自由。”① “自由是没有外在强制从而能够按照自己的意志进行的活动；不自由则是因有外在强制而不能按照自己的意志进行的活动。”②

因而，自由实质上讲的是人的活动与外界的关系问题，当人的活动不受自己以外的任何力量的制约或限制时，行动就是自由的，受到了制约或限制，就是不自由的。而人作为社会动物，其本质体现在相互联系、相互制约的社会关系之中，因此不可能存在绝对的不受任何限制的、仅凭自我意志支配的活动自由。“自由，就它的本来的、原初的意义来说，确是自我表现决定、不受限制。但是不受限制，只是自由的一种抽象的、理想化的性质。而在人的具体现实生活中，完全不受限制是不可能的。不在行动上做出一定的自觉的限制，那就难免会在结果上被迫受到限制。”③ 这正是自由作为一种社会自由的必然状态。所谓为了自由，必须接受不自由，自由永远是不自由中的自由，这也是自由的辩证法。

“自由是对必然的认识”④，这是从哲学认识论意义上对自由的界说，它的实质含义是人们只有正确认识了对象，认识了对象的必然性（即本质和规律），才能够自由活动，自由因而在本质上体现为人的一种认识能力或理论理性。但是，把自由理解为认识能力过于狭隘并且存在一定的问题。有自由去做某事与有能力去做某事不是等同的概念。有自由去做某事，是指没有外界的限制；而有能力做某事，并不一定有自由做某事，同样，即使没有能力做某事，并不意味着没有自由做某事，只是说没有能力使自由得以实现。

在社会现象、社会活动领域，人们更多的是从政治、经济、法律、宗教等方面探讨自由的含义，而不是从认识论的意义上探讨自由的实质。因为人的自由集中在这些社会活动中，集中在个人与政府、个人与个人的各种关系中。这些领域的自由与认识论意义上的自由有很大的不同，认识论意义上的自由是与必然性相对应的范畴，是不能约定的，但政治自由、法律自由、宗教自由等实质上是人们的一种约定，是人与人之间达成的一种协定，因而它们实质上是一些约定性的自由。如果这种约定或协定是大家共同做出的，那么每个人在约定范围内都可以自主活动、按照自己的意志活动。

在现代文明社会的运作中，能够体现社会普遍意志或公共意志的最主要的约定便是法律，当然还有一种普遍的规范是道德，但前者以硬约束的方式规定着自由的边界，后者以软约束的方式规定着自由的范围。因此，所有具体的社会活动领域在讨论具体的自

---

① 王海明．新伦理学［M］．北京：商务印书馆，2001：409.
② 同①.
③ 沈晓阳．自由层次论［M］．合肥：安徽大学出版社，1999：70.
④ 马克思恩格斯全集：第20卷［M］．北京：人民出版社，1971：125.

由问题时，都必须从法律的、道德的角度去思考。而当把自由作为一种现实的权利来对待时，人们一般只是在法律范围内来讨论。

法律所规定的诸多自由——言论自由、出版自由、集会自由、结社自由、游行自由、示威自由等，大都属于宪法权利，这些权利基本属于政治自由的范畴，或者说是一些政治性权利。可见，在社会生活中，自由的实质是一种政治权利，一种法律规定的人们可以享有的权利，这是我们理解新闻自由实质时必须时刻领会的重要前提。

那么，到底谁享有自由、享有权利，谁又是权利的对象即承担义务的主体是谁，这是进一步理解自由实质必须回答的问题。人们一般认为，享有这些具体自由的主体也就是享有这些权利的主体，“最终是个体，而不是集体；所有的集体概念——国家、民族、人民、社群或组织——最终都必须落实到个体头上”①，而这些权利的基本对象是政府，并不是个人或其他组织，“宪法权利通常仅针对政府，而并不针对私人或非政府组织”②。因此，当我们说某种政治自由受不受限制时，主要指的是受不受国家（政府）的限制。

（二）新闻自由的实质

新闻自由在最一般的意义上就是指参与新闻活动的人的自主性和不受限制性。如果能够按照自己的意志参与新闻活动，就是自由的新闻活动；如果相反，就是不自由的。恩格斯有一句话，可以很好地表明这一意思，他说：“每个人都可以不经国家事先许可自由无阻地发表自己的意见，这也就是出版自由”③。

新闻活动是一种社会活动，因而新闻自由是一种社会自由。新闻活动是一种具有多重属性的社会活动，因而它具有多重的自由含义。但新闻活动的属性主要表现在这样两个方面：第一，它是一种以新闻方式认识社会的活动，因而我们可以在一般认识论的意义上探讨新闻自由的含义；第二，新闻活动是一种属于上层建筑的活动，是政治性非常强的社会活动，因而对新闻自由实质的理解应该主要放在政治自由的范围内加以讨论。

但人们通常并不在认识论的意义上来讨论新闻自由，而主要是在道德哲学、政治学、法学意义上理解新闻自由，把新闻自由作为一种普遍的道德权利、具体的政治权利、法律权利来对待。因此，理解新闻自由的实质应该主要从这些方面出发。

作为一种道德权利，新闻自由应该是所有人平等地、共同地享有的一种自由权利。这既是一种道德理想，也是一种制定法律的道德原则，它要求人们在把新闻自由作为一种政治权利规定下来时，必须从所有人的自由出发、利益出发。这可以看作新闻自由作为一种道德权利的实质。将新闻自由理解为道德权利的意义在于，它为法律建立了追求的方向和理想。

就现实的社会而言，新闻自由实质上是一种政治自由或政治权利。“政治权利指参加社会政治生活的权利，包括表达自由权利、集会和结社权利和选举的权利。”④ 在诸多具体的政治自由、政治权利之中，新闻自由在总体上属于表达自由的权利范围，与言论自

① 张千帆．宪法学导论：原理与应用［M］．北京：法律出版社，2004：463.
② 同①470.
③ 马克思恩格斯全集：第1卷［M］．北京：人民出版社，1956：695.
④ 杨宇冠．人权法：《公民权利和政治权利国际公约》研究［M］．北京：中国人民公安大学出版社，2003：4.

由、出版自由本质上是一致的。

人们通常认为，言论自由、出版自由是思想自由的体现，而新闻自由是言论自由、出版自由在新闻领域的实施和运用，也可以把新闻自由看作言论自由、出版自由通过新闻方式的实现。事实上，人们越来越在同等的意义上使用这些概念。但从区别的意义上说，言论自由和出版自由的外延更宽一些，新闻自由有其特定的内涵，它主要指人们搜集、发布、传送和收受新闻的自由。显然，新闻自由是人们知情权、议政权实现的重要通道，是其他具体民主权利有效实现的基础。

作为政治权利的新闻自由，并不是一种抽象的权利，而是一种具体的权利，体现在新闻传播与收受活动的整个过程之中。我们知道，政治自由所要解决的主要问题是人在何种范围内有权按照自己的意志和理性来自由地行动，而这种范围在实践中需要通过法律来加以界定，作为一种政治权利的新闻自由自不例外，人们在新闻活动中到底有一些什么样具体的权利必须通过法律加以界定。因此，从直接的现实性上看，新闻自由是一种法律自由。

在法律自由的意义上理解新闻自由具有特别的意义。法律是实现自由的必要条件，只有在有法律的条件下自由才是可能的，但与此同时，法律又必须是理性的，是“经过全民同意”的法律，即法律必须反映人民的意志。

二、新闻自由的基本内容

新闻自由实质的具体展开便是新闻自由的基本内容。新闻传播活动的实际构成情况、新闻传播活动与新闻传播环境的相互关系等将直接决定新闻自由基本内容的构成。新闻活动的共同主体——传播主体与收受主体——自然是新闻自由的主体。所有的人在本质上既是传播主体又是收受主体，因而可以将新闻自由从总体上分为传播的自由和收受的自由。

历史上曾经把新闻自由主要理解为职业新闻传播者的传播自由。比如，1951年国际新闻学会（IPI）发表的文件指出，新闻自由的内容包含以下方面：（1）采访自由（free access of news）；（2）传递自由（free transmission of news）；（3）出版自由（free publication of newspaper）；（4）表达自由（free expression of views）。又如，中华人民共和国成立前出版的新闻学书籍《现代新闻学概论》把新闻自由的含义归纳为五项：（1）采访的自由；（2）传递的自由；（3）刊载的自由；（4）批评的自由；（5）发行的自由。[①] 把新闻自由主要理解为传播者的自由或传播自由的做法是片面的，将新闻自由理解为进而在法律上明确规定为传播自由和收受自由是比较有效的。

将新闻自由理解为人民的普遍权利，确定为每个人的权利，已经成为人们的共识。1948年联合国新闻自由会议通过的《国际新闻自由公约草案》（Draft Convention of International Free Press）中说：“缔约各国为了希望其人民充分得到消息的权利得以行使，希望能由新闻及意见自由传播增进其人民间的互相了解起见，已决定缔结一项公约以达

① 储玉坤．现代新闻学概论［M］．上海：世界书局，1948：367．

到这一目的。”缔约国同意“予本国人民及其他缔约国之人民在本国境内依法发表或收取各种新闻与意见之自由，不问其方式为口头、文字、出版品、图画或其他合法运用之视觉或听觉的方法”[①]。很显然，“新闻及意见自由传播”便是公约对“新闻自由”的界定。《世界人权宣言》第19条说：“人人有权享有主张和发表意见的自由；此项权利包括持有主张而不受干涉的自由和通过任何媒介和不论国界寻求、接受和传递消息和思想的自由。”《公民权利和政治权利国际公约》（中华人民共和国政府于1998年10月5日签署本公约）第19条第2款说：“人人有自由发表意见的权利；此项权利包括寻求、接受和传递各种消息和思想的自由，而不论国界，也不论口头的、书写的、印刷的、采取艺术形式的或通过他所选择的任何其他媒介。”我国学者在20世纪80年代就将新闻自由界定为：“搜集、发布、传达和收受新闻的自由，包括报刊的出版自由、电台与电视台的播放自由、新闻采访与报道的自由，以及发表新闻评论的自由等，是言论、出版自由在新闻领域的具体运用。”[②]

上面关于新闻自由内容的描述总体上是原则性的，可以具体化为一些具体的权利，我国不少研究者已经做了这方面的工作，并且还在继续探讨。有人从传播者和收受者不同的角色出发，认为传播者必须具备的职业权利（也就是自由权利）主要有知察权、编辑权、传播权、监督批评权、秘匿权、著作权和人身安全权[③]；收受者则享有传播领域的公民权利、付酬阅听的消费者权利、机关媒介收受者的成员权利、信息传播收受者的终端权利[④]。有人则将传播者与收受者统一起来，将新闻自由的具体内容描述为创办新闻媒介权、发表权或报道权、编辑权、采访权、维护新闻来源权、使用传媒权、对新闻侵权的诉讼权，并且认为这些基本权利属于近代新闻自由的基本内容，而“现代新闻自由把关注的焦点部分地转向了收受者，强调收受者应享有新闻自由权”，包括知晓权与知情权、交流权与对话权、更正权与答辩权三种重要权利。[⑤] 其实，具体的新闻自由权利远不限于这些，但可以肯定的是，这些既有的认识和概括包含了最重要的新闻自由权利。

第二节　新闻自由的来源与发展

新闻自由思想是人类历史发展到一定阶段的产物，并随着历史的演变发展而不断变化和更新；新闻自由实践同样在历史的变迁过程中描绘着自身的轨迹。新闻自由思想与实践的互相作用实际推动着人类新闻自由和其他自由的实现进程。了解新闻自由的历史则是我们把握新闻自由的基本路径和方法。由于新闻自由主要是西方世界的文明成果，因此我们的叙述只能以其为主线。但无产阶级新闻自由思想也源远流长，社会主义新闻自由同样是当今世界一种重要的自由模式，因而我们也将对其进行必要的叙述和阐释。

---

① 中国社会科学院新闻研究所，北京新闻学会．各国新闻出版法选辑［M］．北京：人民日报出版社，1981：29.

② 余家宏，宁树藩，徐培汀，等．新闻学词典［M］．杭州：浙江人民出版社，1988：72.

③ 童兵．理论新闻传播学导论［M］．北京：中国人民大学出版社，2000：39－40.

④ 同③154－155.

⑤ 刘建明．当代新闻学原理［M］．北京：清华大学出版社，2003：372－380.

一、新闻自由的提出

新闻自由概念源于何人难以考证，但人们一般把出版自由（内在包含新闻自由）的明确提出归功于英国资产阶级革命中卓越的政论家、诗人约翰·密尔顿（也译作约翰·弥尔顿）。

17世纪初中期，近代报刊在欧洲普遍出现，出版自由作为社会普遍关注的问题随之而生。而欧洲资产阶级反封建统治斗争的展开则把出版自由问题推向了革命斗争的前沿阵地。"在欧美资产阶级革命史上，几乎任何一个国家的资产阶级都提出过'出版自由'的口号。"①

1644年，密尔顿出版了《论出版自由》（*Areopagitica*）。在这本小册子中，密尔顿在人类历史上第一次提出了"出版自由"的口号，也等于实质上第一次提出了新闻自由的口号。

关于出版自由（新闻自由）口号提出的历史意义，列宁在1921年写下的一段话已经成为人们反复引用的经典。他说："'出版自由'这个口号从中世纪末直到19世纪成了全世界一个伟大的口号。为什么呢？因为它反映了资产阶级的进步性，即反映了资产阶级反对僧侣、国王、封建主和地主的斗争。"②

施拉姆等在《传媒的四种理论》中对《论出版自由》做出了这样的评价，它"为自由至上主义传统写下了主张思想自由的庄严一笔。这篇文章虽然没有对言论和出版自由的原则做出全面论述，但它在当时却是反抗威权主义管制的一篇强有力的檄文。弥尔顿个人对清教派审查他的著作感到愤怒，因而对新闻审查制的理论和实践展开了声讨。他的论点建立在这个假设上：人类依靠理性就可以分辨正误善恶。要运用这项才能，人在接近和了解他人思想观点时就不能受到限制。弥尔顿坚信，真理是明确的而且是可以证实的，只要允许它参加'自由而公开的斗争'，它就会显示出战胜其他意见的独特力量。从弥尔顿的思想出发，当代逐渐发展出了'观点的自由市场'（open market place of ideas）和'自我修正过程'（self-righting process）两个概念：让一切有话要说的人都能自由表达他们的意见。真实的和正确的会存留下来，虚假的和错误的会被抑制。政府不能参与这一争执，也不能帮助其中任何一方。尽管虚假的思想可能会取得暂时的胜利，但是真理会吸引更多的支持力量，通过自我修正过程达到最终胜利"③。密尔顿在倡导自由的同时，"承认可以对自由讨论的权利加以限制，但是他避开了这些限制背后的基本原则。他要求那些虽有不同意见但认真诚实的人能够享受不受政府新闻审查的自由。弥尔顿拒绝给天主教徒和当时出现时间不长的新闻工作者以充分的自由，因为他认为这些人不是按照他的诚实标准生活的"④。密尔顿还在《论出版自由》中第一次明确提出，言论自由、出版自由是所有自由中最重要的自由权利，他说："让我有自由来认识、抒发己

---

① 孙旭培．新闻学新论［M］．北京：社会科学文献出版社，1993：24.
② 列宁全集：第42卷［M］．2版．北京：人民出版社，1987：85.
③ 西伯特，彼得森，施拉姆．传媒的四种理论［M］．戴鑫，译．北京：中国人民大学出版社，2008：36.
④ 同③.

见，并根据良心做自由的讨论，这才是一切自由中最重要的自由。”①

二、新闻自由在西方的发展

新闻自由观念的产生，有其广阔而深厚的历史背景和缘由、境遇和契机。新闻自由内涵的演变和发展更是充满了不同历史时空的特点、不同民族国家的色彩、不同智者哲人的风格。我们依照人们已经形成的基本看法，将西方新闻自由思想与实践的发展分成两个大的阶段。

（一）传统新闻自由阶段

这一阶段主要指从新闻自由口号的提出到“社会责任论”产生之前。传统新闻自由观念把新闻自由看作人的“天赋人权”、自然权利。传统新闻自由观念相信人的理性的至上性，把真实、真理的最后胜利交给了意见的自由市场，“只要将思想投入到自由市场中去，就可以得到自动调整的自由”②。传统新闻自由观念与传统自由观念一样，其主导观念是“消极的自由”，在总体上是一种放任的自由主义。传统自由主义在当代强烈的回声之一就是哈耶克的“自生自发秩序”理论③，英国另一位当代著名的哲学家和政治思想史家以塞亚·柏林也是复兴传统自由主义价值的重要思想家④。

密尔顿在英国最先提出了新闻自由口号，但“他的那些言论当时并未得到广泛传播。大约过了 100 年，当全世界特别是美洲人们，为赢得比他们已经享有的还要更大的自由而斗争时，《论出版自由》所表述的那些思想才被重新提了出来”⑤。密尔顿的《论出版自由》在 18 世纪、19 世纪才在英国、法国、美国得到广泛流传，影响日益扩大。因此，传统新闻自由的历程常被人们描述成这样：“17 世纪奠定了自己的思想基础，18 世纪付诸实践，19 世纪达到了顶峰。”⑥

约翰·洛克是英国资产阶级革命时期杰出的哲学家、激进的政治思想家，也是西方自由主义理论的创始人之一。他的主要著作有《政府论》《人类理智论》《论宗教宽容》等。洛克关于思想言论自由的主要观点是：（1）人的自然权利有四项内容，即生命权、自由权、财产权和惩罚权。自由是其余一切权利的基础。（2）任何人都有一种不可侵犯的自由权利，即任意使用各种词汇表达自己的思想。（3）从道理上讲，我们不能指望任何人抛弃自己的观点，盲从于不可理解的权威，无论人们怎么错误，理性是其唯一的向

① 密尔顿．论出版自由［M］．吴之椿，译．北京：商务印书馆，1958：45.

② 刘建明．当代新闻学原理［M］．北京：清华大学出版社，2003：373.

③ 对哈耶克“自生自发秩序”理论感兴趣的读者，可参见哈耶克．自由秩序原理［M］．邓正来，译．北京：三联书店，1997。

④ 对以塞亚·柏林的自由思想感兴趣的读者，特别是想对他提出的“消极自由”“积极自由”做了解的读者，可参见柏林．自由论［M］．胡传胜，译．南京：译林出版社，2003。美国新闻界一些社会责任论者曾借用过他的两种自由观点。

⑤ 埃默里 M，埃默里 E，罗伯茨．美国新闻史：大众传播媒介解释史：第 9 版［M］．展江，译．北京：中国人民大学出版社，2009：12.

⑥ 徐耀魁．西方新闻理论评析［M］．北京：新华出版社，1998：218.

导。在不同的见解中保持和平，履行人类的职责和培养友谊，对所有人有益。[①]

传统言论自由、新闻自由观念最具代表性的实际成果，一是体现在法国的《人权宣言》中："第一条，在权利方面，人生来是而且始终是自由平等的。""第十条，任何人都可以发表自己的意见——即使是宗教上的意见——而不受打击，只要他的言论不扰乱法定的公共秩序。""第十一条，无拘束地交流思想和意见是人类最宝贵的权利之一，每个公民都有言论、著述和出版自由，只要他对滥用法律规定下的这种自由负责。""第十五条，社会有权要求机关公务人员报告其工作。"二是体现在美国的《权利法案》中。这一法案的十项条款是作为美国宪法的第一修正案提出的，以后便被认为是宪法的一部分。《权利法案》的第一条规定："国会不得制定下列法律：确立宗教或禁止宗教自由；剥夺人民言论或新闻出版自由；剥夺人民和平集会及向政府请愿申冤之权。"该条款于1791年获得批准，这是美国新闻自由的基石。[②]

在西方新闻自由发展史上，杰斐逊是资产阶级统治者中第一个比较真诚地企图把"民主国家"的学说和报刊自由主义理论付诸实施的政治家。他对新闻自由传统的形成有着重大的历史贡献，其突出成就是促成了美国宪法修正案的通过，他对报界"表示了前所未有的宽容，从而确立了报界独立于政府的特殊地位"[③]。

杰斐逊在1787年致友人卡林顿的信中写道："我相信人民的正确判断力将永远被看做是最精锐的军队。他们也许一时会被引入歧途，但是很快就将自我纠正过来。人民是其统治者唯一的监督者；甚至他们的错误也有助于促使统治者恪守他们制度的真正原则。过于严厉地惩罚这些错误，将会压制公共自由的唯一保障。预防此类对人民的不合常理的干预的办法，就是通过公共报纸的渠道，向人民提供关于他们自己事务的全部信息，并且力争使这些报纸渗透到全体人民群众中间。民意是我国政府赖以存在的基础，所以我们首要的目标就是要保持这种权利；若由我来决定我们是要一个没有报纸的政府，还是没有政府的报纸，我会毫不犹豫地选择后者。"[④] 杰斐逊还注意到新闻自由实现的现实条件问题，他说："但是我必须说明，每个人都应该得到这些报纸，并且有能力阅读它们。"[⑤]

到了19世纪中后期，资本主义处于全面发展时期，新闻自由思想也有了新的发展，英国著名哲学家、政治思想家和改革家约翰·密尔集欧洲思想启蒙的精华，在《论自由》一书中，全面论述了封建专制的严重危害，以及言论自由与个性解放对人类社会发展的推动作用。

密尔的《论自由》被认为是世界新闻史上为自由主义辩护并进行充分论证的经典著作。其主要观点如下：(1) 每个人在意识形态领域中都应享有良心的自由、思想的自由、发表意见的自由。(2) 对于思想、意见是否正确的判断，我们永远不能确信我们力图窒

---

① 郑超然，程曼丽，王泰玄．外国新闻传播史［M］．北京：中国人民大学出版社，2000：62-63.

② 关于《人权宣言》和美国宪法第一修正案相关内容，可参见黄瑚．新闻法规与职业道德教程［M］．上海：复旦大学出版社，2003：345-346。

③ 张昆．简明世界新闻通史［M］．武汉：武汉大学出版社，1994：59.

④ 埃默里M，埃默里E，罗伯茨．美国新闻史：大众传播媒介解释史：第9版［M］．展江，译．北京：中国人民大学出版社，2009：82.

⑤ 同④83.

息的意见是谬误；即使我们确信，要窒息它仍然是一个罪恶。（3）对于不同意见，必须兼顾双方、无所偏重，仔细辨别冲突双方的理由，才能获得真理。（4）真理的真正优越之处在于一个意见只要是正确的，尽管可以一次再次甚至多次被压熄下去，但在悠悠岁月的进程中总会不断有人把它重新发掘出来，直到某一次的重现恰好情况有利，幸得逃过迫害，直至它崭露头角，能够抵住随后再试图压制它的一切努力。倡导精神自由主要不是为了塑造一个伟大的思想家，而是为了智力活跃的人民。[①]

密尔的新闻自由思想具有一定的辩证性。他一方面强调新闻自由的权利，但另一方面并不追求没有限制的绝对自由；他抗议社会的过度控制，但并不同意完全取消控制；他认为法制与政府干涉是“必要的恶”，个人自律和社会道德感是“应有的善”，诸方面都是应当权衡的内容。外部的制度改革和建设固然重要，内在精神的提升更为重要。在密尔的理想中，新闻自由不仅包含一个公共的交流平台，还包括那些积极地发表意见、参与论战的人，这些人不仅是为自己而战，同时也是为社会利益而战。新闻自由是个人与社会的双向通道，它绝非霸道的自由媒体，也不是沉默的自由大众。可以发现，“虽然密尔是完全的个人主义者，他却没有忽视社会的最大利益”[②]。因而，密尔的新闻思想除了“思想市场”的理念，还有一个潜在的“社会责任理论”。

（二）当代新闻自由阶段

如果要从时间上划个界限，可以把第二次世界大战结束到目前归于当代新闻自由阶段，标志性的新闻自由观念就是产生于美国的社会责任论基础上的新闻自由观念。

社会责任论于1947年由美国新闻自由委员会[③]正式提出。威廉·霍京的《新闻自由：原则的纲领》是社会责任论的奠基之作，西奥多·彼德森的《报刊的社会责任理论》一文对该理论做了较为充分的论述。社会责任论在20世纪50年代趋向成熟，80年代以来发展缓慢。

蕴含在社会责任论中的当代新闻自由观念包括这样几个要点：第一，也是最为重要的，新闻媒体及其从业人员在行使新闻自由权利时要有道德良心，要对社会负责，要对公众负责，新闻报道要真实、正确而有意义，媒体要努力成为公众交换意见的论坛；要尊重法律，对法律负责，不能借口新闻自由侵犯社会和公众的合法权益。第二，新闻自由权利是全体公民的权利，不只是媒体及其从业人员的特殊权利。媒体依赖人民而存在，必须为人民服务。比如，美国1966年制定的《情报自由法》要求，新闻报道的自由是受

---

① 密尔．论自由［M］．程崇华，译．北京：商务印书馆，1959．本处的总结概括可参见郑超然，程曼丽，王泰玄．外国新闻传播史［M］．北京：中国人民大学出版社，2000：73－74。

② ALTSCHULL J H. From Milton to Mcluhan：the ideas behind American journalism［M］. London：Longman Press，1990：170.

③ 美国新闻自由委员会是1944年年初组建的、由时任芝加哥大学校长哈钦斯领导的、由12人组成的学术团体（故又称哈钦斯委员会），其组建目的在于了解当时美国新闻自由的现状及未来发展，该委员会由时代公司和大英百科全书资助。1947年，该委员会发表了题为《一个自由而负责的新闻界》的报告。人们认为，这份报告宣告了大众媒介社会责任思想的问世，也宣告了一个比传统自由主义新闻理论更加成熟的新闻自由观念的诞生。该报告出版后即被视为一流的新闻学著作，并成为新闻院校的经典教材。参见徐耀魁．西方新闻理论评析［M］．北京：新华出版社，1998：222－224。该报告已经有中文译本，参见新闻自由委员会．一个自由而负责的新闻界［M］．展江，王征，王涛，译．北京：中国人民大学出版社，2004。

委托而代表人民行使知情权；人民与媒体之间虽然没有法定的权利与义务关系，但媒体却负有人民知晓权的重托。第三，政府不能只允许媒体的传播自由，它还必须积极促进自由的健康发展，防止传播自由的滥用。政府干预新闻自由的目的是扩大自由，不是限制自由，是让所有人更能平等地享有自由。政府的干预必须是有限度的、适度的干预。第四，政府、媒体和公众之间要进行平等的交流，达到和谐相处的状态。社会公众应该以积极的方式对待新闻媒介，为媒介社会功能的正面发挥和健康发展承担公民义务。

需要说明的是，支配社会责任论的新闻自由观念是权利与义务相统一的观念，但它的立足点仍然是新闻自由是人类不可剥夺的权利。它并没有放弃传统新闻自由观念的根本原则，因而在总体上并不是一种全新的新闻自由观念，而是对传统新闻自由观念的一种弥补，至多是一定程度的革新。在当今西方的新闻传播实践中，有关研究者认为，“（传统）自由主义理论仍然居于统治地位”①。而且，就美国来说，新闻自由仍然主要是指传播者的自由、新闻媒体的自由。丹尼斯和梅里尔写道：“从一般意义上讲，美国媒体是自由的。这并不意味着放纵或者无政府主义，而是有适度法律控制、伴随社会责任的自由。”② 这一判断大致适应于当今西方世界新闻自由观念的总体情况。

还须关注的是，随着全球化的迅速发展，特别是以互联网传播为基础的一系列新兴媒介的发明创造，人类的言论自由、出版自由以及新闻自由被带入了一个全新的时代，全球新闻自由已经成为人类必须面对的重大课题。

三、新闻自由在中国的引入与演变

这里主要以 1949 年以前的中国为对象，简要描述一下新闻自由的提出与演变情况。

对中国人来说，新闻自由是个外来的东西。“新闻自由的口号传到中国，是 19 世纪末叶。”③ 据国内学者的研究，《东西洋考每月统记传》发表过一篇名为《新闻纸略论》的文章，历史上第一次以中文词汇明确提出“新闻自由”的概念。早期传教士马礼逊曾在《广州记录纸》上发表过一篇名为《印刷自由论》的文章，向中国人介绍西方的出版自由观点和天赋人权学说。④

我国近代著名报人王韬可以被看作“中国第一个提出报刊言论自由思想的人”。他主张办报必指陈时事，无所忌讳，当局应取言者无罪、闻者足戒的政策，他期盼中国出现像英国那样的报刊言论自由。⑤ 资产阶级维新派领袖人物梁启超提出，报纸的一个重要功能就是兴民权，通过报纸实现言论自由、出版自由，他还认为言论自由、出版自由为一切自由之保障。⑥ 维新派另一著名领袖人物谭嗣同首次提出了报纸是“民史”和“民口”

---

① 徐耀魁．西方新闻理论评析［M］．北京：新华出版社，1998：218.

② 丹尼斯，梅里尔．媒介论争：数字时代的 20 个争议话题：第 4 版［M］．王春枝，译．北京：中国人民大学出版社，2019：12.

③ 孙旭培．新闻学新论［M］．北京：社会科学文献出版社，1993：32.

④ 童兵，林涵．20 世纪中国新闻学与传播学：理论新闻学卷［M］．上海：复旦大学出版社，2001：57－58. 另据有关学者考证，至迟在 1938 年中国报人已经开始使用“新闻自由”词汇和概念，参见邓绍根．论民国新闻界对国际新闻自由运动的响应及其影响和结局［J］．新闻与传播研究，2013（9）：97－110。

⑤ 童兵，林涵．20 世纪中国新闻学与传播学：理论新闻学卷［M］．上海：复旦大学出版社，2001：61.

⑥ 同⑤103.

的思想，认为报纸作为“民口”应该反映民意，还要使人民知晓自己的“应尽之权”，最终“公权于民”。著名民主革命家章太炎坚决反对封建专制统治对言论自由的限制，他曾义正词严地指出：言论自由、出版自由，文明国法律皆然。资产阶级革命领袖孙中山被奉为“最伟大之主笔”，他主张新闻事业应该成为大众讨论与批评的论坛，要让人民经常而充分地自由发表意见，并认为新闻自由并非人人可以享有，它是“性善”者享有的权利，“性恶”者不得享有。①

20 世纪 20 年代至 40 年代是中国新闻学最为繁荣的一个时期，其间有近 500 种新闻学图书印行，但关于新闻法制、新闻自由的著述少得可怜，只有七八种。② 比如，马星野的《新闻自由论》、张九如的《战时言论出版自由》等，且总体上质量不高。倒是一些非专门性著述中的相关论述比较精彩。比如，1927 年，在被史家们称为“中国历史新闻学的奠基之作”的《中国报学史》中，戈公振写道：“言论自由，为报界切肤之问题，此问题不解决，则报纸绝无发展之机会。”“拥护言论自由，实亦国民之天职也。”③ 杰出的新闻记者、政论家、出版家邹韬奋认为：“记者所始终认为绝对不容侵犯的是本刊在言论上的独立精神，也就是所谓报格。倘须屈服于干涉言论的附带条件，无论出于何种方式，记者为自己人格计，为本刊报格计，都抱有宁为玉碎，不为瓦全的决心。”④

中国早期马克思主义者李大钊极为推崇思想言论自由，他认为：“思想自由与言论自由，都是为保障人生达于光明与真实境界而设的。”⑤ 他奉劝禁止思想言论自由的人，要利用言论自由去破坏危险思想，不要借口危险思想来禁止言论自由。中国共产党创始人之一陈独秀主张，党的报刊要为民众争取言论、出版、集会等项自由权利，他认为：“这几项自由是我们的生活必需品，不是可有可无的奢侈品。”⑥ 中华人民共和国缔造者之一的毛泽东，在长期的革命斗争中，一直非常重视言论、出版、新闻自由的斗争。1940 年 2 月，他在《向国民党的十点要求》一文中批判国民党言论不自由、党禁不开放，要求开放党禁，扶植舆论。1945 年 4 月，毛泽东在党的七大会议上做的题为《论联合政府》的报告中，要求取消一切镇压人民的言论、出版、集会、结社、思想、信仰和身体等项自由的反动法令，使人民获得充分的自由权利。他还说，这些权利和自由是最重要的自由。

就新闻自由在中国的法律规定及其实践来看，尽管从清朝政府到民国政府都制定过各种各样的出版法⑦，在形式上也或多或少采用了资产阶级新闻法的规定，但实际上都是纸上谈兵，人民从来没有享受过新闻自由的权利，倒是有大量仁人志士在争取出版自由、新闻自由的过程中惨遭杀害，“我国在本世纪（指 20 世纪——引者注）上半叶中，完全为着和部分为着新闻出版自由而捐躯的人，比欧美几个报业大国自中世纪以来为出版自

---

① 童兵，林涵．20 世纪中国新闻学与传播学：理论新闻学卷［M］．上海：复旦大学出版社，2001：61.
② 同①163.
③ 戈公振．中国报学史［M］．上海：商务印书馆，1928：378.
④ 同①194.
⑤ 顾潜．中西方新闻传播：冲突交融共存［M］．上海：复旦大学出版社，2003：8.
⑥ 同①218.
⑦ 清政府 1906 年颁布了我国历史上第一部新闻法规《大清印刷物专律》，同年还颁布了《报章应守规则》，1908 年又颁布了《大清报律》；北洋政府 1914 年颁布了《报纸条例》；南京国民政府 1930 年颁布了《出版法》；等等。

由而死的总数还要多”，“中国没有确立过真正的资本主义新闻自由”①。

四、两种社会形态的新闻自由

第一次世界大战结束后，世界上出现了一种新的社会制度——社会主义；第二次世界大战结束以后，社会主义国家已经成为一个庞大的阵营。从此之后，社会主义尽管经历了风风雨雨、跌宕起伏，但直到今天依然显示出强大的生命力，昭示着人类未来的社会发展方向。面对今日全球化浪潮中的世界，虽然我们不能准确预见它的结果会是什么，但短期内，资本主义和社会主义的对立平衡与共存发展可能不会有剧烈的变化，因而两种社会形态、社会制度下的新闻自由，依然会在一些共同形式下存在实质上的差别。

（一）资本主义新闻自由

资本主义新闻自由是私有制下的自由，本质上是资产阶级的自由。资本主义新闻自由不管在法律上还是实践上都是维护资产阶级统治的自由，这是新闻自由作为政治自由的必然。资本主义新闻自由必然是资产阶级统治下的自由，一切威胁到资产阶级统治、资本主义根本制度的自由都会受到严厉的限制。

资本主义新闻自由本质上是资本的自由，这一点直到今天也没有什么根本的改变，并且有愈演愈烈的趋势。人所共知，要将法律形式上的普遍自由变成现实社会中的具体自由，必须拥有能够实现自由的物质条件和其他条件。然而，在当今资本主义社会，又有几人在经济上能够“自由”地兴办媒介？这样，“理论上、法律上的出版自由，到了具体的‘自由市场’上，成了只是少数有钱人——大资本家、大财团的特权”②，而不再是实际的普遍权利，只成了道义上的、应该的普遍权利。因此，当法国新闻学者贝尔纳·瓦耶纳说“并不像今天很多人想象的那样，任何个人都可以随意地无限量向社会索取这些权利”，“自由的具体实施总是在一个集团内部”③，当英国学者约翰·莫利纽克斯说“大量的媒体，英国的和全球的，都是由私人资本主义商业创办的，在大多数情况下，像沃尔特·迪士尼、新闻集团、维亚康姆、时代华纳和阿克塞尔·施普林格公司这样的大巨头，自然支持资本主义和商业”④，当美国学者本·巴格迪坎说美国“五十个公司的男女领导人控制了影响两亿两千万美国人的一半以上的信息和观点”⑤ 时，他们实质上一针见血地指出了“出版自由直到现在仍然是资本的无上特权”⑥。

资本的扩张本性使资本主义新闻自由在全球化背景下，以新的方式影响着整个世界的新闻自由秩序。信息霸权、新闻霸权已经是不争的事实。发达资本主义国家在一系列问题上对内与对外的双重政策与做法也明显地表现在新闻传播领域。无视国际新闻自由

① 孙旭培．新闻学新论［M］．北京：社会科学文献出版社，1993：33.
② 黄旦．新闻传播学［M］．杭州：杭州大学出版社，1997：108.
③ 瓦耶纳．当代新闻学［M］．丁雪英，连燕堂，译．北京：新华出版社，1986：300.
④ 莫利纽克斯．媒体的马克思主义分析［M］．杨倩，译．北京：中国传媒大学出版社，2018：16.
⑤ 巴格迪坎．传播媒介的垄断：一个触目惊心的报告：五十家大公司怎样控制美国的所见所闻［M］．林珊，王泰玄，范东生，等译．北京：新华出版社，1986：7.
⑥ 马克思恩格斯全集：第11卷［M］．北京：人民出版社，1962：179.

的正常秩序、无视他国人民的新闻自由权利的现象，已经在一次又一次的重大国际事件中证明，资本主义新闻自由虚伪性的一面依然没有根本的改变。

我们揭示了资本主义新闻自由的实质，不等于否定它的价值。在前面新闻自由来源与发展的叙述中已经可以看到它的历史贡献，即资本主义“虽然没有解决普遍自由的重要物质条件，但它毕竟确立了普遍自由的形式”①。而且，就现实情况看，在发达资本主义国家内部，公民享有的新闻自由范围是比较大的，自由度也是比较高的。

（二）社会主义新闻自由

在世界上第一个社会主义国家诞生前，无产阶级已经为本阶级和其他广大群众的新闻自由权利斗争了将近一百年。无产阶级曾经与资产阶级一起战斗，反对封建主义的专制统治，资产阶级获得的新闻自由凝聚着无产阶级的功劳，资产阶级新闻自由的旗帜上涂染着无产阶级的鲜血。当资产阶级建立了稳固的国家政权后，在形式上确实将新闻自由权利规定为所有人的权利，但在实质上无产阶级与其他广大群众并没有完全享受到这一权利，而且常常遭到各种形式的限制甚至镇压。于是，无产阶级为了获得自己的新闻自由，继续高举自由的大旗，从资产阶级手中争取自己应该享有的自由权利。比如，马克思和恩格斯就为实现工人阶级的新闻出版自由权利奋斗了一生，他们把工人阶级争取新闻出版、言论和结社自由的斗争看作争取“火和水”的斗争，争取自己生存条件的斗争。他们认为，没有出版自由，就不可能有工人运动，没有这些基本的权利，工人阶级就不可能获得根本的解放。在列宁领导苏维埃革命与建设的一生中，出版自由始终是他关注与实践的重要事业之一。他在1896年就写下了这样的话：“工人最迫切的要求和工人阶级影响国家事务的首要任务，应该是争得政治自由”②。他既高度赞扬和充分利用过资产阶级的出版自由，也尖锐、激烈地批判和揭露过资本主义新闻自由的欺骗性和虚伪性。他所渴望的出版自由是全体人民的出版自由，是“不仅摆脱了警察的压迫，而且摆脱了资本，摆脱了名位主义，甚至也摆脱了资产阶级无政府主义的个人主义”③ 的出版自由。他十分清醒地认识到：“人民的自由，只有在国家的全部政权完全地和真正地属于人民的时候，才能完全地和真正地得到保障。”④ 十月革命成功后，列宁曾想尽一切办法去实现普遍的自由，保障人民的实质自由。

无产阶级在取得政权、建立了一个又一个社会主义国家后，接着便开始建设社会主义新闻自由，把言论、出版自由作为全体人民的民主权利写进了宪法。比如，苏联1936年的宪法规定：“苏联人民均享有新闻自由的权利，而且这些权利，由于国家将印刷设备、纸张以及其他必需用品配给劳工大众及其组织，而得到充分保证。”我国1954年制定的《宪法》中就写道“中华人民共和国公民有言论、出版、集会、结社、游行、示威的自由”，同时规定“国家供给必需的物质上的便利，以保证公民享受这些自由”。目前的《宪法》中规定“公民有言论、出版、集会、结社、游行、示威的自由”。其他社会主

---

① 孙旭培．新闻学新论［M］．北京：社会科学文献出版社，1993：33.
② 列宁全集：第2卷［M］．2版．北京：人民出版社，1984：90.
③ 列宁全集：第12卷［M］．2版．北京：人民出版社，1987：95.
④ 列宁全集：第13卷［M］．2版．北京：人民出版社，1987：67.

义国家的宪法中也有类似的规定。可见，社会主义国家一直把言论自由、出版自由（包含新闻自由）等政治权利作为宪法权利赋予所有公民。那么，社会主义新闻自由到底有什么样的根本特征呢？这里，主要以中国特色社会主义为参照，加以简要分析和说明。

首先，社会主义新闻自由是建立在以公有制经济为主基础上的新闻自由。由于人民是国家的主人，因而社会主义新闻自由是全体人民的新闻自由，新闻媒体在性质上既是人民的耳目喉舌，也是代表人民利益的党和政府的耳目喉舌。

其次，社会主义从社会制度上确保了新闻自由是摆脱了资本奴役的自由，这也是新闻资产公有的必然。公有制排除了私人资本控制新闻媒体的可能，媒体始终控制在人民自己的代表手中，而且人民有权更换这些代表他们管理新闻资产的人。

上述两点是社会主义新闻自由最重要的特点，揭示了社会主义新闻自由的本质。显然，它从制度上既保证了新闻自由权利形式上的普遍性，又保证了普遍权利得以实现的物质条件。然而，目前的社会主义还处在初级阶段，还没有足够的物质力量去保证社会主义新闻自由完美地、普遍地实现，因此，“在相当长的时期内，普遍自由的条件仍是一个需要我们继续重视解决的问题”①。同时，新闻资产的公有真正要成为全体人民的所有，还有诸多的中间环节，如何使新闻媒体真正掌握在人民的手中，还需要政治制度、法律制度的保障，还有很长的路要走。社会主义市场经济的建设决定了新闻媒体必须通过市场经济的方式获得生存与发展的机会，这就难免使新闻自由受到资本或金钱的干扰甚至控制。如此等等，都是社会主义新闻自由面临的问题。“新闻自由不是一条线段，而是一条没有终点的射线，是不断地从必然王国走向自由王国的历史。”② 社会主义制度只是确定了社会主义新闻自由这条射线的方向，然而，它能否以正常的速度照射出去，让越来越多的人享受到新闻自由的光芒，还需要各种各样的努力。

第三节　新闻自由的基本特征

认识了新闻自由的实质，把握了新闻自由的内容，了解了新闻自由的来源与演变过程，就可以比较准确地概括出新闻自由的基本特征。这也是在理论层面上对新闻自由本质的进一步揭示。

一、新闻自由是政治性的自由

新闻自由作为一种政治自由或政治权利，其政治性是不言自明的，但尚需必要的解释。

在直接的、表面的和区别的意义上，政治性是说新闻自由是一种政治自由，不是其他形式的社会自由。但这并不是说它与其他形式的自由没有关系，新闻自由不仅与其他

① 孙旭培．新闻学新论［M］．北京：社会科学文献出版社，1993：64.
② 同①111.

形式的政治自由密切相关，比如它与言论、出版、集会、结社、游行、示威自由等都属于表达自由或见解自由[①]，而且与非政治性的自由也有紧密的关系，比如经济自由、人身自由等都会直接影响一个人新闻自由权利的行使和实现程度。事实上，所有的自由权利之间都是相关的，失去了一种自由，往往就意味着其他自由的失去。

新闻自由政治性的深层意义在于新闻自由与政治制度的统一性。可以说，有什么样的政治制度，就有什么样的新闻自由。政治制度的核心是国家政权问题，掌握国家政权的阶级不同，就会有不同的新闻自由状况，这是新闻自由政治性的实质，也就是新闻自由的阶级性。在封建的政治制度下，国家政权掌握在封建统治者的手中，因而不可能有其他阶级的言论自由；在资本主义政治制度下，不管其采取什么样具体的政治制度类型，国家政权都掌握在资产阶级手中，因而其新闻自由从根本上说必然是资产阶级的新闻自由；在社会主义政治制度下，国家政权掌握在人民手中，因而其新闻自由从根本上说必然是人民的新闻自由。

新闻自由的政治性表明，新闻自由实质上只能是统治阶级的自由，被统治者不可能享受到与统治者相同的自由。恩格斯曾经讲过这样的话："在富人和穷人不平等的前提下的平等……就是简直把不平等叫做平等。这样，出版自由就仅仅是资产阶级的特权……"[②] 列宁当年在批评有关社会主义出版自由的错误观点时指出：我们要弄清楚是什么样的出版自由，为了什么，为了哪一个阶级。确实，在现实社会中，一个阶级的自由就意味着另一个阶级的某种不自由。"阶级是横在新闻自由前面的一条分界线。"[③] 要使新闻自由真正成为所有人在实质上可以平等享受的自由权利，对资本主义和社会主义来说都还有漫长的路要走。

二、新闻自由是相对性的自由

在现实社会中，新闻自由作为人的一项基本权利并不是绝对的，而是相对的，是一定范围内、一定限度内的自由。新闻自由的相对性实质上是指新闻自由的条件性，即新闻自由总是一定条件下的自由。

第一，新闻自由的历史性。新闻自由的历史性大致包含两方面的意思：一方面是说新闻自由的含义本身具有历史性。新闻自由"是在社会演进过程中民主政治的产品，它的意义是变动的，随时间、空间而各不相同"[④]。不同历史时代、时期，人们理解的新闻自由是有所差别的，其历史内涵是有所不同的。另一方面是说，新闻自由的实践具有历史性。新闻自由与人类所有的具体自由一样，是人类自身历史发展的产物，不是人类与生俱来的绝对权利。新闻自由的历史性表现为从新闻自由被看作人的自由权利的那天起，新闻自由就随着人类历史的演变而演变、发展而发展，在不同的历史阶段，新闻自由的实质性范围、水平是不同的，这是由具体的历史环境、历史条件决定的。

---

① 张千帆．宪法学导论：原理与应用［M］．北京：法律出版社，2004：510.
② 马克思恩格斯全集：第 2 卷［M］．北京：人民出版社，1957：648.
③ 黄旦．新闻传播学［M］．杭州：杭州大学出版社，1997：107.
④ 李瞻．新闻学：新闻原理与制度之批评研究［M］．台北：三民书局，1973：33.

第二，新闻自由的关系性。新闻自由是人的自由，是在人与人的共在关系中实现的自由。新闻自由是人的一种社会权利，是一种从自身出发，而又指向他人、指向社会的自由。相对思想自由的内向性来说，它是一种外向性的自由。作为社会的人，其权利的运用或实现只能发生在社会关系之中，就是说，自由权利的实行必然会关涉或影响到他人的物质利益或精神利益[①]，而涉及他人利益的自由，就要受到他人利益的限制，自由权利的运用者就要对他人负责，对社会负责。“真正的自由，是生活在文明社会中的人，带着其所有的约束与负担，通过从中发现必要的手段来发展他自己的道德个性，使自己不断从这种奴役状态中解放出来。”[②] 新闻自由的关系性决定了没有绝对的新闻自由，它必须和他人的权利相平衡，即任何人在行使自己的新闻自由权利时，都有尊重他人同样权利的义务。

第三，新闻自由在现实社会中有着实际的界限。没有绝对的自由、没有纯粹的民主，自由不是为所欲为、不是无政府主义。即使是传统新闻自由主义者，也没有人承认过有绝对的新闻自由；即使在美国，“没有人——即使是美国的开国元勋们——认为新闻媒体应该是绝对自由的，而且没有任何一位负责任、理性的人会想要这样的自由”[③]。只有那些天真幼稚的幻想家才会把新闻自由设想为是不受任何约束和限制的。但是，新闻自由的界限不能随意设定，优良的界限必须反映公民的统一意志，并以国家意志的外化形式——法律规定下来。因而，法律就是自由的界限，孟德斯鸠说：“如果公民能够做（法律）所禁止做的，他将不再拥有自由。”[④] 霍布豪斯说：“自由和法律之间没有根本的对立。相反，法律对于自由是必不可少的。”[⑤]

三、新闻自由形式的普遍性与内容的具体性

形式自由是与实质自由相对的一个概念。实质自由是指公民实际能够享有的自由，实际能够实现的自由权利；形式自由是指作为道德权利的自由，特别是作为法律规定的自由，即不管某种自由权利是否能够在实际中实现，它在法律形式上是现实的、存在的，因而至少在原则上每个人都拥有某种平等的自由权利。

从普遍的形式自由过渡到普遍的实质自由，对整个人类来说还有漫长的路要走。但在形式上规定和承认新闻自由的普遍性，毕竟使每个人在形式上具有平等性，这比起在形式上没有平等性来说是一个伟大的进步，它毕竟设立了一个目标，为一定社会实现真正的新闻自由确立了基本的方向。更为重要的是，形式上的普遍权利反映了每个人的意志，使人们对法律的服从实质上成为对自己的服从，而这正是自由的本意。如果连这种

---

① 英国哲学家密尔说，发表和刊发意见的自由“属于个人涉及他人那部分行为”。参见密尔．论自由［M］．程崇华，译．北京：商务印书馆，1959：13。

② 拉吉罗．欧洲自由主义史［M］．杨军，译．长春：吉林人民出版社，2001：332－333.

③ 丹尼斯，梅里尔．媒介论争：数字时代的20个争议话题：第4版［M］．王春枝，译．北京：中国人民大学出版社，2019：8.

④ 霍尔姆斯．反自由主义剖析［M］．曦中，陈兴玛，彭俊军，译．北京：中国社会科学出版社，2002：337.

⑤ 霍布豪斯．自由主义［M］．朱曾汶，译．北京：商务印书馆，1996：9.

形式上的自由权利都没有，实质性的新闻自由就更无从谈起了。形式上的普遍性至少为人们行使新闻自由权利打开了合法性的大门。

从内容上看，新闻自由是具体的自由，不是抽象的自由。具体性主要是指，新闻自由作为一种公民权利，体现为一项项具体的、可行使的权利。新闻自由的具体性使新闻自由实现具有可操作性。新闻自由作为一种宪法权利，往往是原则性的，只有落实在具体的法律规定或其他相关规范中，才具有更加实际的意义。“如果宪法规定了人民有新闻出版自由权，但并不规定享有的具体权利，这就把新闻自由局限于一般的抽象议论。”①“宪法和法律的承诺是必须要兑现的，不然国家就失去了信誉。”②

四、新闻自由的目的性与手段性

任何一种自由都既是目的又是手段。一种自由没有得到实现时，它就会主要被当作目标来对待，而当它得到普遍实现时，又转化为实现其他更高目标的手段，但它本身作为目标的存在依然需要维持。事实上，一种自由总是与其他种类的自由互相关联、互为条件地存在着、实现着，诚如马克思所说：“自由的一种形式制约着另一种形式，正像身体的这一部分制约着另一部分一样。只要某一种自由成问题，那末，整个自由都成问题。”③

新闻自由的目的性，是指把新闻自由本身作为目标去实现。马克思曾把是否存在新闻出版自由作为衡量整个社会政治自由、经济自由的尺度，他说：“没有出版自由，其他一切自由都是泡影。”④ 他还说过，发表意见的自由是一切自由中最神圣的，因为它是一切的基础。新闻自由本身就是社会应该追求的基本目标。作为目的的新闻自由有其特殊的目标性价值，并不需要它作为实现其他目标的手段去证明，它本身就是人类文明社会追求的价值目标，本身就是政治文明的重要标志，本身就是人类的基本需要。作为政治权利的新闻自由，是人们评价社会发展水平、文明程度的重要尺度。一个高度民主、文明的社会，一定是一个新闻自由得到有效实现的社会。总而言之，新闻自由具有自足的价值，并不需要它的手段价值去证明。

新闻自由的手段性，是指把新闻自由作为实现其他社会目标的方法和途径。有人指出，“新闻自由是寻求真理的途径”，“新闻自由是人民权利的保障”，“新闻自由是民主政治的灵魂”，“新闻自由是社会进步的动力”，“新闻自由是世界和平的基础”⑤。我们在此基础上，对一些要点做进一步的阐释。

首先，新闻自由既是政治自由的表现，又是促进政治自由的手段。新闻媒介在促进和保护其他人权中起着关键作用。“没有言论自由和获得信息的自由，就无法参与有关政

---

① 刘建明．当代新闻学原理［M］．北京：清华大学出版社，2003：372.
② 张千帆．宪法学导论：原理与应用［M］．北京：法律出版社，2004：470.
③ 马克思恩格斯全集：第 1 卷［M］．北京：人民出版社，1956：94－95.
④ 同③94.
⑤ 李瞻．新闻学：新闻原理与制度之批评研究［M］．台北：三民书局，1973：36－37.

府经济的国事辩论或获得保护健康所必需的信息；没有言论自由，就不能对酷刑、失踪和法院外的处决等侵权行为进行抨击。”[①] 只有提供新闻自由和发表各种言论的自由，人们才能知情，才能有效参政议政，才能有效地监督政府，政府也才能真正听到人们发自内心的声音。因此，人民的知情权、表达权、参与权、监督权本质上是统一的，都可以看作新闻自由权利的内涵。

其次，新闻自由是实现言论自由的重要途径。新闻媒介是言论得以传播和发挥影响的载体。在当今社会，言论的影响力主要依赖于新闻媒介的传播，言论自由的实质在很大程度上就是看能否通过新闻传媒来发表言论，而这首先依赖于新闻自由的实现程度。可以说，言论自由和新闻自由是一体化的。新媒介的不断产生使新闻自由、言论自由都有了更为便利的实现通道。

再次，新闻自由是探寻真理的重要通道，是进行社会合作的有效桥梁。密尔顿在《论出版自由》中写道：“虽然各种学说流派可以随便在大地上传播，然而真理却已亲自上阵；我们如果怀疑它的力量而实行许可制和查禁制，那就是伤害了它。让它和虚伪交手吧。谁又看见过真理在放胆的交手时吃过败仗呢？”[②] 杰斐逊曾说过：“我们的首要目标应该是为人们打开所有通向真理的道路。迄今为止所能找到的最佳道路就是新闻自由。”[③]新闻自由是人们相互之间进行交流的通道，在当今世界，没有新闻自由，人们将失去一座最为有效的相互交流信息、意见的桥梁。马克思说：“自由的出版物是人民精神的慧眼，是人民自我信任的体现，是把个人同国家和整个世界联系起来的有声的纽带”，“是人民用来观察自己的一面精神上的镜子”[④]。

最后，就新闻传播内部来说，新闻自由是实现真实新闻传播的条件。没有新闻自由的新闻传播将失去新闻传播的实际意义，没有自由的传播环境或条件，意味着新闻媒体不能将真正的新闻事实报道反映出来，意味着新闻媒体无法或至少不能很好地发挥自己监测环境的功能作用。

由于新闻自由是所有自由中最基本的自由，是人权之中最基本的人权，是民主政治的基础性条件，因此它的手段价值体现于所有的社会领域。[⑤]

---

① 达比希尔．言论自由：民主的监察哨［M］//张穗华．媒介的变迁．北京：中国对外翻译出版公司，2002：29.

② 密尔顿．论出版自由［M］．吴之椿，译．北京：商务印书馆，1958：46.

③ 西伯特，彼得森，施拉姆．传媒的四种理论［M］．戴鑫，译．北京：中国人民大学出版社，2008：39.

④ 马克思恩格斯全集：第1卷［M］．北京：人民出版社，1956：74-75.

⑤ 比如，新闻自由对经济自由就具有极大的作用。对此，阿马蒂亚·森的论证在我看来具有经典意义。他以自己对世界饥荒问题的长期研究为根据指出，政治自由和公民权利与避免经济灾难的自由之间具有紧密的关系（其实与避免其他方面的灾难也紧密相关），他说：“饥荒不在一个民主国家中发生。事实上，从来没有任何重大饥荒曾经在一个民主国家中发生，不管它是多么贫困。这是因为如果政府致力于防止饥荒的话，饥荒是极其容易防止的，而在有选举和自由媒体的民主体制中，政府有强烈的政治激励因素去防止饥荒。这表明，政治自由以民主制度的形式出现，有助于保障经济的自由和生存的自由。”阿马蒂亚·森进一步指出：“对于民主提供的保障，当一个国家非常幸运地没有面临严重灾难时，当万事顺利时，不大会想起。但是，由于经济或其他境况的变化，或者由于未纠正的政策错误，丧失这种保障的危险可能就隐藏在看起来是升平的情况后。”参见森．以自由看待发展［M］．任赜，于真，译．北京：中国人民大学出版社，2002：42。

第四节　新闻自由的实现

“在人类活动的所有分支里，自由是发展和进步最重要的条件。”① 新闻自由口号的提出已经有 370 多年的历史了，但面对今天的人类世界，它的实现仍然处于初级阶段。生活在不同社会形态、社会制度中的人们仍在以各种各样的方式追求新闻自由、实现新闻自由，这在人类进入新的传播时代以后表现得更加明显。新闻自由的实现需要一定的条件，新闻自由实现的程度和范围总是与社会提供的条件相适应的。而怎样才算实现了新闻自由，也是人们关注的重要问题。

一、实现新闻自由的社会条件

经济基础是实现新闻自由的物质保证。任何一个社会的正常运转都依赖于一定的经济基础。作为上层建筑思想意识形态之一的新闻传播领域，作为政治权利的新闻自由，更是离不开一定经济基础的支撑。在历史的向度上看，现代的自由和平等观念是以市场经济在全球的推广为前提的。马克思认为，新闻自由等政治自由观念是现代市场经济的原则在观念和社会领域的反映或折射。② 在共时性上看，“民主、自由这样的政治概念和政治行为，作为上层建筑的构成部分，归根结底还是经济基础的反映，是维护经济政治制度的工具和手段”③。历史也一再告诉人们，经济上占统治地位的阶级、阶层，在思想上也占据着统治地位，谁拥有自由的经济能力，谁就拥有实质性的思想自由、言论自由的权利。总体上说，一个社会新闻自由的实现程度是与其经济发展水平相适应的。但对此不能做绝对的理解，因为新闻自由的实现程度还依赖于其他社会条件。

民主政治是实现新闻自由的政治前提。政治，用最简单的话来讲，就是围绕国家权力展开的一系列活动。因此，掌握国家政权便成为政治活动的核心。所谓民主政治，就是人民当家作主的政治，就是人民拥有国家最高权力的政治。科恩说：“民主即民治”，“民主是一种人民自治的制度”，“民主即人民自己管理自己，人民即统治者”④。只有在民主政治制度下，人民才能获得政治自由，即只有在民主政治制度下，政治统治才能按照人民的意志实行。没有政治自由的人民，不可能有言论自由、出版自由、新闻自由，“政治自由决定其他社会自由，是实现其他社会自由的根本保障”⑤。要保证人民的政治自由，唯有民主政体，唯有人民成为国家的主人，人民才能拥有政治自由，民主政体是实现政治自由从而保障实现其他一切社会自由的唯一政体。只有民主，才能保证宪法、法律反映人民的意志，才能规定出符合人民意愿的各项自由权利。“只有民主才能保证法治符合

---

① 拉吉罗．欧洲自由主义史［M］．杨军，译．长春：吉林人民出版社，2001：405.
② 陈力丹．马克思主义新闻思想概论［M］．上海：复旦大学出版社，2003：70.
③ 项德生，郑保卫．新闻学概论［M］．武汉：武汉大学出版社，2000：143.
④ 王海明．新伦理学［M］．北京：商务印书馆，2001：427.
⑤ 同③426.

人民的普遍利益——至少是多数人的利益。"① 显然，要想实现真正的新闻自由，必须有民主政治的前提。

法治社会是新闻自由实现的基本保障。新闻自由在现实性上只能是一种法律自由，法律自由只能存在于法治社会。一个社会的法治程度决定其新闻自由的程度。霍布豪斯说："自由的第一步实际上正是法治。……自由统治的首要条件就是：不是由统治者独断独行，而是由明文规定的法律实行统治。"② 当然，法治社会所依赖的法律必须是良法，是公共意志的体现，同时人人在法律面前都是平等的，人们享有同等的、法律上的新闻自由权利。新闻自由的实现必须有法律的保障，还要有整个社会的普遍认可。"言论自由、新闻自由和公众获得消息的权利等原则不仅应该作为一个法律问题，而且还应该纳入习俗和惯例之中，这一点是非常重要的，如果要使新闻自由不仅限于单纯的希望，那么就需要有最广义的政治意愿。"③

文化发展是实现新闻自由的精神支撑。一般而言，一个社会文化发达程度与它的新闻自由水平是成正比关系的。当一个社会的文化生产、精神生产十分贫乏时，谈论普遍的人民的新闻自由是很滑稽的。即使文化发达，还有一个重要的前提，就是必须考虑文化的性质问题。因为新闻自由是商品经济或市场经济的产物，因此，再发达的封建文化、专制文化也不可能产生新闻自由的理念。市场经济本质上是自由的经济，是通过市场配置资源的经济，它既需要自由的文化理念做支撑，同时也生产着自由的文化理念。正是在这种互相作用中，自由、平等、民主等政治观念得以逐步形成，言论自由、新闻自由得以成为人们生存与发展的基本权利。

技术进步是新闻自由实现的有力杠杆。传播技术的进步为新闻自由的普遍实现提供了实际的可能，有力地推动了新闻自由的发展。"争取言论和新闻自由的斗争，不同于争取其他权利的斗争。它与技术进步的联系，同它与文化变革的联系一样密切：技术推动了自由事业的发展。"④ 比如，1450 年前后谷登堡印刷术的发明就为信息的普遍传播带来了可能，而 19 世纪中叶电报的发明和通信手段的电子化极大地增强了信息传播的能力，随着广播电视、传真机、计算机和卫星通信的普及，特别是网络时代的到来，新兴媒介的不断产生，人们发表和收受思想与信息的自由达到了前所未有的高度，新闻自由有了技术上的保证。网络技术给人们自由传递新闻和收受新闻带来了新的技术上的可能，每一种具体的网络传播形式都在创造着新闻自由实现的途径，也在实际上冲破了种种政治、经济上的限制。

要实现新闻自由，除了必要的社会条件外，新闻自由的权利主体——公民——还需有必要的主体条件，它直接关系到新闻自由实现的实际状况。社会可以为所有的公民提供新闻自由权利实现的环境，但落实在每个人身上，则更多地依赖于其自身的条件。"新闻自由作为一种政治权利，无疑是与人的政治、经济情况联系在一起的。这就是说，法

---

① 张千帆．宪法学导论：原理与应用［M］．北京：法律出版社，2004：52.

② 霍布豪斯．自由主义［M］．朱曾汶，译．北京：商务印书馆，1996：9.

③ 威廉．保护消息来源［M］//张穗华．媒介的变迁．北京：中国对外翻译出版公司，2002：12.

④ 达比希尔．言论自由：民主的监察哨［M］//张穗华．媒介的变迁．北京：中国对外翻译出版公司，2002：28.

律条文中的动听美妙的新闻自由，在现实社会里的实现程度，是与一个人在社会中的政治、经济地位成正比的。”① 除此之外，新闻自由的实际实现程度与每个人的主体素质密切相关。实现自由必须有追求自由的精神，有追求自由的自觉意识和强烈愿望，这是自由实现的主体动力。

综上所述，新闻自由的实现需要社会从整体上创造条件，这些条件从宏观上包括社会的物质文明、精神文明、政治文明程度。新闻自由的程度总是与一个社会整体的文明程度相适应的，新闻自由的水平不可能超越社会发展的整体文明程度，“权利永远不能超出社会的经济结构以及由经济结构所制约的社会的文化发展”②。封建时代不可能有新闻自由，更不可能拥有资本主义时代的新闻自由，资本主义时代同样不可能拥有社会主义时代的新闻自由。社会主义初级阶段的新闻自由水平不可能超越它整体的社会发展水平。“根据历史的经验和教训，无产阶级的出版自由只能建立在资产阶级出版自由完善的基础上，建立在社会生产较为发达和精神产品相当丰富的基础之上，公众的文化素质达到一定水平，法治观念普及，新闻传播业的管理现代化。必须经过社会主义市场经济的历史发展阶段，才可能过渡到未来共产主义的自由状态。”③

二、新闻自由实现的标志

新闻自由实现的标志，是指新闻活动主体在新闻活动中达到怎样的存在状态、活动状态，才算获得了新闻自由。我们的描述是理想的，但它应该是人类追求的目标。

新闻活动者都是自主的活动者，在优良的法律、道德规范之外，不受其他任何力量的限制，这就是新闻自由实现的最高标志，其实也是最基本的标志。达到这种标志的新闻自由，可能有许许多多具体的指标。这里，我们从传媒的角度提出两个最基本的指标加以阐释，它们也是人们应该首先努力实现的具体目标。

第一，新闻传播媒体要有相对的独立性。独立是自主的前提，是按照自己意志活动的前提。新闻自由的一个重要方面就是传播自由，而公民的传播自由主要以新闻媒体的传播自由形式来体现，因而新闻传播媒体能否自主地进行新闻传播活动，是新闻自由实现的基本标志。媒体独立性的具体表现很多，但最能体现其独立性的主要是经济上的独立和政治上的独立。在“全民都是记者”的时代，新闻自由范围扩大、程度提高的一个重要根据就是人们可以相对自主地使用互联网等其他新兴媒介进行新闻传收。没有自主和独立，新闻自由就失去了根本的保障。

新闻传播自由的实现必须拥有一定的物质基础，具有经济上的独立性。新闻自由实现的首要条件是新闻传播机构在经济上具有较强的独立性。“自由的媒介必须经济上稳定。”④ 没有必要的经济资源，“非经济的权利必然是空洞的”⑤。如果缺乏经济上的实质

① 黄旦．新闻传播学［M］．杭州：杭州大学出版社，1997：108.
② 马克思恩格斯全集：第19卷［M］．北京：人民出版社，1963：22.
③ 陈力丹．马克思主义新闻思想概论［M］．上海：复旦大学出版社，2003：199.
④ 施拉姆，波特．传播学概论：第2版［M］．何道宽，译．北京：中国人民大学出版社，2010：174.
⑤ 霍尔姆斯．反自由主义剖析［M］．曦中，陈兴玛，彭俊军，译．北京：中国社会科学出版社，2002：324.

性自由，作为政治权利的新闻自由只能是空话，“如果政府控制了所有纸张和油墨的供应，那么新闻出版自由就是没有意义的”[①]。如果新闻媒体为其他资本力量所左右，受到广告主的控制，新闻传播自由也就没有了专业追求的独立性。当然，到底建立怎样的新闻媒介所有制度才能确保新闻自由的实现，仍然是一个没有完全解决的问题，需要人类继续探索和实践。

新闻传播自由实现的另一个基础是具有政治上的相对自主性。我们知道，新闻传播媒体的首要任务是发现、选择、确定、传播那些与收受主体密切相关的重要新闻，但要真正做到这一点，“就必须有一种社会的和政治的环境”[②]。更为重要的是，如前所说，新闻自由是一种宪法权利，这种权利针对的主要对象是政府，而不是其他的个人或组织，因此，在所有新闻自由权利项目中，通常最难行使的权利就是对政府的监督批评权利，而新闻自由的基石之一就是在法律规定的范围内自由批评政府及其官员的权利。“从本质上看，新闻自由的核心问题是批评政府的自由，对各级官员的政治举动、道德表现进行监督，讨论国家的政治得失。”[③] 如果新闻媒体没有政治上的相对独立性，总是受到政府权力的干涉或左右，对政府的自由批评就不可能实现。

第二，新闻媒体要为公共利益服务，成为人民的耳目喉舌。如上所言，新闻传播媒体具有相对的独立性是新闻自由实现的重要标志，但一个社会中存在相对独立的媒体并不意味着新闻自由的必然实现。如果新闻媒体只是其所有者手中的“私器”，只是为自己的利益而运作，那么它不仅不会成为公民新闻自由得以实现的通道，反而可能阻碍公民行使新闻自由的权利。马克思认为，出版的最主要的自由就在于不要成为一种行业。如果出版者仅仅是为了挣钱而出版，作家仅仅是为了挣钱而写作，那么出版自由就丧失了自己的“高贵天性”[④]。新闻自由本质上是公民的自由，“新闻自由属于人民”[⑤]。“出版自由就是全体公民可以自由发表一切意见。”[⑥] 因此，只有每个公民都能够实现自己应有的新闻自由权利，才标志着新闻自由的真正实现。但人们都知道，一个社会的公民不可能人人都有自己的新闻媒体，对绝大多数公民来说只能通过不属于自己私人所有的新闻媒体或其他媒介通道来实现新闻自由权利，因此，只有在新闻媒体成为人民的耳目喉舌的条件下，公民才能自由接近和使用，才有可能把法律权利变成实际的可以实施的权利。新闻自由与其他自由一样，不管是作为一种价值理想，还是作为一种实际的法律权利，只有在实现过程中才能获得实际的存在，产生实际的意义。意大利学者拉吉罗说：“自由只有当其被行使时才是存在的。”[⑦] 因此，只有媒体成为公民能够实施新闻自由权利的通道，新闻自由才能成为有意义的权利。

---

① 霍尔姆斯．反自由主义剖析［M］．曦中，陈兴玛，彭俊军，译．北京：中国社会科学出版社，2002：324.
② 芬比．个人隐私与公开曝光［M］//张穗华．媒介的变迁．北京：中国对外翻译出版公司，2002：15.
③ 刘建明．当代新闻学原理［M］．北京：清华大学出版社，2003：368.
④ 郑保卫．马克思恩格斯报刊活动与新闻思想研究：上卷［M］．北京：高等教育出版社，2003：381.
⑤ 李良荣．新闻学概论［M］．上海：复旦大学出版社，2003：171.
⑥ 列宁全集：第 32 卷［M］．2 版．北京：人民出版社，1985：230.
⑦ 拉吉罗．欧洲自由主义史［M］．杨军，译．长春：吉林人民出版社，2001：332.

复习指点

关键概念

自由　新闻自由　道德权利　传播自由　收受自由

思考题目

1. 新闻自由的来源与演变
2. 新闻自由的本质与特征
3. 新闻自由的内容与价值
4. 新闻自由思想的发展过程
5. 新闻自由的实现与标志

必读文献

密尔．论自由［M］．程崇华，译．北京：商务印书馆，1959．

魏永征．新闻传播法教程［M］．5版．北京：中国人民大学出版社，2016：第一章，第六章．

杨保军．论认识论意义上的新闻自由［J］．新闻大学，2008（2）．

林爱珺，孙姣姣．自由传播为原则，限制传播为例外：媒介传播公共信息的基本原则［J］．国际新闻界，2009（12）．

王四新．网络空间的表达自由［M］．北京：社会科学文献出版社，2007．

选读文献

熊澄宇，郑玄．从"有机运动"到"有机规制"：马克思主义新闻观视域下的新闻自由［J］．编辑之友，2021（3）．

黄旦．从新闻职业化看西方新闻自由思想的历史演变［J］．浙江大学学报（人文社会科学版），2004（1）．

姜华．试论现代新闻自由观念的三个起源［J］．新闻记者，2014（12）．

基恩．媒体与民主［M］．郤继红，刘士军，译．北京：社会科学文献出版社，2003．

童兵．"新闻自由"的表述与践行：传统马克思主义与非传统马克思主义两种视角的比较［J］．南京社会科学，2011（7）．

第十一章

新闻道德

提　要

新闻道德是主体（主要是职业新闻主体）在新闻传播活动中遵循的各种道德原则、道德规范，拥有的道德观念、道德品性等的总和。新闻道德既是保证新闻业成为健康新闻业的手段和标志，也是新闻传播能够成为促进社会良性运行的重要保障。道德的新闻是自由新闻的前提。新闻道德规范是新闻道德观念的规则化体现，是人们用来评价新闻行为是否道德的直接标准。新闻道德评价具有道德自省、规范生成、价值引导、“监督新闻”等多方面的功能。一个合格的、具有职业责任感的职业新闻主体，应该拥有诚实、勇敢、智慧、正直等基本的新闻职业道德品质。非职业新闻活动者在传收活动中，应该坚守社会公共道德规范的基本要求，在传播新闻的活动中，应该努力遵循职业新闻传播的基本原则。

新闻活动是讲道德的活动，“新闻工作逃脱不了道德问题”①。所有参与新闻活动的主体都应该成为讲道德和践行道德的主体，职业新闻活动主体更应把从事有道德的新闻活动作为最基本的要求。新闻道德试图把新闻活动约束、限制在有益于社会良性运行的范围之内，使新闻活动成为“好的”“善的”活动，有利于社会公共利益的活动。有道德的新闻活动，就是以富有新闻道德精神姿态展开的新闻活动，就是遵循新闻道德规范要求的新闻活动，就是在新闻道德品质自然支配下的新闻活动。有道德的新闻活动才是真正自由的新闻活动、合理的新闻活动，才是真正能够为人们提供信息安全、信息服务的新闻活动，才是有境界的新闻活动。

第一节　新闻道德的含义、结构与意义

新闻道德是新闻学与道德哲学嫁接而成的一个概念。新闻道德是职业道德体系中的一

① 桑德斯．道德与新闻［M］．洪伟，高蕊，钟文倩，译．上海：复旦大学出版社，2007：41.

种，是新闻职业道德的简称，它在性质上属于职业道德的范畴。新闻道德作为一种道德实践有其自身的主客体结构方式。新闻道德对于新闻活动自身以及整个社会环境都有着特殊的意义和价值。

一、新闻道德的含义

新闻道德是一个内涵比较丰富的概念，反映的是主体在新闻传播活动中遵循的各种道德原则、道德规范，拥有的道德观念、道德品性等的总和。由于道德观念凝结在道德规范之中，道德品性如何在现实性上要看遵守道德规范的情况，因此，人们多把道德限定在道德规范的意义上。

新闻道德即新闻职业道德最直接的表现就是一系列的行为规范。“一切道德都是一种包含着许多规则的系统，而一切道德的实质就在于个人学会去遵守这些规则。”① “所谓新闻职业道德，是指从事新闻信息传播活动的人们，在长期的职业实践中形成的调整相互关系的行为规范的总和。”② “所谓新闻职业道德，就是新闻传播（大众传播）业的行业道德。新闻从业人员或者大众传媒自身，遵循一般的社会公德（新闻职业道德与一般的社会公德联系较为密切）和本行业的专业标准，对其职业行为进行理性的自我约束和自我管理。”③

新闻职业道德是一种责任道德或责任伦理，新闻职业道德的内容始终是以职业新闻活动应该承担和完成的职业责任（即职责）为前提的。道德规范在一定意义上说就是职业责任的另一种表达形式；职业责任越明确，道德规范就越具体。应该承担和完成什么样的职责，就意味着应该自觉遵守什么样的道德规范，承担什么样的道德后果或者责任后果，这是新闻道德作为职业道德所具有的核心逻辑。

二、新闻道德的结构

道德体现在道德活动、道德关系之中。道德活动或者道德关系中的基本要素，以一定的方式构成了道德关系的基本结构，新闻道德关系由新闻道德主体、新闻道德客体和新闻道德中介结构而成。

（一）新闻道德主体

狭义的新闻道德主体就是指职业新闻工作者，并且仅仅是指职业新闻工作者个体主体。但职业个体总是职业共同体的成员，而职业共同体是组织化、群体化的主体，因此，新闻道德主体还有组织主体的存在形式，这就是新闻媒体。

按照一般的逻辑关系，职业道德主体只能是特定的职业主体，不包括其他活动主体，比如教师的职业道德，职业道德主体就是教师；医生的职业道德，职业道德主体就是医

---

① 胡林英．道德内化论［M］．北京：社会科学文献出版社，2007：84.
② 黄瑚．新闻法规与职业道德教程［M］．上海：复旦大学出版社，2003：220.
③ 陈力丹．新闻理论十讲［M］．上海：复旦大学出版社，2008：237.

生；律师的职业道德，职业道德主体就是律师。而职业道德主体的职业言行属于相关道德研究的核心对象。因此，在职业道德前提下研究新闻道德问题，就只能把研究的范围限制在职业新闻活动者的职业言行范围内。按照这样的理解，职业新闻传播者之外的新闻活动者，比如充当新闻信源主体、新闻收受主体、新闻控制主体的新闻活动者，只能是相对新闻道德主体而存在的新闻道德客体。然而，如果把非职业新闻活动者“在新闻活动中”面对的道德问题也看作新闻道德问题中的一类，那就在逻辑上意味着在新闻职业道德之外还有一个更为一般的新闻道德概念。果真认可这样的区分，也就意味着“新闻道德”和“新闻职业道德”所涉及的问题范围是不完全相同的。新闻道德包括职业新闻活动者的道德和非职业新闻活动者的道德，而新闻职业道德只包括职业新闻活动者的道德。我们可以把前者称为“广义新闻道德”，后者称为“狭义新闻道德”。事实上，在当今媒介环境中，职业新闻道德与新闻道德、职业新闻道德与社会道德的关系出现了新的变化，一方面是对职业新闻道德提出了更高的要求，另一方面是要求社会大众在新闻活动特别是在新闻生产传播活动中也尽可能遵循新闻传播的基本原则。①

（二）新闻道德客体

道德客体是道德主体道德行为的施予对象；道德客体像道德主体一样，只能是一定道德关系中的存在，并没有离开道德关系而存在的绝对道德客体。由于任何道德行为指向的对象直接地或者间接地只能是作为主体的人②，因此，道德主体是主体，道德客体不过是作为客体的主体，我们只是为了论说的方便，才把道德关系中的另一主体称为道德客体。新闻道德客体也是相对于新闻道德主体而存在的概念。新闻道德客体就是新闻道德对象，是指新闻道德主体道德行为的指向或施予对象。在职业化的新闻活动中，由于职业新闻主体有责任履行自己的新闻道德义务，因此，在与新闻信源主体、新闻报道对象主体、新闻收受主体、新闻控制主体等的道德关系中，通常把职业新闻主体看作新闻道德主体，而把其他主体看作新闻道德关系中的客体。

这里需要特别强调的是，我们是在新闻职业道德论的视野中，把职业新闻主体作为当然的道德主体，把职业道德主体道德行为施予的对象主体称为道德客体。如果在一般社会道德论的视野中观察新闻活动中的道德关系，那情况可能就复杂多了。充当新闻报道对象的主体、提供新闻信息的新闻信源主体，并不总是作为新闻道德客体存在的、活动的，在特定的关系中也会充当新闻道德主体的角色。对于新闻收受者来说，同样也会在特定的关系中担当新闻道德主体的角色。

（三）新闻道德中介

所谓新闻道德中介，是指将新闻道德主体和新闻道德客体连接或联系起来的事物；

---

① 杨保军．公共化或社会化：“后新闻业时代”新闻道德的一种走向［J］．编辑学刊，2010（3）：32－36．杨保军．“窄化”或专业化：“后新闻业时代”新闻道德的另一个走向［J］．新闻记者，2010（8）：17－19．

② 任何道德只能是人与人之间的道德，人与物之间的任何所谓伦理道德关系，反映的乃是人与人之间的伦理道德关系，至少实质上是为了人自身的伦理道德关系。试想，如果人与物包括与动物之间的关系在客观上人可以任意处理，并且不对人自己的生存发展带来负面影响，那么人还能讲环境伦理和动物伦理吗？

在新闻道德结构关系中，这个中介主要是由新闻道德主体生产或创制的新闻作品或新闻报道充当的，其中包含着生产或创制新闻的行为。

根据新闻道德主体与新闻道德客体之间关系的直接性和间接性，可以把新闻道德结构关系模式分为两种：

第一种是直接新闻道德结构关系模式（见图 11－1）。在通常情况下，职业新闻主体作为新闻道德主体，与新闻信源主体、新闻报道对象主体构成直接的新闻道德关系。在这种关系模式中，新闻道德主体与新闻道德客体之间的道德关系是直接的，是在主体与主体间直接的新闻互动关系中生成的。

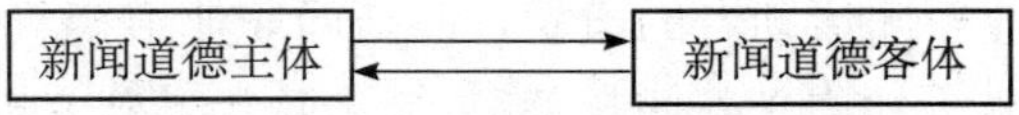

图 11－1　直接新闻道德结构关系模式

第二种是间接新闻道德结构关系模式（见图 11－2）。在通常情况下，职业新闻主体作为新闻道德主体，与新闻收受主体、新闻控制主体之间构成间接的新闻道德关系。这是由这些不同新闻活动者在新闻活动中的角色特征、功能作用决定的。新闻收受主体作为“新闻”报道的收受者，主要是通过新闻作品和新闻报道与新闻媒体、职业新闻工作者联系在一起的；新闻控制主体作为新闻传播活动的外在控制者（媒体之外施加的控制），主要是通过控制新闻传播内容和传播方式与新闻媒体、职业新闻工作者联系在一起的。

图 11－2　间接新闻道德结构关系模式

新闻道德主体与新闻控制主体之间的道德关系比较复杂。控制主体主要是通过对新闻传播内容和新闻传播方式的控制来实现对新闻媒体的控制，这在实质上就是通过对新闻作品或新闻报道的控制来实现对新闻媒体，从而也是对职业新闻工作者的控制。新闻控制的合理性和正当性直接反映着控制的道德性（是否应该和应该的程度）。因此，作为新闻控制者，必须充分认识到新闻控制中存在着道德合理性问题，必须不断反省新闻控制的道德尺度。毫无疑问，控制有控制的合理限度和边界，控制有控制的基本道德。

反过来说，新闻媒体和职业新闻工作者正是通过对新闻作品或新闻报道的处理来调整其与控制主体的各种关系的，其中自然包括道德关系。对于这种道德关系，在职业新闻活动的视野里，可以把职业新闻主体看作道德主体，而把新闻控制者看作道德关系中的客体，而道德中介的集中体现就是新闻内容。

三、新闻道德的意义

新闻活动者，主要是职业新闻工作者，为什么要追求道德化的新闻活动？道德化的新闻活动的意义或价值是什么？这里，从宏观层面选取几个重要的角度加以说明。

（一）促使新闻业服务社会的良性手段

新闻道德的最大意义就在于，它能够促使一定社会的新闻活动、新闻业成为为社会普遍利益或共同利益服务的良好的、独特的手段。

当人类从传统媒介时代进入新的媒介时代时，人类社会进一步成为媒介化的社会，人也在一定程度上、一定意义上成为“信息人”“媒介人”，媒介生存、媒介生活已经成为人们重要的生存、生活维度。在这样的时代大背景下，新闻业、新闻媒介、新闻传播、新闻对于一定社会的意义、价值、影响是不言而喻的，与此同时，建立在互联网技术、大数据技术、智能技术等基础上的新闻活动产生了大量的新的伦理道德问题。因此，能使新闻业为社会的良性运行、人们的自由全面发展提供服务，已经成为所有社会战略性的事务，成为所有社会管理应对各种问题时往往需要首先考虑的事情。一定社会以至于整个人类拥有一种什么品质的新闻活动、新闻业、新闻媒介、新闻传播、新闻，说到底，拥有什么品质的新闻活动者，不再是无足轻重的问题，而是举足轻重的大事；新闻行业、新闻媒体、职业新闻工作者道德与否，不只是传媒业内关心的事情，而且是一定社会以至于整个人类共同关注的事情。

道德的新闻，就是能够真正维护社会大众利益的新闻，能够维护合理社会信息秩序的新闻，能够为社会大众带来信息安全的新闻，能够为社会大众提供充分自主参政议政信息的新闻，能够广泛开展社会监督、社会批评的新闻，能够促进社会整体道德建设的新闻……道德的新闻不仅是如此结果上的合理有用，它还要求获取新闻、选择新闻、制作新闻、传播新闻等整个过程都是道德的，都是不违背一定社会道德信念的、不背离新闻职业道德精神的。这样的新闻自然有利于促进社会的良性运行和发展，有利于增加人们的快乐和幸福。“职业道德的终极意义不在于职业道德自身，而在于社会整体的利益”，“职业职责的根本要求应当是社会整体的利益以及全人类的长远利益”①。

新闻道德对于一定社会整体的道德建设有着特殊的意义和价值。新闻职业是个特殊的职业，职业工作者占有特殊的社会位置，扮演着特殊的社会角色，有着特殊的社会影响力和示范作用，其行为的道德性、品质的美德化具有特殊的社会意义和价值。“媒体绝对具有公民示范和公共引导的社会作用。它创造什么样的公民典范，歌颂什么，激励什么，倡导什么，对公民道德的影响至关重要，对公民道德意识和社会公共道德观念的引导十分关键。”② 因此，“任何媒介的行为，包括发表什么观点，如何报道新闻事件，创造和表现什么样的公共形象，都要首先对社会和公民负责，当然也要对政府负责”③。

正像教师是一个特殊的职业，教师应该向学生做出道德示范，这是责任也是义务，新闻工作者也是一种特殊的职业角色，他们的行为在客观上确实具有广泛的社会示范作用。因此，对他们提出更高的道德要求是必要的，这是由其职业角色决定的。

---

① 龚群．社会伦理十讲［M］．北京：中国人民大学出版社，2008：164.
② 万俊人．公民道德建设的制度之维［J］．绿叶，2009（1）：80－88.
③ 同②.

（二）健康新闻业的手段和标志

道德新闻或道德的新闻活动，乃是健康新闻业得以形成的重要手段和核心标志；新闻道德也是评价新闻职业群体、职业个体是否健康的有力手段和重要标志。

新闻道德的直接意义在于使新闻业自身成为道德的存在、道德的事业，新闻行为成为有德性的行为，新闻人成为有新闻品德的人。也就是说，它既是使新闻业、新闻活动、新闻行为、新闻人成为健康的事业、健康的活动、健康的行为、健康的人的手段，也是新闻业、新闻活动、新闻行为、新闻人处于健康状态的标志。一句话，新闻道德既是精神动力，又是精神标志。

塑造健康新闻业、新闻媒体、新闻人的手段是多种多样的，比如法治的、政策的、道德的、经济的、文化的、技术的等等，但从新闻行业内部看，从新闻职业本身看，遵循职业道德规范，采集、制作、传播道德的新闻，恐怕是最核心的手段。

每个行业都有自己的特色文化，而一个行业的道德文化乃是行业文化、行业精神的价值内核，反映着一个行业的利益追求、理想目标。只有遵循良好的道德规范，才有可能把新闻业建设成为道德的事业。

能够常态性地、道德地展开新闻活动，既是健康新闻业形成的手段，同时也是健康新闻业实现的标志。当我们说一定社会的新闻业是良好的、健康的，在道德论的视野中，就等于说新闻业是道德的。新闻道德是衡量新闻业是否健康的试金石。一个行业的健康发展是以拥有健康的活动实体以及健康的从业者为根本条件的。“一个共同体的健康几乎是共同体有道德的永恒标志之一。”① 新闻道德是新闻业健康性的重要标志。

（三）新闻自由实现的保障和标志

自由是道德的前提，自由是道德的理由，自由的新闻才有可能是道德的新闻；不自由的新闻缺乏担当道德责任的主体基础，被迫的新闻传播或者不传播是很难担当道德责任的。

自由是道德的前提条件，但道德也是能够自由和应该自由的条件，道德也是自由的理由。正因为是道德的，才应该拥有自由，才能够自由、值得自由。拥有自由权利，并不必然产生道德行为；但如果是道德行为，就应该获得自由。道德的新闻会由于其道德性而得到一定社会的普遍认可，获得自由传播、自由收受的机会。因而，道德的新闻总应该成为自由的新闻。不道德的新闻，社会是不应该允许其自由传播的，社会也会采取一定的措施限制不道德新闻的传播。“自由并不是一件简单的好事，只有在由智慧、独立，因此而有德行的公民所组成的健康社会中，它才是好事，没有道德的社会，自由是无用的，甚至是邪恶的。”② 只有在新闻道德界限内，新闻自由才是应该的，才是善的，超越新闻的道德界限，新闻自由就是恶的、不善的。

道德的新闻是负责任的新闻。“就今天的新闻界来说，对新闻自由最好的保护方法就

---

① RIVERS W L，MATHEWS C. Ethics for the media [M]. Upper Saddle River：Prentice Hall，1988：10.

② 尼罗，贝里，布拉曼，等．最后的权利：重议《报刊的四种理论》[M]．周翔，译．汕头：汕头大学出版社，2008：70.

是承担社会责任。”① “使用使自由得以存活，但不负责任的使用会侵蚀自由的根基。因而，媒介伦理不只是为了公平，它还能保护、维持自由本身。”② 新闻道德是防止滥用新闻自由的一种手段、一个屏障。因此，需要做的是更多地提倡道德自律，而不是更多地限制新闻自由。新闻道德自律水平逐步提高了，真实的新闻自由就一步一步实现了。同样，只有提供足够的新闻自由空间，道德新闻才有足够的成长空间和肥沃的成长土壤。

第二节　新闻道德规范

“道德是由道德理念与道德规范（或实在道德）两部分构成，道德理念是道德的形而上的价值反思，道德规范则是实在的规范要求。”③ “任何能够在整体社会中占据一席之地的活动方式，要想不陷入混乱无序的形态，就不能脱离所有明确的道德规定。”④ 因而，必须在新闻道德观念与新闻实践之间建构起有效的规则性桥梁——新闻道德规范。

一、新闻道德规范的构成

职业新闻活动的普遍存在、职业新闻活动在不同社会范围以及具体新闻媒介组织的实际展开从客观上决定了不同范围、不同层次的新闻观念、新闻道德观念的生成可能，也从根本上决定了不同范围、不同层次的新闻道德规范的建构可能。因而，从不同社会范围、不同主体层次理解新闻道德规范的构成，是把握新闻道德规范构成比较简便、直观的一条途径。按照这一思路，可以把新闻道德规范分成这样几个层次。

其一，世界层次或者说全球范围的新闻职业道德规范。这是指面向全球范围内职业新闻工作者建构的新闻道德规范。比如，联合国经济及社会理事会 1954 年拟订的《国际报业道德规约》，1954 年 4 月国际新闻工作者联合会第二届代表大会通过的《记者行为准则宣言》（1986 年 6 月修订），都是比较重要的具有全球意义的新闻职业道德规范。⑤

其二，具体社会层次或者一定社会范围内的新闻职业道德规范，也是新闻道德规范存在最普遍的形式。世界各国、各个地区几乎都有针对本国、本地区职业新闻工作者的道德规范，并且会根据新闻业、新闻职业的最新变动发展不断修订相关的道德规范。比如，1991 年 1 月 19 日中华全国新闻工作者协会第四届理事会第一次全体会议通过《中国新闻工作者职业道德准则》，1994 年 4 月、1997 年 1 月、2019 年 11 月做过三次修订，目

---

① RIVERS W L，MATHEWS C. Ethics for the media [M]. Upper Saddle River：Prentice Hall，1988：26.
② 同①28.
③ 高兆明．伦理学理论与方法 [M]. 北京：人民出版社，2005：98.
④ 涂尔干．职业伦理与公民道德 [M]. 渠东，付德根，译．上海：上海人民出版社，2001：13.
⑤《国际报业道德规约》的基本内容是：第一，不得歪曲或隐瞒事实。第二，不得自私、攻讦、诽谤、抄袭；不得将谣言当作事实；凡记载不确而损失名誉者，必须立即更正。第三，不得为满足读者的好奇心而涉及私人秘密。第四，若报道一个国家的状况，必须对这个国家有充分的认识，才能达到公正的程度。第五，道德规约应由各国报人遵守，不是由各国政府执行。以上内容可参见余家宏，宁树藩，徐培汀，等．新闻学词典 [M]. 杭州：浙江人民出版社，1988：178－179。关于《记者行为准则宣言》，可参见黄瑚．新闻法规与职业道德教程 [M]. 上海：复旦大学出版社，2003：350。

前的主要规范是：第一，全心全意为人民服务；第二，坚持正确的舆论导向；第三，坚持新闻真实性原则；第四，发扬优良作风；第五，坚持改进创新；第六，遵守法律纪律；第七，对外展示良好形象。

其三，一定新闻媒介形态层次或者相关职业群体范围内的职业道德规范。媒介形态的共同性或者工作方式的一致性或相似性，意味着主体间心理上的接近性和具体职业观念上的易于认同，这为本层次或本范围道德规范的制定提供了客观的和心理的基础。不同媒介形态协会、人员协会或相关组织，往往会通过一定的程序和方式制定主要规范一定媒介形态内工作者的伦理守则。

其四，新闻媒体层次或新闻媒介组织范围内的职业道德规范。一个新闻媒体就是一个相对独立的新闻道德实体或新闻伦理实体，有着自己的媒体或组织文化，有着自己相对独立或自主的道德追求和理想，有着自己的利益需要和价值取向。为了把这些媒体层次的精神观念、实际追求落到实处，形成制度上、机制上的保障，建构本媒体的道德规范已经成为一些新闻媒介组织，特别是比较大的媒介组织的基本手段。

在不同层次或不同范围的道德规范之间大致有这样的关系：层次越高的道德规范，越具有普遍性、抽象性，而层次越低的规范，越具有特殊性、具体性；层次越高的道德规范，越具有观念引导的意义，而层次越低的规范，越具有实际规范的作用。

二、新闻道德规范的制定

要制定出合理优良的道德规范，需要把握一定的前提条件，遵循一定的规范建构原则，通过一定的方式方法。

（一）制定新闻道德规范的逻辑环节

制定新闻道德规范宏观上需要三个大的环节。

1. 前提环节：准确把握优良道德规范成立的根据

所谓优良的道德规范，就是能够准确反映规范对象本性的规范，正确体现主体合理需要的规范，符合规范对象所在客观环境的规范，只有把这几方面有机统一起来的规范才是优良的道德规范。

对新闻活动实际状况是什么的准确认识，构成了新闻活动应该是什么、应该追求什么的基础，特别是构成了设想新闻活动能够如何、能够成为什么的前提条件。道德规范就是在主体行为能够成为什么的基础上，进一步规定应该成为什么的行为约束、引导准则。因此，准确认识职业新闻活动的现实状况，是制定出优良职业道德规范的前提条件。

要制定出合理的新闻道德规范，必须认识新闻道德的目的。新闻道德规范并不是从新闻活动的客观事实直接推导出来的，而是经过主体需要、愿望、目的这个中介推导出来的。因此，认识主体的价值诉求同样是建构优良道德规范的前提要求。

要想制定良性的新闻职业道德规范，还需要准确把握一定新闻活动的环境状况：一是整体的新闻业内部环境；二是新闻业所处的社会环境；三是越来越重要的国际环境。所有这些环境存在既在客观上制约着一定社会中针对一定的新闻活动能够制定出什么样的新闻道德规范，同时也对规范的制定主体提出了一定的要求，即要想制定出优良的新闻道德规范，就必须认识和把握这些不同的环境特征。

2. 核心环节：按照一定原则建构道德规范

怎样建构道德规范才是新闻职业道德规范制定的“核心环节”。制定优良的道德规范，需要遵循优良的规范制定原则和合理的规范制定程序。

合理的规范制定程序大致包括这样几个必要的环节：（1）对规范根据进一步考察、认识、分析和选择；（2）规范文本（草案）的起草；（3）规范草案意见的广泛征询与讨论；（4）规范出台前的进一步修改。

3. 延展环节：与时俱进更新道德规范

好的职业道德规范必然是与时俱进、不断得到修正和更新的。我们把既成新闻职业道德规范与时俱进不断更新的过程设想为规范建构的延展环节。

任何行为规范都不可能是完美的规范，其适用性和有效性总是有限的。规范必须随着规范对象的变迁而变迁，必须随着规范制定者不断深化的认知而变迁。“任何业已确立的行为规则系统都是以我们只是部分知道的经验为基础的，而且也是以一种我们只是部分理解的方式服务于一种行动秩序的。”① “在规则变迁中，人们往往有一个良好的愿望，就是希望一次性、一劳永逸地构建起一个完善的规则框架。但从规则变迁的现实与历史看，规则总是处于不断的变迁之中。其深层原因正在于，和人的有限主体性、世界的变化性密切相关的规则实践的世俗性、有限性。规则是主体间性关系、主客体关系的凝结、反思、稳定化。但客观世界、主观世界，主客体关系、主体间关系又总是处于不断的发展变化之中，这就使任何具体的规则作为稳定行为方式与行为期待的重要工具，始终表现出相对于变迁语境而言的相对‘无能性’。”② 这样的“无能性”在客观上要求主体必须根据最新情况不断调整、修正、变革旧的规则、规范，以适应新的需求。

（二）建构良性新闻道德规范的基本原则

要想制定出合理的新闻道德规范，需要把握一些基本原则。

1. 理性协商原则

要制定出一定共同体成员都能够自愿遵守的道德规范，原则上说，构成共同体的每个成员都应该自愿参与其中，因为“自愿是道德与团结的源泉”③（法国社会学家涂尔干语）。“要执行道德规范”，“需要每一个人的参与，每个人都有意识地置身于其间”④。在现代文明社会中，要求人们遵守的任何道德规范首先应该是人们需要的道德规范，人们自己参与协商制定的道德规范。道德规范应该是当事人建构的结果，“当事人本身拥有作为道德的创造者的地位”⑤。一定的新闻道德规范能否比较准确地反映一定道德共同体

---

① 哈耶克．法律、立法与自由［M］．邓正来，张守东，李静冰，译．北京：中国大百科全书出版社，2000：33.

② 陈忠．规则论：研究视阈与核心问题［M］．北京：人民出版社，2008：248.

③ 甘绍平．人权伦理学［M］．北京：中国发展出版社，2009：27.

④ 贝特朗．媒体职业道德规范与责任体系［M］．宋建新，译．北京：商务印书馆，2006：135.

⑤ 甘绍平．人权伦理学［M］．北京：中国发展出版社，2009：108.

的新闻道德需要，能否得到一定共同体的道德认可，乃是规范能够实际有效的前提条件。①

德国哲学家哈贝马斯、阿佩尔的商谈伦理学认为："一条规则不可能在私人语言框架内获得其有效性，……必须通过交往共同体所有成员的对话或商谈才能得到解决。"②"只有全部可能受其影响的人们作为合理商谈之参与者而有可能同意的规范性规则和行为方式，才是可以主张合法性的。"③ 这里的实质就是，要使规范成为"大家"的规范，就得通过"大家"的协商、对话和交流，而不是"大家"内部或外部某种权威的命令可以有效解决的。其中的深层内涵就是，合理有效的规范，包括道德规范，必须通过理性的对话原则来实现，通过理性的论证或辩论来实现。理性协商对话原则实质上就是道德上的民主原则。

2. 现实与理想相结合的原则

职业道德规范首先是面对职业现实的规范，解决现实职业行为中存在的问题是它的基本目的。因此，从现实出发，是制定职业道德规范的基本原则。另外，理想性是道德规范具有的基本属性。规范作为"应该性"的诉求总是包含着某种价值追求和理想，是对现实的某种批判和超越，引导和激励主体积极实践、努力向善。制定新闻道德规范，重要目的之一就是用新闻理想引导新闻从业者，努力使新闻行为有助于实现职业新闻的理想价值追求。因此，从理想出发，设计理想性的规范内容，也是制定职业道德规范的基本原则。

3. 抽象与具体相结合的原则

一套比较完整的新闻职业道德规范，总是由一些相对比较抽象的原则和与原则相应的、相对比较具体的规定构成的。道德规范是一般原则与具体规定的统一物。

一套道德规范总有自己的基本精神、价值追求，总有自己的基本道德理念、道德理想，而这样的精神、价值、理念、理想，通常具有更大的普遍性和更高的抽象性，因此，在制定道德规范时，需要坚持一定的抽象原则。

但是，如果规范内容过于一般化、抽象化，缺乏对抽象规范条目内容的具体化，掌握和实行起来就比较困难。因此，在建构道德规范的过程中，还要特别重视规范内容的具体化，坚持规范制定的具体化原则或可操作原则。

可操作性，是对规范内容构成特点或具体设计方式的一种要求，目的在于使规范易于落实在相关主体的具体行为中。"任何道德规范都是相应责任的体现。如果没有相应的责任要求，道德规范就成了空洞的条文，很难发挥积极的作用。"④ 因此，道德规范的制定实质上就是要把道德责任体现在具体的条文中，使其成为明确的、具体的、可理解的、可操作的行为指南。

---

① 需要注意的是，得到共同体认可的规范，并不必然是良性的道德规范（比如，一个犯罪团伙也会通过协商来制定自己活动的共同规范），这还要看共同体本身的性质以及共同体的道德认知能力。

② 秦越存．追寻美德之路：麦金太尔对现代西方伦理危机的反思［M］．北京：中央编译出版社，2008：7.

③ 哈贝马斯．在事实与规范之间：关于法律和民主法治国的商谈理论［M］．童世骏，译．北京：三联书店，2003：695.

④ 陈武明．培育责任心是公民道德建设的基点［J］．求是，2000（4）：46－47.

4. 鼓励与惩罚相结合的原则

在道德规范内容中既要有鼓励性的规定，也要有惩罚性的规定。在一般情况下，道德规范的内容主要是由“鼓励性”、引导性规范构成的，有些职业道德规范也有明确的“惩罚性”条款。

正面的、鼓励性的规定应该是所有道德规范的核心内容，因为道德规范的基本目的是引导行为者向善避恶、做应该做的事情，因此在制定道德规范时，应该坚持鼓励为主的原则。

另外，道德规范要发挥真正的作用，仅仅设有鼓励性条款是不够的。没有惩罚性精神、没有惩罚性规定（条款）的规范往往是无力的。“不管在什么情况下，没有‘牙齿’的道德规范还有什么用?”[①]“设计良好的惩罚体系，可能具有使做坏事的人改邪归正的效果。”[②] 一套规范中，除了应该怎么样、不应该怎么样的规定外，还应该有“一旦怎么样，就会受到什么样惩罚”的规定。这其中贯彻的规范建构原则就是必要的惩罚性原则。

5. 遵循合理的规范制定程序

要制定合理的、优良的、针对特定职业共同体的新闻职业道德规范，在具体操作上其实是一个相当复杂、烦琐的过程，需要按照一定的程序进行。

第三节 职业新闻工作者的品质

“新闻业是一项讲究道德的事业”[③]，是需要优秀道德品质的事业。职业品质或者品性，或者职业德性（美德），是一个人成为一定职业人的内在规定性，或者说新闻德性是道德性新闻活动的主体基础。因而，拥有职业品质是一个人成为一定职业人的内在标志。作为职业品质的新闻德目（新闻道德项目）很多，但基本的、核心的美德是诚实、勇敢、智慧和正直（公正）。这些优秀品质融合在一起，便是一个职业新闻人总体上的职业责任感。

一、新闻道德的核心德目

“有什么样的职业，就需要什么样的职业德性。”[④] 德性是道德主体的内在品质，职业德性是保证职业行为合乎道德规范的内在品性。优良的职业新闻行为需要优良的新闻品性，优良的新闻品性或品德就是新闻美德。基本的、核心的新闻美德其实就是普遍社会美德的职业化提炼，或者说是社会美德的职业化表现。

---

① 贝特朗．媒体职业道德规范与责任体系［M］．宋建新，译．北京：商务印书馆，2006：133.

② 雷切尔斯．道德的理由：第5版［M］．杨宗元，译．北京：中国人民大学出版社，2009：136.

③ 门彻．新闻报道与写作：第9版［M］．展江，主译．北京：华夏出版社，2004：69.

④ 龚群．德性伦理与现代社会：回应德性伦理的现代困境论［J］．哲学动态，2009（5）：40－45.

（一）新闻职业的第一品质：诚实

诚实是从事新闻职业的第一品质或第一美德；诚实，是所有新闻道德品质中最基本、最重要的品质。在整个新闻美德的排序中，“最高的美德就是诚实”①。

新闻是对客观事实的真实反映，是对事实信息的真实陈述。这一新闻传播的基本使命、基本前提决定了新闻从业者的基本品质就是忠实地再现新闻事实，客观、全面地叙述事实信息。因而，不具备诚实品质的新闻从业者就不可能完成其职业使命，也就不配享有新闻记者的职业称呼。

诚实就是说真话，不说假话。“一个记者最起码的职业道德是讲真话，实事求是，或者至少做到尽量讲真话，坚决不讲假话。”② 诚实对于新闻报道者来说首先是新闻报道动机的真诚性，其次是新闻报道结果的可信性。一个报道动机不真诚的新闻从业者不可能为公众提供真实的新闻。衡量一个记者是否诚实，主要是看其动机是否真诚，“是诚实还是欺骗并不取决于所传达的信息客观实际之真假，而取决于所传达的信息在传达者的主观动机中之真假”③。但作为新闻记者，要努力追求真诚动机与真实报道的统一，这才是诚实的最高境界，因为单一的动机真诚并不保证新闻必然真实。

（二）探求新闻真相的品质：勇敢

“揭露真相并将具有新意的、富有挑战性的信息公之于众需要勇气和坚韧。”④ 勇敢、勇气并不总是体现在危险的情境中，而是更多地体现在日常工作中。“责任就是一种勇气。”⑤ 一个新闻人要想为公众服务、为社会服务，时时刻刻都会遇到形形色色的困难和危险，具备勇敢、正直的品性，是其完成新闻职责的基本道德保证。“勇敢是实践的动力源，既支持理念实践层次，又支持抗阻克难的具体行为层次。”⑥

新闻传播者，特别是记者，是时时刻刻与一个新的世界、新的事物打交道的人。新，意味着新鲜，但也意味着陌生；新，充满了吸引，但也潜藏着不测；新，蕴含着成功的机会，但也面临着失败的危险。与任何新事物打交道都需要勇气。“新闻工作是勇敢者从事的职业，而不是怯懦者从事的职业。记者需要具有采访消息的不可动摇的信心！随时准备遭遇拒绝、遭遇冷遇、遭遇嘲弄、遭遇无礼、遭遇恫吓、遭遇威胁。记者要随时准备牺牲自己的时间、自己的财富，包括自己的自尊心和生命。”⑦

勇敢就是不害怕。勇敢，是相对胆怯或怯懦而言的一种心理或行为能力。记者面对各种各样的情境，必须在前进与后退、追踪与放弃、揭露与无视等之间做出抉择。选择了前者，本身就是勇敢，并且需要继续勇敢；选择了后者，则是怯懦，并且失去了继续怯懦的余地。只有选择前者、选择勇敢，职责才能实现，公共利益才能得到可能的维护。

---

① RIVERS W L，MATHEWS C. Ethics for the media［M］. Upper Saddle River：Prentice Hall，1988：26.
② 唐师曾．我师萧乾［J］. 新华文摘，2006（20）：101－105.
③ 王海明．伦理学原理［M］. 北京：北京大学出版社，2001：274.
④ ALIA V. Media ethics and social change［M］. Edinburgh University Press，2004：42.
⑤ 杨芳秀．亲历现场感受责任：赵亚辉访谈录［J］. 新闻战线，2009（2）：49－50.
⑥ 李幼蒸．仁学解释学：孔孟伦理学结构分析［M］. 北京：中国人民大学出版社，2004：157.
⑦ 高钢．新闻写作精要［M］. 北京：首都经济贸易大学出版社，2005：12.

作为优秀道德品质的勇敢，是一种勇敢有度的勇敢。在新闻传播活动中，并不是希望记者鲁莽、蛮干，而是要英勇、智勇，用合乎法律规范、道德规范的手段，勇敢揭露那些损害大众利益、公共利益的丑恶行为，以力之可及、能之可达的方式，反映事实、报道新闻；对于那些值得报道的新闻事件，敢于冒着生命危险去发现真相、报道真相。

（三）锤炼新闻光华的品质：智慧

新闻职业是智慧者的职业，需要机智和敏感。在新闻道德领域，能力是头号性的伦理问题。① 缺乏智慧，就不会诞生新闻精品；缺乏智慧，就不会有新闻的光华。

智慧品质体现在新闻报道的每一个环节中，最终则凝结在新闻作品之中。新闻活动需要机智敏感，需要灵动性的思维，需要智勇，智慧是创造新闻之新鲜品性的重要主体能力保障。智慧作为一种能力，是优秀新闻工作者不可缺少的品质。

新闻传播者有知识、有智慧，体现在两个大的方面：第一，拥有从事职业新闻活动的知识资本或知识素养，表现为具有比较宽广的普通知识素养以及较高水平的专业知识素养。专业知识包括新闻专业知识和一定社会领域、学科领域的专业知识。第二，具有不断获取新知的素养或能力。对新闻传播者来说，具有不断追求新知、不断提高知识水平的素养或能力本身就是更为重要的素养或能力。

（四）高扬新闻正义的品质：正直

“作为新闻媒体，其基本的社会道义，同样是维护社会正义，揭露和鞭挞社会丑恶，推动社会的发展和进步。这是公众的社会道德期望，也是媒体存在和发展的社会道德基础。”② 为社会公共利益服务的新闻媒介、职业新闻传播者，坚持的一个基本报道理念就是客观报道、公正报道，而支撑客观报道、公正报道的主体品质就是正直或公正。“在新闻领域，我们正面对这样一个艰难的命题：公正、准确的报道比任何时候都重要。”③

正直，首先表现为职业人把自己当作职业人，当作承担着职业责任的社会角色。正直在新闻活动中的集中表现是能够按照公正的原则指导自己的行为，尊重事实，坚持正义，坚持真理。“坚持真理，维护正义是新闻工作者的职业责任。在真理和正义面临威胁的时候，记者只能挺身而出，因为他们责无旁贷。”④ 公正不是中立，不是不倒翁。对职业新闻工作者来说，公正的根本是事实第一，事实至上。公正的基本追求是充分利用新闻自由权利实现社会公众的知情权；公正的基本倾向是敢于为社会弱势群体说话。

要做到正义、公正或者正直，最关键的是保持冷静和理性，依据事实的本来面目呈现事实，不随意在新闻报道中表达自己的偏爱，渗透自己的情感，不为自己的感情、爱好、倾向所左右。

正直体现着一个人的人格，体现着一个职业工作者的职业品格。“没有比将自己公正

---

① GOODWIN H E. Grouping for ethics in journalism [M]. Iowa State University Press，1983：303.
② 陈汝东．传播伦理学 [M]. 北京：北京大学出版社，2006：127.
③ 唐润华．看似波澜不惊 实则潜流奔腾：2007 年国际传媒业管窥 [J]. 新闻与写作，2007 (12)：13－15.
④ 高钢．新闻写作精要 [M]. 北京：首都经济贸易大学出版社，2005：8.

无偏地展现于他人能更好地证明自己是最佳之人的方法了！"[①] 一个人能够正直、公正地对待事物，一个新闻人能够正直、公正地对待报道对象，根源在于无私，在于正义感。无私才能无畏，无畏才能坚守公正。正直、公正是新闻媒介、新闻人赢得公众信赖的根本条件之一。

二、新闻职业责任感

"责任在当代道德理解中已经成为一个关键术语"[②]，而"媒体职业道德规范主要关注的是职责"[③]。尽管当今人类新闻活动的方式比起过去已经发生了革命性的变化，但就目前来看，新闻伦理本质上依然是一种职业伦理，新闻道德本质上依然是一种职业道德，新闻的伦理责任、道德责任本质上依然是一种职业责任。因此，新闻媒体应该承担什么样的社会责任，职业新闻工作者应该承担什么样的社会责任、应该具备什么样的职业责任感，始终是新闻道德理论中的核心问题。

（一）职业新闻工作者的职责

"每一个阶级，甚至每一个行业，都各有各的道德"[④]。作为职业道德的道德，是一种责任道德，"职业伦理本身是规则规定，其特征是责任的分辨。职业伦理本身就是一种责任伦理"[⑤]。职业道德的核心是职责。

职业道德责任是职业主体的责任。职业主体分为职业个体和具有人格意义的职业组织主体。在职业个体层面上，责任实质上是一种职业从业者应该完成的任务。职业责任其实就是职业义务，就是一种职业必须做的或者不可不做的事情。义务是一切责任的主要内容。[⑥] 完成了自己应该完成的任务才算尽到了责任。"讨论媒体职业道德规范意味着谈论新闻记者的各项职责。"[⑦] 依据新闻职业行为的实际构成或者展开过程，新闻职业道德责任可以分为三个不同的方面、层次。

（1）在职业行为过程中遵守职业道德规范，既要遵守普遍的新闻道德规范，也要遵守特定社会环境中新闻职业的道德规范，并且要处理好两种规范之间的关系。而在每一次具体的新闻报道中，则要努力实现真实、客观、公正、及时、公开、透明的报道，追求新闻报道对社会公众的有益性。

（2）在职业主体人格上追求职业美德，也就是通过新闻职业实践以及自身的不断经验总结和反思，努力使自己成为诚实、勇敢、智慧、正直的职业新闻人，成为有职业责任感的、负责任的职业新闻人。

（3）在职业活动目标上追求职业理想，那就是"忠于事实、揭露真相、监测环境、

① 拉福莱特．伦理学理论［M］．龚群，主译．北京：中国人民大学出版社，2008：145.
② 陆晓禾．国际企业、经济学和伦理学研究面临的五大挑战［J］．哲学动态，2005（4）：63-67.
③ 贝特朗．媒体职业道德规范与责任体系［M］．宋建新，译．北京：商务印书馆，2006：2.
④ 马克思恩格斯全集：第21卷［M］．北京：人民出版社，1965：333.
⑤ 龚群．社会伦理十讲［M］．北京：中国人民大学出版社，2008：144.
⑥ 康德．法的形而上学原理［M］．沈叔平，译．北京：商务印书馆，2005：29.
⑦ 同③.

守望社会、服务大众”。新闻传播媒体作为公共平台，新闻传播者作为大众的公仆、作为服务社会的守望者，承担着许多具体的社会责任事项。从原则上说，新闻传播具有的所有功能属性，能够实现的所有社会作用，都应该是新闻媒体及其从业者承担的责任。

（二）责任感与职业责任感

责任感是主体对自己所要承担的责任的一种总体价值态度，是职业品质得以实现的心理前提，因而可以看作从事一定活动的总体品质和总体心理能力。职业责任感是从业者对所从事的职业的一种总的认识和体悟，其中最为重要的是从业者对所从事的职业的社会意义与社会价值的认知，它是一个人自觉做好某项事业的前提条件之一。黑格尔说：“道德之所以是道德，全在于具有知道了自己履行义务这样一种责任。”① 马克斯·韦伯在其著名的讲演《以政治为业》中说，有资格把手放在历史舵轮上的人，必须具备三种决定性的素质：激情、责任感和恰如其分的判断力。当一个人对自己所从事的职业有了敬畏感、神圣感、自豪感，有了一种不怕困难、勇往直前、实现职业要求的稳定意愿，就标志着其职业感确立了，他才能始终如一地“敬业”。

责任感还是一种勇于担当行为后果的心理准备或自觉意识，或者说是指主体愿为自己的行为负责、愿为自己的行为后果负责的理性意识和情感态度。“每一个在道德上有价值的人，都要有所承担，没有任何承担、不负任何责任的东西，不是人而是物。”② 在道德哲学中，道德责任有两方面的基本含义：一是职责义务担当。这指向行为主体应当担当或履行的道德义务、职责，旨在揭示自由意志行为主体应当做些什么。二是行为后果担当。这指向自由意志行为主体对自身行为及其结果负责，旨在揭示自由意志行为主体应当以及在何种意义上对自己的行为及其结果负责。③

正因为职业道德是一种责任伦理，核心是职责的完成和实现，因此，职业新闻工作者最大的道德失误就是失职，“失职是媒体最严重的过失”④。而失职的心理前提就是失去了职业责任感。而敢于承担责任的态度、价值取向和行为，就是有责任感的表现。

责任感是看不见、摸不着的一种精神状态、主观态度，但它可以体现在工作过程之中，可以凝结在工作结果之中，可以表现在后果担当之中。拥有职业责任感，就是拥有职业使命感、职业荣誉感，就会把职业生命看成自己的生命，把职业荣誉当作自己的荣誉。

（三）职业责任感是实现职责的精神力量

职业责任感所产生的力量是一种观念的力量，是一种精神的动力，它只有落实到职业行为之中才能发挥实际的作用，放射出闪亮的光芒。

新闻媒体所承担的社会责任，是要通过从业者来承担的。从业者的使命、荣誉是在职业行为中实现的、铸就的。“新闻工作者的职业荣誉在于深刻地关注和记录社会上正在

① 黑格尔．精神现象学：下卷［M］．贺麟，王玖兴，译．北京：商务印书馆，1979：157.
② 康德．道德形而上学原理［M］．苗力田，译．上海：上海人民出版社，2002：代序7.
③ 高兆明．道德责任：规范维度与美德维度［J］．南京师大学报（社会科学版），2009（1）：5-10.
④ 贝特朗．媒体职业道德规范与责任体系［M］．宋建新，译．北京：商务印书馆，2006：69.

发生和形成的历史，正是基于这种关注和记录，新闻工作者的职业成果才能有效地融入影响社会发展进程的力量潮流中去。”①

新闻工作者承担着特殊的社会责任。“倘若一个国家是一条航行在大海上的船，新闻记者就是船头的瞭望者。他要在一望无际的海面上观察一切，审视海上的不测风云和浅滩暗礁，及时发出警告。”② “记者是新闻人，更是公共信息负责任的传播者，必须努力揭示事物的真相、坚定地维护人民的利益，勇敢地揭露利己主义者制造的种种假象，彻底尽到新闻工作者的社会责任。”③ 而在当前的中国语境中，职业新闻人要完成自身的使命，担当自己的责任，就得成为政治坚定的新闻工作者、引领时代的新闻工作者、业务精湛的新闻工作者和作风优良的新闻工作者。④

新闻职业是一种为社会提供公共服务的职业，“严格意义上的新闻记者乃是非官方的公仆，其宗旨是服务社会”⑤。因而，它呼唤记者道德上的崇高，呼唤记者道德上的大公无私。“没有道德责任感，任何职业都将失去它的社会价值：对于社会，它不能有效地实现职业职能、创造效益、组织社会结构、确定社会价值；对于组织，它不能形成良好的组织文化氛围，促进其生存和发展；对于个人，它不能实现长期谋生，进行个人技能的积累，为社会贡献出价值。”⑥

职业新闻工作者只有在把所做的事务当成自己的责任、职责、义务，只有愿意为自己的行为负责，才能说树立了比较完整的责任意识，也才会尽心尽力，自觉地按照职责所要求的精神和规范完成职责指向的工作领域。“只有当一个人在责任面前觉得不是‘要我干’，而是觉得‘我要干’，才能成为一个有责任感的人，才能使得人们逐渐将外在客观要求内化、升华为自我的真正需要。”⑦

三、新闻道德主体的塑造

道德是深入主体灵魂的事情，如果在主体内心没有对道德生活的动力，没有对道德行为的自觉，道德规则其实从根本上说也是靠不住的东西。规范要有，能够按照规范办事的内在品质更应该有，而且是更为根本的东西。怎样把没有或者缺乏道德品质的人培养塑造成有道德品质的人，这才是道德教化的核心任务，也是更为重要的目标。

（一）塑造新闻道德主体的机制

塑造新闻道德主体的机制，也就是新闻道德主体形成的方式。如果分开说，塑造新闻道德主体的机制有两条：一是他律方式，二是自律方式。如果统一起来说，就是他律与自律的统一。

---

① 喻国明．解析传媒变局：来自中国传媒业第一现场的报告［M］．广州：南方日报出版社，2002：61.
② 刘建明．新闻学前沿：新闻学关注的11个焦点［M］．北京：清华大学出版社，2005：244.
③ 同②.
④ 本书编写组．习近平新闻思想讲义：2018年版［M］．北京：人民出版社，2018：177-178.
⑤ 高钢．新闻写作精要［M］．北京：首都经济贸易大学出版社，2005：8.
⑥ 郭金鸿．道德责任论［M］．北京：人民出版社，2008：275-276.
⑦ 同⑥63.

新闻道德，不管是规范还是观念，对于任何新闻活动主体来说，先是先验的、外在的客观存在，然后才是经验的、内在的主观精神、心理和品质。塑造新闻道德主体的过程必然是他律机制逻辑在先的作用过程。每个人都是首先生活在一定的文化环境中，接受文化环境的濡染和洗礼，然后才有可能去改造环境、创造环境。优良的灵魂不是天生的，而是后天塑造的。

他律过程，就是通过具有一定强制性、约束性的途径和方法，让主体学习、理解、认可、接受、信奉、实践新闻道德、新闻活动规范的过程，让本来外在于主体的新闻道德、新闻活动规范内化于主体的过程。这主要是一个类似“灌输”的过程，一个由外而内的作用过程。

个体的职业道德品性并不是纯粹职业化的产物，而是整个社会化过程的积淀结果。职业道德的成形过程乃是社会道德职业道德化的过程。正是在这样的过程中，融入了不同职业特有的道德诉求和道德价值。因此，职业道德的他律塑造并不是单纯的职业化塑造，首先的、更多的、基本的塑造方式是个体的普遍社会化、道德化。

新闻道德主体的塑造、成长过程同样也是一个主体自律的过程。自律过程，就是充分发挥主体的主观能动性，运用新闻道德理念、新闻活动规范进行自我限制、自我约束的过程。“道德的基础是人类精神的自律”①。“自律的基本原理是‘主动遵守’”②，是主体主动学习、理解、认可、接受、信奉、实践新闻道德和新闻活动规范的过程。这主要是一个由内而外的作用过程。

同样，职业新闻道德主体的自我成长首先也是一个社会化成长的过程，是一个主动学习、理解、认可、接受、信奉、实践普遍社会道德的过程；人正是在社会化过程中培养了自律的意识、懂得了自律的必要。自律是在社会化过程中学会的。自愿从事一种职业，就等于做出一种自律的承诺：自愿按照职业规范约束自己的职业行为。自律最终使道德规范转化成自身的心理品质、道德品性。

他律过程与自律过程其实是难以分开的同一过程。他律与自律的共同作用正是塑造新闻道德主体的基本机制，也是基本的途径和方法。

在他律与自律之间，自律不是自然而然的产物，自律是社会化的结果。自律是在他律的过程中逐步形成的。人生存在他律的环境中，这是不可超越的，“他律才是自律的真正源头”③。因此，失去他律的自律是软弱的。“人们永远不能放弃通过他律途径来实现新闻自律。长期迫使下的自律，也会通过习惯成自然的力量，使他律下的自律者变成自律下的自律者。”④ 在他律的约束下，主体逐步锻造出优秀的品质和品格，形成成就事业和美化人生的美德。这时，自律会变成一种神奇的力量，引导主体进入自主的境界。“只有处于美德自律的境界，道德才能真正被遵守，从而得到实现。”⑤

自律的最高境界是“无律”，而不是“有律”。一个人在无律状态中、无律意识下做

---

① 马克思恩格斯全集：第1卷［M］. 北京：人民出版社，1956：15.

② 布拉迪，布坎南 . 自由与责任：通过媒介自律来保护新闻自由［M］//陈力丹 . 自由与责任：国际社会新闻自律研究 . 开封：河南大学出版社，2006：10.

③ 杨保军 . 新闻道德论［M］. 北京：中国人民大学出版社，2010：238.

④ 同③.

⑤ 王海明 . 新伦理学［M］. 北京：商务印书馆，2001：619－620.

好事，做应该做的事，不做不应该做的事，才是处于真正的自由状态。当一个职业人在无律状态下做着符合职业目的的事，他就是一个具有良好职业精神的人。无律境界是值得追求的境界，是处于道德自由的境界。

（二）塑造新闻道德主体的主要途径

塑造新闻道德主体的机制要通过具体的途径和方法来实现。历史和现实为人们提供的主要是两条路径：教育途径和实践体验。这两条路径存在于社会环境之中，因此，任何人都离不开环境的濡染。

1. 塑造新闻道德主体的教育途径

一个人能否拥有新闻道德，依赖于教育、依赖于培养、依赖于实践、依赖于新闻活动的环境。但在这一系列“依赖”中，排在首位的往往是教育和培养。

第一，学院式的专业化教育。一般说来，学院式新闻专业教育的目标原则上可以分为三个方面：一是培养学生系统学习和把握新闻专业知识和专业技能，二是培养学生的综合素质，三是培养学生将来从事新闻工作必须拥有的基本价值理念、职业伦理和职业道德。只有培养出各个方面都比较优良的学生，才算比较好地实现了新闻专业教育的目的。在实际教学中，这三个方面是融合在一起的，但教育培养学生形成正确合理的新闻职业理念、新闻专业精神、职业责任感，乃是新闻专业教育的根本和灵魂。

第二，职业新闻人的楷模教育。“人类最主要的特征之一，就是我们具有模仿的能力。我们行为和动作的很大一部分都‘抄’自其他人。所以我们是可教育的。”人们常说，榜样的力量是无穷的。“道德样品所行使的道德功能，并不逊色于冗长的说教和浩繁的经典。”① 通过优秀的职业新闻工作者的楷模作用去培养新的新闻道德主体，是一种重要的途径。每个行业都有追溯和推崇先贤英雄的传统②，都会把自己的模范、英雄抬举出来教育后来者，让后来者学习效仿，继承传播、发扬光大他们的精神。

第三，新闻行业（或者新闻媒体）提供的培训式教育。如何使已经进入新闻行业的从业人员内化新闻道德，遵守新闻职业道德规范，行业内部的教育培训是一个重要的途径，有人甚至认为，加强媒介自身职业规范教育，是解决传媒职业规范缺失的根本所在。③

第四，活到老学到老式的自我终身教育。任何一种职业所需的专业教育都不可能是一次性的、一劳永逸性的，而是一个需要通过多种方式进行持续不断的专业教育的过程。活到老学到老式的自我终身教育是一种非常现实的要求。

一种精神的形成、一种品德的塑造不可能一蹴而就，对于一个群体如此，对于一个人也是如此。一种精神的形成、一种品德的塑造可以在相关的实践活动中自发地进行，但更需要自觉的培养和磨炼。特别是在一种精神、一种道德价值观念已经成形的情况下，在人们普遍已经知道一种精神、一种道德价值观念的基本内容和精神实质的情境下，通

---

① 程炼．伦理学导论［M］．北京：北京大学出版社，2008：44.

② 陆晔，潘忠党．成名的想象：中国社会转型过程中新闻从业者的专业主义话语建构［J］．新闻学研究，2002（4）：17-59.

③ 陈力丹．中国新闻传播学解析［M］．上海：复旦大学出版社，2006：49.

过各种途径、方式进行有意培养和塑造，就显得更加重要。

2. 塑造新闻道德主体的实践途径

新闻品德内在于主体，体现在新闻实践中；新闻品德主要是在新闻实践中形成的，是在新闻实践中内化成主体品质的。离开新闻实践的新闻品质是难以生成的，品质的本性是实践的。

新闻道德品质的真正形成需要长期的实践磨炼。爱意是在情感的交流过程中形成的，责任感是在承担责任的过程中形成的，美德是在不断实践美德的过程中形成的。"如果一个人，他遵守道德，遵守到一定程度，不是一次、两次地遵守道德，而是长期、恒久地遵守道德，那么，道德就会由外在的社会规范，转化为他的内在品质，从而变成了他的美德。"①

新闻道德也像其他道德一样，有着强烈的实践性特征。只有经过实践的长期锻打和磨炼，才能形成坚定不移的新闻道德品质。理论学习可以建构理想，但能使理想变成现实的只有实践。因此，新闻实践对于新闻道德的塑造具有更根本的意义。

通过合乎德性的活动，一个人才能真正成长为具有德性的人。职业品质、品性或者德性只有经过职业实践的磨炼，通过亲身的体验、心灵的触动与感受，方可转化成为主体的属性，进而在新的实践活动中自然发挥功能作用。只有积极实践某种精神、规范，才能真正理解某种精神、规范的实质内涵，感受某种精神、规范的实际要求，才能体验贯彻某种精神、规范的艰难。

同时，我们也需要注意，缺乏德性或者直接说缺德也是在一次次缺德行为中形成的。做惯缺德事情的人，同样会形成缺德的习惯，成为一个缺德的人。职业新闻人如果长期在新闻传播活动中不认真践行职业道德规范，最终就会成为一个无新闻职业德性、品德的人。因此，新闻界需要长期不断地进行道德批评、道德监督，割断"缺德习惯"的链条。

3. 内外环境的濡染

环境对于任何人、任何职业来说，都是生存、生活的氛围，都是工作的氛围。因而，环境的质量如何，对于一个职业人的品质形成、精神塑造有着必然的影响。尽管人可以改造环境，但事实上，总是一定的环境先影响人和改造人，这是一种现实的、基本的客观逻辑。

就个体新闻工作者新闻道德的养成与塑造来说，其主要受到两种环境的影响：一是新闻传播的内环境，二是新闻传播的外环境。② 内环境是指由个媒体环境与媒体环境构成的新闻传播环境；外环境是指由社会环境构成的新闻传播环境。

新闻传播的内环境由于在精神上、利益上与新闻从业者的天然接近性甚或一体化，因此对新闻工作者新闻道德的塑造影响更为直接也可能更大一些。有什么样的整体的新闻传播内环境，就有什么样的整体的新闻从业者，就有什么样的新闻道德的整体面貌。

影响新闻道德形成的外环境因素很多，如政治、经济、文化、技术或者社会、家庭

---

① 王海明．伦理学与人生［M］．上海：复旦大学出版社，2009：324．

② 关于新闻传播环境问题，可参见第十二章。

等等，而且对于每一个具体的个体来说，到底哪种因素影响更大，不能一概而论。一般来说，一定社会的政治制度、经济制度决定着新闻道德的整体追求目标。在这一整体条件下，社会环境特别是社会整体的道德环境对新闻道德的影响比较大。道德进步，包括任何一种职业道德水平的提升，依赖的不只是道德主体内部、职业内部的力量，也依赖于整个社会所营造的道德环境。“在一个社会中，如果讲道德的人总是‘吃亏’，尽责总是被误解，德性和幸福总是相背离，最终必然会使社会公德丧失殆尽。”① 而一个不道德的社会很难营造出一个道德的行业、道德的职业。社会道德和职业道德之间是互动的，而不是分离的。职业道德水平的提高其实是所有社会成员共同的责任，不管你身处哪个领域，从事哪种工作。把职业道德单一地归结到相应的职业工作者身上是不可靠的。良好的社会道德环境、精神环境，一定是形成良好新闻道德、新闻道德品质的重要条件。

第四节　新闻道德评价

新闻道德评价，就是道德评价主体运用道德评价标准，评判新闻活动者新闻行为道德价值的性质和道德价值的大小，并在这种评价判断中说明新闻行为和行为者的新闻道德性质及其新闻道德水平的高低、新闻品性的有无。简单点说，道德评价既评价行为主体的行为，又评价行为主体的品质。

一、新闻道德评价主体

在宽泛的意义上说，任何主体都可以对某种行为的道德性进行评价。

当新闻活动者对自己的新闻行为、新闻品性进行道德评价时，评价主体表现为“自我评价主体”；当新闻活动者以外的主体对其进行评价时，评价主体表现为“他者评价主体”。如果以新闻职业主体为参照，可以把新闻道德评价主体分为“职业评价主体”和“非职业评价主体”。在非职业评价主体内部，主要由“官方评价主体”与“社会评价主体”或者“民间评价主体”构成。如果以主体的存在层次为参照，可以把新闻道德评价主体分为“个人评价主体”“组织或群体评价主体”和“社会评价主体”。

在新闻道德评价中，不同评价主体间使用的道德评价标准是有差异的。这是不同评价主体之间最大的、实质性的差异所在。不同主体间使用的评价方法也有所不同。一般说来，民间评价主体的主导性评价方式是自发的、分散的、无组织的，通常表现为个体评价行为。但离散式的、自发的民间评价方式方法，有时可以在一定的时空范围内形成集合效应或规模效应，构成巨大的舆论评价力量，对相关主体（职业个体或媒体组织）形成不可低估（正面或者负面）的作用和影响。民间道德评价的另一种典型形式是可以称为“学术式”或“实证式”的道德评价方式，它主要通过一些科学实证的调查研究方法，对职业群体的职业行为做出一定范围（包括时间范围和空间范围）内的道德评价。

① 郭金鸿．道德责任论［M］．北京：人民出版社，2008：207.

在新闻道德评价中，不同评价主体的评价对被评价者的实际影响大小是不一样的。从一般的理论逻辑上说，由于新闻媒体的道德目标和道德理想是维护社会公众的利益，因此，社会大众的道德评价自然是根本性的评价、终极性的评价。

二、新闻道德评价客体

新闻道德评价客体就是新闻道德评价的对象。从原则上说，只要是关涉道德性的新闻活动行为，就都应该成为评价的对象，但职业新闻行为是新闻道德评价的核心对象。评价主体能够通过对行为主体的行为评价达到对行为主体的内在品质评价。

能够作为道德评价对象的行为应该是关涉伦理道德的行为，这样的行为有三方面的基础条件：一是行为属于行为者，直接表现在行为者的身上或活动中；二是行为是行为者自主的，出于行为者的自愿或意志；三是行为关涉自己与他人或他物的利益问题。“伦理行为最根本的特点，是具有利害意识，它是在利害己他（它）意识支配下的那样一种人的实际行为，说到底，就是受利己、害己、利他（它）和害他（它）意识支配的行为。”①

在职业范围内，新闻活动主体由两个层面的主体构成：一是传媒组织主体，二是职业新闻个体。与此相应，作为道德评价对象的新闻行为也可以分为两类——媒体行为和个人行为，而作为道德评价对象的新闻品质也可以分为两类——媒介品质与个人品质。在新兴媒介环境中，非职业新闻主体的新闻行为也会成为新闻道德评价的重要对象，而且可以说是更为复杂的对象。

在组织主体层面，可以把被评价的新闻活动主体进一步分为两个层次：一是作为一个行业——新闻业——的主体（行业主体），二是构成整体行业的具体的新闻媒介组织。这就是说，新闻道德评价主体既可以对作为一个行业的新闻业的道德性做出评价，同时也可以对构成整体新闻业的具体媒介组织的道德性做出评价。

在个体层面上，职业新闻工作者的新闻行为及其品性构成了新闻道德评价的直接对象。在实际的新闻道德评价活动中，职业新闻工作者个体的新闻行为及其职业道德品质始终是评价的主要对象。

三、新闻道德评价标准

新闻道德评价标准，就是用来衡量评判新闻行为道德性，评价新闻主体、新闻道德品性的尺度。新闻道德评价的核心就是找到评价标准，找到正确合理的评价标准；找到评价标准也就从根本上找到了评价的方式方法。

（一）新闻道德评价标准的层次

新闻道德评价的直接标准就是新闻道德规范，“隐藏”其后的是支撑新闻道德规范的

① 王海明．伦理学与人生［M］．上海：复旦大学出版社，2009：82.

新闻道德（价值）观念、新闻道德根据。人们对新闻道德根据有什么样的解说和认定，就意味着人们持有什么样的新闻道德评价标准，而直接的新闻道德评价标准最终表现为新闻道德规范。因此，新闻道德规范的构成方式就是新闻道德评价标准的构成方式。

新闻道德评价标准由两个层次有机构成：一是比较抽象的道德原则；二是具体的、可操作的道德规定。在评价活动中，普遍层次的标准更多评价的是行为主体的新闻道德品性，具体层次的标准更多评价的是行为主体的新闻行为。前者是比较抽象的、总体性的，也是一般性的、概括性的评价，后者是具体的，直接可理解、可把握的道德评价。因此，只有把两个层次统一起来，才能实现比较全面的道德评价，也才是对道德规范作为评价标准的全面运用。

（二）行为标准与品质标准

新闻道德评价的对象可以分为相互联系的两个方面：一是主体的新闻行为，二是主体的新闻道德品质。行为是否道德，可以通过道德规范直接衡量，合乎规范的就是道德的，反之，就是不道德的；品质是否优良，可以通过道德品质标准进行衡量，合乎品质标准的就是优良的，反之，就是不良的。因此，从行为与品质角度看，评价的标准可分为“规范性标准”和“品质性标准”。

在主体行为与主体品质之间，人们通常是通过对主体行为的道德评价进而评价一个人的道德品质的，因为主体的常态品质如何，原则上只能通过行为过程、行为结果来表现。因此，比起对一个人品性的评价来，对行为的道德评价具有逻辑上的优先性。但是，也应该注意到，一个道德品质优良的人有可能做出错误的事情，一个动机良好的人有可能做出结果并不好的事情。这时就难以通过对某一具体行为的评价来推及对一个人整体道德品质的评价。也就是说，对行为的评价和对品性（表现为动机）的评价有可能出现对立的结论。如何理解这里的矛盾，可以把对动机的评价和对行为的评价分开，这样就不会出现以偏概全的评价结论。实际上，对行为的道德评价本来就应该是具体的，包括对具体行为的动机评价也应该是具体的。在出现矛盾的评价结论时，动机的优良与否往往有着更大的分量，即动机优良、行为结果不良的行为主体总体上更易于被评判为是道德的。但是再进一步，在一般意义上说，如果一个所谓品质优良的人总做错事，这就很难说其品质优良了。人们对品质优良的人的期望是做正确的事，而不是做错误的事。一个人的道德品质是否优良，从长远的、整体的意义上看，尽管不能从一两次偶然的行为评价中必然得出，但在最终意义上只能通过对其惯常的行为评价来认定。

四、新闻道德评价的功能

新闻道德评价不仅能使职业新闻工作者不断提升对正当新闻行为的认识水平，也能促进社会大众对新闻传播的监督，不断提高媒介素养。新闻道德评价有其特殊的价值：通过评价可以传播良性的新闻传播行为，宣传良好的新闻职业道德规范，赞扬新闻职业美德，从而以社会舆论的形式促进新闻职业道德的建设，推进新闻职业行为的良性发展。

（一）道德自省的基本路径

通过新闻道德评价活动，不同的新闻活动主体以及其他社会主体才能比较清楚而准确地认知新闻道德的实际情况。新闻职业主体只有通过对现实新闻道德状况的评价和反思，才能真正历史地、具体地知道和懂得自己需要和应该遵循怎样的新闻道德，追求怎样的新闻道德精神。

通过各种形式、各种层次的新闻道德评价活动，才能发现整个新闻行业、新闻职业和具体新闻行为中存在的各种道德问题。没有道德评价就等于没有道德自省；不愿意进行道德评价，就等于不愿意道德自省。道德评价活动为行为主体提供了发现道德不足的机会和方法，也就等于为行为主体提供了道德改善与提高的路径和可能。道德评价实质上也是一个道德辩论的过程，既能在一定程度上说明道德行为为什么是道德的，也能在一定程度上证明不道德行为为什么是不道德的。因而，通过新闻道德评价活动，可以使新闻活动主体澄清道德上的模糊认识，准确把握新闻道德规范的要求。

（二）规范生成与完善的重要方法

道德评价活动不仅是道德自省的过程，也是不同道德意见、道德观念、道德情感、道德意志对话、协商、辩论的过程。正当的、合理的新闻行为应该是什么样的，可以通过广泛的道德评价活动达成基本一致的意见。这种意见正是制定建构新规范、改进完善旧规范的重要认识论依据和心理依据。可以说，新闻道德评价活动是规范生成建构、改进完善的重要动力之一。道德评价是发现、认定不规范或者失范行为的基本方法，因此道德评价活动在道德规范的建构与改善过程中有着特别的意义和价值。

道德规范不过是道德观念的形式化、条文化表达，因此道德观念是道德规范形成的逻辑前提。新闻道德观念的生成本源于新闻实践，本源于人们对新闻行为性质、功能、作用和影响等的认识和反思，本源于人们对自身新闻需要、所处实际社会环境的认识和把握。一种新的媒介传播、新的新闻现象、新的新闻行为的出现必然会引发人们的关注，引发人们的认知和评价，从而生成某些新的认识观念、价值观念、道德观念。这些都是道德规范生成和改善的观念基础。新闻实践的不断展开，新闻认识、新闻道德评价的不断展开，都在持续地为新闻道德观念的生成和变革创造条件，为新闻道德规范的生成提供前提。

道德评价活动对既有规范的修正和改善有着特别的意义和价值。标准只能在运用过程中体现自身的价值，也只能在运用的过程中改善自身。在道德评价活动中，评价主体不仅是用评价标准评价检验对象，同时也是在验证所用评价标准的准确性和合理性。尺度的好坏只能在使用的过程中证实，尺度的问题也只能在使用的过程中发现。评价标准的优良化只能通过评价活动和对评价活动的反思不断实现。新闻道德评价事实上既为行为主体提供了道德提升的机会，也为道德规范的改善创造了可能。

（三）价值取向的稳固与引导

道德评价总是要形成一定的道德结论，诸如：什么样的行为是正当的，什么样的行为是错误的，什么样的行为是必需的、被允许的，什么样的行为是应该禁止的；什么样的行为动机是善良的，什么样的行为动机是恶意的、不良的，什么样的行为动机是无所谓好坏的；什么样的行为结果是善的、好的，什么样的行为结果是恶的、坏的，什么样的行为结果是无所谓好坏的。而针对行为主体的品质，则会得出什么样的品质是高尚的、是美德，什么样的品质是卑鄙的、是恶德等。如此等等的道德价值评价结论，是典型的价值取向说明和表达，是典型的道德价值引导。

道德评价活动是一种道德引导的方式。这种引导一方面维护和稳固了评价标准本身包含的价值取向，另一方面则形成了一种道德引导效用，等于为后继的行为指明了努力的道德方向。

引导同时意味着扬弃和批判。扬弃和批判不过是道德引导的另一种表现形式而已。引导的前提是对对错的区分、善恶好坏的区分、合理与不合理的区分、正当与不正当的区分。因而，新闻道德评价总是在用一定标准肯定一些价值取向的同时否定另一些价值取向，在褒扬一些价值观念的同时批判另一些价值观念。

需要特别注意的是，行为的道德价值与对行为道德价值的评价并不是一回事。行为的道德价值是客观的，评价的直接形式是主观的。主观评价要符合客观价值，其实是一个相当艰难的事情。行为的道德价值常常是通过评价得以发现的，当然评价本身也可能遮蔽行为的道德价值。因此，道德评价活动并不总是能够起到正确引导人们观念行为的作用，同样也可能误导人们的观念和行为。也就是说，有些道德评价可能维护的是正确的价值取向，把人们导向正确的价值方向，而有些道德评价则可能维护的是错误的价值取向，把人们导向错误的价值方向。

（四）“监督新闻”的功能

新闻道德评价有利于形成有效的“监督新闻”的社会环境和氛围，从而以整体的社会力量促进整个新闻业、新闻职业的健康发展；与此同时，也能提高作为核心新闻道德评价主体的社会大众的媒介素养、新闻素养，在后新闻业时代开启之后，这对民众新闻传播者更是有着特别的引导意义与价值。

新闻媒体可以监督政府（政党）、监督社会。然而，新闻主体自身的新闻行为并不是天然正确的、正当的，职业新闻主体也会滥用新闻自由，滥用新闻权利和手段，不守新闻道德规范，并且新闻主体对此还常常缺乏自知之明，不能自我修正错误。这就是说，职业新闻主体的新闻行为也需要受到新闻业之外力量的监督，需要受到新闻主体自身之外的其他主体的监督。新闻学界简明地把这种“监督”和“被监督”的关系概括为“新闻监督”与“监督新闻”。那么，怎样监督新闻呢？最有效的方法之一就是新闻道德评价，也就是说，新闻道德评价活动具有“监督新闻”的功能。

道德监督是“监督新闻”的一种方式，它主要是由社会公众和作为新闻控制主体的党和政府主体实行的。首先，职业新闻行为本质上应该是公开的、透明的，公开的、透明的行为从原则上说就是可见的、可监督的。一旦一些新闻行为遮遮掩掩，不敢或不愿公开、透明，其中就可能存在比较严重的道德问题。其次，新闻道德评价是对新闻主体新闻行为道德性、道德价值的评判，是对新闻行为主体新闻品德的评判，因而它能够明确告诉行为主体和整个社会什么是正确的、什么是错误的，什么是应该的、什么是不应该的，从而形成社会舆论，对行为主体形成舆论压力，迫使其修正错误，起到实际的监督作用。最后，社会公众是最为重要的、最广泛的新闻媒介接触者、使用者，因而他们是天然的最重要、最主要的新闻道德评价者，也即监督新闻者。当今时代，政治民主化，经济自主化，社会信息化、媒介化、网络化是其典型特征，因而社会公众具有充分的信息灵通性、自主性，具有比较充分的理性、批判意识和批判精神，公众之间通过各种媒介有着广泛的联系，所有这些特征决定了他们能够对新闻领域中的各种行为进行监督、展开道德批评。

在我国，新闻媒体的耳目喉舌性质、新闻工作人员兼有的重要的“宣传员”身份等，决定了党和政府作为新闻控制核心主体所做出的新闻道德评价对媒体和新闻人的新闻行为有着重要的影响，对其职业行为选择有着特殊的作用。控制主体站在高位的道德评价，是一种特别的监督指导活动，有着强烈的政治色彩、意识形态意味，并不是单纯的新闻道德评价，而是政治道德评价。但不管是怎样的道德评价，实际上都形成了“监督新闻”的特别方式。

复习指点

关键概念

道德　新闻道德　新闻道德根据　新闻道德观念　新闻道德规范　新闻道德评价标准

思考题目

1. 新闻道德的本质与特征
2. 新闻道德根据的构成
3. 新闻道德规范制定原则与程序
4. 新闻道德评价标准与方法
5. 新闻道德品质的构成

必读文献

桑德斯．道德与新闻［M］．洪伟，高蕊，钟文倩，译．上海：复旦大学出版社，2007.

甘绍平．人权伦理学［M］．北京：中国发展出版社，2009.

杨保军．新闻道德论［M］．北京：中国人民大学出版社，2010.

杨保军，杜辉．智能新闻：伦理风险·伦理主体·伦理原则［J］．西北师大学报（社会科学版），2019（1）.

王金礼．新闻德性论：原则框架［M］．北京：北京大学出版社，2017.

选读文献

杨保军．新闻精神论［M］．北京：中国人民大学出版社，2007.

季为民．数字媒体新闻伦理研究的新观点、新问题和新趋向［J］．现代传播，2020（4）．

王海明．新伦理学［M］．北京：商务印书馆，2001．

赵汀阳．论可能生活：一种关于幸福和公正的理论：修订版［M］．北京：中国人民大学出版社，2004．

林爱珺，张博．规范建构与学科建设：新中国新闻伦理研究70年（1949—2019）［J］．新闻与传播研究，2019（11）．

第十二章

新闻传播环境

提　要

新闻传播环境就是存在于新闻传播活动周围的诸多条件的总和。个媒体环境、媒体环境和社会环境构成了统一的新闻传播环境；个媒体环境和媒体环境一起构成新闻传播的内环境，社会大环境和一定的国际环境构成了新闻传播的外环境。新闻传播环境具有自身的特征：存在形态的有形与无形、边界形式的封闭与开放、表现样式的独立与融合、生存方式的稳定与变化。新闻传播环境对新闻传播有着重要的或直接或间接的作用和影响，环境既可能对新闻传播发挥正面效应，也可能对新闻传播产生负面效应。

环境概念实质上是个关系性概念，它描述的是中心事物与周围事物之间的一种关系。如果中心事物是某种活动的主体，那么围绕它的事物便构成了它活动的环境。“传播环境，是指存在于传播活动周围的特有的情况和条件的总和。”① 新闻传播环境就是存在于新闻传播活动周围的诸多条件的总和。② 本章我们主要针对职业新闻机构的新闻传播展开讨论，那么，存在于具体的新闻传播周围的条件或环境到底有哪些呢？一是个媒体（指单一媒体）环境，二是由全部新闻媒体构成的全媒体环境（即媒体或媒介环境），三是社会系统大环境，包括国际社会环境。个媒体环境与媒体环境属于新闻传播内环境，社会环境属于新闻传播的外环境。③ 本章主要讨论新闻传播内外环境的构成情况，内外环境作为统一性新闻传收环境的特征，以及内外环境对新闻传播的基本影响方式及效用结果。

---

① 邵培仁．传播学［M］．北京：高等教育出版社，2000：236.

② “新闻传播环境”与“新闻环境”是两个不同的概念。新闻传播环境是指新闻传播所在的环境。“新闻环境”本身是一个多义概念，一是指由新闻构成的环境，二是指新闻活动的环境，主要指新闻活动的社会环境、自然环境。作为环境的新闻，是指由日日常新的各种类型的新闻文本构成的动态环境，可以简称为“新闻环境”。这样的环境直接表现为新闻符号环境、新闻信息环境以及由它们所蕴含的意义构成的意义环境。

③ 本章所讨论的环境，是指新闻传收活动所在的环境，不是纯粹的“媒介环境学”意义上的“媒介环境”。媒介环境学意义上的环境，核心是指由媒介及其传播本身塑造出来的环境，它构成了社会环境的一部分，构成了人们生存发展环境的一部分。正如有人描述的，在媒介环境学的视野中，“我们是鱼，生活在媒介的环境中”。关于媒介环境学，可参见李明伟．知媒者生存：媒介环境学纵论［M］．北京：北京大学出版社，2010。

第一节 新闻传播的内外环境

人们通常在两种意义上理解新闻传播环境：一是指整个新闻传播业的环境，此时环境的实际指称对象是社会环境，也就是除新闻业以外的其他社会子系统所共同营造的社会氛围；二是针对新闻传播活动而言的环境，实际指称的对象既包括由新闻媒体相互作用构成的媒介内环境，也包括围绕新闻传播业的社会大环境（即外环境）。对于具体的新闻传播来说，它的传播环境则是由多个环境圈建构的一种圈层结构，即如果把“新闻传播”当作对象物，不同的具体环境在它周围形成可以用同心圆描绘的圈层结构图。最靠近新闻传播的是个媒体环境，中间是由媒体相互作用构筑的媒体环境，最外层则是社会环境，前两个圈层构成了新闻传播的内环境，第三个圈层构成了新闻传播的外环境。

一、新闻传播的内环境

尽管在新兴媒介背景下，一些人认为传媒业包括新闻业的边界正在被打破①，但就目前实际情况来看，新闻业仍然是一个相对独立的社会子系统，拥有自己的边界。在这个系统中，有大量的媒介组织或媒体，有些不断发展繁荣，有些逐渐衰败消亡，有时和平相处，有时龙争虎斗，它们以各种方式日日不息地相互作用，共同营造着新闻业的内部环境。这种内部环境也就是所有媒体新闻传播活动赖以进行的内环境。新闻传播的环境与新闻业内环境并不是两个不同的环境。对于具体的新闻传播来说，最贴近的传播环境是一定的媒体内环境，简称为个媒体环境，然后才是由所有媒体相互作用形成的媒体内环境，简称为媒体环境。可以把个媒体环境看作整个媒体环境的一部分，但为了使讨论比较具体，我们还是加以区分对待。

（一）个媒体环境

从职业新闻角度看，新闻传播活动总是首先产生于具体的新闻媒体之中，因此能对新闻传播形成最直接影响的乃是具体的媒体环境。如果把一个具体的媒体机构或组织看作一个相对独立的系统，由其内部各个要素相互作用产生的整体氛围就是个媒体（内）环境。

新闻媒体不管大小如何、媒介形态如何，其内部结构基本相同或相似，因而在内部环境构成形式上没有大的差别，但在环境内容、质量上会有所不同，甚至有很大的差异，从而使不同的新闻媒体显示出不同的面貌，表现出不同的媒介风格和社会影响力。

我们可以从不同角度出发，利用不同的划分标准，反映个媒体的内部环境构成情况。此处，主要从“硬环境”和“软环境”的视角来描述个媒体环境的构成。“所谓硬环境，是指由传播活动所需要的那些物质条件、有形条件之和构筑而成的环境。所谓软环境，

① 彭兰．无边界时代的专业性重塑［J］．现代传播，2018（5）：1-8.

是指由传播活动所需要的那些非物质条件、无形条件之和构筑而成的环境。”[①] 硬环境和软环境都是由一系列的环境要素及其相互关系构成的。硬环境要素一般包括媒体所处的地理环境、区域位置、办公硬件设施、物理工作场所、实际收入、福利待遇等；软环境要素一般包括媒体自身的管理水平、上下左右的信息沟通与和谐程度、整体的工作态度与精神面貌等。硬环境可见可触，软环境可感可觉，它们在有形与无形之间共同构成个媒体的新闻传播环境。

对于个媒体来说，它的硬环境与软环境有可能是统一的，也有可能是不统一的，即硬环境质量与软环境质量之间既可能两全其美，也可能优劣不一、处于不和谐的状态。人们有时会看到，有的媒体的硬件设施、办公条件、区域环境并不是很好，但它的职工精神面貌良好，团队意识强烈，上下关系平等和谐，工作井然有序，作风朴素扎实，整个媒体有一种朝气蓬勃、积极向上的气氛，可以说有一种充满希望、催人奋进的高质量的媒体文化。相反，人们也会看到，有的媒体硬件设施一流、办公环境优美、区域环境得天独厚，但它的职工精神面貌懒散，团队意识淡薄，上下关系紧张冷淡，工作作风敷衍了事，整个媒体给人一种金玉其外、败絮其中的感觉。不少媒体在由盛而衰、江河日下之时，其软硬环境会表现出如此巨大的差异。在常态情况下，硬环境与软环境的质量是统一的，硬环境留身，软环境留心。因此，任何一家新闻媒体要想获得高质量的新闻传播，必须塑造高质量的软硬件统一的传播环境。

（二）媒体环境

作为内环境的媒体环境，就是媒体间相互作用形成的环境，即由新闻媒体之间的竞争与合作所形成的一种结构体系。讨论媒体环境，实质上是以生态学的观点和方法对新闻传播业做出的一种新的审视，它的用意和价值在于促使人们以整体的、联系的、可持续发展的观念思考个媒体各要素之间，特别是不同媒体之间以及整个新闻业与社会系统之间的关系问题，它可以在一定程度上纠正或弥补我们以往注重媒体实体、忽视媒体关系，注重传播本身、忽视环境影响的研究缺陷与不足，目的在于使媒体和整个新闻业获得良性发展的思路，使新闻业与社会系统处于一种互相促进、共同发展的和谐运行状态之中。

媒体之间相互作用所营造的媒体环境对整体的新闻传播理念、规范、习惯、方式、风格、潮流等有着重要的影响，所有的新闻传播行为都要依赖媒体环境的状况而进行，超越媒体环境的新闻传播是不存在的，区别只在于有些新闻传播是适应媒体环境的，有些则可能是不适应媒体环境的。那么，媒体环境到底是如何构筑的？

首先，媒体环境的主体是所有的新闻媒体（有人形象地称之为“媒介生物”）。在新兴媒介环境中，媒介环境的主体是所有的新闻生产传播主体，应该包括专业新闻媒体、平台媒体、机构媒体、自媒体等。“在媒介生态中，媒体是运行的主体，离开了媒体，离开了媒体的行为，就谈不上媒体生态。”[②] 就当前新闻业的实际情况而言，媒体环境主体

---

① 邵培仁．传播学［M］．北京：高等教育出版社，2000：238.
② 许永．媒体内生态中的个体与群体行为［J］．当代传播，2003（1）：22－24.

主要有报社、广播电台、电视台、新闻杂志社以及各种新兴新闻媒体机构等。通讯社作为专门搜集和发布新闻的通信机构，也是非常重要的媒体环境主体。伴随新闻生产传播主体的多元化，应该说媒体环境会变得越来越复杂。学界已经用“新闻生态”来描述多元新闻生产主体之间的结构关系。①

其次，媒体环境是由媒体之间的相互作用构筑的。多元新闻传播主体之间的相互作用形成了大致可以分为两个圈层的媒体环境结构：第一，由媒介形态相同的媒体相互作用构筑的媒体环境圈层。比如，由所有生产报纸的报社之间相互作用构筑而成的报纸媒体环境，由所有广播媒体相互作用构筑而成的广播媒体环境，等等。第二，由所有新闻媒体或者说由不同媒介形态类别的媒体之间相互作用构筑的媒体环境圈层。对媒体环境做这样的圈层划分，其根据在于报纸媒体、广播媒体、电视媒体、互联网媒体等之间有着客观的差别；实际意义在于一个媒体的诞生或消亡、繁荣或衰败，首先影响的往往是同媒介形态的媒体，然后才会波及整个媒体内生态中的异态媒介。但是，我们应该注意到，当后新闻业时代开启之后，以往拥有单一媒介形态的媒体机构正在全媒体化或多种媒介形态化、融媒体化。如今，人们很难找到只通过一种媒介形态展开新闻传播活动的媒体机构，因而媒体环境也已经主要成了拥有全媒体结构方式的媒体之间的一种关系，媒体环境也主要是由这样结构的媒体营造的。如果眼界再开阔一些，则可以看到，媒体环境事实上是由包括专业新闻媒体在内的多元新闻生产传播主体一并构成的。

新闻媒体之间相互作用形成的常态关系之一是共生关系。在现实的媒体生态圈中，不同媒介形态的媒体是由历史发展累积而成的，它们能够在共同的时空中生存发展本身就说明，人类社会在客观上需要它们有差别的功能和有差异的形式，这在根本上是由人的需求的多样性、个性的多样性决定的。只要人与人之间还存在着需求的差异、个性的差异，依赖不同媒介形态的多样性媒体就有存在和发展的理由。依赖整合媒介形态的媒体不过是一种复合型的媒体，至多是媒体中的一种，并不是所有人都需要和乐于接受复合型的媒体，单一媒介形态的媒体依然有它的生存基础，传统的新闻传播媒体以历史积淀的方式塑造了人们的信息传收习惯，短期内是不可能彻底消亡的。如此看来，媒体的客观差异性意味着媒体间的必然互补性，意味着在媒体环境中，不同媒体之间的存在是一种互补的、共生的关系，构成了统一的媒介生态系统。但我们也必须看到，一些传统媒体已经受到新兴媒体的严峻挑战，面临着生存的困境。

新闻媒体之间的另一种常态关系是竞争关系。现有的新闻媒体是一种多样性的存在，各种性质、各种类型的媒体都在根据自己的利益追求和发展目标，依据本媒体的特点和条件进行新闻传播活动和其他活动，而新闻传播总资源（包括媒体内环境和外环境提供的各种资源，其中最主要的和最直接的是信息资源、收受者资源、广告资源、人才资源、技术资源等）在一定时空范围内总是有限的，这就决定了媒体之间必然会形成竞争关系，在竞争中共同塑造富有活力的媒体生态环境。竞争关系使不同的媒体在媒体环境中获得了不同的地位，于是人们看到，在传媒构成中，不同媒体间的关系在法律、道义上是平

① 王斌，张雪．作为研究进路的新闻生态：基本内涵、运行机制与实践面向［J］．兰州大学学报（社会科学版），2021（2）：103-109．

等的，但不同新闻媒体的传播力、引导力、影响力、公信力是有很大差别的。有些新闻媒体充当着媒体中的媒体，不仅是主流媒体，而且可能是媒体中的“舆论领袖”，可能对整个新闻报道、舆论环境起着一种导引和支配的作用，可能对一定时空范围内的新闻报道内容、方式定下某种特有的基调、潮流和风格，其他一些媒体则只有“跟上”的机会。在媒体的竞争关系中，与在自然的生态环境中相似，总有新的“媒介生物”（媒体）在诞生，也总有一些老的“媒介生物”（媒体）在消亡，生与死都会对既有的媒体环境带来影响。新媒体特别是运用新媒介技术而生成的新媒体，对原有的媒介环境常常会带来较大的甚至是革命式的影响，结果是在一定程度上甚至会在根本上打破原有的媒体生态平衡关系。这种情景剧在人类新闻传播的历史舞台上一次又一次地上演过，最近的、依然正在进行的一次就是以互联网技术、数字技术、智能技术为基础的新的媒介群的诞生，已经使传统的新闻传播媒体面临严峻的挑战，各种媒体重新寻找媒体生态位置的高潮迭起，一种新的媒体生态结构、生态环境正在形成。新的媒介技术正在以自身特有的功能属性创造着新的媒体生态结构、媒体环境。①

媒体之间的相互作用，诸如合作、竞争、学习、交流等，会在一定历史时空中形成共同认可的新闻传播理念、传播原则、传播风格，会形成共同的专业精神、职业道德、行业规范，会形成一种共有的行业氛围。当然，不同新闻媒体还会有自身的一些独特精神气质和风格面貌，那些难以适应新兴媒介环境的媒体完全有可能被淘汰出局。

最后，媒体环境处于动态的平衡中。媒体环境永远是由所有媒体通过上述共生、竞争关系建构的动态环境、不断变化的环境。但在一定时空条件下、一定社会范围内，媒体环境是相对稳定的，那么怎样一种环境才是质量比较高的环境？也就是说，在相对优良的媒体环境中，媒体间的关系应该是什么样的？总体上说，所有媒体适得其所，基本处于良性共生与竞争之中。适得其所，就是让处于媒体环境中的所有媒体都能较好地发挥其能够和应该发挥的作用；良性共生与竞争关系，就是让所有媒体能够比较合理地共享社会大系统提供的新闻传播资源，能够比较合理地共享媒体生态创造的各种营养。为了达到这样的环境状态，必须保持媒介生物（媒体）的多样性与合理的媒体密度。媒体的多样性依赖于社会需求的多样性，表现为媒体性质的多样性、类型的多样性、层次的多级性，表现为媒介形态的多样性，新闻传播内容、方式、风格等的多样性。媒体密度是用来描述一定时空范围内媒体分布情况、数量多少的概念。媒体密度过高，必然产生媒体拥挤现象，媒体拥挤必然导致媒体之间的激烈竞争，竞争的方式和结果是多种多样的。有些媒体通过向外伸展，求得新的生存与发展环境，为自己争取到新的相对比较宽松的空间；有些媒体则在竞争中达成合作，从而减轻拥挤，降低媒体存在的密度；有的则可能在拥挤中倒闭，或被践踏得遍体鳞伤。媒体密度过高，使媒体产生拥挤感，往往更可能导致一些媒体采用非理智的方法与对手展开恶性竞争，从而浪费或破坏传播资源，造成恶性媒体环境，对整个新闻业产生消极影响。媒体密度过高，超过一定的客观需要，往往会造成信息重复和信息过剩现象，从而对社会产生信息压力、信息污染，甚至导致信息恐惧症。媒体密度过低，则可能出现另一种现象，“如果过低了，媒体获得资源过于

① 常江，田浩．生态革命：可供性与“数字新闻”的再定义［J］，南京社会科学，2021（5）：109－117，127.

轻松，这样会破坏媒体的竞争环境，反而使媒体降低适应能力，不利于媒体发展”①。因此，媒体密度适中是理想的境界，只有适中的媒体密度才利于新闻传播，利于促进新闻业的整体发展。

自然生态系统有其自身客观的调节方式，如果人类不去破坏，就会自行调节。人类现在之所以要通过各种措施保护自然生态环境，那是因为人类自己的活动破坏了它的调节机制。对于以人类实践活动为主导的任何社会系统来说，也有其自身的环境演变规律，但其环境质量的提高和改善，不能仅仅依赖宿命论式的规律作用，而且要充分发挥主体的主观能动性，自觉地、有意识地去创造比较合理的媒体环境。

二、新闻传播的外环境

新闻业运行于其中的自然系统，特别是社会大系统就是新闻业的外环境，也就是新闻传播的外环境。社会大环境构成了社会各个子系统的运行环境，当我们以某一个子系统为考察对象时，其他子系统便是构成社会大系统的要素。因此，所谓新闻传播的外环境，就是由内环境以外的所有社会子系统相互作用构筑的一种传播条件和氛围。如果我们把某个其他社会子系统作为考察的对象，媒体系统也就转换成了外环境的构成要素。其实，诞生于西方学术界的媒介生态学（媒介环境学），就是把媒介及其传播本身作为环境，看它是如何影响社会和人的。②

构成新闻传播外环境的子系统或要素很多，但对新闻传播活动有较大影响的要素是有限的。我们可以根据这些环境要素与新闻传播活动相关的程度，将新闻传播的外环境粗略地分为两个圈层：第一圈层是由与新闻传播直接相关的一些要素构筑的，主要包括新闻收受者、媒体控制者、广告资源拥有者、新闻产品流通渠道等，它们共同构造着新闻传播直接面对的外环境。特别需要说明的是，在新兴媒介环境中，各种各样的社会机构、组织、企业、群体、民众个人等，都已成为可进行大众化新闻传播的主体，与职业新闻传播主体形成了某种竞争与合作关系，但针对职业新闻传播来说，我们把这种非职业新闻传播看作职业新闻传播比较特殊的环境要素，它常常直接影响职业新闻主体的新闻生产传播活动。第二圈层是由与新闻传播间接相关的一些要素构筑的，主要包括政治、经济、文化（特别是新闻教育与新闻研究）、技术、社会心理、人口素质等要素，它们共同构造着新闻传播外围的宏观环境。③

在这两个圈层中，同一圈层内的环境要素之间具有更密切的关系。比如，在第一圈层中，新闻收受者、媒体控制者、广告资源拥有者等，它们都与媒体有着直接的关系，并通过媒体的新闻传播行为紧密联系为一体。控制者的行为常常会直接影响新闻收受者能够收受到什么，收受者的收受行为会在很大程度上影响到广告主的广告投放行为。事

---

① 许永．媒体内生态中的个体与群体行为［J］．当代传播，2003（1）：22-24.

② 韦斯特，特纳．传播理论导引：分析与应用：第6版［M］．刘海龙，于瀛，译．北京：中国人民大学出版社，2022：365-382.

③ 有学者在讨论媒介定位的客观依据时，曾经针对个媒体描绘了一幅媒介生存环境要素图，与我们这里提出的新闻传播外环境圈层结构图有一定的相似性，有兴趣的读者可参见蔡雯．新闻传播的策划与组织［M］．北京：新华出版社，2001：93-103。

实上，圈层内的诸多要素具有潜在的统一性和相互制约性，它们共同决定着第一圈层的环境状况，并对新闻传播构成影响。同样，在第二圈层中，政治、经济、文化、社会心理、人口素质等要素之间更是有着直接的关系，每一环境要素的素质都会影响其他要素的素质。

在两个环境圈层之间同样有着千丝万缕的内在关系，我们只不过是从研究新闻传播环境的角度，将它们区分成了不同的圈层和圈层要素，在客观实际中，它们往往是统一的。因而需要说明的是，一方面，这种圈层划分尽管有一定的客观根据，但在实际中有时很难清楚区分哪些因素是直接的、哪些因素是间接的，有些因素本身就是一体化的，因此直接与间接的区分具有一定的相对性。另一方面，两个圈层对新闻传播的影响方式确有不同。一般来说，第二圈层中的环境要素是通过对第一圈层中环境要素的影响，进而影响具体新闻传播活动的，比如政治、法律等要素可以通过媒体控制要素发挥作用，人口要素、经济要素、社会心理要素、文化要素等可以通过收受者要素发挥作用，等等。

关于新闻传播的外环境，还有一个空间范围的问题，不同空间范围内的新闻传播活动具有不同的外环境。在信息化、区域化、全球化的时代大背景下，外环境的空间延伸有着非常重要的意义，因为新闻传播或一般文化传播的跨地区性、跨区域性和跨国性已经越来越普遍，地区之间、区域之间、国家之间的各种合作与竞争早已成为普遍事实，任何一个地区、区域、国家的新闻传播原则上都是国际传播的有机构成部分，必然要受到国际传播大环境的影响。因此，国际政治、全球经济、国际文化交流、国际人员往来等一系列要素，都会对一定范围的新闻传播造成不同程度的影响。各国之间展开的国际新闻传播合作与竞争都是在国际大环境中进行的，国际环境的变化，特别是国际政治环境和经济环境的变化，都会对国际新闻传播甚至国内新闻传播的内容和方式、理念和规范等带来重大的影响。

如果以具体的新闻传播为对象，可以将其环境构成描述为如图 12－1 所示的结构图。

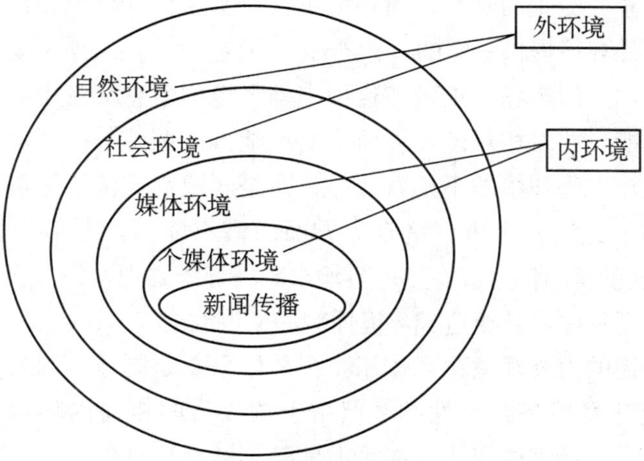

图 12－1　新闻传播活动环境的逻辑结构

三、新闻传播内外环境的关系

从总体上说，新闻传播内外环境之间是一种互动关系，既有良性的互动，也有不良的互动。但在这种总体的互动关系中，外环境决定着内环境的整体态势，“社会生态环境的改变迫使包括大众传媒在内的社会各子系统进行或快或慢、或大或小的调整、变革以适应新的社会生态环境。无论从世界新闻史还是中国新闻史看，传媒业始终处于不断或强或弱、或大或小的变革中，这是因为传媒业的社会生态环境处在不停的变动中。由此，我们可以说，大众传媒业变革的原动力来自外部即社会生态环境的变动”[①]。同时，也不应忘记，中外新闻史也为我们提供了媒体内环境可以输出导致外环境发生剧烈变动的信息的例证，尽管产生信息的源头可能并不是媒体环境，但如果没有某种适宜的媒体内环境，一些改变外环境的重要信息是不可能输出的。关于新闻与社会之间的这种整体关系，我们在第九章的“新闻依赖律”中已经做过阐释。

新闻传播的内外环境是相对独立的不同环境系统，内环境主要是所有新闻媒体之间相互作用的产物，外环境则是各个社会子系统之间相互作用的产物。但是，内外环境在客观实际中是互相渗透的，不像我们在理论逻辑上分得那么清楚，它们浑然一体，弥漫一片。新闻传播的内外环境是相互依存的共时存在系统，二者之间有着复杂多变的相互作用和影响；同样，新闻传播的内外环境是相互依存的历时演变系统，二者之间有着持续不断的物质、能量、信息相互输出输入关系。如果从具体层面来看，新闻传播内外环境之间的关系可以大致从以下几个方面理解。

第一，新闻传播外环境为内环境提供了孕育、生长、发展的场所，也提供了衰败、逝去、消亡的时空。对任何一个社会子系统及其行为来说，社会大环境都是它的栖息地和归宿处。外环境以从不间断的方式给内环境输入物质、能量和信息，培育着内环境中的媒体，滋养着媒体以新闻传播为主的各种活动。当然，外环境有可能输入导致内环境出现恶变的物质、能量和信息，从而使内外环境之间出现矛盾或恶性的互动。

第二，新闻传播内环境为外环境不断提供促使其良性运作的信息，也会不断给外环境输出一些导致其恶性变化的噪声。内环境主要以不断给外环境输出新闻信息、新闻意见为主的方式，为外环境提供一定的“营养品”，这些营养品实质上是媒体为外环境提供的用最新信息资源加工的产物，正是在这种内外环境的信息交流中，内环境发挥着它监测外环境质量的功能，并以相对外环境而言的反馈方式调整着外环境的运作。另一种可能情况是，内环境输入外环境的不是营养品，而是腐蚀剂或传染性信息病毒，诸如有意或无意制造的政治、经济、军事、宗教等方面的假新闻等，更不要说那些心怀叵测的“新闻”或意见。这些新闻信息或意见一旦输出到外环境之中，往往会导致外环境发生混乱，失去正常的运行程序，甚至造成环境面貌的彻底改变。

第三，新闻传播的内外环境相互作用，在总体上总是同步、同质变化发展的。同步是说内外环境的变化发展是共时性的，但由于构成新闻传播内环境的主体——新闻媒体——的意识本性，内环境的变化从本源上依赖于社会环境的变化。社会环境变了，媒体环境必然会发生变化，但在源流成形之后，不能在内外环境的互动中死守外环境变化必然在先、内环境变化必然在后的因果逻辑。同质是说内外环境的质量优劣高低是基本一致的，这实质上是说，有什么样的外环境就有什么样的内环境。当然，这是一种总体

① 李良荣．李良荣自选集：新闻改革的探索［M］．上海：复旦大学出版社，2004：27.

性的判断，不排除偶然的例外。

关于内外环境之间的相互关系，我们在下面论述新闻传播环境的特征时，还会从不同角度进行更为细致的讨论。

第二节 新闻传播环境的特征

所有的新闻传播都要在一定的新闻传播环境中展开，因而环境对新闻传播有着必然的影响。把握环境特征既有利于进一步认清环境对新闻传播的作用，也可以为改善新闻传播环境提供一些着手的思路。这里，我们将主要以统一环境（即不再明确区分内外环境）为对象，分析新闻传播环境的一些主要特征。

一、存在形态的有形与无形

新闻传播环境的存在是客观的，但作为一种客观存在，不管是内环境还是外环境，都是由两类基本形态的要素构成的。一类环境要素是有形的、具体的，是看得见、摸得着的物质性或物理性的形态要素，由这类要素构成的环境通常被人们称作硬环境；另一类要素是无形的、弥漫性的，是看不见但却可以感受得到的精神形态的要素，由这类要素构成的环境通常被人们称作软环境。

有形的硬环境和无形的软环境构成了影响新闻传播的统一环境，很难说哪种形态的环境要素对新闻传播更重要、影响更大，因为说到底，环境对新闻传播的影响最终要落实到从事新闻传播的主体身上，而主体是一种能动性的存在，对待环境的态度和反应各有不同。有些人更注重硬环境要素，有些人更注重软环境要素，但毫无疑问的是，所有的正常人都既想拥有优美的硬环境，也渴望和谐的软环境。

有形的硬环境对新闻传播的影响也是有形的、具体的、明确的、直感的。比如主要依赖铅与火、纸与笔的传播环境与主要依赖电与光、电脑与网络的传播环境相比，新闻传播的效率就有很大的不同；高楼大厦、窗明几净与平房矮屋、嘈杂凌乱的办公环境对人的工作情绪的影响一定不同。硬环境的有形性易于被人们发现和重视，易于通过物化的方式、有形的结果进行改善。无形的软环境对新闻传播的影响常常表现在有形与无形之间，不那么具体，也不怎么明确，看得见又看不十分清楚，日积月累才会有一种明显的累积效应。因此，软环境建设往往得不到及时的重视。

有形环境要素与无形环境要素作为构成统一新闻传播环境的不同单元，对传播环境质量的高低具有同等的重要性，因而硬环境需要不断的改善，软环境更需要长久持续的塑造。一个媒体如果具有优美的、高质量的硬环境，就比较容易营造良好的媒体文化氛围；反过来，一个媒体如果有良好的软环境，就能够比较快地创造财富，改善自己的硬环境。但若要一个媒体长盛不衰，无形的、内在的精神是更重要的。一般说来，有形与无形之间是互相影响的互动关系，二者在本质上是统一的，它们一起塑造着媒体文化环境。

二、边界形式的封闭与开放

新闻传播环境具有一定的边界形式，尽管人们看不到实际的、有形的边界线，但边界形式的存在是客观的，边界以内是一种环境，边界以外是另一种环境。对具体的新闻传播来说，如前所述，它的环境是多层次的圈层结构；对整体的新闻传播来说，即把新闻业界的所有新闻传播作为一个整体看待，仍然有一个媒体内环境与社会大环境的分界。

有了环境边界，也就有了环境的封闭性，也正是环境的封闭性使得不同环境的存在成为可能。环境的封闭性是由一定系统的相对独立性决定的，每一个系统都有自己独立的构成要素，这些要素间的相互作用就构成了自身的内部环境体系。

环境的封闭性使不同环境具有自己的标识，具有自己相对独立的运行机制，因而我们才能把新闻传播环境分为个媒体环境、媒体环境和社会大环境。环境的封闭性使塑造良好的小环境成为可能，任何小环境都处于一定的大环境之中。比如，个媒体环境就处于由所有媒体相互作用构筑的媒体环境之中，而媒体环境又处于社会大环境之中。每一相对而言的小环境，都由自己相对独立的环境要素构成。如果一个小系统中的要素素质及其相互关系的和谐程度高于大环境，那么良好的小环境就可能存在于并不优良的大环境之中，这种情况我们在现实中经常可以发现。当然，相反的情况也在实际中存在。

当我们看到环境的封闭性时，同时就要考虑到环境的开放性问题。环境的边界是无形的，不是实际的万里长城似的围墙，不是实际的国界式的存在，那些边界线、圈层结构线是依赖人的想象画出来的，客观存在的环境是开放的，即使人为地为一定的新闻传播环境设防也是困难的。对目前高新技术支持下的新闻传播来说，任何设防都几乎是徒劳的。从原则上说，任何新闻传播的环境边界都是弥漫的、无限的。环境的开放性意味着不同的环境（系统）之间会不断进行物质、能量、信息的交换和交流。新闻传播的个媒体环境不仅对媒体环境是开放的，对社会环境更是开放的。当然，每一相对的大环境对相应的小环境也是开放的。因而，这种开放性是互相的，具有“通透性”的特征[①]，可以称之为“互开性”。

环境的开放性决定了大小环境之间互相影响的必然性。一方面，环境的开放性使内外环境之间或者说大小环境之间互相吸取营养成为可能，小环境有时能够以扩散效应的方式改变大环境的面貌，或者大环境通过同化效应的方式改善小环境的质量，其重要的根据之一就在于环境自身的开放性；另一方面，环境的开放性也可能造成内外环境之间的“恶染”，小环境的污浊空气可能污染大环境的清洁，同样，大环境的污浊空气可能使小环境的清新难以保持。新闻界的一些人习惯于把媒体环境的不洁归罪于社会环境的不良，但不要忘记，媒体环境的腐败气息也会迅速浸染社会环境的健康肌体。也许在本源意义上社会环境对媒体环境的影响更大，但在导引环境的改善方面，媒体环境有着特殊的意义，因为媒体在现代社会被看作“公共平台”“公共武器”，而今天的社会也已成为媒介化的社会。

---

① 邵培仁．传播学［M］．北京：高等教育出版社，2000：237．

从上面的阐释可以看出，新闻传播环境的封闭性是开放性中的封闭性，因而开放性是绝对的，封闭性是相对的，开放与封闭统一在开放性的基础之上。因此，在全球化视野中，任何一个地区、国家的新闻环境都在影响着其他地区、国家的新闻环境，同时也在“被影响”，但这种相互影响在实际中是不平衡的。

三、表现样式的独立与融合

新闻传播环境的封闭性决定了它的相对独立性。新闻传播环境的表现样式千差万别，不可能找到完全相同的个媒体环境，它们都有自己独立的表现样式和一定的个性特点。针对不同的新闻传播也不可能找到完全相同的传播环境，即具体的新闻传播都有它独立的传播环境。也许对不同的、具体的、在同一时空下的新闻传播来说，它们有着大致相同的外环境、媒体环境和个媒体环境，但如果针对每一则具体的新闻报道去分析它的传播环境构成，就立刻可以发现，在微观层面上它们的传播环境是不一样的。比如，刊登在同一版面上的两条新闻，实质上拥有不同的微观传播环境，它们在版面上的位置不可能相同，阅读它们的读者可能拥有不同的收受环境、心理环境等。因此，不同新闻传播所拥有的环境的差异性是绝对的，同一性是相对的，所有的新闻传播都有它相对独立的传播环境。

尽管新闻传播环境的表现样式具有独立性的特征，可分为不同的圈层环境和不同的具体传播环境，但任何具体的新闻传播，其所处的环境又是融合的、整体性的，不同圈层的环境要素并不是以清晰可分的方式影响新闻传播的。对整体的新闻传播来说，社会环境中的诸多要素同样不是以泾渭分明的方式产生影响的。在新闻传播实际中，内外环境以融合的方式，相互贯通、互相渗透的方式，同时作用于新闻传播。传播环境的这种融合性、整体性才是它更为真实的表现样式。

四、生存方式的稳定与变化

新闻传播环境是有生命的存在，有自己的生存发展方式。依据内外环境实际的演变情况，可以概括出这样两个突出特点。

其一，生存方式的稳定性。稳定性的核心，是指在一定的时空范围内，内外环境的基本状况不会发生大的改变，而是保持一定的基本面貌或状态。任何传播环境的形成都有一个过程，但一种传播环境体系一旦形成，就会保持一段时间，甚至相当长的时间。

新闻传播环境生存方式的稳定性、持续性，主要源于环境要素的渐变性和环境边界的封闭性。任何事物的发展变化都遵循着量变质变规律，构成环境的要素，不管是硬环境要素还是软环境要素，都不可能在一夜之间发生翻天覆地的变化。硬环境要素还有可能在短期内发生突变，然而软环境要素的改变具有绝对的渐变性，只能累积，不能突变，因而从总体上说，传播环境在客观上必然具有稳定性的特征。传播环境的相对封闭性使一定环境在面临其他环境的一般作用时，能够保持自己的常态，即使遇到其他环境的强烈影响，也可以延缓冲击作用的效应，使环境能够在一定时期内继续保持原有的基本状态。

环境的稳定性是环境生存方式的一种惯性，它对日日常新的新闻传播既有可能带来好处，也有可能带来弊端。因此，对于主体来说，必须根据实际情况，以自觉的能动性、积极的创造性，或者维护既有的环境状态，或者加快改变既有的环境面貌。

其二，生存方式的变化性。变化性的核心，是指在一定的时空范围内，新闻传播的内外环境总处在一定的变化之中，不断更新着环境的面貌或状态。

传播环境的变化性是由事物运动变化的绝对性决定的，构成环境的不同要素在变，要素之间的关系在变，环境当然不可能不变。传播环境绝对的开放性使一定的环境不断受到其他环境的影响和作用，物质、能量、信息在环境系统之间的相互输出与输入，自然使所有的环境都处于动态的变化之中。

新闻传播史的经验告诉人们，传播环境的变化有渐变和突变两种具体方式。渐变是一种不明显的变化方式，而突变则是一种剧烈的变动方式。渐变是从不停歇的变动，突变则是偶尔有之的变动。新闻传播媒体内环境的突变，动力根源通常来自社会大环境，特别表现在政治环境的变动上。新闻业与政治系统关系的密切性，使得政治系统一旦出现波动，媒体环境立即潮起潮落。

传播环境的变化方向，有时可能走向优良，有时可能走向恶劣。但就整个人类新闻传播环境的变化发展趋势来看，我们可以持乐观主义的态度，有理由相信总体环境会趋向优良。对此，人类新闻传播发展史已经做了证明，当前的传播实际也让人们充满希望。比如，构成新闻传播社会环境的诸多要素，它们的素质都在不断优化和提高：经济发展为新闻传播提供了坚实的物质后盾；政治文明的进步为新闻传播创造着越来越自由宽松的环境；文化进步为新闻传播塑造着素质越来越高的新闻收受者；技术的日新月异更是为新闻传播内在本质要求（比如快速、新鲜、广泛等）的实现创造了前所未有的条件。

在传播环境的稳定性与变化性之间，稳定性是相对的，变化性是绝对的，稳定是变化发展中的稳定，是一定条件下、一定时空中的稳定。如上所述，新闻传播环境的开放性特征决定了每一圈层环境之间的"互开性"和相互作用的绝对性，这种绝对性决定了环境变化、发展的绝对性。

第三节　内外环境对新闻传播的影响

新闻传播环境对新闻传播有着非常重要的影响，没有传播环境的传播是不可想象的。"不注意研究新闻传播环境，就无法有效地确立新闻的传播方式，新闻报道就会失去对环境的适应力。"[①] 那么，环境到底是以何种基本方式影响新闻传播的？影响的基本结果样式是什么？这是讨论新闻传播环境问题应有的归宿，也是本节主要讨论的两个问题。

① 刘建明．现代新闻理论［M］．北京：民族出版社，1999：171.

一、内外环境影响新闻传播的基本方式

我们是在区分环境与对象物的方式下来讨论环境对对象物的影响的，但在做这样的讨论之前，有必要说明一点，环境与对象物在实际中的界限并不是绝对分明的，环境本身的构筑、塑造就包含着环境对象物的因素。比如，新闻传播环境中就包含着由新闻传播造成的结果。在将环境与对象物明确区分的前提下，新闻传播环境通常在两个层面上影响新闻传播活动：一是对具体新闻报道的直接影响；二是通过对整体新闻传播观念、传播方式、传播规范、传播风格、传播潮流等的影响，最终落实在对具体新闻传播的影响上。

首先，内环境以直接方式影响新闻传播。相对新闻传播的外环境而言，新闻传播活动首先发生在媒体环境内部，因此媒体环境对它影响的直接性是显而易见的事实。

如前所述，新闻传播的内环境包括个媒体环境和媒体环境。个媒体环境对新闻传播影响的直接性一目了然。媒体环境中由相同媒介形态媒体构筑的媒体环境，是一定媒介形态新闻传播的小环境，对新闻传播的影响也是直接的。个媒体可以直接感受到同形态媒体在新闻传播中形成的观念和方式、规范和习惯，直接感受到本行业（比如由报纸媒体建构的报业，由广播媒体建构的广播业等）整体态势对新闻传播的作用和影响。由所有媒体相互作用形成的媒体生态环境、新闻生态环境，对新闻传播的影响往往是整体性的，尽管直接性没有前两个环境圈层那么接近，但它仍以直接影响传播者新闻传播理念、专业精神、职业道德意识甚至具体传播方法和风格的方式，影响新闻传播活动。

其次，外环境以间接方式对新闻传播产生影响。外环境对新闻传播的影响主要是宏观层面的，是通过对新闻传播内环境的整体影响而影响新闻传播活动的。

从一般意义上说，构成新闻传播外环境的诸多要素并不直接介入新闻传播活动，而是以对媒体环境的各种控制方式达到对新闻传播的影响。“一个国家的国情——它特殊的政治、经济、文化、社会体制——构成了大众传播的具体的社会生态环境，它决定着传媒制度、传媒能够达到的发展水平以及操作理念、运作模式。”① 因此，所谓间接影响，是说外环境要形成对新闻传播的影响，通常要通过内环境这一中介，也就是说，外环境是通过对内环境的影响，然后通过内环境的传递作用，最终形成对新闻传播的影响。但是，外环境对新闻传播的影响作用方式，在不同国家、不同社会、不同情境中的具体表现是不一样的，有些间接一些，有些可能非常直接。另外，在后新闻业时代开启的背景下，非职业新闻传播作为职业新闻传播的环境因素，对职业新闻传播已经构成了直接的、强烈的作用和影响，更多时候会以与职业新闻直接互动的方式表现出来，其中既有互补合作，又有矛盾冲突。

二、内外环境对新闻传播的效应样式

内外环境对新闻传播的影响是必然的、绝对的，不存在无影响的情形。因此，对新

① 李良荣．李良荣自选集：新闻改革的探索［M］．上海：复旦大学出版社，2004：27.

闻传播环境的研究必须落脚在内外环境对新闻传播的实际效应上。根据新闻传播的实际情况，内外环境对新闻传播的影响结果有两种基本的效应样式：一是正面效应，二是负面效应。

所谓正面效应，指内外环境对新闻传播影响的总体结果是：为新闻传播的顺利进行提供了各种必需的资源保障；促进了新闻传播基本功能的较好实现；增加和扩大了新闻自由实现的程度与范围；有利于人们新闻需要的满足等。

所谓负面效应，指内外环境对新闻传播影响的总体结果是：没有较好地为新闻传播的顺利进行提供应有的资源保障；限制了新闻传播诸多功能正常的和应有的发挥；损害了新闻自由的正当实现；阻碍了人们新闻需求的满足途径等。

新闻传播内外环境对新闻传播的效应结果不是抽象的，而是具体的，可以用实际的新闻传播效果进行检验。评价优劣的基本方法是看传播环境给新闻传播带来了什么实质性的影响，如果利于新闻传播本性的张扬，利于新闻传播正面效应的实现，环境就是良性的，反之，就可能是恶性的、不良的。人们可以建构内外传播环境质量优劣的评价体系，正像可以对自然环境质量进行评价一样。上面我们对正负效应的解释，只是提供了评价环境质量的基本原则或总的标准，要想真正建立传播环境评价体系，还需要进行专门的研究。

复习指点

关键概念

环境　新闻传播环境　个媒体环境　媒体环境　内环境　外环境

思考题目

1. 新闻传播内环境的构成
2. 新闻传播外环境的构成
3. 新闻传播环境的特征
4. 新闻传播内外环境的关系
5. 新闻传收环境与媒介生态学（环境学）中的“媒介环境”的区别

必读文献

邵培仁．论媒介生态系统的构成、规划与管理 [J]．浙江师范大学学报（社会科学版），2008 (2).

韦斯特，特纳．传播理论导引：分析与应用：第6版 [M]．刘海龙，于瀛，译．北京：中国人民大学出版社，2022：第二十六章．

何道宽．夙兴集：闻道·播火·摆渡 [M]．上海：复旦大学出版社，2013.

林文刚．媒介环境学：思想沿革与多维视野 [M]．何道宽，译．北京：北京大学出版社，2007.

杨婷婷．论中西媒介生态学研究的差异 [J]．新闻界，2005 (3).

选读文献

李明伟．知媒者生存：媒介环境学纵论［M］．北京：北京大学出版社，2010.

何道宽．媒介环境学辨析［J］．国际新闻界，2007（1）.

常江，田浩．生态革命：可供性与“数字新闻”的再定义［J］，南京社会科学，2021（5）.

陈力丹．试论传播学方法论的三个学派［J］．新闻与传播研究，2005（2）.

王斌，张雪．作为研究进路的新闻生态：基本内涵、运行机制与实践面向［J］．兰州大学学报（社会科学版），2021（2）.

第十三章 新闻关系

提　要

新闻关系[①]，主要是指新闻与社会环境的关系，是指新闻业、新闻媒体、新闻传播、新闻与政治、经济、文化、技术等社会子系统之间的关系，以及新闻与日常生活的关系。新闻与政治、经济、文化、技术等之间的关系是互动的，但在总体上看，新闻更多地受制于政治、经济、文化和技术等的作用与影响。一定社会的政治制度，从根本上决定着新闻制度、新闻传播的宏观价值取向；一定社会的经济发展水平，从根本上决定着新闻业的发展规模和速度；一定社会整体的新闻图景也是由社会文化的整体性质决定的；一定社会、时代的主导性新闻图景呈现方式在很大程度上是由其拥有的传播技术决定的。当然，反过来，新闻对政治、经济、文化、技术等的发展演变，都有着各种各样的影响和作用。

社会环境是新闻传播生存和发展的母体。新闻传播的主要目的不是自律性的，而是他律性的[②]，在于促进社会的良性运行和发展，增加人们的快乐和幸福。社会环境是由诸多环境子系统和环境要素构成的“弥漫性”存在。新闻传播与其活动环境之间需要处理的主要关系是新闻与政治、新闻与经济、新闻与文化、新闻与技术的关系。在最为一般的层面上，则是要处理好新闻世界、新闻符号世界与整个事实世界、生活世界的关系，处理好新闻、新闻传播、新闻媒介、新闻传播业与社会整体的关系，或者概而言之要处理好“人与新闻的关系”，这是新闻活动的总体关系，也是新闻学的总问题。[③] 因而，新闻传播与社会的关系，新闻图景与事实世界的关系，是新闻理论研究中最为重要的领域。可以说，所有其他研究最终是为搞清、设计和实践这些关系的良性结构和良性演变提供

① “新闻关系”在字面上的直接意思是“新闻间的关系”“通过新闻构建的关系”“新闻性关系”，本章中的“新闻关系”是指新闻与社会整体、新闻与社会其他子系统之间的关系，这样的表达比较啰唆，便简化为新闻关系。但一经简化，就有可能带来概念上的歧义，因而特此加以说明。

② 《中国传媒发展指数报告（2008）》指出：“媒介产业（包括新闻产业——引者注）是服务业，具有明显的‘他动’性质，换言之，它对于环境因素的变化具有极强的敏感性，与社会经济、政治、文化的发展及大众心理、流行文化的潮流紧密相关。”参见喻国明．中国传媒发展指数报告（2008）[M]．北京：社会科学文献出版社，2008：13-14。

③ 杨保军．论新闻学的总问题 [J]．编辑之友，2020（6）：5-11.

支持的。本章将在第十二章的基础上，重点讨论新闻活动与社会主要子系统之间的关系，在一定程度上也是对第九章关于新闻活动宏观规律内容的展开。

第一节　新闻与政治

新闻与政治的关系一直是新闻学关注的重要问题，是新闻关系论中最突出的也可以说是最重要的一对关系。这是因为自从新闻业诞生以来，在整个社会系统运行中，政治与新闻的关系在客观上都非常紧密，尽管在不同社会形态、社会制度下，在不同的历史时代、历史时期中，政治与新闻关系的具体表现会有所不同。在新闻与政治之间，原则上是一种互动的关系，而互动的具体内在机制是相当复杂的，需要进行专门的研究。这里，我们只是从政治与新闻两个向度出发做一些定性的阐释。

一、政治对新闻的左右与主导

在上层建筑内部，政治属于政治上层建筑的核心部分，新闻属于意识形态领域的一种形式。在政治与新闻之间，我们首先看到的事实是，政治对新闻传播有着决定性的影响。每一种社会政治力量都会充分利用新闻手段追求自己的目标，实现自身的利益；而新闻传播往往成为政治活动的一部分或政治活动的前沿阵地。政治对新闻的决定性作用，主要表现在以下几个方面。

第一，在制度层面上，新闻制度受制于政治制度。所谓制度，简单地说，就是一定社会关系的规范化、稳定化和模式化。新闻制度几乎总是政治制度的附庸，至多是政治制度的一部分或延伸物。“任何新闻（报业）制度，均为政治制度之一环。……任何国家的新闻事业，必须服务于它所依附的政治制度，及其生存社会的价值标准，此乃一项必然的逻辑。”① “在新闻媒体的政治性和阶级性归属上，一个国家的政治制度和统治阶级的阶级立场具有决定性的影响。”② 可以说，有什么样的政治制度，就有什么样的新闻制度。

第二，在政治意识形态方面③，新闻传播不仅具有政治意识形态的属性，而且新闻媒体本身往往就是重要的意识形态机构或组织。“意识形态是一定阶级、阶层和利益集团的思想体系，是它们对现存世界及其秩序的‘整体性’反映和判断，是政党的政治信仰和政治观点的表达方式。”④ 新闻媒介总是通过新闻手段，以直接或间接的方式维护或反对、颂扬或批评现有的政治意识形态；更重要的是，作为意识形态机构的新闻媒体，事实上

---

① 李瞻．新闻学：新闻原理与制度之批评研究［M］．台北：三民书局，1973：自序 4．

② 刘华蓉．大众传媒与政治［M］．北京：北京大学出版社，2001：40－41．

③ 意识形态本身并不只是政治性的。意识形态是社会性的存在，每个人社会化的过程也就是被社会意识形态化的过程。人作为精神动物，本质上就是意识形态动物。不同主体层次、主体存在，都有自身的意识形态；不同社会领域、专业领域，同样拥有自身的意识形态体系。

④ 童世骏．意识形态新论［M］．上海：上海人民出版社，2006：3．意识形态形式上的主观性决定了意识形态本身有正确与错误之分，真实与虚假之分，正当与不当之分。因而，某种意识形态到底是怎样的意识形态，要具体对象具体分析。一种政治意识形态，只有正确反映社会现实，准确表达社会需要，确立合理政治信仰，才有可能成为合理的意识形态体系。

一直在用新闻传播手段塑造、建构自己和自己所代表的利益群体的意识形态体系和意识形态主体。对社会及社会成员按照一定的政治意识形态体系进行持续的引导和教化，可以说是新闻传播在一定政治势力支配影响下的基本功能之一，也是任何一种政治力量推进自身事业的必选方式之一。任何政治力量，特别是处于统治地位的政治力量，总是要把一定社会范围内的新闻传播牢牢掌控在自己的手中，作为塑造建设主导性意识形态体系的重要工具。

现实社会中的主流新闻媒体大都维护主流的意识形态。在西方，“新闻是由有特定的意识形态和文化价值观的有专业资格的人在特定的民族国家中的特定新闻体制中的特定新闻机构里做出来的。新闻还是由在特定的民族国家中有特定意识形态和文化价值观念的人解读的”①。西方媒体的报道是受国家利益、主流意识形态、商业利益以及记者作为中产社会阶层自身的社会利益和文化认同等因素影响的。同样，在社会主义中国，政府和政党更是直接把新闻媒体作为自己的耳目喉舌，作为直接的意识形态机构，为自己代表人民利益的政治统治服务，而新闻是有力的“新闻宣传”②“新闻舆论”工具。

在国际政治舞台上，新闻媒介同样是各种政治力量较量的手段和中介。每个国家、每个地区或者区域性的利益集团，都会通过直接或间接拥有的政治权力控制自己有能力控制的新闻媒介，维护自己的意识形态，实现自身的利益追求。

第三，政治权力通过控制新闻媒介，进而把新闻作为重要的社会控制手段。利用新闻传播来调控和影响人们言行的社会控制方式，是相当普遍的社会控制方式。从过去到现在，从此地到彼处，它是各种社会力量特别是统治者用来控制社会、管理社会、治理社会的常态方法。有历史学家指出：“统治者利用新闻来凝聚社会。”③ 在今天这样的文明社会，新闻一方面是人民用来监督社会、监督权力的手段，但另一方面，新闻权力也紧紧掌握在统治者、统治阶层的手中，成为他们控制社会、管理社会、治理社会的手段。

作为社会控制手段的新闻，本质上是一种政治权力，是通过信息控制、思想控制、精神控制实现的政治权力控制，是一种软控制，是相对硬权力（军队、警察、法院、监狱等）而进行的软权力控制。新闻控制本质上属于一种文化控制，并且主要是一种精神文化的控制，直接指向人们的价值态度和价值观念。新闻控制实质上是一种利益控制，就是一定的利益集团按照自身的利益目标对新闻信息流进行控制。

新闻控制的直接结果表现为对人们知情权、表达权的约束和控制，这也可以被看作新闻控制的核心——对新闻内容的控制。知情范围和数量、知情程度和质量的约束与限制，总是信息控制、新闻控制的核心。当新闻自由是真实的自由，当新闻权利成为所有人的权利，一个社会也就是民主的社会，这时的新闻控制就会降低到最低限度，也可能是最为合理的控制。

第四，新闻传播始终是政治活动的重要工具，也是政治活动的一部分。在资产阶级

---

① 赵月枝．为什么我们今天对西方新闻客观性失望？［J］．新闻大学，2008（2）：9－16.

② 新闻宣传，是江泽民在1989年开始使用的一个概念，不是指新闻传播和宣传，而是指通过新闻传播媒体进行的宣传工作。参见陈力丹．马克思主义新闻思想概论［M］．上海：复旦大学出版社，2003：327。

③ KOVACH B，ROSENSTIEL T. Elements of journalism：what newspeople should know and the public should expect［M］. New York：Crown Publishers，2001：21.

革命斗争和资本主义政权初期的政党斗争中，新闻媒体就是政治斗争的机构，新闻传播基本上是政治斗争的工具。当时，作为大众媒介意义上的报纸实质上充当着政治斗争的工具，其存在与发展实际上基本依附于政治组织和政治力量，报道传播的内容与形式同样具有鲜明的政治倾向性。“书籍和报纸与18世纪欧洲的启蒙运动携手并进。报纸和政治小册子介入了17世纪和18世纪所有的政治运动和人民革命。”① 因此，人们说这时期的媒体（主要是报纸）“基本上是政治媒体”②。商业化媒体兴起后，尽管极力追求政治上的独立性，但仍然是一定政治统治下的独立性，不可能超越政治统治的权力界限。在中国，政治性媒体从近代以来一直占据着绝对的主导地位，始终是各种政治力量进行政治斗争和政治宣传的工具。到今天，在我国，坚持中国共产党的党性原则，依然是新闻媒体展开新闻舆论工作最重要的原则，也就是说，新闻媒体本质上仍然是政治第一的媒体。

在政治舞台上，新闻媒介不仅是国内政治的工具，也是国际政治的武器，是各国之间展开政治交往的有效平台和进行政治斗争的有力手段。在每一次重要的国际政治事件中，甚至是带有政治味道的其他事件中，人们都能看到，相关国家的新闻媒体斗智斗勇、互不相让，都在为本国的政治利益、经济利益、文化利益等服务。新闻舆论是国际舆论交流、斗争的基本手段，新闻话语权、舆论话语权始终都是国际新闻场、舆论场博弈的核心。

第五，政治活动内容始终是主流媒体新闻传播的核心部分（主要表现为政治新闻）。“在大众传媒报道的内容上，政治是大众传媒重要的消息来源和报道内容，由于会对人们的生活和社会发展带来巨大影响，大众传媒特别是综合性的有影响的大众传媒必须对政治领域的状况进行报道。”③ 政治性内容之所以能够成为新闻媒介的重要内容，原因有两个方面：一是政治权力本身的诉求，政治权力面对的总是一定的社会人群和组织，它需要社会能够看到自己的形象，听到自己的声音，了解自己的意志，反过来讲，社会大众对政治权力、政治权威的政治行为也比较关心，因为这关系到他们的利益和命运；二是正是由于政治权力在社会运行中的特殊地位与作用，新闻媒体不得不关注它的一举一动。因而，新闻媒体对政府、政党信息源的依赖是司空见惯的事情。越是重大的新闻，越是事关社会大众利益的事情，越是具有重大新闻价值的事情，政府实际拥有的新闻资源、新闻控制权力越大。在大多数情况下，不管在哪种社会制度下，不管在哪个国家，新闻媒体与政府之间是合作者，二者会在国家利益、人民利益的名义下，共同塑造二者想让人民看到的“实际景象”，二者会把新闻媒介当作共同的塑造社会秩序的中介工具。政治逻辑有时会与媒介逻辑十分巧妙地合拍运转。在西方社会，政治逻辑需要与媒介逻辑协商，以求得实质上的和谐一致；在中国，政治逻辑与媒介逻辑本身就是一个逻辑。总而言之，在操作层面上，媒介逻辑同样必须服从政治逻辑。

二、新闻对政治的作用与影响

新闻传播尽管对政治活动不具有决定性的作用，但具有巨大的、能动的反作用，这

---

① 施拉姆，波特．传播学概论：第2版［M］．何道宽，译．北京：中国人民大学出版社，2010：16.
② 唐海江，吴高福．西方政治媒体化评析［J］．国际新闻界，2003（2）：17－22.
③ 刘华蓉．大众传媒与政治［M］．北京：北京大学出版社，2001：41.

在新闻传播真正进入大众传播时代，在人类社会进入媒介化社会，新闻业进入后新闻业时代后表现得尤为显著。新的媒介技术的不断面世，不仅塑造了新的媒介生态、新闻生态，也在一定程度上塑造着新的政治生态。在一般意义上，新闻对政治的作用与影响主要表现在以下几个方面。

第一，新闻是促进社会政治进步的重要手段。新闻的本质、新闻的功能与新闻传播的社会职责，从根本上决定了新闻能够对政治活动形成重要的作用和影响。其一，新闻能够为人们提供参与政治活动的一些基础性信息、最新信息。在一定社会范围内，真实、全面、准确、及时、公开、透明的新闻报道，是保障人们知情权、参与权、表达权、监督权的基本条件，因而在一定意义上可以说，没有媒介、没有新闻，就没有民主政治。其二，新闻是监测环境变动、监督政治权力运行的有效手段。其三，由于新闻业已经成为信息产业、文化产业的特殊构成部分，成为一定社会经济基础的组成部分，这种上层建筑的经济基础化使得新闻与政治的关系正在超越我们已经习惯的政治决定新闻的判断。新闻产业也会以基础性的力量在一定程度上影响政治上层建筑的运行。

第二，新闻是进行政治动员的有力手段。社会大众是否愿意、有无热情参与政治活动，最根本的动力当然是他们自身的利益和需要，但也不能忽视激发他们积极参与政治活动的各种动员方式。从近代大众媒介产生以来，新闻传播已经成为常用的也是有效的社会动员、政治动员手段。“在世界文明史上，报刊宣传与社会政治体系的变革密切相关。当历史处于和平演进状态时，报刊的社会影响力是难以明显觉察的，但是一旦变量的累积引发历史的质变时，报刊将成为政治变革动能的倍增器。”① 有政治意图的新闻传播者也总是会想方设法利用各种媒介形态、方式的新闻传播去影响既有的政治力量，甚至会创设新的政治理念，展开社会动员、政治动员，鼓动新的政治行动，促成新的政治力量登上历史舞台。

新闻媒介通过新闻报道，甚至可以为国际或国内政治活动设定一些议题，营造一些政治热点，从而造成这样一种现象：新闻关注的才是政府不得不关注的，才是政治家不得不关注的。反过来说，如果一些政治活动不能吸引媒介的关注，得不到新闻的报道，它们可能也就不被世人关注。政治媒介化已经成为一种相当普遍的事实。在西方，媒介早已被看作一种独立的社会政治力量，足以说明它在社会政治生活中的地位和作用。在中国，新闻媒介被视为党和政府的耳目喉舌，对政治活动有着更为直接的作用和影响。伴随一系列新兴媒介形式的诞生与成长，在技术赋能的背景下，社会大众有了通过新闻方式更多参与政治活动的机会。如今，网络政治已经成为重要的政治活动领域。

需要特别注意的是，新闻对政治活动的作用和影响并不绝对是正面的，也会产生负面的效应。新闻报道往往也会引发社会动荡和社会混乱，起到破坏社会正常合理秩序的负面作用和影响。

第三，新闻媒介在不断改变政治活动的一些方式。伴随传播技术和其他相关技术的不断发明创造，新的媒介形态不断诞生，政治活动的方式也在不断发生变化，媒介与政治、新闻与政治之间也不断出现一些前所未有的表现形式。

---

① 唐海江．清末政论报刊与民众动员：一种政治文化的视角［M］．北京：清华大学出版社，2007：序言二5．

每当一种新的媒介形态面世，就会促成新的政治活动方式和表现方式。[①] 有了报纸，就有报纸政治；有了广播，就有广播政治；有了电视，就有电视政治；有了互联网，就有互联网政治。当然，这不是说有了不同媒介形态的政治类型，而是说有了不同的政治媒介方式、政治呈现方式、政治活动方式。政治与技术、政治与媒介总是相伴而行。技术的政治化和政治的技术化已是不争的事实。毫无疑问，新闻媒介已经成为展现政治活动的舞台。在日常政治活动中，如果政治家们的形象、声音等在电视上、广播里、网络中、报纸上得不到呈现和传播，人们就很难意识到政治家们的存在，人们也无法评价政治家们的言行。媒介和媒介的新闻报道已经成为政治呈现的平台，成为政治人物的表演空间和场地，成为政治与民众互动的中介。

第二节 新闻与经济

新闻业的发展过程不可能离开经济系统的基础性支持。作为上层建筑意识形态系统，新闻在最终意义上必然受制于一定社会的经济生产方式、物质生产系统，但新闻产业作为社会产业系统的一部分，又使新闻与经济的关系有着自身的一些特殊表现，不同于其他社会意识形态，比如哲学、宗教、道德、文学、艺术等与社会经济基础的一般关系。

一、经济对新闻的总体性决定作用

在宏观层面上，社会经济系统对新闻业发展有着总体上的决定作用。新闻业在根本性质上，是一定社会上层建筑意识形态系统的一部分；新闻传播的核心功能，主要是通过新闻手段，直接地或间接地建构和传承一定社会的主导性意识形态系统和意识形态观念。历史和现实提供的事实是：一定社会的统治阶级、阶层、集团总是拥有着主导性的新闻媒体，并用它来生产和建构主导性的意识形态体系、文化价值体系。

首先，人类的新闻活动史表明，人类的经济生产方式在总体上决定着人类新闻活动的性质、方式、规模和水平。新闻在不同的经济生产方式中获得了不同的属性。物质生产方式、经济生产方式从总体上决定着意识形态产品、文化产品的某些属性。就我国当前的实际情况来说，由于经济生产实行了社会主义市场经济的方式，这就决定了新闻生产只能是社会主义性质的生产，而在经济学意义上，新闻生产在整体上只能是商品性的生产，新闻产品必然具有商品属性。

其次，一定社会的主导性经济制度（核心是资产所有制形式）决定着新闻业的主导资产所有制形式，即决定着新闻业的经济制度。在资本主义私有制经济制度下，新闻资产所有制形式主要是私有的；在社会主义计划经济制度下，新闻资产所有制形式是计划性的、规定性的，由于计划者是国家，因而结果只能是新闻资产的国有制；在社会主义

---

① 也可以说政治力量立即就会利用新的媒介。技术与政治之间本身就有着复杂的关系。一些技术的诞生很可能是政治需要的结果，而一些技术的发明促成了某种政治力量的形成。

市场经济制度下，新闻资产所有制形式应该也是市场经济性质的，但社会主义性质从政治层面对市场经济制度做了一定的限制，使得现实的新闻资产所有制仍然保持了计划经济的一些基本模式，这可以看作政治对新闻的约束结果。

再次，大众化报业诞生以来，新闻业已经不单是上层建筑的意识形态系统，而且在上层建筑经济基础化的过程中，同时转化成了社会经济系统的有机构成部分，“主要由新闻传播业的构成单位新闻传媒和其服务对象所形成的传媒市场，是整个大市场的一个有机组成部分”①。媒介产业（包括新闻产业）在全球范围内已经或正在成为重要的经济支柱。但从根本关系上说，传媒经济仍然是一种依赖性的经济，依赖于社会的整体经济环境。“传媒经济对经济环境具有极强的依附性，而且这种依附性并非只表现在产业链条的上下环节，而是对经济环境的全局性依附”，传媒经济“仍然是经济领域中不具有支配性的非基础产业”②。

最后，经济对新闻的总体性决定作用体现在经济逻辑与新闻逻辑的相互作用上，特别是经济逻辑对新闻逻辑正常运转的影响上。

经济逻辑或者商业逻辑，就是物质利益逻辑，追求的目标是商业利益；新闻逻辑，就是按照新闻规律进行新闻传播，按照新闻业应该承担的社会责任进行新闻传播，追求的目标是社会利益、公共利益。在这二者之间，人们看到的主要现象是，新闻业越来越受到经济逻辑的支配，新闻业越来越像纯粹的产业，新闻媒体越来越像纯粹的企业，新闻越来越成为纯粹的商品。人们也看到，经济逻辑对新闻逻辑的这种决定作用，一方面给新闻业带来了高速发展的基础和力量，但另一方面也使新闻传播的职业理念受到了重大的冲击，新闻精神受到了剧烈的扭曲。

经济逻辑对新闻逻辑的支配作用，在宏观层面上主要表现为两种情况：一是新闻媒体不断偏离新闻职业道德的要求，不按新闻传播规则报道新闻事实，放弃甚至背离自身应该承担的社会责任，而一味追求自身的经济利益、商业利益；二是新闻媒体的新闻传播行为受到新闻媒体之外的经济力量的干涉甚至左右，新闻媒体迫于经济压力，导致新闻传播内容和新闻传播方式往往不由自主，媒体在一定意义上或在某些情况下成为经济利益集团的工具。这两种表现之间自然有着纷繁复杂的内在联系。

同时也应该注意到，尽管新闻生产在最终意义上受制于经济力量、经济逻辑，但这并不意味着所有的新闻都是为了经济利益而生产出来的，都是按照商业逻辑进行生产的，它们必定拥有自身的相对自主性或独立性。

二、新闻对经济的复杂作用与影响

下面的论述主要是把新闻理解为新闻报道，加上相关信息比如广告信息等，来讨论新闻及相关媒介信息对经济的作用和影响，其中比较重要的有以下几点。

---

① 丁柏铨．加入 WTO 以后我国新闻传播业发展的基本立足点［J］．新闻知识，2003（3）：12－16.
② 喻国明，焦中栋．中国传媒软实力发展报告［M］．北京：同心出版社，2009：37.

第一，通过新闻报道和其他各种信息的传播活动，可以对社会公众进行经济教育[①]，可以激发和引导社会公众作为经济活动主体的经济思维和经济开创行为。新闻报道和其他信息不仅使人们能够获得经济知识、经济信息，了解世界经济、国家经济、地方经济的宏观发展状况，认识经济活动的本质、表现及其重要性，更为重要的是，在此基础上，可以指导、引起甚至激发人们的经济行为。施拉姆等在论及大众传播的功能时就把经济功能放在十分重要的位置上，其中就包含着大众传播媒介通过对经济信息的收集、提供和解释，能够帮助人们开创经济行为[②]，从而对整个社会的经济运行和社会经济生活构成实质性的影响和作用。

第二，新闻媒介通过新闻、广告或其他经济服务信息的传播，既可以为人们的日常经济活动提供服务，也可以在一定程度上沟通整个社会生产与社会需求之间的关系，促进一定社会经济活动的良性运行。

新闻、广告、其他各种经济信息共同编织着整个社会经济活动的信息网络，也在一定意义上塑造着社会经济环境的整体形象。这种整体塑造正是人们形成对一定社会经济状况整体感觉、做出整体判断的基本信息根据。这样的感觉、判断尽管是大致的、模糊的，但它以无形的信息力量影响着人们对社会经济的信心，直至影响到人们的经济行为，从而对社会经济运行构成一定程度的影响。

媒介的广告信息，特别是新闻媒介刊播的广告信息，对经济活动有着特别的影响和作用。所有商业广告，不管它们是以什么样的媒介形态呈现，不管它们是以什么样的媒介符号塑造，不管它们是以什么样的信息类别展示，最终包装的乃是经济信息、经济价值这个核心；至于广告在其他方面的价值诉求，即使有也是延伸性的、派生性的。广告信息的所有用心就是围绕经济活动主体的利益而旋转。广告不仅是绝大多数新闻媒体的经济命脉，也是广告主建构自身经济命脉的重要渠道，同时还是社会大众日常经济生活、消费行为的重要参考信息。

第三，新闻的宣传功能与监督功能可以在两个不同向度上促进社会经济的健康发展，可以帮助一定社会塑造良好的经济环境，可以在一定程度上促进经济活动主体塑造良好的组织（企业）精神和文化，可以用新闻方式引导经济活动主体社会责任感的形成，从而彰显出新闻对经济活动领域的特殊作用和影响。对于一个社会系统来说，新闻对经济的这种作用并不是外在的，而是系统内部不同要素之间的互动作用。

首先，新闻报道特别是经济新闻报道，不仅可以反映建构经济报道对象的事实形象，还可以建构经济报道对象的观念形象。在普遍意义上，新闻报道可以通过由点到面、由个别到一般的逻辑，使人们对一定社会整体的经济状态形成良好的形象和印象。自然，

---

① 列宁曾经把报刊作为对人民进行经济教育的工具，使其成为实现“伟大过渡”——从政治斗争为主向建设社会主义经济基础过渡——的工具，可参见童兵．马克思主义新闻思想史稿［M］．北京：中国人民大学出版社，1989：279-290。中华人民共和国成立初期和改革开放以来中国将经济报道作为新闻业活动的核心，对社会经济发展起到了巨大的作用。对普通社会大众来说，他们正是通过日复一日的新闻报道与其他信息（当然这不是唯一的渠道和方式）建构了自己对整个世界、整个国家宏观经济的理解图式，并在潜移默化之中积淀了常识层次的经济知识，甚至一些专业性的经济知识，大众也是通过媒介的经济报道和相关信息获得的。

② 在施拉姆等的眼中，大众传播的经济功能并不仅仅限于为其他产业提供信息服务，它本身就是知识产业的重要组成部分，在整个社会经济中占有重要的地位（对此，我们在前文的上层建筑经济基础化中已经做过分析）。参见郭庆光．传播学教程［M］．北京：中国人民大学出版社，1999：114-115。

相反的情况、相反的逻辑同样存在。其次，通过发挥新闻特有的监督功能，可以在一定程度上促进某个经济活动主体、一定经济领域以至整个社会经济建设的健康发展。监测环境、发现问题、揭露丑恶是新闻媒介的基本职责，也是新闻报道能够发挥的重要监督功能。新闻媒介通过对经济领域中存在的各种不正常现象、腐败事件等的揭露和批评，引发全社会对相关问题的关注，形成普遍的社会舆论，从而以社会民众的舆论力量促进经济的健康发展。可以说，新闻的监督功能首先指向政治领域，其次就是指向经济领域。

第四，在新闻对经济的影响中，更准确地说是在二者的互动中，还有一些异常的方式需要注意。新闻媒体与商业机构、经济组织常常主动合谋，损害社会公众利益，为自己牟取不正当利益；新闻媒体凭借新闻媒介特有的公共性以及新闻报道特有的社会影响力，诱使或迫使一些公司、企业向媒体提供各种赞助或提供广告资源；更有甚者，通过有偿新闻、有偿不闻、公关新闻、广告新闻、新闻敲诈等诸多不正当方式获取不正当利益，实际也给企业造成了负面影响，损害社会整体经济的健康发展。

作为社会构成的一个特殊系统，新闻并不必然在任何条件下都能促进社会经济的发展，也并不必然能够促进社会文明、政治文明的健康发展，新闻同样不时地表现出它"双刃剑"的特点。不正当的或者不合理的新闻传播往往会引起社会动荡、政治混乱，也会导致经济生活的起伏。应该明白，不只是商业逻辑会腐蚀新闻逻辑，当新闻逻辑被扭曲时，它同样会腐蚀、扰乱经济逻辑、商业逻辑。

第三节　新闻与文化

文化是个含义十分丰富的概念，在一般意义上，是指人类创造的物质的或精神的活动成果。这里的文化是广义的，并不特指狭义的精神文化，即我们讨论的并不是新闻与哲学、宗教、道德、文学、艺术等的具体关系，而是与整体社会文化的关系。在这一意义上，实质阐释的就是新闻与社会的关系。从总体上说，新闻与社会文化之间是互动的，但更多的可能是，社会文化建构着新闻的整体图景，新闻则是呈现与传播其他社会文化的中介，并通过这样的方式塑造新闻文化自身的形象。

一、新闻是呈现、传播、建构文化的中介

新闻活动是影响极为广泛的一种社会文化活动。新闻媒介、新闻文本是人类所有其他物质文化、精神文化产品（信息）得以传播的重要中介之一，更是各种不同文化进行跨国、跨地区、跨民族交流的桥梁和载体。作为一种反映、呈现事实世界的基本方式，新闻文化、媒介文化首先是对社会文化的呈现，是对人们文化活动、文化经验、文化成果的呈现。从根本上说，是一定社会的文化整体决定着新闻文化、媒介文化的面貌，而不是相反。

其一，作为社会文化的载体和传播通道，新闻媒介、新闻传播直接呈现着社会文化系统特别是大众文化系统的整体发展状况。自从近代新闻业特别是大众化报刊诞生以来，

新闻媒介就成为与社会大众联系最密切、最普遍、最及时的一类文化媒介，新闻报道更是成为直接的、通俗性的大众文化文本、知识文本，因而大众文化的实际发展规模、速度和水平与新闻业的发展密切相关。也正是在新闻业的规模化发展过程中，在新闻媒介形态不断更新的过程中，在新闻传播收受方式不断变迁的过程中，社会文化景象在新闻媒介中得到了越来越清晰的整体性呈现。

伴随传播技术的提升、媒介形态的更新、新闻形态的演变，在历史的向度中，人们可以看到这样一条大致的轨迹：新闻报道的内容不断从狭小的空间走向宽广的世界，如今可以说包容了人类生活的方方面面；新闻传播模式从人际传播模式逐步走向大众化传播模式，如今则进入各种传播模式融合的新时代；新闻权利从少数人的特权变成了大众的普遍权利。与这样的过程相适应，新闻文化也由原初的民间文化为主①，经过精英文化为主，又在新的技术环境、社会条件下，在新的层次上重新回到了新的民间文化、大众文化的形式。新闻业的每一次革命性变革可以说同时给大众文化的发展带来了革命性的变革，新闻业的每一次进步都给更多的人带来了享受所处时代文化成果的机会和可能，新闻业的每一次提升都使相对新闻文化的其他文化获得了新的呈现方式，人们的日常生活世界得到了新的展现。

新闻业作为传媒产业、文化产业的重要部分，其各种新闻机构本身就是创制大众文化产品特别是新闻文化产品的文化实体。它们进行的生产与传播活动直接构筑着社会文化的宏观体系，塑造着社会的文化环境。新闻业以它自身特有的手段，使自己成为反映和传播各种文化的窗口、平台，成为文化普及、文化教育的媒介，因而新闻媒介常常被人们称为百科全书、知识的海洋、世界的镜子。新闻媒介与其他大众媒介一起构筑着每个人走入社会的文化通道、文化环境，经过媒介文化的不断洗礼，每个人逐渐成为社会人、文化人。新闻已经成为人在社会化过程中的一种重要中介。对于当代媒介化社会，人的媒介化过程就是人的社会化过程，而这些本质上都是文化的过程。

具有文化属性的新闻，不仅能够直接呈现新闻事实的形象，也在时时刻刻反映和呈现着事实产生环境的文化景象。

其二，新闻业是倡导、传播、传承一定社会主流文化，维护和建构一定社会主导价值观念的文化工具，同样也是不同利益集团之间展开意识形态合作与斗争的重要手段。新闻，由于其内容上日日常新、形式上及时公开、交流对话的突出特点，早已成为反映社会主流文化、维护和建构一定社会主导价值观念体系最灵活、最重要的手段，也早已成为利益集团之间进行意识形态合作与斗争的常用手段。

在特定社会里，新闻业总体上掌握在统治阶级、统治集团、统治阶层的手中，为了维护社会的统一性和稳定性，证明统治权力的合理性和正当性，统治者总会充分利用新闻媒介的各种优势，倡导、宣扬和建构统治阶级的政治、法律、文学、艺术、道德甚或宗教等各种文化观念，即统治阶级、统治集团、统治阶层总会通过新闻方式（和其他精

---

① 新闻最初的存在形式是民间的，即新闻是通过民间交流的方式进行的，而不是通过大众传播媒介进行的，因而，新闻文化的最初形式也只能是一种民间文化的形式。

神生产方式一起）建构和宣扬社会主导性的意识形态、核心价值观念、核心价值体系①。

其三，尽管新闻与其他文化形式之间的关系主要表现为新闻对他者的呈现，但在本质上，作为新闻文化表现形式的新闻，与其他各种类型的社会文化之间始终是互生、互动的关系。新闻文化正是在创造性地呈现、传播、传承他者的过程中，塑造了自己的特殊文化形象，也正是在与他者的互生、互动中，使自己成为整个社会文化系统的有机构成部分。实际上，不同领域的文化往往是以融合方式存在的、演变的，并没有十分清晰的界限，人们只是为了讨论的方便，才在逻辑上将它们分离开来。

新闻文化属性的内涵是丰富的，同时也是比较模糊的。丰富性是说，人类社会就是一个文化世界，是由不同领域、不同层次文化构成的一个文化世界；新闻事实产生于、发生在各种文化生活、文化领域之中，新闻从而能够在传收过程中表现出多样的具体文化属性。模糊性是说，也许正是这样的丰富性使得我们很难确切界定新闻的文化属性到底指一种什么样的属性。在直接性上，新闻是人类再现、陈述、呈现事实世界的一种特殊方式，是人类监测环境、守望社会的一种特殊认识方式，它不同于人类把握世界的其他方式；它是一种手段性的存在、中介性的工具，是纽带性和桥梁性的文化活动方式；它在漫长的历史演变过程中形成的目的，就是反映事实世界的有意义的最新变动情况。因此，我们可以把新闻的文化属性界定为新闻在传收过程中获得的能够呈现各种文化现象的属性。而新闻文化自身作为一种文化现象，正是在呈现其他文化现象的过程中塑造自身独立的、特有的文化现象、文化图景的。新闻文化是媒介文化的一部分，是中介性的文化。新闻在传收中能够获得特有的文化属性，使我们有足够的理由把新闻文本看作文化文本、文化载体，“新闻文化不仅是人类文化的有机组成部分，更是文化的文化，是文化的中介，是所有其他文化得以传播的重要渠道”②。

二、新闻是社会文化的产物

从一般的、宏观的层面上说，新闻是一定社会文化的产物。新闻活动、新闻文化是整个社会文化系统的一部分，所有新闻都是产生于一定文化环境中的事实信息；每一具体的新闻报道总是关涉某一具体领域的文化现象，或者诸多社会领域的文化现象。因此，一定社会实际的文化事实、文化追求从根本上决定着新闻能够呈现出的图景样式。可以说，有什么样的社会文化传统，有什么样的现实文化环境，有什么样的社会文化主导价值观念，就有什么样的媒介文化、新闻文化，就有什么样主导性的新闻文化价值观念，就有什么样具体的新闻报道内容及其报道方式，就有什么样的新闻传播景象和新闻图景。“新闻是依据一定的文化构建的。”③ 任何新闻都会蕴含所在文化环境的气息，而非简简单单的事实信息；脱离一定的文化环境，新闻本身是不可理解的。

① 一定利益集团的意识形态及其拥有的核心价值观念、价值体系实质上是一个东西。“价值观念与意识形态之间有本质的一致性。一般说来，阶级、政党、国家的价值观念就是它们的意识形态。因为任何一个社会意识形态体系的核心，实质上就是一定主体的价值观念体系。”参见李德顺．关于价值与核心价值［J］．新华文摘，2008（15）：35-37。

② 杨保军．新闻活动论［M］．北京：中国人民大学出版社，2006：60.

③ 刘建明，等．西方媒介批评史［M］．福州：福建人民出版社，2007：200.

新闻是一定社会中所有成员共同创造的文化产物，社会的新闻图景是在所有人的传播、收受中共同塑造的，不是某些人为另一些人创造的简单产物，这一点在当今媒体环境中表现得更加明显，而且这是一个历史的、绵延不断的过程。当然，我们必须承认，在塑造特定社会的新闻图景时，不同人群的地位、作用是有差别的，不同人群创制的新闻会有不同的社会影响力，这是由不同人群所处的社会文化地位与作用决定的。

一定社会的新闻文化观念只能形成于该社会的文化环境、文化传统之中。而社会文化的变革也必然引起新闻文化、新闻传播的变革。社会文化的单一性或多元性、整体性或多层次性，都会体现在媒介文化当中，体现在新闻文化当中，体现在具体的新闻报道当中。

从表面现象上看，职业新闻是新闻媒体的直接产物，是新闻传播者创制的一类特殊信息产品、精神产品。但透过这种表面现象，我们发现，新闻媒体、新闻传播者不过是社会系统的中介，不过是社会实现自身目的的中介或者手段；作为产品的新闻，不过是社会系统自然运行的部分产物。新闻传播者并不是绝对的、独立的主体，而是一定历史意志、社会意志的体现者、实现者。社会存在、社会文化的整体状况，以其巨大的客观力量从根本上左右着新闻业、新闻媒介、新闻传播、新闻符号世界的整体景象，而不是相反。我们在第九章关于“新闻依赖律”的阐释中实际上已经说明了这一点。

需要注意的是，新闻也可以通过自己的方式建构整个社会文化的面貌，最起码是建构社会整体文化景象的有效手段之一；新闻在社会文化面前并不是被动的镜子，只起映射反光的作用。相反，新闻在特定的社会环境中，会发挥新文化的动员者、组织者和引领者的作用；新闻通过对事实世界最新变动信息的再现和建构，常常处于社会文化变动的潮头。新闻文化和社会文化之间是一种互动的关系。尽管社会文化对于新闻来说具有前提性的、根基性的作用，但不能简单地把二者之间的关系归结为决定与被决定的关系，也不能简单地归结为新闻只是对社会文化具有一定的反作用的关系。

社会文化是流动性的，每一历史时代、历史时期都有某种主导性的文化潮流，而一定历史时代、历史时期社会文化的总体特征和趋势，往往决定着新闻的文化追求、文化品位和特征。如果政治生活成为一个时代、一个时期人们实际上关注的核心，政治文化便成为一种潮流，人们就会关注各种各样的政治观念，新闻也会成为相应的工具和手段，不仅宣扬各种政治观念，而且会把政治事实作为新闻报道的核心。如果经济生活成为一个时代、一个时期人们实际上关注的核心，新闻也会成为相应的工具和手段，不仅宣扬各种经济观念、经济理论，而且会把经济事实作为新闻报道的核心。同样，当整个社会的媒介文化追求娱乐化时，新闻也就很可能成为构筑这种文化的一种手段，也就是说，新闻选择的路径也只能是娱乐化的路径，这就是新闻的娱乐化或者娱乐的新闻化。自然，一定社会在特定的历史时代、历史时期、历史阶段，并不是以某种单一的文化潮流展开社会的文化演变，因而新闻媒介、新闻报道也并不是某种单一文化潮流的应声虫。但显而易见的是，社会文化的潮流总是影响甚至决定着新闻的潮流。

第四节 新闻与技术

技术特别是媒介技术的每一次革命性更新，都会同步或者延迟性引发新的新闻传播时代的到来。同时，新技术的不断发明创造，每每都会激发一些技术乌托邦主义的幻想，也会引起对技术异化的担忧。

一、宏观视野中的新闻与技术

从宏观的历史尺度上观察，人类新闻文化的整体图景确实离不开传播技术以及其他相关技术巨大的、根本性的支持。扩展开来看，“任何一种文化，如果缺少了独具特色的技术，它就无法成立”①。没有印刷技术，当然不会有建立在印刷报纸基础上的印刷新闻和印刷新闻文化；没有电子技术，当然没有电子媒介文化，也不会有建立在各种电子媒介基础上的电子新闻和电子媒介新闻文化；没有新兴的智能技术，就不会有智能新闻；没有互联网技术、数字技术，就不会有数字新闻；没有新兴媒介构成的基础设施，没有层出不穷的虚拟技术，人们就不大可能想象“元宇宙”中的新闻景象。这一逻辑将会适用于新的可能发明的任何传播技术支持的新媒介。新闻与技术之间的这一基本客观关系构成了我们讨论它们之间其他关系的前提。

技术的时代性在一定程度上界分了新闻活动的历史性、时代性。“传媒业是强烈依赖科学技术进步的行业，每一次传媒技术的进步，都会带来传媒格局的巨大变化和人类信息交流方式的革命性改变。”② 几乎所有的相关研究者正是通过媒介形态（技术）的历史变迁区分出不同的传播时代、新闻传播时代。所谓口语时代、书写时代、印刷时代、电子时代、网络时代、融合时代、智能时代等的区分，背后的实质正是传播媒介、传播技术的历史演变关系。媒介、技术成为区分不同传播时代的核心标准。但必须指出的是，这种划分有可能给人们造成一种错觉，以为造成不同传播时代的根本原因是唯一的，只有技术。事实上，新闻传播时代的区别是整个历史时代各种因素整合性的区别，也就是说，传播时代的划分依赖的不仅是技术，还有整个社会提供的政治、经济、文化等其他要素和条件。任何把技术看成唯一决定新闻传播景象因素的看法都不可能有足够的说服力。

从技术视野看，有什么样的技术，就有什么样形式的信息环境，就有什么样形式的新闻世界。印刷媒介所依托的印刷技术只能塑造出印刷新闻的景象，人们只能通过文字和图片（依赖摄影技术的支持）为主导的符号系统来想象现实世界的景象；传统的电子媒介所依托的传统的广播电视技术只能塑造出传统电子新闻的景象，人们可以通过声音和电视图像去理解、想象事实世界的景象；而依托网络技术、数字技术塑造出来的新闻

① 格里芬. 后现代精神［M］. 王成兵，译. 北京：中央编译出版社，1998：199.

② 喻国明，焦中栋. 中国传媒软实力发展报告［M］. 北京：同心出版社，2009：34.

景象和传统媒介时代相比已经发生了翻天覆地的变化，人们看到的、体验到的、想象到的实质上主要是由数字化符号系统塑造的新闻图景。当然，在共时态上，一定社会的新闻图景是由当时所有新闻媒介和所有新闻传播方式通过各种符号系统共同塑造的。

伴随传播技术的不断进步更新，新的媒介形态也随之一个又一个出现，结果是，媒介形态结构方式在不断变化，信息传播、新闻传播的总体格局也在不断变化。比如，仅大众传播媒介诞生以来，信息传播、新闻传播的总体格局已经经历了单一的印刷媒介阶段、印刷媒介和广播电视媒介三足鼎立的阶段、传统媒介与以互联网为基础的新兴媒介四分天下的阶段，就现在的发展趋势来看，已经出现各种媒介大融合的景象。媒介形态总体生态结构的变化、总体传播格局的变化，就新闻传播来说，意味着呈现新闻图景的方式在不断发生变化。如果不同时代拥有不同的主导性的媒介形态，那就意味着一定时代塑造和建构新闻图景的主导方式不同。

技术支撑的、创造的不只是新的媒介形态、新的媒介格局和新的新闻传播样式，更根本的是每一次划时代的技术创造、技术发明，都在创造新的传播主体和新的传播主体存在形式，同时也在创造新的收受主体，自然也会创造出新的控制主体和新的新闻信源主体。没有任何人工技术中介的面对面交流，就只能产生直接的“说者”和“听者”；有了书写的新闻，才产生了书写新闻者和新闻读者；有了印刷技术，才有可能产生大众化的传播者和大众化的读者；有了广播，才有了面向大众的播报者和大众化的新闻听众；有了电视，才有了直接把自身展现在社会大众面前的新闻传播者和大众化的电视新闻观众；有了网络技术，才会创造出大批的网络新闻传播者和收受者；有了手机技术，才有手机新闻传播者和收受者；有了智能技术，才有智能新闻的生产与收受，才有可能产生作为“拟主体”或“准主体”的人工智能体；有了各种技术的融合现象，才会产生融合技术以及融合传播所需要的具有“融合能力”的传播者，生产出融合新闻，也就自然出现了相应的收受者；有了博客、微博、微信以及各种社交媒介技术，才会出现相应的博客新闻、微信新闻、社交新闻；有了大数据技术，才会有大数据意义上的数据新闻。由此，与这些技术及其新闻相应的传收者或生产使用者也就出现了。有了这些不断更新的技术，也就有了与这些技术相适应的新闻采访、写作、编辑、播发（分发）、收受等新的样式。尽管技术不能决定一切，但技术确实影响着信息传播、新闻传播中的一切，这是不可否认的事实，这也正是我们在第九章所阐释的“技术主导律”所揭示的实质。

传播技术的高端化往往也是技术的大众化；技术的大众化带来了新闻的大众化，也以新闻的方式和力量促成了社会的民主化、政治的民主化。新闻形态的内在演变规律，在政治生活层面、社会生活层面的必然表现就是民主。越来越公开的新闻、越来越自由的新闻，要求的只能是越来越自由的社会、越来越民主的社会。

在历史与现实表现中，整体的新闻景象与传播技术水平在总体上是高度相适应的。人们能够在多大空间范围内了解世界的最新变化，在什么样的时间尺度上尽快了解事实世界的最新变化，都与传播技术因素高度相关。因此，可以在一定程度上说，在人类塑造新闻符号世界整体景象的过程中，技术在直接表现上是一个决定性的因素。但人们在一定具体的社会环境中能够看到怎样的世界景象，就不是单一的技术因素能够决定的。技术作为工具，在发挥其作用的过程中不可能离开政治、经济、文化等因素的影响，“技术的世界不是孤立的，也绝非自成一统。它与来自看似遥远的人类环境的各种因素相互作用”[①]。技术只是推动历史进步、信息自由、民主政治的各种社会力量之一。就新闻世界而言，技术以怎样的观念、方式建构新闻符号世界，不仅取决于技术本身的属性特征，更取决于能够操控技术的社会经济、政治等力量以及社会提供的整个文化环境的质量。

二、技术对新闻的建构

新闻图景是由新闻活动主体再现、建构的，但主体特别是新闻传播主体，不仅仅是通过操作符号系统再现、建构新闻图景，还总是要运用一定的传播技术手段去再现、建构新闻图景。因而，作为中介手段的技术对新闻图景样式、色彩的影响是必然的。

任何传播技术一旦产生，便具有自身的客观性和独立性，有特殊的技术支持和对不同符号系统的偏向性要求，总是具有某些超越新闻活动主体特定能力的功能，在新闻传播过程中可以发挥特殊的作用。人们看到，伴随人类文明发展的步伐，新闻传播的技术依赖性越来越强，今天人们看到的新闻图景几乎都是在一定技术支持下的产物。

传播技术决定着特定时代新闻图景的整体呈现方式和结构方式，而在具体的新闻传播中，技术、机器也已经贯穿于新闻活动的各个环节或者说整个过程。[②] 人们能够看到、听到、感觉到的新闻，几乎全是一定技术中介化后的产物。技术以其特有的方式再现着、建构着新闻的面貌。在新闻事实与人们之间，技术中介的作用和影响越来越大。甚至可以说，技术与新闻不是相互分离的，而是相互建构的。技术在新闻生产、传送、收受过程中越来越被建构出神奇的形象，已经渗透进了新闻的骨子里。

技术不仅限定了人们对新闻事实的把握，也在一定程度上限定了人们新闻认识、新闻活动的方式。现代技术作为一种框架，对它所涉及的存在起着框定的作用。技术的标准、模式、运作的轨迹都要求相关存在（包括人）与之适应，技术逻辑似乎左右着新闻逻辑，正如人在操作机器时要服从机器的运行规则一样。[③] 当下制度化、组织化、规模化、标准化的新闻生产传输系统，可以说在很大程度上正是依赖于一系列技术组建的技术系统。离开现代技术、当代技术体系，特别是离开被看作“元技术”的互联网技术[④]、数字技术，我们就没有今天的新闻生产方式、传输方式和收受方式。

新闻报道过程中依赖的不仅是广义的传播技术、新闻技术，还可能涉及其他技术。人们有时只有在一定的技术条件下才能比较准确地发现、观察报道对象的真实面目。只有技术能够触及的地方，能够把握的事物，才能变成新闻报道的领域，当今的大数据技术、计算技术、数字技术以及一系列新生的智能技术，都在说明这一点。新闻能够报道的领域也将随着各种技术的提升和发明得到不断的开辟。可见，技术不仅在建构现实的新闻景象，也在建构可能的新闻图景。

如今，在可视听的世界中，人们能够看到、听到世界变化的可能性在很大程度上依

---

① 芒福德．技术与文明［M］．陈允明，王克仁，李华山，译．北京：中国建筑工业出版社，2009：9.
② 彭兰．数字新闻业中的人-机关系［J］．新闻界，2022（1）：5-14，84.
③ 海德格尔．技术的追问［M］//孙周兴．海德格尔选集：下．上海：上海三联书店，1996：945.
④ 姜华，张涛甫．传播结构变动中的新闻业及其未来走向［J］．中国社会科学，2021（8）：185-203，208.

赖于技术的可能性，因而技术的可能性也就成为人的可能性，这也恰好说明人是技术动物，技术在一个重要的维度上显现着人的本质或能力。一个什么样的事实世界、事实景象能够呈现在人们的面前，往往要看人类拥有什么样的技术能力和现实的技术手段。这种现象不只是表现在科学世界中，也越来越表现在新闻世界中。对于电视观众来说，摄像技术探索不到的角落，也就是人们眼睛看不到的死角，摄像技术观察不到的微小变化，也就是人们眼睛觉察不到的细节。技术在为人们建构着事实的景象，人们通过技术手段提供的信息来想象事实的全貌。技术已经成为人们“广泛”和“深入”了解事实世界的基本的、必需的中介。人们看到的世界越来越成为传播技术中介过的世界。通过黑白图片、黑白电视，人们只能看到事件的黑白静态呈现和黑白动态过程，然而，事实、事件本身的色彩并不一定是“黑白”的；只有通过保真度很高的收音设备，人们才能听到真实的现场声音；通过各种数字技术、虚拟技术，人们可以沉浸在符号世界之中，去身临其境体验新闻场景、新闻事件。① 人们把中介过的世界当成真实的世界；而看不到、听不到、感觉不到的世界，就是对感觉不存在的世界。一方面，隐蔽的事实可能在技术的中介下被揭开了神秘的面纱；另一方面，赤裸裸的事实世界也有可能在技术的装扮下，戴上了神秘的面纱。在新闻的技术建构中，人们似乎已经看到了这样的奇怪景象：“机器越来越聪明，人越来越笨。”② 人已经没有足够能力通过他们的感觉直接面对真实的世界。机器能够看到的、发现的，就是人能够看到的、发现的。机器如果出错，人就只能跟着出错，电脑死机了，人脑也就跟着无所作为了。技术的边界成了人们了解世界的边界，技术的“清晰度”也就是人们了解世界的“准确度”。我们不会否认机器的聪明本质上乃是人的聪明，机器的眼睛乃是人的眼睛；如果人是愚蠢的，机器就不大可能聪明；如果人是盲人，机器的眼睛就不大可能明亮。但也不要忘记这样的事实：机器、技术一旦产生，便具有相对独立的功能、客观的运行逻辑，并不是人可以随心所欲驾驭的；反过来，人常常不得不按照技术的要求设计自己的意图。因此，技术的建构功能是现实的、不可避免的。在现象表现上，人不过是技术系统运行的一个环节，因而新闻的技术建构确实是难以否认的事实。

技术在今天对新闻活动的影响超过了以往任何一个时代。仅就新闻的创制来说，几乎所有的新闻记者、新闻编辑，都越来越依赖摆在他们面前的电脑、穿越他们神经的互联网以及其他各种技术设备。关于一个事实的形象，往往不是记者眼睛看到的，而是网络的数据库建构的。关于同一事件、事实、人物等的各种庞杂的、鱼目混珠的真假信息，通过无数条网络渠道蜂拥到记者、编辑的面前，它们成了记者、编辑的新闻源，它们是记者、编辑创制新闻的基础。记者们不再是采访新闻，而是在组合新闻，至于组件的真假，他们自己是说不清楚的，也无法准确判断。他们其实成为技术加工的出口，新闻其实是被技术建构出来的。

在关于具体新闻事件、新闻事实的报道和收受层面上观察，技术对新闻的建构作用更是不可忽视。一些新闻事件、新闻事实只有与一定的媒介技术相匹配、相适应时，才

① 杨保军，刘泽溪．试析场景新闻真实的特征［J］．当代传播，2020（4）：4-8，25.
② 张一兵．无调式的辩证想象［M］．北京：三联书店，2001：35.

能得到比较到位的报道和呈现，新闻成了传播（适应）技术选择的结果。如果有些新闻事实难以通过一定的传播技术进行呈现，它们就可能失去得到报道的机会。摄像机能够“抓到”的事实，才能成为新闻事实；录音机能够“听到”的声音，才能成为新闻声音；数据挖掘技术能够处理的数据，才会转化成数据新闻；进入计算范围的数据，才能成为算法新闻。从原则上说，技术一旦建构了报道的边界，也就等于建构了收受的边界。

技术对新闻事实的再现和建构还有一些特殊的表现。比如，偷拍、偷录等，首先依赖于一定的技术手段。没有这样的技术，也就施行不了相关的行为，实现不了一些相关的目的。没有证实丑恶的技术，罪恶往往难以揭露。同样，没有造假的技术，假是造不出来的；没有高明的技术，不会有高明的造假。现在的传播技术使一些新闻事件可以重现，让人们重新表演，人们利用一些技术可以轻易改变、组装、扭曲事实的真实面目。因而，技术不仅成了揭露真相的手段，也成了建构虚假新闻的手段。技术的“双刃性”“多面性”功能在新闻的再现与建构中得到了淋漓尽致的表现。

对技术的运用应该是有限度的。没有限度的技术，就有可能成为疯狂的技术；过度使用的技术，就有可能给人类带来难以预料的恶果。而这里的关键，永远是技术背后的人。

第五节　新闻与日常生活

人与新闻的关系问题，最为普遍也最为基础的表现是新闻与人们日常生活的关系问题。新闻不仅是人们的日常生活资料，也是人们日常生活的一部分，更是人们参与各种社会生活、政治活动、经济活动、文化活动的基本“中介化活动”“中介资料”“中介工具”。“新闻活动是几乎贯穿在人类所有其他生活活动和社会实践活动中的一种前提性活动、基础性活动、中介性活动。”[①] 在当今信息社会、数字化环境中，新闻与人们日常生活的关系越来越紧密。

一、日常新闻活动

新闻活动本就是人们日常生活世界的自然组成部分。新闻活动是人类的固有活动，新闻需要是人类的基本需要。新闻活动是贯穿人类历史的日常活动的一部分。新闻业诞生以来社会分工意义上的职业化、专业化新闻活动的历史不过是新闻活动历史长河中的瞬间，数字化环境中兴起的其他新闻活动方式更是新近事物。职业新闻活动没有也不可能替代日常生活世界中自然而然的、生活化的新闻活动。而且，伴随媒介技术的人性化演进[②]，新闻与人们的日常生活世界越来越近，新闻让人们的沟通越来越接近生活的原型状态、原生面目。

---

① 杨保军．新闻主体论［M］．北京：人民日报出版社，2016：1.

② 莱文森认为，“媒介是朝着增加人类功能的方向进化和发展的”，这是一种“人性化趋势”。参见莱文森．人类历程回放：媒介进化论［M］．邬建中，译．重庆：西南师范大学出版社，2017：中文版序言2。

日常生活世界是“人类可以置身其中并通过其生命有机体的活动而能够对之进行改造的地方”[①]，“日常生活”是指日常生活世界中的生活，是相对“非日常生活”而言的，主要是指由衣食住行、婚丧嫁娶等日常消费活动、日常交往活动和日常观念活动构成的活动。日常生活“是每一社会行动、制度和人的一般社会生活的客观基础”[②]，“是所有活动交汇的地方”[③]。每个人都是日常生活中的人，“否则，他就完全不是人”[④]。

日常生活世界中的新闻生产，面对的是整个日常生活世界中的事实、生活周遭的环境，特别关注的是日常生活世界中的各种现实的、现时的变化。日常生活本身就是新闻的对象，就是新闻的源泉，这其实是所有新闻活动也是所有新闻的根基。日常生活世界中的新闻，关注的主要不是严肃的“大新闻”，而是日常生活世界中无数的“小新闻”，如衣食住行、婚丧嫁娶、家长里短等等。这可能是真正的“新闻泛化”或“泛化新闻”。[⑤]也就是说，这样的新闻，关心的是“‘自己的’而且最切近的‘家常的’周围世界”[⑥]。但这并不是说日常新闻（也可称之为生活新闻）关注的是日常生活中所有事无巨细的生活事实信息，日常新闻对生活事实信息也是有所选择的，它更倾向于生活事实信息中那些能够引起人们关注、议论、兴趣的事实信息，其实就是生活事实信息中那些有新闻价值的信息。

日常新闻的提供者、生产者、传播者、分享者、共享者都是日常生活的“主人”。他们生产传播新闻，并不是为了新闻本身，他们甚至没有什么自觉的新闻意识或新闻观念，生产传播生活新闻就是他们日常生活自然而然的构成部分，而不是日常生活中额外的事情。

日常生活中的新闻交流方式，具有生活化的突出特点。日常生活世界中的新闻生产传播、新闻交流都是生活化的，是按照日常生活的节奏、习惯方式展开的。生活新闻的交往、交流，更看重的是与我们生活圈中熟人的交往。随意的“闲言碎语”“闲话”“聊天”甚至“交头接耳”，都是日常生活世界中交流新闻的方式。可以说，日常生活中所有话语的交流方式，都有可能成为日常新闻的交流方式。生活新闻的交流场所、地点、场景是自由的、开放的，门前院落、田间地头、街角路旁、茶几饭桌等，都是人们交流生活新闻的可能场所。可以说，日常生活的所有场景都有可能成为交流生活新闻的场景。

日常生活世界中的新闻活动是伴随整个日常生活世界演进、变革的。日常生活本身就是历史性的，不同时代有着不同的日常生活方式或形态。日常生活世界中的新闻交流，自然会受到日常生活世界本身变化的影响，会受到社会整体发展、媒介环境整体变化的作用和影响。因而，在不同时代的媒介环境中，作为日常生活世界组成部分的新闻活动会有不同的活动形式。

---

① 库尔德利，赫普．现实的中介化建构［M］．刘泱育，译．上海：复旦大学出版社，2023：239.

② 赫勒．日常生活［M］．衣俊卿，译．哈尔滨：黑龙江大学出版社，2010：英文版序言4.

③ 列斐伏尔．日常生活批判：第1卷：概论［M］．叶齐茂，倪晓晖，译．北京：社会科学文献出版社，2018：90.

④ 同③117.

⑤ 杨保军，张博．新闻泛化与当代新闻理论研究的“下沉”［J］．中州学刊，2021（4）：164－172.

⑥ 海德格尔．存在与时间：修订译本［M］．陈嘉映，王庆节，译．北京：三联书店，2014：93.

二、日常新闻活动与其他新闻活动的关系

尽管日常生活世界中的新闻活动与其他类型的新闻活动在当今信息社会、数字化环境中日益融合，但它们之间在客观上必定还是有区别的，也有着不同的功能作用。

日常新闻与职业新闻、其他非职业新闻有着不同的生产传播主体。日常新闻的生产传播主体是日常生活世界中的所有人；而职业新闻生产传播主体是职业新闻人及职业新闻组织机构，平台媒体、机构媒体以及其他类型的自媒体则是非职业新闻生产传播主体以外的社会化、公共化新闻的生产传播主体。

日常新闻与职业新闻、其他非职业新闻有着不同的生产传播内容、方式。日常生活世界中的新闻生产传播活动本身就是日常生产活动、再生产活动的有机构成部分。日常新闻关注的主要不是职业新闻重点关注的那些与一定社会整体利益或公众兴趣相关的新闻，而是日常生活主体所在的具有私人化特点的日常生活世界本身的新闻，日常生活世界周遭环境中可及的新闻，属于“身边新闻”。这样的新闻以专业眼光看来可能无法算作真正的新闻，但对日常生活世界中的“生活人”来说，则是更有趣的新闻。

日常新闻交流的方式有自身的特点，主要是一种私人化的或半私人化的交流，至多是一定日常生活圈或生活范围内的交流。在前数字化媒介环境中，日常新闻的交流主要通过人与人之间面对面的方式展开。在数字化媒介环境中，传统的新闻交流方式依然存在，而通过数字媒介的中介化交流越来越成为重要的方式，但生活中的人们依然会自觉控制生活新闻的交流范围，并不希望这样的新闻成为普遍的社会化新闻。

日常新闻与职业新闻、其他非职业新闻有着不同的功能作用和目标追求。日常新闻拥有自身的观念，那就是生活本身的观念。日常新闻的功能作用，就是让生活变得丰富起来、有趣起来。人们在交流日常新闻的过程中创造了休闲聊天的机会，创造了相互沟通理解的可能，并以日常新闻为中介建构或维持生活中的各种关系。职业新闻是以公共利益为根本目的的新闻，它以忠于事实、揭露真相、监测环境、守望社会、服务大众为理想目标；而其他非职业的机构新闻、平台新闻及各种类型的自媒体新闻，尽管以大众化、公共化的方式传播，但公共利益并不必然是其追求的主要目标，传播主体很有可能把自身的各种利益当作工作出发点。不管如何，这两类新闻尽管与人们的日常生活有着内在的关系，但它们的目标显然并不直接指向人们的日常生活。

三、非日常新闻与日常生活交往的关系

日常新闻活动本身交流的主要是身边的新闻，并不能促进人们对更远环境的了解和理解，而日常新闻以外的其他新闻正好可以弥补这样的不足，这就使得非日常新闻具有了特殊的地位和作用。

非日常新闻是不同日常生活世界中人们相互沟通的基本中介。在普遍意义上，人们生活在共同的日常生活世界中，但不同人其实生活在不同的、具体的日常生活世界中。同样是日常生活，不同人的日常生活可能有着很大的差异。不同日常生活世界之间的沟

通，有许多不同的渠道，但基本渠道之一是作为“媒介”的新闻。非日常新闻可以把不同日常生活世界中的人在某种程度上连接起来，以日复一日、日日常新的方式，在一定程度上搭建起了不同生活世界中的人之间实现日常沟通的中介或桥梁。在数字化环境中，这样的沟通更容易实现。只要各种类型的新闻生产者能够以公开化的方式将日常生活世界的变动情况反映呈现在数字化空间中，人们就有机会获知并展开可能的沟通交流。

非日常新闻是沟通日常生活世界与非日常生活世界的关键中介。“认识世界是人的实际的、日常生活的任务。”[①] 而日常新闻作为沟通不同群体之间、人与人之间的中介，则更多体现在日常生活世界之中。但任何人都是日常生活世界与非日常生活世界中的统一存在，不仅需要知道日常生活世界中的新闻，也需要知晓非日常生活世界的变动情况。而身在日常生活世界中的人们，要想了解非日常生活世界的现时变动情况，就得依赖以职业新闻、平台新闻、机构新闻等为主的非日常新闻或公共化新闻。

非日常新闻将远处世界的变动情况以新闻符号方式“拉入”人们的日常生活世界中，呈现在人们面前，使日常生活世界中的人们能够看到非日常生活世界的新闻景象，其实际上是“把个人同国家和世界联结起来的有声的纽带”[②]。人们对自然世界与社会世界最新变动情况的了解，人们对一定社会以至整个世界政治、经济、文化、技术、军事、外交等领域变动情况的了解，最便捷的通道就是各种新闻媒介，最有效的方式就是获取各种公共化新闻。

非日常新闻是接近常识的信息形式、知识形式，也是易于被日常生活世界中的人们理解的信息形式、知识形式。非日常新闻的这一特点，意味着其对人们理解他人、理解世界有着特别直接、方便的意义或价值。在数字化环境中，各种新闻已经弥漫、渗透、镶嵌到人们整体的生活世界之中，新闻不再只是特殊的事实信息，也是沟通人与整体事实世界以及人与人之间关系的中介，更是构成了人们工作、学习、休闲的整体环境氛围。

新闻就在我们周围，我们就在新闻之中，新闻世界也是人们的生活世界。“新闻业填补着我们日常所读、所见、所听与所知之间的空白。”[③] 今天的人们已经被信息时代的技术“裹挟”了，已经生活在越来越广泛化、深度化的媒介世界之中。我们的日常沟通不仅包括直接的面对面交流，通过电视、电话、网络平台、应用程序等进行的中介化沟通以及通过其他一些方式进行的交流已经与面对面交流交织在一起。[④] 媒介生活、新闻生活是整个日常生活世界的渗透性、弥漫性存在，嵌入了整个日常生活世界之中，而新闻已经成为所有人感知、理解环境变化离不开的“触角”。

复习指点

关键概念

新闻关系　文化　媒介文化　新闻文化　新闻文本

---

① 列斐伏尔．日常生活批判：第1卷：概论［M］．叶齐茂，倪晓晖，译．北京：社会科学文献出版社，2018：150.

② 马克思恩格斯全集：第1卷［M］．2版．北京：人民出版社，1995：179.

③ 泽利泽．想象未来的新闻业［M］．赵如涵，译．北京：中国人民大学出版社，2022：107.

④ 库尔德利，赫普．现实的中介化建构［M］．刘泱育，译．上海：复旦大学出版社，2023：21.

思考题目

1. 政治与新闻的关系
2. 经济与新闻的关系
3. 文化与新闻的关系
4. 技术与新闻传播的宏观关系
5. 技术对新闻的建构

必读文献

凯尔纳．媒体文化：介于现代与后现代之间的文化研究、认同性与政治［M］．丁宁，译．北京：商务印书馆，2004.

艾伦．新闻文化［M］．方洁，陈亦南，牟玉涵，等译．北京：北京大学出版社，2008.

吴国盛．技术哲学讲演录［M］．北京：中国人民大学出版社，2016.

莫斯可．传播：在政治和经济的张力下：传播政治经济学［M］．胡正荣，张磊，段鹏，等译．北京：华夏出版社，2000.

杨保军．扬弃：新闻媒介形态演变的基本规律［J］．新闻大学，2019（1）.

选读文献

喻国明，丁汉青，刘彧晗．媒介何往：媒介演进的逻辑、机制与未来可能：从5G时代到元宇宙的嬗变［J］．新闻大学，2022（1）.

芒福德．技术与文明［M］．陈允明，王克仁，李华山，译．北京：中国建筑工业出版社，2009.

姜华，张涛甫．传播结构变动中的新闻业及其未来走向［J］．中国社会科学，2021（8）.

陈龙．传媒文化研究［M］．北京：中国人民大学出版社，2009.

吴飞．媒介技术演进脉络的哲学考察［J］．新闻记者，2018（12）.

第十四章
新闻符号世界

提　要

在事实论视野中，现实世界是一个事实世界；在新闻学视野中，事实世界是由一般事实和新闻事实构成的。新闻符号世界是对事实世界特别是新闻事实世界的反映、再现和建构。人类可以通过各种媒介手段再现、建构新闻符号世界。新闻符号世界既有可能真实再现新闻事实世界，也有可能虚拟、扭曲新闻事实世界的真实面目。新闻事实世界和新闻符号世界是两个性质不同的世界，是相互作用的两个世界，也是同步变化的两个世界。人们既生活在客观的感性世界之中，也同时生活在主观再现、建构的符号世界之中。从事实世界与符号世界关系角度把握新闻传播，是新闻关系论的最高层次。

在人类进入信息时代、媒介化社会之后，人们尽管依然生活在实际的事实世界之中，但同时也难以离开媒介所构建的符号世界、新闻传播所塑造的新闻符号世界。符号世界把人们直接经验不能感知的世界景象呈现在人们的脑海里，成为人们想象世界、理解世界、设计生活、创造未来的信息资源。现代媒介同现代生活已经不可分割地相互交织在一起，共同编织塑造着人们的生活世界。本章主要从新闻传播的角度讨论事实世界、符号世界及其相互关系，以便从更为宏观的层面上把握新闻传播与整个事实世界的关系。

第一节　事实世界与符号世界

我们生活在多种世界之中，有感性的事实世界，有人类自己塑造的符号世界[①]，还有每一个体独特的精神世界、心理世界。从新闻传播的角度看，我们生活在三重世界之中：一是感性的现实的新闻事实世界，二是由丰富多彩的新闻报道塑造的新闻符号世界，三是

① 从 2021 年开始热烈讨论的“元宇宙”，本质上也是一个与现实世界相对又根源于现实世界的符号世界，是由数字技术创造的、不断更新变化的数字符号世界。

人们对事实世界感知反映，对媒介符号、新闻符号理解之后形成的心理世界。这与我们对新闻“三态”——本源态、传播态和理解态（或收受态）——的逻辑描述是完全一致的。对生活在现实世界中的人来说，这三重世界可以大致概括为两个世界：新闻事实世界和新闻符号世界。因为心理世界实质上是理解了的事实世界和符号世界的统一体，新闻事实世界又是事实世界中一个特殊的小世界，同样，新闻符号世界也是符号世界中一个特殊的小世界。

一、事实世界与新闻事实世界

我们这个世界是由物质、能量、信息构成的统一世界，它们都是客观存在物，都是事实性的存在，因此用事实论的方式解释世界，这个世界就是一个由无穷事实组成的动态的事实世界。人类为了与这个世界和谐相处，求得自己的生存和发展，运用各种方式去认识这个世界、把握这个世界、改造这个世界，新闻方式或新闻手段便是其中之一。

面对这个包含着无数具体事实的世界，当人们用新闻眼光去观照时，它就可以简单地分为一般事实世界和新闻事实世界。被人们称为新闻事实的那些事实，实际上分布在整个事实世界之中，而且是一种与一般事实世界一起的历史的、日日常变的分布。如果设想能够在某一时空范围将所有的新闻事实从一般事实世界中分离出来，那就会看到，新闻事实世界只是事实世界中一个特殊的小世界，而在这个小世界中又只有一部分是能够得到报道的新闻事实（见图14-1）。尽管如今非职业新闻风起云涌，但能够得到报道的新闻事实或能够得到呈现的新闻事实依旧只是一小部分。也就是说，能够被符号化或转化为传播态的新闻事实其实是相当有限的，因而，如何从符号学视野中关注和研究新闻现象是新闻学探索的一个重要维度。①

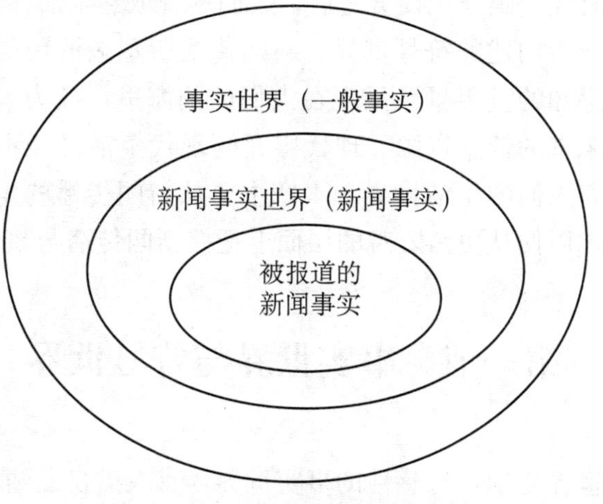

图14-1 事实世界与新闻事实世界

事实之间的差异性使我们能够对事实做出分类，进行侧重不同的观察和研究，从而把握个别事实、特殊事实的个性和特殊性，认识和理解它们对人类生活的特殊意义。新

① 蒋晓丽．走向符号学：新闻学研究的拓展与深化［J］．中外文化与文论，2015（3）：1-8.

闻传播正是将那些具有某种个性的事实、具有特殊性的事实从一般事实世界中选择出来，再现（也必然会建构）给人们和社会，让人们了解世界的最新变化和特殊的变动，以调适自己的行为，应对环境的变化。

事实之间的关联性使我们能够通过对个别事实、特殊事实的把握，一定程度上实现对整个事实世界的了解或认知。事实世界是统一的，事实之间是相互联系的，这正是我们能够通过个别、特殊在一定程度上掌握一般的客观根据。新闻传播也正是将事实世界中那些典型的、突出的、非常态的、引人注目的事实选择出来，加以反映和报道，从而使人们通过个别、特殊来透视一般，通过点和线来洞察事实世界的面和体。新闻传播的社会意义和价值就在于它通过对新闻事实的报道，达到对整个社会和整个事实世界一定程度的真实反映，使人们的生存和发展处于一种及时的自知、自觉状态。

新闻事实是一些特殊的事实，它们能够以自身的特殊性从一般事实世界的大背景中“跳跃”或“凸显”出来，对人们形成强烈的吸引力。

需要进一步说明的是，在新闻事实范围内，有些事实属于典型的新闻事实，就是说有些事实具备较为完备的新闻价值属性或者新闻性。而相对于典型性新闻事实来说，有些新闻事实的新闻价值属性不明显或者不强，可以称之为非典型性新闻事实。简单说，不同的新闻事实尽管都是新闻事实，在属性特征上具有诸多的“家族相似性”，但它们具有不同的典型性。典型性越明显，新闻性越强；典型性越不明显，新闻性就越弱。因此，在新闻事实与非新闻事实之间，其实是有一个交叉或模糊区域的，并且，在新兴媒介环境中，这种模糊性越来越强，新闻事实与非新闻事实的边界越来越不清晰。新闻事实的新闻性其实是有一个层级差别的，在新闻事实范围内，不同的事实与典型性新闻事实有着不同的递属关系。正因为如此，有时我们很难绝对地将一些新闻事实与一般事实区分开来，也就是说，在新闻事实与非新闻事实之间很难划出绝对的界限，二者之间确实存在一个相对比较模糊的交叉地带。大概正是这样一些原因（当然还有其他原因），造成了新闻的“漂移”“泛化”和“伪新闻”。①

面向现实世界，人们会发现，作为新闻资源的新闻事实在事实世界中的分布是不均匀的。有些地域、有些领域、有些国家、有些人群、有些民族等，由于各种各样的原因，更容易“生产”“制造”新闻事实，属于新闻事实的“富矿”区，它们的世界似乎就是新闻事实的世界；相反，有些地域、有些领域、有些国家、有些人群、有些民族等，很难“生产”“制造”出引人注目的新闻事实，属于新闻事实的“贫矿”区，它们的世界似乎就是无声无息的一般事实世界。因此，人们看到，不管是自觉的还是不自觉的，新闻传播媒介常常把绝大多数目光投射在前者身上，它们实质上分配了新闻媒体的注意力；相反，后者则很难得到新闻传播媒介的青睐，它们实质上成了新闻媒介遗忘的对象。这种现象的背后深藏着诸多需要厘清的事实问题和价值问题。新闻传播中的不平衡现象、歧视现象等，都与新闻事实世界本身的构成特点息息相关，当然也与不同人群所持有的各种价值观相关。那些不断生产“好”新闻的时空，并不一定就是好时空；那些没有多少

① 杨保军，朱立芳．伪新闻：虚假新闻的“隐存者”[J]．新闻记者，2015（8）：11－20．杨保军，李泓江．新闻的“漂移”及应对之道[J]．新闻记者，2018（10）：19－28．杨保军，张博．新闻泛化与当代新闻理论研究的“下沉”[J]．中州学刊，2021（4）：164－172．

新闻的地方，也许正是和平安宁的好地方。

二、符号世界与新闻符号世界

在符号学的视野中，人是符号动物。作为现实的生活者，人离不开实实在在的事实世界，同样也离不开自己创造的符号世界。符号世界并不是外在于人的存在物，也不只是人的生存发展环境，它就是人自身的一部分，或更准确地说，它就渗透在人的本质之中，具有本体论的意义。人类正是通过符号世界的创造才为自己创造了一个特有的文化世界、精神世界。

人类创造的符号世界从宏观上大致可以分为三类：一是关于自然世界的符号世界，突出体现为自然科学；二是关于人类社会的符号世界，最典型的表现就是社会科学；三是关于人类精神世界的符号世界，核心就是人文学科。但在以科学方式、科学水平存在的符号世界之外，还存在一个日常生活方式和日常生活水平的符号世界。符号世界实际上划出了人类身在其中、心在其中的世界的边界。

对于人类中的每一个体来说，符号世界是其理解这个世界的中介，是把事实世界引渡到人们面前的手段。马克思就曾说过，出版物“是把个人同国家和整个世界联系起来的有声的纽带”①。人们对直接经验以外世界的了解和把握，对自身之外的他人精神世界、心灵世界的理解，在一定程度上都依赖于符号世界，依赖于符号世界自身的结构和形式，“对于人们来说，发生在另一时空体系的事实，是通过语言的叙述才进入我们的视野的”②。而“语言结构和语言形式确实影响并决定着人对他自己以及他周围的世界的理解”③。人是通过自己内在的符号世界与外在的符号世界进行交流和相互作用的方式去理解自己和世界的。人们理解符号世界的方式在本质上与构建符号世界的方式是一致的。事实上，只有内在的符号世界与外在的符号世界具有相同的或相似的结构方式、意义规范时，人们才能理解其所面对的符号世界。

新闻符号世界就是人们通过新闻手段、运用新闻符号所塑造的符号世界，它是整个符号世界的一部分，是整个符号世界最为活跃的一部分。④ 对于生活在当代的人们来说，各种传收媒介特别是大众传播媒介是塑造新闻符号世界最有力、最有效的手段，“几乎一切新闻都来自大众媒介，结果，我们脑子里的一切形象几乎都来自遥远的环境”⑤。新闻符号世界已经是我们理解事实世界最新变化的绝对中介，离开对新闻符号世界的理解，人们也就无法了解狭小感性时空之外的世界。人们通过新闻符号世界才能进入他们遥不可及的事实世界，才能在一定意义上超越时空限制，以马克思所说的用时间去消灭空间

---

① 马克思恩格斯全集：第1卷［M］. 北京：人民出版社，1956：74.

② 韩震，孟鸣歧. 历史理解意义：历史诠释学［M］. 上海：上海译文出版社，2002：106.

③ 沃克迈斯特. 科学的哲学［M］. 李德容，王梅，刘绪平，译. 北京：商务印书馆，1996：496.

④ 新闻符号是用来表征新闻事实、新闻信息的符号，与人类表征其他事物的符号是一个符号系统。同一符号系统可以运用在不同的表征领域。口语、文字、图像、影像等各种符号系统都可以用来表征新闻事实；自然语言符号、数字语言符号、数据语言符号、数字化语言符号等都可以用来表征新闻事实、新闻信息。

⑤ 施拉姆，波特. 传播学概论：第2版［M］. 何道宽，译. 北京：中国人民大学出版社，2010：15.

的方式[①]，以人类的一分子或以世界公民的一员的身份去了解想象自己的世界。在一定意义上说，正是新闻符号世界的塑造和存在使个人获得了世界性存在的意义，变成了作为人类的一分子。也许，正是在这样的过程中，人类才将自身想象为全球共同体，甚至是命运共同体。

通过符号世界特别是新闻符号世界，人们不仅在观念世界中获得了世界性的存在，也在实际生存与发展中获得一种解放性的存在。传播技术的日新月异把这个世界变成了“地球村”，致使如今的交往，不管是物质性的交往还是精神性的交往，都超越了狭小的地域性和狭隘的精神性，具有世界交往的意义。每一个民族、国家、地区，每一个个体都进入世界交往的体系之中。个人的自由、完善和发展在符号世界特别是新闻符号世界中找到了新的契机。

新闻符号世界为人类创造了一个近似的、共同的符号世界。不同人生活中所面对的现实的感性时空世界是有很大差异的，但在全球化所造成的全球性传播环境中，人们面对的新闻符号世界却具有更多的相似性。人类永远都不可能生活在同一具体的感性时空世界中，却完全有可能生活在比较近似的新闻符号世界中。与其他符号世界比如文学符号世界、理论符号世界、宗教符号世界等相比，人类拥有的共同符号世界更多的可能是新闻符号世界。共同的新闻符号世界使人类充分意识到他们生活在同一时空中，生活在同一个地球上，面临一些共同的问题，有着作为人类的共同命运。通过新闻方式的“拉近”与“播远”[②]，新闻符号世界使人们形成了及时的相互了解，形成了具有全球规模的互动交流，成为一体性的共在。当然，对于新闻符号世界的共同性或相似性，我们不能做过于乐观的描述，因为今天的世界仍然是一个以区分为前提的统一世界，仍然是一个文明差异、文化差异等客观存在的世界，仍然是一个充满各种矛盾冲突的世界。

三、新闻符号世界的特征

作为符号世界的一部分，新闻符号世界具有符号世界的一般特征。同时，由于新闻符号世界是通过新闻手段创造的，因而它与运用科学方式、理论方式、文学艺术方式、宗教方式等创造出的其他符号世界相比，一定会有自身的一些个性特征。

（一）作为符号世界的一般特征

其一，新闻符号世界的相对独立性。新闻符号世界一旦被创造出来，就不会依赖新

① 马克思恩格斯全集：第46卷：下册［M］. 北京：人民出版社，1980：33.

② 就现实而言，对于确定的主体来说，新闻是将远处事实变动情况“拉近”的最快信息方式。任何确定时空中的人们，能够直接经验的事物范围是极其有限的，只能以信息方式、符号方式获取和了解远处的变动，理解和把握远处变动与自身的各种可能联系，这是一个“去远”或“拉近”的过程。同样，对于确定的主体来说，要想与远处的人们形成真实的互动交流，就得把身边及自身的变动情况“撒播”或“播远”出去。“播远”的实质是向他者传递、撒播“我”的信息，让他者了解“我”的情况、理解“我”的状态，这是新闻实现中介化功能的另一种典型方式。

闻主体而存在，就具有类似卡尔·波普尔所说的世界3[①]的独立性。威尔伯·施拉姆和威廉·波特在《传播学概论》中写道："说出的话难以收回，印出来的文字也难以修改，面部表情传出后也不能收回。然而，倘若对方没有注意到我们的表情，倘若他没有听见我们说的话，倘若印在纸上的文字还没有人看到，倘若'死海古卷'尚待发现，在这个间隔时间里，不管其是长还是短，只有光波、声波或纸上的墨迹，它们是完全脱离参加这种关系的任何人的。"[②] 正是新闻符号世界的这种独立性给我们提供了理解新闻事实世界的中介。此中介就是各种职业方式或非职业方式形成的新闻报道、新闻文本。新闻不仅以中介方式将人与事实世界勾连起来，也将人与人勾连起来，新闻在充当中介的过程中显示出自身特有的构建关系的意义和价值。

其二，新闻符号世界之价值和意义的依赖性。尽管新闻符号世界在被创造出来之后可以以"世界3"的形式独立存在，但它的价值和意义，即它对人们的实际作用和影响，却离不开对人的依赖性。符号世界的意义和价值总是体现在一定的意义关系和价值关系中，所以只有当人们实际地接触或进入新闻符号世界，它所包含的潜在意义和价值才有可能现实化。因此，对于那些不与新闻媒介进行相互作用（不管是直接的还是间接的）的人来说，并不存在一个直接的有意义的新闻符号世界；尽管新闻符号世界作为"世界3"对他是存在的，却是一种无意义的存在。新闻符号构成的意义世界，是在新闻活动主体的共同活动中创造的。这就提醒人们，生活在信息时代，必须有信息时代的素质，生活在各种媒介喧嚣的世界之中，必须具有媒介素养、新闻素养，不然，就仍然是信息时代之外的人，是站在媒介旁边的人，是被媒介隔离的人。当然，新闻符号世界一旦生成并不断变化，任何人都难免以直接方式或间接方式受到它的作用和影响。

其三，新闻符号世界的历史变化性。符号世界是不断更新变化的世界，不断新生的符号创造着新的符号世界，符号的积累也在塑造新的符号世界，人们当下所处的新闻符号世界既是历史的，又是现实的。有些符号在历史的洗刷中失去光彩甚至消亡，有些符号则可能在大浪淘沙中闪烁出珍珠般的灿烂光彩；有些新闻符号像夜空中的流星一闪而过，有些新闻符号则可能成为塑造新闻符号世界的恒星，伸展到历史的长河中，永放光芒。

其四，新闻符号世界与其他符号世界一样，具有存储各种信息的持久性和永恒性。这种"记忆"性特征使新闻符号世界成为整个人类文化传递、文明传承的一种载体，成为新闻文化自身发展的载体。新闻作为人类活动日记的文化价值，正是通过新闻符号世界的历史存在方式来实现的。新闻成为历史，也使历史不断成为新闻。

其五，新闻符号世界功能的多样性。新闻符号世界作为新闻传播的产物，在现实世界中具有多样性的功能。作为一般的信息符号世界，它为人们营造了一个信息环境；作为文化符号世界，它为人们塑造着现实的文化景象；作为消费符号，它满足着人们各种各样的真实的、虚假的需求；作为意识形态符号，它在有意与无意之间影响着人们的各

---

① "世界3"是20世纪西方著名的哲学家卡尔·波普尔提出的概念。他说："如果我们称'事物'即物理客体的世界为第一世界，称主观经验的世界为第二世界，就可以把自在陈述的世界称为第三世界。"波普尔把第三世界又称为"世界3"。参见波普尔．波普尔思想自述［M］．赵月瑟，译．上海：上海译文出版社，1988：255。

② 施拉姆，波特．传播学概论：第2版［M］．何道宽，译．北京：中国人民大学出版社，2010：52.

种观念和态度；等等。事实世界有多丰富多彩，符号世界就有多色彩斑斓，甚至会多一些虚幻和神秘。一言以蔽之，新闻符号世界是一个变动的信息世界、文化世界、意义世界，新闻符号世界将新闻编织成了动态的环境存在。

（二）作为符号世界的个性特征

新闻符号世界的个性特征，是由新闻传播反映、呈现、塑造、构建事实世界的特有内容和特有方式决定的，这些个性特征大致包括以下几点。

第一，反映现实世界的逼真性。再现、陈述事实是新闻传播最重要的特征。客观、真实、全面地再现现实世界的原貌是新闻报道最基本的职能。新闻传播的生命在于真实地反映现实世界的本来面目。力求把真实世界的最新变动情况以符号化的方式生动逼真地报道、呈现给公众，是媒介塑造媒介符号世界最基本的准则，也是对传播者最基本的职业伦理要求。现在，由于传媒技术的发展突飞猛进，收受者通过媒介对一些新闻事件的了解往往超过了身处事件现场的人们，新闻收受者听到的、看到的东西比在场的人们更全面、更清晰。传播技术已经有足够的能力把一些重要的和广大收受者感兴趣的事实"全真"式地再现出来。逼近现实的原貌，是新闻传播塑造媒介符号世界的直接目标。尽管人们对真实、客观、全面充满了怀疑和不断的质问，但又总是渴望新闻符号世界是一个真实、客观、全面呈现新闻事实的世界。有这样的渴望，对真实的逼近就是有希望的、有可能的。

第二，再现现实世界变动情况的及时性。及时或同步再现现实世界的最新变动情况，是新闻媒介的典型特征，也是媒介反映现实世界的典型方法。新闻总是时时刻刻散发着油墨的清香，这只是报纸时代的及时。传播技术的进步，早已使收受者对现实世界发生的许多重要事件，以身临其境的"在场"感去同步地获得有关信息，甚至传播相关信息。如今，广播电视的各种现场直播几近"家常便饭"，网上直播也是司空见惯，而相关新闻现场知情者的实时"上传"屡见不鲜，及时性越来越成为同时性、实时性、全时性。全程媒体、全息媒体、全员媒体、全效媒体，已近事实。再现现实世界的及时性、实时性、全时性决定了新闻符号世界总是常变常新的世界，迅速地反映着现实世界的风云变幻。

第三，凸显现实世界的"非常性"。新闻传播关注的主要是那些"非常态"的事实，这种非常性主要表现为事实相对于广大收受者各种需要的重要性、显著性、时新性、接近性、趣味性等，这些非常态的事实就是新闻事实。新闻符号世界正是用新闻事实信息的经纬线编织了自己绚丽的景象，新闻传播媒介也正是通过不断呈现新闻事实来吸引和维系广大收受者的注意力。对"非常态""非常性"变化的特别关注，说明新闻符号世界对现实世界的反映并不是事无巨细的，而是特别专注于那些典型性的新闻事实。新闻符号世界凸显了事实世界中的某些事实、非常态的事实，新闻传播媒介"并不是平等地对待每个事实，传媒对某些事实的兴趣超出了另外一些事实，并以某种特殊方式呈现出来"①。同时，在新兴媒介环境中，我们也注意到，新闻符号世界也越来越靠近日常生活

① 姚福申．新时期中国新闻传播评述［M］．上海：复旦大学出版社，2002：105.

世界的常态事实，新闻成为勾连事实世界不同关系的活跃中介，新闻符号世界似乎有了更多呈现整体事实世界图景变化情况的机会和可能。

第四，面向大众的公开性、权威性、显著性和直达性。新闻媒介所塑造的符号化的媒介世界体现在一定的载体之中，是公开流通的“货物”，它完全向全社会做无定向的公开的传播，任何人都可自由地选择收受；新闻媒体是从事信息生产和传播的专业媒介组织或机构，它所传布的信息具有更大的可靠性和可信度，更能得到人们的信赖；新闻媒介能够通过各种有效的方式选择和表现某些事件或信息，使世人注目；新闻媒体或其他多元传播主体通过新兴媒介方式，使其传播的任何信息都能够迅速及时地直达所有愿意接收信息的个人。新闻符号世界越来越成为社会大众可以随意进出、任意往来的世界，其事实上已经成为日常生活世界的有机组成部分。

第五，再现现实世界的有限性和虚幻性。由于现实世界的复杂性、人类认识能力的有限性，以及各种社会条件的限制，新闻符号世界对现实世界的反映总是不周全的，往往以点代面，以主观“创造”客观。媒介不可避免地要通过“突出法”“选择法”等来“构造”或“建构”世界的形象。“构造作用引起人们注意现实的某些方面，而掩盖可能引导收受者做出不同反应的其他实质。”① “新闻报道并不像镜子那样反映世界，外部世界与由报界制造的符号和形象组成的假环境仅有松散的联系。”② 法国著名社会学家布尔迪厄说，新闻世界“是一个独立的小世界，有着自身的法则，但同时又为它在整个世界所处的位置所限定，受其他小世界的牵制与推动”③。新闻世界是由所有新闻活动者塑造、建构出来的世界。新闻传播媒介不可能把所有的事实都作为传播的对象，只是那些有新闻价值的事实才被当作新闻来报道，而哪些事实有新闻价值，哪些事实没有新闻价值，只能依靠新闻传播媒介自己认可的价值标准去判断，这种有选择的报道决定了相对事实世界新闻符号世界必然具有一定的不可靠性、片面性和虚幻性。但这并不意味着我们对新闻传播的真实性失去信心。事实上，“虽然新闻并不能全面地反映这个世界，但是至少当代人可以借新闻观察到所处世界的转变”④。新闻符号世界不可能呈现事实世界变化的完整面目，但却总是人们观察、透视事实世界变化的一个有效窗口。

第二节　新闻符号世界的创造

新闻符号世界是人类的创造，创造这个符号世界的手段就是日复一日的新闻传播。在这个远未自由、平等、博爱的世界里，人们拥有平等创造新闻符号世界的权利和力量还是一个遥远的梦，但为了一个美梦的实现，我们需要做出努力。

---

① 陈力丹．舆论学：舆论导向研究［M］．北京：中国广播电视出版社，1999：208．
② 德弗勒，丹尼斯．大众传播通论［M］．颜建军，王怡红，张跃宏，译．北京：华夏出版社，1989：344．
③ 布尔迪厄．关于电视［M］．许钧，译．沈阳：辽宁教育出版社，2000：44．
④ 舒德森．探索新闻：美国报业社会史［M］．何颖怡，译．台北：远流出版事业股份有限公司，1993：26．

一、新闻符号世界的创造者

德国哲学家卡西尔说："我们应该把人定义为符号的动物。"[①] 他指出，"符号化的思维和符号化的行为是人类生活中最富于代表性的特征，并且人类文化的全部发展都依赖于这些条件"[②]。人类在一定意义上就是符号动物，离开符号和对符号的运用，离开人与人之间的符号互动，人类世界的正常运转是不可想象的。人类的符号世界是人类自身的创造物。那么，是谁创造了新闻符号世界？

新闻符号世界像整个符号世界一样，不是自在的世界，也不是自发形成的世界，而是一个文化的世界，一个新闻文化世界，它是由人的新闻文化行为塑造的世界，因而是人类为自己创造了新闻符号世界。

一般来说，一定地区范围内的人们，他们面对的新闻符号世界或新闻图景，主要是由当地媒体的新闻传播塑造的，是由当地多元新闻传播主体构建的。同时，电子媒介、网络媒介的超时空特点，使任何一个地方的人们面对的新闻符号世界都在全国化、全球化。但不要过分夸大一定地区以外新闻媒介的符号创制影响，特别是对相对比较落后的、欠发展的地区而言，当地媒体为人们创造了主导性的新闻符号世界。但是，当新闻活动进入后新闻业时代后，任何范围的新闻图景都会越来越受制于多元主体的传播力量，人们面对的新闻符号世界是多元新闻传播主体共同建构的结果，而不仅仅是专业新闻媒体建构的图景。

在民族国家仍是人类"基本利益单位"的大环境下，关于本国、本民族的新闻图景，主要是由本国的新闻传播媒体和本国多元传播主体创造的；同时，在全球化背景下，任何一国新闻图景、新闻形象的塑造，也会受到他国媒体、他国多元传播主体的影响，尤其会受到那些具有世界影响的西方大型跨国或全球性传媒公司、集团的影响。一个社会、一个国家的新闻形象不只是"自塑"的结果，也是"他塑"的结果。

关于整个人类面对的世界新闻图景，就今天的现实情况而言，不争的事实是它主要是由西方发达资本主义国家通过它们的新闻媒体创造的，其他国家的人们主要是通过西方世界的新闻传播媒介来了解这个世界的。当全球化在某种意义上就是西方化时，当信息化时代、媒介化社会使富国与穷国之间的"信息沟""知识沟"越来越成为"信息壑""知识壑"时，是谁主导着新闻符号世界的景象，乃是一目了然的事情。因此，"在第三世界国家，信息全球化所带来的问题是相当尖锐的。发展中国家自己的传播媒介或对世界事务的是非观念，还无法与这一过程抗衡"[③]。因而我们可以大而化之地讲，第一世界、西方世界在很大程度上给第三世界塑造了新闻符号世界。我们承认这样的现实，不等于认同这样的现实，第三世界国家需要做的就是努力改变这种信息传播的不对称，以及蕴含在这种不对称中的"信息霸权"和"信息掠夺"。人类仍然需要继续努力，改变新闻传播的世界性不良秩序。增强第三世界新闻传播的国际竞争力是扩大人类共同创造的新闻

---

① 卡西尔．人论［M］．甘阳，译．上海：上海译文出版社，1985：34.

② 同①32.

③ 贝拉赫．不停播放的新闻［M］//张穗华．媒介的变迁．北京：中国对外翻译出版公司，2002：93.

符号世界的根本，也是创造能够反映新闻事实世界真实景象的基本保证。

在经济、政治、文化出现全球化的宏观背景下，全球传播已经成为事实，新闻传播在全球化传播中表现得尤为明显。人类如何一起创造共同的新闻符号世界也成为人类面对的共同问题之一。人类不同新闻文化之间的互相学习和交流显得越来越重要。不同的民族、国家应该根据其他民族、国家的实际情况去反映它们的真实景象，不能仅仅根据自己的需要，运用新闻传播手段去塑造对方的形象，不管是“妖魔化”还是“美化”，都将给人类的整体发展带来恶的效应甚至是灾难。

不同新闻文化、新闻观念应逐步展开交流、展开对话，而交流对话需要我们首先承认相互之间的差异，差异正是世界的活力所在，正是人类文化发展的生命力之所在。实现交流对话的可能性和有效性，需要不同国家、民族之间有共同的话语，共同的话语只能在面对共同的问题过程中有效地产生和形成。因此，我们的新闻传播必须抓住一切可能的、有益的机会，进入国际传播、世界传播、全球传播体系，讲好中国故事，传播好中国声音，解释好中国特色，与其他性质、特征的传播机构展开对话和交流，从而使世界走向我们，我们走向世界。要使我们的新闻传播能够成为创造人类新闻符号世界的一部分，要求我们：一方面懂得运用通行的新闻话语方式，尽管这种话语方式可能是西方世界首先创造的，如果不懂得这种话语方式，就难以进入新闻传播的国际游戏圈；另一方面，把自己富有特色和独创性的话语带向世界，这个世界需要共同的声音，更需要多种声音的交响。

二、创造新闻符号世界的手段

人类创造符号世界的手段是多种多样的，在信息时代，新闻传播手段更是创造整体符号世界重要的手段之一。创造新闻符号世界的手段自然是新闻手段，即通过传播新闻来创造新闻符号世界，而人类由历史发展累积而来的传播新闻的手段实在是太多了，并且仍然会不断更新。

正如在本书有关章节已经论述过的，印刷媒介、电子媒介以及以互联网为基础设施的各种新媒介、智能媒介，是人类当今传播新闻的主导性媒介，因而它们也就成为人类创造新闻符号世界的主要手段。同时，也如我们多处论述过的，与人类传播活动相伴而来的，与人类新闻传播发展一同走来的口语媒介，依旧是传播新闻的重要手段，也依旧是人类创造新闻符号世界的重要手段。还有，人类所有能够用来传播新闻的其他媒介，诸如电话、电影、杂志等，以及由不同媒介整合而成的新媒介，都可以用来传播新闻，因而也都是创造新闻符号世界的手段。在后新闻业时代，一定还会有新的传播媒介被创造出来，人类创造新闻符号世界的手段会变得更加丰富多彩。

创造新闻符号世界的手段直接表现为新闻媒介，因此，新闻传播媒介的每一次变革与更新都意味着人类能够在更高的层次上去创造新闻符号世界，意味着人类能够在更大的空间范围、更短的时间之内，将变化着的事实世界再现、呈现、构建为新闻符号世界，意味着人类越来越多的个体能够超越生活时空的限制，了解那莫大的、复杂的自然和社会，意味着人与人之间、人与社会之间、人与自然之间的关系越来越接近、越来越紧密。

然而，事实并不完全像逻辑推演的那样令人欣喜。相反的景象已经出现，并且愈演愈烈，符号世界，特别是新闻符号世界，在将事实世界带到人们面前的同时，也让人们似乎进入了一个虚拟的世界、游戏的世界；新闻符号世界有时让人们生活在真相世界之中，有时则让人们生存在假象世界之中，更糟糕的是，它有时让人们生活在真假难辨的混沌之中、情绪之中，以至于“后真相”现象竟被描述为时代性的现象；新闻手段所创造的新闻符号世界，并没有完全成为增强人类不同群体之间相互理解的手段，反倒在很多时候成了互相攻击、侮蔑、造谣中伤的信息战场、新闻战场。

因此，当人类用新闻媒介去创造新闻符号世界时，应该永远铭记：符号世界既可能使我们接近事实世界，也可能让我们远离事实世界；既可能使我们透视实在的世界，也可能使我们迷蒙于虚拟的世界；既可能是我们相互理解的通道，也可能是我们彼此仇恨的中介。一句话，新闻媒介可以成为人类传播本性完美展示的手段，也可能成为异化人类传播本性的手段。当传播媒介塑造、创制的新闻符号世界变成了人类了解事实世界的阻碍时，创造新闻符号世界的手段便成了奴役异化人类自己的工具；当人类沉迷于新闻符号世界而不能自拔时，人类便成了新闻符号世界的玩物。异化的新闻手段会产生异化的新闻，进而会异化人与人之间的、人与社会之间的、人与自然之间的真实的事实关系，这是时刻都要警惕的东西。

新闻手段有时解决不了新闻世界的事情，不要把信息时代的新闻手段神化，它的能力是有限的。运用新闻媒介创制新闻符号世界的媒体、新闻从业者一刻都不能忘记，创造新闻符号世界的根据乃是新闻事实世界，离开事实世界的坚实支撑，新闻符号世界是不可能被塑造出来的。巴甫洛夫在对青年谈到理论与事实的关系时，曾经讲过一段非常精彩的话，他说：“要研究事实，对比事实，积累事实。无论鸟的翅膀多么完善，如果不依靠空气支持，就绝不能使鸟体上升。事实就是科学家的空气。没有事实，你们就永远不能飞起来，没有事实，你们的‘理论’就是枉费心机。”[①] 新闻符号世界的创造又何尝不是如此呢？如果离开新闻事实的真相，就不会有真正的新闻纸，就不会有广播中真正的新闻之声，也不会有电视中真正的新闻图像，如果没有这些东西，又哪来的真正的新闻符号世界呢？因此，从根本上说，新闻事实才应该是创造新闻符号世界的真正本源性手段。

第三节　新闻符号世界与新闻事实世界的关系

新闻事实世界与新闻符号世界是两个性质不同的世界，一个是客观世界，一个是主观世界，但它们又是两个相互作用、相互依存的世界，在时空中不断流变衍化，展现着人类生存与发展的轨迹。人们期望、梦想新闻媒介所塑造的符号世界是一个与现实世界基本一致的世界，人们不想生活在虚幻的世界之中。新闻符号世界如果放弃了真实，那

① 巴甫洛夫．巴甫洛夫全集：第1卷［M］．张纫华，王曰宏，傅聪远，等译．北京：人民卫生出版社，1959：16.

就彻底背离了新闻的使命，也失去了新闻的生命。

一、两个性质不同的世界

首先，新闻事实世界与新闻符号世界是两个存在属性根本不同的世界。事实世界是客观的存在，符号世界是主观的存在，符号世界是对事实世界的反映、呈现和构建。新闻符号世界只是新闻事实世界的符号化、意义化存在形式，它与新闻事实世界本身的实在性并不是一回事。新闻符号世界是传播主体认识的结果、理解的结果、塑造的结果，但这种认识、理解、塑造并不就是新闻事实世界本身，这是两种性质不同的存在。符号世界一旦被创造出来，便可以以客观的形式存在，但它是一种精神性的客观、文本化的客观，与实在的事实世界的客观不能完全等同。

人们对待新闻符号世界的态度应该是透过它去追寻、还原、想象事实世界，而不是把符号世界本身当作事实世界。有了这种自觉的理性意识，人们才能够减少新闻符号世界对自己的蒙蔽甚至欺骗，才可以通过"兼听"的方式窥探事实世界的全貌和真相。"报刊的有机运动"方式，一个世界（事实）、多种声音的报道理念，有可能使个体新闻收受者感到精神疲劳，但对一定的人群来说，这是人类迄今创造的最佳的获取事实真相的途径。因为到目前为止，人类还没有找到比自由、民主更好的方法去发现真相、发现真理，新闻真实的实现方式是"有机运动"，达到的真实是"有机真实"①，是通过多元主体对话实现的共同认可的真实②。

其次，属性不同的两个世界，其真实在性质上也不相同。新闻事实世界的真实是一种客观事实的真实、本体性的真实，新闻符号世界的真实是一种认识性的真实、再现性的真实，甚至是建构出来的真实、符号真实。如果符号世界对事实世界的反映是客观的、全面的、正确的，那么，人们就可以通过新闻符号世界来准确把握新闻事实世界的真实面目。在这种情况下，我们可以说，这两个世界都是真实的世界。当新闻符号世界不能真实反映和呈现新闻事实世界的时候，它对事实世界来说便成为一个虚假的符号世界。然而，这种虚假符号世界本身却真实地影响着人们对事实世界的了解。如果人们接受了这个虚假的符号世界的描述，人们在事实上便生活在一个虚假的世界之中，或至少可以说，人们对一部分世界的了解是虚假的。早在1922年，李普曼就表达了这样的思想："媒体创造了我们头脑里的象征性的想象，这些想象有可能与我们经历的'外在'世界完全不同。"③ 再看当今，西方一些媒体"在报道南半球的事态时"追求轰动效应，"因为这样才能吸引观众"，因而那些发展中国家不分青红皂白地被描述为"人口多，不发达，疾病流行，人们互不宽容"，"这便自然而然地给人留下了南半球糟透了的印象"，"这种陈词滥调最后竟也被视为真理"。其实，对北半球的反映也好不到哪里，"北半球的样子也

---

① 杨保军．论新闻的"有机真实"[J]．新闻大学，2020（1）：40－52，126.

② 李玮，蒋晓丽．从"符合事实"到"社群真知"：后真相时代对新闻何以为"真"的符号哲学省思[J]．现代传播，2018（12）：50－58.

③ 罗杰斯．传播学史：一种传记式的方法[M]．殷晓蓉，译．上海：上海译文出版社，2001：253.

跟在哈哈镜里一样”①。如果人们面对的是这样的新闻符号世界，通过的是这样的符号中介，那就永远不可能了解到事实世界的真实面目，了解到的至多是一种残缺的真实。

最后，对于真实性不同的两个世界来说，事实世界的真实需要发现，符号世界的真实需要证实。人们生活在两个性质不同的世界，但它们都是人们面对的世界，事实世界的真实是客观的真实，符号世界的真实是主观的真实，因而符号世界的真实性是需要证实的、检验的。人们面对新闻符号世界，必须以理性的眼光、怀疑的精神去解读，种种政治艺术、商业逻辑、文化技巧、媒体策划，都可能使一些新闻传播变得光怪陆离、难以捉摸。新闻符号世界的真实永远都是有偏差的真实、一定价值取向选择下的真实、有限度的真实。“拷贝世界不是大众媒介对感性世界的全面复制或模仿，而是依据一定的价值观、政治的或商业的意图，对感性世界的加工和制作，而且这种加工和制作对于感性世界而言只能是某个角度的、相对简单的。”② 新闻简化了这个复杂的世界，新闻媒介不可能提供一幅完整的、十分健全的世界图景，最多只能提供一幅真实世界最新变动的图景。新闻符号世界与现实世界的差别是绝对的，一致是相对的，它们永远不可能达到天衣无缝的符合程度。新闻符号世界建构的观念化图景主要是关于现实世界最新的、重要的变动图景，并不是关于现实世界日常运行的事无巨细的图景。因此，两种世界的一致也只能是部分的一致，试图从新闻符号世界中窥探到整个世界的真实面貌是不大可能的，在现实性上是难以实现的。对以传播新闻事实之信息为基本任务的新闻传播媒介来说，它所塑造建构的符号世界对现实世界的本来面目的反映是有限的。媒介及其传播者关于世界图景的最终根据只能是客观的现实世界。新闻媒介塑造的新闻符号世界是否真实地反映了现实世界，最终必须以现实世界的图景为标准和检验的尺度。任何传播主体自我标榜的新闻观念都不能成为评判检验其建构的符号世界是否真实的标准和尺度。

二、两个相互作用的世界

事实世界与符号世界是两个可以相对独立的世界，是两个性质不同的世界，但又是两个互相联系、互相作用的世界。事实世界是符号世界的源头，但由源头而来的符号活水、精神之流，会经过百转千回重新渗透进事实的源头，循环往复，在历史的时空中不断改变它们相互作用的面目。

马克思、恩格斯认为，报刊是人之大脑反映外部世界的产物，是人们表现现实世界的精神世界，它不断从现实世界中涌出，又作为越来越丰富的精神唤起新的生机，流回现实世界。事实世界的存在不依赖于符号世界，但事实世界的发展变化会在一定程度上，有时会在很大程度上受到媒介所塑造的符号世界的反作用，因为“它是从真正的现实中不断涌出而又以累增的精神财富汹涌澎湃地流回现实去的思想世界”③。

符号世界，特别是新闻符号世界，对现实世界、事实世界具有各种各样的反作用。

① 贝拉赫．不停播放的新闻［M］//张穗华．媒介的变迁．北京：中国对外翻译出版公司，2002：90.

② 陈力丹．舆论学：舆论导向研究［M］．北京：中国广播电视出版社，1999：67.

③ 马克思恩格斯全集：第1卷［M］．北京：人民出版社，1956：75.

"在某种程度上，媒体造成的环境可以决定一个社会的走向。"[①] 对普通大众来说，"这个'第二经验环境'（指符号世界——引者注）经常在作息时间、兴趣点、认识范围、价值倾向等诸多方面有力地扰动着'第一经验环境（指事实世界——引者注）'"[②]。"由大众传播形成的拷贝世界——信息环境，是现代社会中人们无法逃避的生活世界，它同感性世界并驾齐驱，成为决定人们生活情感、生活欲望、期待、认知和态度的两大环境世界。"[③] "大众传媒将成为国家和国际层面增强经济、政治和社会势力的必不可少的工具。衡量成败和力量强弱的将是获取和运用通过大众传媒得到的知识和其他资源的能力。"[④]

随着新闻传播媒介日益多元化，新闻传播手段日趋现代化，"地球村"变得越来越小，新闻业对世界政治、经济和文化的影响，则变得越来越大。享誉国际、备受推崇的近代史大师霍布斯鲍姆在其名著《极端的年代》中指出："随着本世纪（指 20 世纪——引者注）的结束，媒体在政治过程中的地位，显然比政党及选举系统更为重要，并极有可能如此持续下去。"[⑤] 其实，在经济、文化以及社会生活的各个领域又何尝不是如此？在交往无限扩大的现代社会中，在经济全球化的浪潮中，大众传播系统的不断发达使得"信息环境与客观环境产生了分离，成了不同于环境本身的'二次环境'，具有相对独立性，在人与环境的互动过程中也就具有特殊重要的意义"[⑥]。

大众媒介使我们逃避真正的现实，分散了人们对现实世界重要事件的注意力，人们常常被媒介引入诸如暴力、灾害、死亡、性等一些有限的、狭窄的题材，而对人们真正应当充分关注的一些问题，如贫穷、饥饿、种族主义、环境保护、社会发展等，大众媒介却轻描淡写。因此，看来能够消除遥远距离的现代媒介并未真正消除人们与现实和人与人之间的"距离"和"障碍"，没有为人们带来与现实、与他人的"任何接近"[⑦]。李普曼早在 20 世纪初就说，大众传播媒介营造的是一个"拟态环境"或者说是"假环境""准环境"。美国当代著名的传播学者帕梅拉·休梅克认为，媒介内容并不完全是对社会的真实反映，媒介在积极建构现实（包括扭曲现实）；我们看不到世界本身，看到的是被大众媒介有意选择和解释过的世界。"我们是一个媒介社会，在这个社会中，没有什么事物不是和媒介发生联系的——一些事物或是由媒介发起，或是受媒介的影响，或是被媒介强加了，或者由媒介居间联系。没有在媒介中报道的事物，等于社会中根本不存在。"[⑧] 美国著名哲学家杜威甚至说："报纸和无线电是灌输群众偏见的两种最有力的手段。"[⑨] 法兰克福学派的学者们更是针对西方新闻媒介商业目的与经济逻辑的性质批评大众媒介是一种麻醉剂，造成了愚钝的一致。法国先锋派社会学家布尔迪厄认为，现代的新闻媒介已经成了精神活动与公众之间的一道屏障或一个过滤器，所谓的名牌主持人和大牌记者以一种肤浅的思维模式和弱智的时髦语言冒充精神生活的全能智者，他们以哗众取宠的

① 陈力丹. 马克思主义新闻思想概论 [M]. 上海：复旦大学出版社，2003：333.
② 崔文华. 全能语言的文化时代 [M]. 北京：北京师范大学出版社，1998：121.
③ 沙莲香. 社会心理学 [M]. 北京：中国人民大学出版社，1987：59.
④ 差廖翁沙. 新世纪的趋势和挑战 [N]. 参考消息，2000-03-19.
⑤ 霍布斯鲍姆. 极端的年代 [M]. 郑明萱，译. 南京：江苏人民出版社，1999：859.
⑥ 郭庆光. 传播学教程 [M]. 北京：中国人民大学出版社，1999：126.
⑦ 海德格尔. 诗·语言·思 [M]. 彭富春，译. 北京：文化艺术出版社，1990：146.
⑧ 胡钰. 新闻传播学导论 [M]. 北京：中国广播电视出版社，1997：5.
⑨ 杜威. 人的问题 [M]. 傅统先，邱椿，译. 上海：上海人民出版社，1986：64.

“直击报道”和不负责任的“热点评述”而自诩为“社会观察家”和“评论家”，他们是文化假象和思想假象的最大制造者。[①] 因此，“我们必须懂得，现代传播工具是灵活多变的，可将由它传播的信息和图像变为我们的信息和图像，其简单程度与我们的父母当初轻而易举地得到电视和电影，或更早些时期，由戏剧、音乐、诗歌和绘画提供的信息和图像毫无区别”[②]。

尽管人们对符号世界给事实世界带来影响的强弱、大小、程度、正负等有不同的看法，但不会有人否认它的影响，不会有人无视新闻符号世界对事实世界的直接的或间接的作用。概括地说，新闻符号世界对事实世界的反作用表现为两种主要形式：一是符号世界比较正确、真实、全面地反映了现实世界的最新变动情况，为人们提供了关于现实世界的健全信息，从而有益于人们了解和把握事实世界的运动变化，从总体上推进社会的发展和个人的完善；二是符号世界未能真实全面地反映事实世界，或只是提供单面的、不健全的新闻，甚至是以扭曲和错误的方式提供了一幅虚假的现实世界景象。这样的话，“过多地接触‘新闻’（那些非常的、不正常的、反常的事件）可能会使受传者对于社会上究竟什么才是通常的、正常的、合乎常规的事情反而知之甚少”[③]。这必然会在一定程度上导致人们对现实世界形成错误或扭曲的看法，难以把握现实世界的真相，因而对社会和个人发展都可能带来不良的影响。

三、两个变化发展的世界

人类所在的世界是一个生生不息的世界、不断发展变化的世界、丰富多彩的世界，每时每刻都有无数的新生事物展现在人们的面前，也有无数的事物在人们面前消失。不管是新生还是消失，都会在人类的记忆中留下一定的或轻或重的印痕，这个记忆就是一个符号的世界，它与现实世界一起起伏震荡，共同塑造着人类的历史。

不管是新闻事实世界还是新闻符号世界，都是日日常新的世界，这既是由客观世界的本性决定的，也是由新闻传播的本质决定的。正是在客观世界生生不息的量变质变、渐变突变中，新闻事实世界的壮丽图景才产生出来。大自然的风云变幻、社会生活的跌宕起伏为新闻符号世界的创造提供了取之不尽、用之不竭的资源。正是在对新闻事实世界的即时、实时反映、呈现中，新闻符号世界持续不断地更新着自己的画卷。

新闻事实世界与新闻符号世界是两个同步变化的世界。新闻符号世界是对新闻事实世界的反映和再现，这种反映和再现是及时的、同步的；新闻符号世界对新闻事实世界的反作用则有可能是即时的，也有可能是延缓的，但新闻符号世界的新闻效应一定是及时的、迅速的。

今天的新闻事实，就是明天历史事实的砖瓦；今天的新闻符号，就是明天历史篇章的简牍；新闻事实与新闻符号一起在人类历史发展的道路上竖立那些引人注目的路碑，

---

① 唐绪军．报业经济与报业经营［M］．北京：新华出版社，1999：179.

② 瓦尔韦德．传媒：一只现代的替罪羊？［M］//张穗华．媒介的变迁．北京：中国对外翻译出版公司，2002：74.

③ 赛弗林，坦卡德．传播学的起源、研究与应用［M］．陈韵昭，译．福州：福建人民出版社，1985：210.

它们以不同方式共同记录历史、创造历史。面向未来，我们坚信，事实世界会越来越美好，符号世界也会越来越灿烂。人类在自己的旅程中，会不断走向完善、走向自觉，一定会从必然王国走向自由王国，新闻媒介创造的符号世界也会在人们观念的变革中、理性的提升中、科学技术的发展中，与事实世界靠得越来越近，对事实世界的反映会越来越真实全面、合理公正，人们可以从新闻传播中真正把握到事实世界最新的、最有意义的变动景象，一个美好的新闻世界是值得期待的。

复习指点

关键概念

事实世界　符号世界　新闻事实世界　新闻符号世界　新闻世界

思考题目

1. 事实世界与新闻事实世界的关系
2. 符号世界与新闻符号世界的关系
3. 新闻符号世界的特征
4. 创造新闻符号世界的手段
5. 新闻事实世界与新闻符号世界的关系

必读文献

费斯克．传播符号学理论［M］．张锦华，译．台北：远流出版事业股份有限公司，1995.

李玮．符号新闻学［M］．成都：四川大学出版社，2014.

杨保军．新闻事实论［M］．北京：新华出版社，2001：第八章．

曹顺庆，赵毅衡．符号与传媒［M］．成都：四川大学出版社，2018.

蒋晓丽．走向符号学：新闻学研究的拓展与深化［J］．中外文化与文论，2015（3）.

选读文献

李普曼．舆论学［M］．林珊，译．北京：华夏出版社，1989.

卡西尔．人论［M］．甘阳，译．上海：上海译文出版社，1985.

李幼蒸．理论符号学导论［M］．北京：社会科学文献出版社，1999.

崔文华．全能语言的文化时代［M］．北京：北京师范大学出版社，1998.

赵毅衡．哲学符号学：意义世界的形成［M］．成都：四川大学出版社，2017.

选读书目

徐宝璜．新闻学［M］．北京：中国人民大学出版社，1994.

甘惜分．新闻理论基础［M］．北京：中国人民大学出版社，1982.

童兵．20 世纪中国新闻学与传播学：理论新闻卷［M］．上海：复旦大学出版社，2000.

陈力丹．马克思主义新闻观思想体系［M］．北京：中国人民大学出版社，2006.

刘建明．新闻学前沿［M］．北京：清华大学出版社，2005.

新华通讯社课题组．习近平新闻舆论思想要论［M］．北京：新华出版社，2017.

本书编写组．实践中的马克思主义新闻观：新闻报道经典案例分析［M］．北京：高等教育出版社，2015.

郑保卫．中国共产党新闻思想史［J］．福州：福建人民出版社，2004.

李良荣．西方新闻事业概论［M］．上海：复旦大学出版社，1997.

徐耀魁．西方新闻理论评析［M］．北京：新华出版社，1998.

丁柏铨．中国当代理论新闻学［M］．上海：复旦大学出版社，2002.

黄旦．传者图像：新闻专业主义的建构与消解［M］．上海：复旦大学出版社，2005.

李彬．中国新闻社会史［M］．北京：清华大学出版社，2008.

杨保军．新闻观念论［M］．北京：复旦大学出版社，2014.

杨保军．新闻规律论［M］．北京：中国人民大学出版社，2019.

张穗华．媒介的变迁［M］．北京：中国对外翻译出版公司，2002.

沃尔-乔根森，哈尼奇．当代新闻学核心［M］．张小娅，译．北京：清华大学出版社，2014.

菲德勒．媒介形态变化：认识新媒介［M］．明安香，译．北京：华夏出版社，2000.

史密斯．新闻道德评价［M］．李青藜，译．北京：新华出版社，2001.

西伯特，彼得森，施拉姆．传媒的四种理论［M］．戴鑫，译．北京：中国人民大学出版社，2008.

塔克曼．做新闻：现实的社会建构［M］．李红涛，译．北京：中国人民大学出版社，2022.

科瓦奇，罗森斯蒂尔．真相：信息超载时代如何知道该相信什么［M］．陆佳怡，孙志刚，译．北京：中国人民大学出版社，2014.

丹尼斯，梅里尔．媒介论争：数字时代的 20 个争议话题：第 4 版 [M]. 王春枝，译．北京：中国人民大学出版社，2019.

哈林，曼奇尼．比较媒介体制：媒介与政治的三种模式 [M]. 陈娟，展江，等译．北京：中国人民大学出版社，2012.

科瓦齐，罗森斯蒂尔．新闻的十大基本原则：新闻从业者须知和公众的期待 [M]. 刘海龙，连晓东，译．2 版．北京：北京大学出版社，2014.

15篇导读论文目录

1. 甘惜分．论新闻学 [J]．青海社会科学，1981（3）．

2. 王中．论新闻 [J]．新闻大学，1981（1）．

3. 方汉奇．中国新闻传播事业一百年 [J]．国际新闻界，2000（6）．

4. 童兵．科学和人文的新闻观 [J]．新闻大学，2001（2）．

5. 刘建明．新闻学论断的彻底性与科学性 [J]．新闻爱好者，2018（11）．

6. 李良荣．中国新闻学学科发展面临的挑战及重构路径 [J]．浙江传媒学院学报，2016（12）．

7. 陈力丹．新闻传播学科发展的文献保障与实践基础 [J]．新闻大学，2013（4）．

8. 黄旦．新闻传播学科化历程：媒介史角度 [J]．新闻与传播研究，2018（10）．

9. 李彬．构建中国新闻学的两个现实问题 [J]．中国出版，2018（7）．

10. 杨保军．理论视野中当代中国新闻学的重大问题 [J]．国际新闻界，2020（10）．

11. 杨保军．"共"时代的开创：试论新闻传播主体"三元"类型结构形成的新闻学意义 [J]．新闻记者，2013（12）．

12. 董天策．试论新闻传播学术创新 [J]．新闻与传播研究，2013（2）．

13. 吴飞．新闻传播研究的未来面向：人的主体性与技术的自主性 [J]．社会科学战线，2017（1）．

14. 张涛甫．新闻学理论创新：问题与突破 [J]．新闻记者，2015（12）．

15. 常江．数字时代新闻学的实然、应然和概念体系 [J]．新闻与传播研究，2021（9）．

经常应读刊物

《新闻与传播研究》
《国际新闻界》
《新闻大学》
《现代传播》
《新闻记者》
《当代传播》
《编辑之友》
《新闻界》
《中国记者》
《新闻战线》
《新闻与传播》（中国人民大学复印报刊资料）
《新闻与写作》
《新闻春秋》
《中国出版》
《中国编辑》

图书在版编目（CIP）数据

新闻理论教程/杨保军著．--5版．--北京：中国人民大学出版社，2023.6
新编21世纪新闻传播学系列教材
ISBN 978-7-300-31784-7

Ⅰ.①新… Ⅱ.①杨… Ⅲ.①新闻学-高等学校-教材 Ⅳ.①G210

中国国家版本馆CIP数据核字（2023）第098362号

新编21世纪新闻传播学系列教材
新闻理论教程（第5版）
杨保军　著
Xinwen Lilun Jiaocheng

出版发行	中国人民大学出版社		
社　　址	北京中关村大街31号	邮政编码	100080
电　　话	010－62511242（总编室）		010－62511770（质管部）
	010－82501766（邮购部）		010－62514148（门市部）
	010－62515195（发行公司）		010－62515275（盗版举报）
网　　址	http://www.crup.com.cn		
经　　销	新华书店		
印　　刷	北京密兴印刷有限公司	版　　次	2005年3月第1版
开　　本	787 mm×1092 mm　1/16		2023年6月第5版
印　　张	20.75 插页1	印　　次	2023年6月第1次印刷
字　　数	472 000	定　　价	49.80元

版权所有　侵权必究　　　印装差错　负责调换

关联课程教材推荐

书号	书名	第一作者	定价	出书时间
978-7-300-11125-4	传播学教程（第二版）	郭庆光	32.00 元	2011-04
978-7-300-13959-3	理论新闻传播学导论（第二版）	童　兵	25.00 元	2011-07
978-7-300-20150-4	新闻理论新编（第二版）	郑保卫	39.80 元	2015-01
978-7-300-20394-2	当代西方新闻理论	刘建明	38.00 元	2015-01
978-7-300-12605-0	大众传播通论	展　江	39.80 元	2011-01
978-7-300-08629-3	大众传播理论：范式与流派	刘海龙	48.00 元	2008-02
978-7-300-18386-2	传播学纲要（第二版）	陈力丹	35.00 元	2014-01

配套教学资源支持

尊敬的老师：

衷心感谢您选择人大版教材！相关的配套教学资源，请到中国人民大学出版社官网（www.crup.com.cn）下载。部分教学资源需要验证您的教师身份后，才可以下载。请您登录出版社官网后，点右上角“注册”，填写“会员中心”的“我的教师认证”项目，等待后台审核。我们将尽快为您开通下载权限。

如您急需教学资源或教材样书，也可以直接与我们的编辑联系。

联系人：龚洪训　　电话：010-62515637　　电子邮箱：6130616@qq.com

欢迎加入全国新闻教师 QQ 群（群号：259226416），开展学术讨论，交流教学心得。

全国新闻教师群
扫一扫二维码，加入群聊。

俯仰天地　心系人文

www.crup.com.cn

中国人民大学出版社

欢迎登录浏览，了解图书信息，下载教学资源